海船船员适任证书知识更新培训适用
海船船员履行 STCW78/10 公约培训适用

船舶安全管理与航海新技术

主　审　徐国毅

主　编　阮　巍

上海浦江教育出版社

图书在版编目(CIP)数据

船舶安全管理与航海新技术/阮巍主编. —上海：上海浦江教育出版社，2012.3
ISBN 978-7-81121-216-7

Ⅰ.①船… Ⅱ.①阮… Ⅲ.①船舶航行—交通运输安全 ②航海技术 Ⅳ.①U698 ②U675

中国版本图书馆 CIP 数据核字(2012)第 020024 号

上海浦江教育出版社

社址：上海市海港大道 1550 号上海海事大学校内(201306)
分社：上海市蔡伦路 1200 号上海中医药大学校内(201203)
电话：021-38284923　51322547　　传真：021-38284916
上海图宇印刷有限公司印装　　上海浦江教育出版社发行
幅面尺寸：185 mm×260 mm　　印张：22　　字数：521 千字
2012 年 3 月第 1 版　　2012 年 3 月第 1 次印刷
责任编辑：张　婕　谢　尘　　封面设计：赵宏义
ISBN 978-7-81121-216-7　　定价：68.00 元

序

世界航运持续发展，航海科技日新月异，国际海事安全和防污染公约不断修改，同时导致国内法规不断更新。经修正的《1978年海船船员培训、发证和值班标准国际公约》和《中华人民共和国海船船员适任考试、评估和发证规则》规定的“海船船员每5年需要进行一次知识更新培训”是国际海事界和国内船员立法对以上航运业发展的响应，要求船员及时掌握最新的海上安全管理规范，紧跟航海技术的发展脚步，提高适任能力水平。

本书是在船员知识更新培训历史经验、国内外海事安全管理和航海技术发展的基础上，通过广泛调研航运公司和听取专家、船员意见，由上海海事大学、上海海事局联合上海海事职业技术学院、上海远洋运输有限公司、中海国际船舶管理有限公司等机构，组织二十余名专家和业务骨干编写而成的。

我相信，本书必将对进一步提高船员素质和适任能力水平，实现海上安全、保安、环境友好、有效和可持续的航运起到积极作用，也将有利于促进航运业对船员的关注，保障船员的合法权益！

2012年2月8日

前　言

国际海事组织(IMO)2011—2015年发展战略确定了九大发展趋势:“持续的全球化趋势、海上安全、海上保安、更高环境意识、提高航运效率、重点关注人、海上人员、统一实施IMO公约、技术是改变海运的主要动力。”在这些趋势的影响下,国际海事安全和防污染公约及规则不断修订并导致国内法规不断更新,航海科技发展的在船应用水平不断提升,海事安全管理中更加强调人的因素。

与船员的技能和资格密切相关的STCW公约于2010年得到修订,并于2012年1月1日生效。STCW公约新修正案吸收了国际海事安全和防污染公约的主要发展成果,旨在提高全球船员的适任能力水平。STCW公约及修正案设定了船员知识更新的频率及要求。从国内的海事安全管理来看,一方面公约修正案的要求要在国内法中得到落实,另一方面海上运输生产实践也表明持续保证、提高船员的适任能力是实现海上安全、清洁海洋的根本。

本书共分七章,主要内容为构成目前国际海事安全和防污染公约体系的四大公约及其最新修正案、船旗国和港口国检查的最新发展、与海上安全密切相关的国内船员工作和管理规范、主要的航海新技术发展、影响海上安全和航运效率的海员职业道德规范、典型的海事案例等。本书特别强调了危险品运输、船舶资源管理和风险管理以及包括防海盗在内的海上应急反应体系。

本书致力于提供新的、系统性较强的、实用性的海上安全和防污染管理内容。本书既适用于海船船员适任证书知识更新培训、海船船员履行STCW 78/10公约培训、海船船员适任强化培训,也可作为航运公司、航海院校、海事机构等单位的参考用书。

本书第一章“国际海事安全公约新规定”的第一节由时冬生、孙玉杰编写;第二节由王星星、董乐义编写;第三节由陈国忠、王兴琦编写;第四节由周岳明编写;第五节由阮巍编写。第二章“船旗国检查及港口国监督”的第一至三节由张炜编写,第四节由阮巍编写。第三章“国内法律法规有关新规定”的第一至八节、第十节由张晓东编写,第九、十一节由阮巍编写。

第四章“航海新技术的发展和应用”的第一至四节由应士君编写；第五节由毛奇凰编写；第六至八节由傅克阳编写。第五章“船舶管理与应急反应”的第一、二节由方泉根编写；第三至五节由阮巍编写。第六章“海员职业道德和规范”由周明华编写。第七章“海事案例分析与海事调查”由石健英编写。

本书在编写过程中，常富治、蔡存强、范济秋、孙琦、沈祥和、俞晨光、马军浩、陆士新、李雪英等各位专家也参与了编写和指导。全书由阮巍统稿，徐国毅主审。

限于编写组成员的学识和水平，本书存在缺陷和失误在所难免，敬请广大读者批评指正。

编写组

2011 年 7 月 8 日

目录

第一章

国际海事安全公约新规定

第一节　海上安全公约及相关规则

一、《1974 年国际海上人命安全公约》

《1974 年国际海上人命安全公约》(以下简称 SOLAS 74 公约)是对船舶及设备、船员操作、船公司和船旗国等实施有效管理和控制，保障海上人命安全的国际公约，也是海上人命安全方面最古老、最重要的公约。SOLAS 74 公约于 1980 年 5 月 25 日生效。我国政府于 1980 年 1 月 7 日核准该公约。现行的公约由 SOLAS 74 公约及其附则、附属于公约附则的单项规则和 1988 年议定书，以及若干不同年份中不断对其附则加以修改、补充和更新的 SOLAS 74 公约修正案组成。近期的修正案大都按“默认程序”生效。

截至 2011 年 5 月，SOLAS 74 公约有 159 个缔约国，占世界船舶总吨位的99.04%；SOLAS 74 公约 1978 年议定书于 1981 年 5 月 1 日起生效，有 114 个缔约国，占世界船队总吨位的 96.16%；SOLAS 74 公约 1988 年议定书于 2000 年 2 月 3 日起生效，有 96 个缔约国，占世界船队总吨位的 94.4%。

SOLAS 74 公约规定了与船舶海上安全管理相关的船舶构造、设备及操作方面的最低标准，要求船舶须持有公约规定的证书以作为该船舶已达到公约标准的证明，并由船旗国负责确保悬挂其船旗的船舶达到这一要求。该公约由 13 项条款和 1 个附则组成。各缔约国承担实施该公约及其附则各项规定的义务。

附则是 SOLAS 74 公约的重要组成部分，凡引用该公约时，同时也引用其附则。附则共 12 个章节，简述如下：

(1) 第Ⅰ章—总则。主要内容包括公约的适用范围、有关名词的定义、适用公约的例外、免除及规则的生效；不同用途船舶法定检验的种类及检验的内容；各主管机关对船舶事故进行调查和向国际海事组织报告的义务。

(2) 第Ⅱ-1 章—构造——结构、分舱与稳性、机电设备，主要要求包括：客船的水密分隔必须保证船舶在假定的破损后，仍能保持在一个稳定的位置；分舱等级由两个相邻横舱壁的最大允许距离测得，规定了其随船长和船舶用途的不同而不同，对于客船来说，船长越长，分舱等级越高；对机电设备的要求目的在于在各种紧急情况下具有保证船舶、旅客和船员安全的必不可少的功能。第Ⅱ—2 章—防火、探火和灭火，主要内容包括船舶防火、探火和灭火的基本原则，固定式灭火系统的要求，消防设备的要求，以及机器处所的消防配备和特殊布置等通用要求，并根据不同种类船舶的特点，规定了船舶防火结构的布置，具体包括船舶防火、探火和灭火设备的布置及配置方法。第二部分别于 1981 年和 2000 年进行全部重写，将有关消防设备、布置技术的标准从公约中分离出来，成为独立的强制性规则，即《国际消防安全系统规则》(FSS 规则)。新公约的第Ⅱ-2 章与 FSS 规则一起构成了 SOLAS 公约中全新形式的防火、探火、灭火和逃生消防安全模式。在保留基本规定要求的同时，还允许采用认可的替代消防安全设计和布置的方法。

(3) 第Ⅲ章—救生设备与装置。主要内容分 A 和 B 两部分，共 37 条。其中 A 部分是通则；B 部分是船舶和救生设备的要求，包括客船与货船、客船附加要求、货船附加要求等 3 节，规定了适用于所有船舶的一般要求，并根据船型、设备、构造特征规定了应配备的救生设备，确定其容量的方法，以及维修和随时可用性的要求，并有应急和例行演习的程序，同时分别对客船和货船规定了附加要求。国际海事组织(IMO)第 66 届海上安全委员会(MSC)的 MSC. 48(66)号决议通过了《国际救生设备规则》(LSA 规则)，成为 SOLAS 公约第Ⅲ章之下的强制性规则，具体规定了个人救生设备、视觉信号、救生艇筏、救生艇、降落和登乘设备、其他救生设备等设施设备的技术要求。

(4) 第Ⅳ章—无线电通信设备。主要内容分 A，B 和 C 三部分，共 17 条。A 部分为通则；B 部分强调了缔约国政府的承诺；C 部分规定了船舶分海区应配备的无线电设备类型以及无线电的操作、电源、性能标准、维修、人员、记录等要求。本章部分条款的要求还必须考虑国际电信联盟(ITU)无线电规则的相关规定。

(5) 第Ⅴ章—航行安全。本章共 35 条及 1 个附录。除另有明文规定外，本章适用于所有航线上的所有船舶，而公约附则的其他章节只适用于从事国际航行的某类船舶。本章的主要内容为操作性条款，涉及对船舶的气象服务、水文服务、冰区巡逻服务、搜救服务、运输服务及船舶航线、船舶报告系统等。本章规定了缔约国政府应从安全的角度保证所有的船舶得到充分和有效配员的一般义务，同时还规定了安装雷达和其他助航设备的要求以及驾驶台的可视范围。

(6) 第Ⅵ章—货物装运。主要内容为有关货物装运安全的要求，包括货物装运的一般规定、谷物以外的散装货物装运的特别规定、谷物装运的特别规定等。本章还对货物堆装、系固及装卸重点作了规定。

(7) 第Ⅶ章—危险货物的载运。本章规定了危险货物的分类、包装、标志和积载。

(8) 第Ⅷ章—核能船舶。(略)

(9) 第Ⅸ章—船舶安全营运管理。《国际安全管理规则》(ISM 规则)作为该章的附则成为强制性规则。ISM 规则的基本要求：由负责船舶营运的公司建立并在岸上和船上实施经船旗国主管机关认可的安全管理体系(SMS)，从而使公司能够具备船舶营运的安全做法和安全工作环境，针对已认定的所有风险制定防范措施并不断提高岸上及船上人员的安全管理技能，做到安全管理符合强制性规定及规则，并就国际海事组织、主管机关、船级社和海运行业组织所建议的规则、指南和标准予以考虑,最终实现保证海上安全、防止人员伤亡、避免对环境特别是海洋环境造成危害及财产损失的目标。

(10) 第Ⅹ章—高速船安全措施。对新型高速船(HSC),需要规定一个强制性的国际标准。

(11) 第Ⅺ-1章—加强海上安全的特别措施,涉及对认可组织的授权,对油船、散货船强化检验和船舶识别号等内容;第Ⅺ-2章—加强海上保安的特别措施,对缔约国政府应承担的海上保安责任和义务作了相应的规定,并由此产生一个附则,即《国际船舶和港口设施保安规则》(ISPS规则)。

(12) 第Ⅻ章—散货船安全附加措施。为了加强散货船的结构安全和稳性安全,特别制定本章的要求。

(13) SOLAS公约附录。向各缔约国提供有关船舶安全证书的标准格式。主要包括下列证书格式:客船安全证书、货船构造安全证书、货船设备安全证书、货船无线电安全证书、货船安全证书、免除证书、核动力客船证书、核动力货船安全证书等。

二、SOLAS公约2006—2011年生效的修正案

(一) SOLAS公约附则第Ⅱ-1章—构造——结构、分舱与稳性、机电设备

1. 2004修正案

2004修正案,MSC.170(79)号决议于2004年12月9日通过,2006年7月1日生效。该修正案规定:

(1) 该章第18.2条替代为“在客船和货船上,水密门应作水头分别高达舱壁甲板或干舷甲板的水压试验。如因可能损坏绝缘件或舾装件而未对各门作试验,可代之以按门的类型和大小对各门作原型压力试验,且试验压力应至少与预定安装位置所要求的水头相符。原型试验应在门安装之前进行。门在船上的安装方法和程序应与原型试验所用的安装方法和程序相符。每扇门在船上装好后,应检查其是否在舱壁与门框之间正确就位”。

(2) 第45.10条替代为“电气设备不应安装在任何可燃混合气体易于积聚的处所内,例如主要用来存放蓄电池的舱室、油漆间、乙炔贮藏室或类似处所,除非主管机关确信这些设备是

(i) 操作所必需的;

(ii) 不会点燃有关的混合气体的型式;

(iii) 适合于有关处所使用;和

(iv) 经证明在可能遇到的灰尘、蒸汽或气体中安全使用”。

(3) 新增第45.11条,要求“在液货船中,电气设备、电缆和接线不应安装在危险处所,除非其所符合的标准不低于国际海事组织所接受的标准。然而,对于这些标准不适用的处所,不符合标准的电气设备、电缆和接线可基于主管机关满意的风险评估安装在危险处所,以确保能保证相等的安全等级”。

第45.10条和第45.11条适用于2007年1月1日或以后建造的船舶。

2. 2005 修正案

2005 修正案，MSC. 194(80)号决议于 2005 年 5 月 20 日通过。附件 1 于 2007 年 1 月 1 日生效。附件 1 修订的主要内容如下：

(1) 第 3-3 条“安全接近液货船船艏”，规定每艘液货船应备有能够使船员即时在恶劣的天气条件下获得安全接近船艏的装置。

(2) 第 3-4 条“液货船应急拖航装置”，对于 2002 年 7 月 1 日或以后建造的液货船，其应急拖航装置应在船舶缺少主电源的情况下随时能迅速被拖并易于与拖船连接。应急拖航装置中应至少有一个事先安装就绪，即刻可用。

(3) 新增第 3-7 条“建造图纸保存在船上和岸上”，规定 2007 年 1 月 1 日或以后建造的船上应保存一套建造图纸及其他表明任何结构性改变的平面图；同时，岸上应有另一套相同的图纸由船公司保存。

(4) 新增第 3-8 条“拖航和系泊设备”，适用于 2007 年 1 月 1 日或以后建造的船舶，但不适用于按照第 3-4 条规定配备的应急拖航装置。船舶应配备足够安全负荷的装置、设备和备件，能够进行各种与船舶正常作业相关的拖航和系泊作业。配备的装置、设备和备件，应满足主管机关或认可的组织的要求。配备的每种备件或每项设备，应清楚地标明与其安全操作相关的任何限制，并考虑其给船舶结构带来的强度。

(5) 新增第 23-3 条“散货船以外的单一舱货船上的水位探测器”。2007 年 1 月 1 日以前建造的散货船以外的单一舱货船上的水位探测器，应不晚于 2007 年 1 月 1 日之后进行中间检验或换证检验之日符合本条的要求，以较早的日期为准。长度小于 80 m 或 1998 年 7 月 1 日以前建造长度为 100 m 的船舶和干舷甲板以下单一货舱或在干舷甲板以下的货舱不被至少一堵使该甲板水密的舱壁隔开的船舶，应在此类处所装配水位探测器。水位探测器应

(i) 当货舱内底上方的水位高度达到不小于 0.3 m，且当该水位高度达到不小于货舱平均深度的 15%时，在驾驶台上给出声光报警；和

(ii) 安装在货舱的尾端，或安装在不与设计水线相平行的内底最低部分的上方，如腹板或部分水密舱壁安装在内底的上方，主管机关可要求安装附加的探测器。

在符合第Ⅻ/12 条规定的船上，或在货舱每侧具有至少自内底板至干舷甲板长度延伸垂直水密边舱的船上，上述水位探测器不必安装。

(6) 新增第 31.2.10 条，自动化系统的设计应确保能及时地向航行值班的驾驶员发出推进系统即将或紧急减速或停车的临界警报，以便值班驾驶员在紧急情况下评估航行状态。尤其在该系统为负责航行值班的驾驶员提供人工干预操作机会的同时，应能控制、监测、警示和采取减速或停止推进系统的安全行动，除非手动干预使主机和/或推进设备在短时间内彻底停车，例如在超速的情况下。

3. 2006 修正案

2006 修正案，MSC. 216(82)号决议于 2006 年 12 月 8 日通过。附件 1 于 2008 年 7 月 1 日生效。附件 1 修订的内容如下：

(1) 第 3-2 条“油船和散货船海水压载舱的防腐”更改为“所有类型船舶专用海水压载舱和散货船双舷侧处所的保护涂层，适用于不小于 500 总吨的，2008 年 7 月 1 日或以后签订造船合同、或无造船合同而 2009 年 1 月 1 日或以后安放龙骨或处于类似建造阶段、或交船

日期为 2012 年 7 月 1 日或以后的船舶”。

(2) 船上配置的所有专用海水压载舱和 150 m 及以上长度散货船的双舷侧处所，须在建造时按照《所有类型船舶专用海水压载舱和散货船双舷侧处所的保护涂层性能标准》涂装涂层。该标准由 MSC 以 MSC. 215(82) 号决议通过，并可由 IMO 修正，但修正案须按照公约第Ⅷ条关于附则除第Ⅰ章外的适用修正程序的规定通过、满足生效条件和发生效力。保护涂层系统的保养须列入全船保养机制。在船舶的寿命中，保护涂层系统的效能须由主管机关或经主管机关认可的组织根据国际海事组织制定的指南加以验证。

(3) 1998 年 7 月 1 日或之后建造的油船和散货船上不适用上述要求的所有专用海水压载舱，须符合 MSC. 47(66) 号决议通过的第Ⅱ-1/3-2 条的要求。

附件 3 于 2010 年 7 月 1 日生效。附件 3 修订的内容如下：

(1) 新增第 41.6 条，要求在客船上，所有舱室均须设有辅助照明，以清楚地示明出口，使旅客能够找到通向门的通道。辅助照明可与应急电源相连，或在每个舱室中配有自备电源，在舱室正常照明失去电源时自动点亮，并延续至少 30 min。

(2) 新增 F 部分“替代设计与布置”，提供机电设备替代布置与设计的方法。如机电设备的替代设计与布置能实现有关要求的意图并提供与本章同等的安全水平，机电设备的设计与布置可以偏离第Ⅱ-1 章 C,D,E 部分中的要求。当替代设计与布置偏离 C,D,E 部分的要求时，须按照本规定对该设计与布置进行工程分析、评估和认可。

4. 第Ⅱ-1 章的修订

MSC. 194(80) 号决议附件 2 和 MSC. 216(82) 号决议附件 2，两者皆于 2009 年 1 月 1 日生效。自 2005 年以来，MSC 对第Ⅱ-1 章进行了多次修订，尤其是第 80 届会议通过的关于修正案的决议 MSC. 194(80)，该决议的附件 2 对第Ⅱ-1 章的 A,B 和 B-1 部分进行了全面修订。第 82 届会议又在决议 MSC. 194(80) 的基础上重新修订并通过了决议 MSC. 216(82)。上述修正案对原有第Ⅱ-1 章的内容和结构作了重大修改，将确定性的客船 SOLAS 90 标准与干货船基于概率方法的 SOLAS 92 标准协调为统一的概率破损稳性要求，提高了设计灵活性，但要求也大幅提高。若要满足新规则的要求，干货船和客船的船型设计需要调整分舱布置。

5. 2008 修正案

2008 修正案，MSC. 256(84) 号决议于 2008 年 5 月 16 日通过，2010 年 1 月 1 日生效。第 3-4 条“液货船应急拖航装置”修正为“应急拖带装置和程序”。

(1) 液货船应急拖带装置：应急拖带装置须安装于不小于 20 000 载重吨的每艘液货船的两端。对于 2002 年 7 月 1 日或以后建造的液货船，装置应在任何时间都能迅速布置在无主动力的被拖带船舶上，并易于连接到拖船。须至少为迅速布置而预装妥当一套应急拖带装置。考虑到船舶的尺寸和载重吨以及在恶劣气候条件下的预计受力，两端的应急拖带装置应有足够的强度。对于 2002 年 7 月 1 日以前建造的液货船，应急拖带装置的设计和建造应由主管机关根据 IMO 制定的导则认可。

(2) 船上应急拖带程序：在不晚于 2010 年 1 月 1 日前适用于所有客船，2010 年 1 月 1 日或以后建造的货船；在不晚于 2012 年 1 月 1 日时适用于 2010 年 1 月 1 日以前建造的货船。船舶须配备船舶专用应急拖带程序。该程序须备于船上供应急情况下使用，并须根据船上现有装置和可用设备制定。程序包括标明可能的应急拖带装置的前甲板和后甲板示意图；船上可用于应急拖带的设备清单；通信手段和方法；便于应急拖带作业的准备和操作的程序范例。

新增第3－9条“登乘和离船设施”。除非主管机关认为符合某一具体条款不合理或实践上不可行，2010年1月1日或以后建造的船舶，应根据配备在港口和港口相关地点使用登乘和离船设施，例如舷门和舷梯。登乘和离船设施应根据IMO制定的导则建造和安装。对于所有的船舶，登乘和离船设施须在适合其预期用途的条件下进行检查和维护，并考虑任何有关安全负载的限制。所有用于支持登乘和离船设施的线缆都须按照第Ⅲ/20.4条的要求进行维护。

（二）SOLAS公约附则第Ⅱ－2章—防火、探火和灭火

1. 2006修正案

2006修正案，MSC.201(81)号决议于2006年5月18日通过，2010年7月1日生效。该修正案对1994年修正案，MSC.31(63)号决议的第15条进行了修正，对船用柴油机高压油管的适用范围进行了修改，从原来适用于所有船舶更改为适用于1992年2月1日或以后建造的船舶。MSC.206(81)决议通过、2010年7月1日生效的FSS规则的修正案对规则第5章进行了修改，新增对CO_2高压钢瓶的ISO参考标准、安全装置、安装后试验和低压CO_2灭火系统（如结构、压力试验和检验、安全阀、压力表和关闭阀、制冷装置、故障声响和视觉警报等）的要求。规则第5章第2.2.2款更改为“对2010年7月1日或以后建造的船舶，其CO_2释放控制系统应确保释放时先开启释放管路上的总阀再开启CO_2钢瓶上瓶头阀的释放顺序”。

2006修正案，MSC.216(82)号决议于2006年12月18日通过，附件3于2010年7月1日生效。主要修改内容如下：

(1) 新增第21条“事故门限、安全返港及安全区”。适用于2010年7月1日或以后建造、长度为120 m及以上或具有3个及以上主竖区的客船。本条的目的是确定设计标准，使船舶在发生未超出所规定门限的事故后，依靠自身动力安全返港。本条款还提出了安全区的功能性要求和性能标准。

(2) 新增第22条“在失火事故后维持运行的系统的设计标准”。适用于2010年7月1日或以后建造、长度为120 m及以上或具有3个及以上主竖区的客船。本条的目的是为在超出事故门限后支持有序撤离及弃船所需要维持运行的系统定出设计标准。

(3) 新增第23条“客船上的安全中心”。2010年7月1日或以后建造的客船须在船上设有符合本条要求的安全中心。本条的目的是为协助管理紧急情况的处所作出规定。

2. 2008修正案

2008修正案，MSC.256(84)号决议于2008年5月16日通过，2010年1月1日生效。新增第10.4.1.5款，规定2010年1月1日以后的第一次计划坞检前，2002年7月1日以前建造船舶的机器处所和货泵舱固定式CO_2灭火系统应设置两套独立的释放控制装置。

2008修正案，MSC.269(85)号决议于2008年12月4日通过，附件1于2010年7月1日生效，附件2于2011年1月1日生效。附件1的修订内容主要是对第9条的部分规定进行了修改，新增了对防火门底部间隙的要求。具体如下：

(1) 对于客船A级分隔上的防火门,在2010年7月1日或以后安装的,已获核准的门槛并非门框一部分的门,其门下间隙须不超过12 mm,并且门下须装设不燃门槛,地板敷料不得延续至关闭的门之下;对于B级分隔上的防火门,在2010年7月1日或以后安装的,已获核准的门槛并非门框一部分的门,其门下间隙须不超过25 mm。

(2) 对于货船耐火分隔上的防火门,在2010年7月1日或以后安装的,已获核准的门槛并非门框一部分的"A"类门,其门下间隙须不超过12 mm,并且门下须装设不燃门槛,地板敷料不得延续至关闭的门之下;在2010年7月1日或以后安装的,已获核准的门槛并非门框一部分的"B"类门,其门下间隙不得超过25 mm。

附件2的修订内容主要是对第Ⅱ-2章部分进行了修改,主要涉及船舶载运包装危险货物的规定。新增第2.4条,具有拟装运包装危险货物处所的下列船舶,除按照表19.1和表19.3装运定为6.2类和7类危险货物及限量内和免除数量危险货物外,须在不迟于2011年1月1日或以后的第一次更新检验之日符合规则第19.3条的要求:

(1) 1984年9月1日或以后,但在2011年1月1日以前建造的客船和500总吨及以上的货船;及

(2) 1992年2月1日或以后,但在2011年1月1日以前建造的500总吨以下的货船。

尽管有此规定,但是:

(1) 在1984年9月1日或以后而在1986年7月1日以前建造的客船和500总吨及以上的货船,如符合经MSC.1(XLV)号决议所通过规定第54.2.3条的要求,则无须符合规则第19.3.3条的要求;

(2) 在1986年7月1日或以后而在1992年2月1日以前建造的客船和500总吨及以上的货船,如符合经MAC.6(48)号决议所通过规定第54.2.3条的要求,则无须符合规则第19.3.3条的要求;

(3) 在1984年9月1日或以后而在1998年7月1日以前建造的客船和500总吨及以上的货船,无须符合规则第19.3.10.1条和第19.3.10.2条的要求;

(4) 在1992年2月1日以后而在1998年7月1日以前建造的500总吨以下的货船,无须符合规则第19.3.10.1条和第19.3.10.2条的要求。

对第19条的部分内容亦进行了修改,主要如下:

(1) 将表19.1的原注释1替换为下列文字:"对于不适用于封闭货运集装箱的第4类和第5.1类的固体。对于第2,3,6.1和8类,当装于封闭货运集装箱内时,通风率可减至不少于每小时换气2次。对于第4类和第5.1类的液体,当装于封闭货运集装箱内时,通风率可减至不少于每小时换气2次。就本要求而言,封闭式可移动罐即为封闭货运集装箱。"

(2) 在表19.2的注释10中,将"经A.434(Ⅺ)号决议通过的固体散装货物安全操作规则"改为"国际海运固体散装货物规则"。

(3) 对原表19.3进行了替换。

(三) SOLAS公约附则第Ⅲ章—救生设备与装置

1. 2004修正案

2004修正案,MSC.170(79)号决议于2004年12月9日通过,2006年7月1日生效。

新增第 31.1.8 条，规定 2006 年 7 月 1 日或以后建造的散货船应配备能容纳船上人员总数并能在船艉自由降落下水的救生艇。

2. 2006 修正案

2006 修正案，MSC.201(81)号决议于 2006 年 5 月 18 日通过，2010 年 7 月 1 日生效。该修正案增加了对救生衣的配备要求，对于航行时间在 24 h 以下的客船，应配备若干婴孩救生衣，其数量至少等于船上乘客总数的 2.5%；对于航行时间在 24 h 及以上的客船，应为船上的每个婴孩配备婴孩救生衣。如果船舶配备的成人救生衣不适合最大胸围为 1 750 mm 的人员，则船上应提供足够数量的适合附属件，使救生衣可以系于此类人员身上。

2006 修正案，MSC.216(82)号决议于 2006 年 12 月 8 日通过，该决议的附件 1 于 2008 年 7 月 1 日生效。主要修正内容如下：

(1) 第 6.4.3 条明确了船舶所有的居住处所和船员的正常工作处所均应能够听到通用应急报警系统警报的要求。

(2) 第 14.1 条明确了对于气胀式救助艇，应在任何时候保持充气状态。

(3) 第 19.3.3.4 条规定了对于自由降落式救生艇，应在每 3 个月至少进行一次的弃船演习时，要求船员登上救生艇就座并系好安全带，开始降落程序直到释放救生艇(不必进行实际放艇，艇钩不必释放)，然后救生艇可仅乘载必要的操作人员释放，或使用满足 LSA 规则第 6.1.4 条要求的辅助降落方式降落入水(乘载或不乘载操作人员均可)。这两种情况下操艇人员均应在水面上对救生艇进行操作。在不超过 6 个月的间隔期内，救生艇均应乘载操艇船员自由降落下水，或按照 MSC 通函 1206 号中的指南进行模拟降落下水。

(4) 第 20.4 条取消了每 30 个月调头的要求，而是按照 MSC 1206 号通函进行定期检修时，如发现艇索蚀耗超过制造厂规定的标准或者使用时间达到 5 年(取两者中较早者)，则应更换艇索。

(5) 第 20.11 条关于降落装置和承载释放装置定期检修的修订内容：全面检查的适用范围由原来的仅适用于救生艇改为适用于所有救生艇筏和救助艇；承载释放装置检修的适用范围由原来的仅适用于救生艇改为适用于所有救生艇和救助艇，同时全面检查和试验还包括自由降落式救生艇的释放装置；新增了对可吊式救生筏自动释放钩进行全面检查和试验的要求。

(6) 第 31.1 条修订了关于货船救生艇筏的配备要求，明确了可以快速从一舷移至另一舷的救生筏质量应不大于 185 kg，且应在同一开敞甲板上，转移筏的通道中不应有障碍物。同时还指出，质量大于 185 kg 的布置(例如用小车从一侧移向另一侧，小车和筏的质量加起来大于 185 kg)不能作为满足此要求的救生筏，此种布置每舷均须配备可以容纳 100%定员的救生筏。LSA 规则也对此作出相应的修改。

(7) 第 31.2 条进一步明确了救生艇如果兼作救助艇，应满足公约对艇、降落装置和回收装置的所有相关要求。

(8) 第 32.3 条修订了关于救生设备个人配备中浸水保温服(救生服)的配备要求，要求应为船员配备合适尺寸的救生服，并明确了位于遥远的工作站附近的救生艇筏(如船艏附加救生筏)也应配备救生服(一般不少于 2 套，如船旗国有特殊要求时，按其要求配备)，存放于附近。

(9) 第 35.5 条关于培训手册和培训教材等使用的语言明确规定必须使用船上的工作语言。

2006 修正案,MSC. 216(82)号决议于 2006 年 12 月 8 日通过,该决议的附件 3 于 2010 年 7 月 1 日生效。主要修改内容如下:

(1) 第 4.3 条规定了新颖救生设备或布置的认可要求。新颖救生设备或布置所达到的安全标准至少与 SOLAS 公约第Ⅲ章和 LSA 规则的要求相等,并加以评估及测试,或进行工程分析、评估和认可。

(2) 新增 C 部分“替代设计与布置”,明确为救生设备与布置提供替代设计与布置的方法。

3. 2008 修正案

2008 修正案,MSC. 256(84)号决议于 2008 年 5 月 16 日通过,2010 年 1 月 1 日生效。主要修改内容如下:

(1) 第 6.2.2 条的“雷达应答器”被“搜救定位装置”所替换。该条要求所有客船和所有 500 总吨及以上的货船每舷须配备至少一套搜救定位装置。所有 300 总吨及以上但低于 500 总吨的货船须配备至少一套搜救定位装置。搜救定位装置有两种型式,一种为搜救 AIS 应答器(AIS - SART),另一种为目前广泛使用的雷达应答器(SART)。对于 2010 年 1 月 1 日或以后建造的船舶,其可配备 AIS - SART,亦可配备 SART,但该 SART 应达到经 MSC. 247(83)号决议修正的性能标准。

(2) 对于滚装客船,第 26.2.5 条被替换为“滚装客船上配备的救生筏须按照每四艘救生筏配备一套搜救定位装置的比率配备搜救定位装置。该搜救定位装置须安装在救生筏内,并使其天线在救生筏布放时高于海平面 1 m 以上,但对于带有天蓬的可反转救生筏,搜救定位装置的安排须使生存者能容易地拿到并安装。每个搜救定位装置在安排上均须使其在救生筏布放时能够手动安装。存放配备有搜救定位装置的救生筏的容器须有清楚的标记”。

(四) SOLAS 公约附则第Ⅳ章—无线电通信设备

1. 2004 修正案

2004 修正案,MSC. 152(78)号决议于 2004 年 5 月 20 日通过,2006 年 7 月 1 日生效。第 15.9 条修正了对卫星无线电应急示位标的检验要求。对于客船,应在《客船安全证书》到期之前的 3 个月内进行年度测试;对于货船,应在《货船无线电安全证书》到期之前的 3 个月内,或周年日的 3 个月之前或之后进行年度测试。年度测试可在船上或认可的测试站进行。在不超过 5 年的期间内,在认可的岸上维护设施中进行测试和检验。

2. 2008 修正案

2008 修正案,MSC. 256(84)号决议于 2008 年 5 月 16 日通过,2010 年 1 月 1 日生效。对第 7.1.3 条进行了修正,将“雷达应答器”改为“搜救定位装置”,该装置能在9 G Hz 频带或 AIS 专用频率上工作。对于 2010 年 1 月 1 日或以后建造的船舶,可配备 AIS - SART,亦可配备符合经 MSC. 247(83)号决议修正的性能标准的 SART。

（五）SOLAS公约附则第Ⅴ章—航行安全

1. 对现有船舶配备航行数据记录仪的追溯性要求

MSC.170(79)号决议于2004年12月9日通过，2006年7月1日生效。新增第20.2条，对从事国际航行的现有货船配备简易航行数据记录仪(S-VDR)提出了追溯性要求，即货船在从事国际航行时，应按下列要求装配一台航行数据记录仪(VDR)或S-VDR：

(i)对2002年7月1日以前建造的20000总吨及以上的货船，在2006年7月1日之后第一次计划坞修日，但不晚于2009年7月1日配备；

(ii)对2002年7月1日以前建造的3000总吨及以上，但小于20000总吨的货船，在2007年7月1日之后第一次计划坞修日，但不晚于2010年7月1日配备。

如果货船在上述实施日期之后2年以内将永久退役，主管机关可对这些船舶免除安装要求。

2. 船舶远程识别与跟踪系统的配备要求

MSC.202(81)号决议于2006年5月19日通过，2008年1月1日生效。新增第19-1条“船舶的远程识别和跟踪”，对于从事国际航线的客船和300总吨及以上的货船，包括高速货船和移动式近海钻井装置，须如下配备远程识别与跟踪系统(LRIT)：

(i)2008年12月31日或以后建造的船舶；

(ii)2008年12月31日以前建造并核准在A1和A2海区或A1，A2和A3海区作业的船舶，不晚于2008年12月31日以后的第一次无线电设备检验；

(iii)2008年12月31日以前建造并核准在A1，A2，A3和A4海区作业的船舶，不晚于2009年7月1日以后的第一次无线电设备检验。但是，这些船舶在A1，A2和A3海区作业期间须满足上述第1.1.2款的规定。

MSC.282(86)号决议于2009年6月5日通过，2011年1月1日生效。新增第19.3条，以下船舶应按要求配备驾驶台航行值班报警系统(BNWAS)：

(i)2011年7月1日或以后建造的150总吨及以上的货船和无论大小的客船；

(ii)2011年7月1日以前建造的无论大小的客船，不迟于2012年7月1日以后的第一次检验；

(iii)2011年7月1日以前建造的3000总吨及以上的货船，不迟于2012年7月1日以后的第一次检验；

(iv)2011年7月1日以前建造的500总吨及以上但小于3000总吨的货船，不迟于2013年7月1日以后的第一次检验；和

(v)2011年7月1日以前建造的150总吨及以上但小于500总吨的货船，不迟于2014年7月1日以后的第一次检验。

每当船舶在海上航行时，驾驶台航行值班报警系统须处于运转状态；对于在2011年7月1日以前安装的驾驶台航行值班报警系统，可由主管机关自行决定免除而不用完全符合IMO的标准。

3. 电子海图显示和信息系统的配备要求

MSC.282(86)号决议于2009年6月5日通过，2011年1月1日生效。新增第19.2.10条，

以下从事国际航行的船舶须按要求配备电子海图显示和信息系统(ECDIS)：

(i) 2012 年 7 月 1 日或以后建造的 500 总吨及以上的客船；

(ii) 2012 年 7 月 1 日或以后建造的 3 000 总吨及以上的液货船；

(iii) 2013 年 7 月 1 日或以后建造的除液货船以外的 10 000 总吨及以上的货船；

(iv) 2014 年 7 月 1 日或以后建造的除液货船以外的 3 000 总吨及以上但小于10 000 总吨的货船；

(v) 2012 年 7 月 1 日以前建造的 500 总吨及以上的客船，不迟于 2014 年 7 月 1 日或以后的第一次检验；

(vi) 2012 年 7 月 1 日以前建造的 3 000 总吨及以上的液货船，不迟于 2015 年 7 月 1 日或以后的第一次检验；

(vii) 2013 年 7 月 1 日以前建造的除液货船以外的 50 000 总吨及以上的货船，不迟于 2016 年 7 月 1 日或以后的第一次检验；

(viii) 2013 年 7 月 1 日以前建造的除液货船以外的 20 000 总吨及以上但小于50 000 总吨的货船，不迟于 2017 年 7 月 1 日或以后的第一次检验；以及

(ix) 2013 年 7 月 1 日以前建造的除液货船以外的 10 000 总吨及以上但小于20 000 总吨的货船，不迟于 2018 年 7 月 1 日或以后的第一次检验。

如果船舶将在以上第 v 至 ix 项中规定的实施日期之后 2 年内永久退役，主管机关可自行决定免除适用上述条款的要求。

(六) SOLAS 公约附则第Ⅵ章—货物装运

1. 材料安全数据单

MSC. 239(83)号决议于 2007 年 10 月 12 日通过，2009 年 7 月 1 日生效。新增第 5－1 条“材料安全数据单”，载运《经 1978 年议定书修订的 1973 年国际防止船舶造成污染公约》附则Ⅰ附录Ⅰ所定义的《防污公约》附则Ⅰ货物以及船用燃油的船舶，在装载这些货物之前，须提供基于 IMO 制定的建议案的材料安全数据单。

2. 2008 修正案

2008 修正案，MSC. 269(85)号决议于 2008 年 12 月 4 日通过，附件于 2011 年 1 月 1 日生效。新增内容如下：

(1) 新增第 1－1 条，明确了“国际固体散货规则”和“固体散装货物”的定义。

(2) 新增第 1－2 条，明确了载运除粮食以外的固体散装货物须符合《国际固体散货规则》的相关规定。

3. 2009 修正案

2009 修正案，MSC. 282(86)号决议于 2009 年 6 月 5 日通过，2011 年 1 月 1 日生效。该修正案将第Ⅵ章标题更改为“货物和燃油的装运”。修正第 5－1 条：“对于装运《经 1978 年议定书修订的 1973 年国际防止船舶造成污染公约》附则Ⅰ第一条所界定的油类或燃油的船舶，须根据 IMO 制定的建议，在这些油类作为散装货物或燃料油装船之前，向船舶提供材料安全数据单。”

（七）SOLAS 公约附则第Ⅶ章—危险货物的载运

略

（八）SOLAS 公约附则第Ⅷ章—核能船舶

略

（九）SOLAS 公约附则第Ⅸ章—船舶安全营运管理

1994 年 5 月 24 日第 21 届 IMO 缔约国大会第 1 号决议通过了 SOLAS 公约修正案，新增第Ⅸ章“船舶安全营运管理”，要求公司和船舶应符合 ISM 规则的要求。ISM 规则于 1998 年 7 月 1 日对包括高速船在内的客船生效，对 500 总吨及以上的油船、化学品液货船、气体运输船、散装船和高速货船于 1998 年 7 月 1 日生效，对 500 总吨及以上的其他货船和海上移动式钻井平台于 2002 年 7 月 1 日生效。

ISM 规则与以往 IMO 的公约或规则有所不同，以往的公约或规则主要是针对船舶设备、船员知识技能等方面的，ISM 规则主要针对船公司的安全管理，其核心是要求船公司和船上建立和保持符合 ISM 规则要求的安全管理体系。ISM 规则的生效实施，将过去仅重视船舶硬件检查逐渐过渡到硬件与软件并重。在有关 ISM 规则实施情况的港口国检查中，港口国检查官员不但要检查证书是否齐全有效，设备是否工况良好、运转正常，而且要查持证船员对设备操作的熟练程度，并扩展到船员对船舶的管理以及船公司管理的检查和监督等。

ISM 规则从控制人为因素着手，加强船公司的管理责任和船舶的安全操作，强调以预防为主的思想，通过建立和运行安全管理体系对船舶安全航行和防污染活动实行过程控制，因此，ISM 规则是 IMO 为了促进船舶海上营运安全和防止海洋环境污染的重大举措，是航运管理观念上的一次重大变革，是对传统安全管理方法的一次重大突破。

（十）SOLAS 公约附则第Ⅹ章—高速船安全措施

略

（十一）SOLAS 公约附则第Ⅺ-1 章—加强海上安全的特别措施

1. 公司和注册船舶所有人的识别号

MSC. 194(80)号决议于 2005 年 5 月 20 日通过，其附件 2 于 2009 年 1 月 1 日生效。新增第 3-1 条规定每个公司和注册船舶所有人应备有符合 IMO 通过的、唯一的 IMO 公司和注册船舶所有人识别机制下的识别号。公司识别号应插入安全管理证书(SMC)、符合证明(DOC)和船舶保安证书(ISSC)中。2009 年 1 月 1 日或以后签发或更换 SMC，DOC 和 ISSC 时生效，同时，连续概要记录中的相关信息也要作相应的更改和补充。

2. 调查海上事故和海上事件的补充要求

MSC. 257(84)号决议于 2008 年 5 月 16 日通过，2010 年 1 月 1 日生效。新增第 6 条“调查海上事故和海上事件的补充要求”，要求各主管机关须对海上事故和事件进行调查。进行调查须遵照本公约以及 MSC. 255(84)号决议通过的海上事故或海上事件安全调查国际标准和建议做法规则(事故调查规则)中的补充规定。

(十二) SOLAS 公约附则第Ⅺ-2章—加强海上保安的特别措施

略

(十三) SOLAS 公约附则第Ⅻ章—散货船安全附加措施

2004 修正案,MSC.170(79)号决议于 2004 年 12 月 9 日通过,2006 年 7 月 1 日生效。该修正案通过了新的第Ⅻ章。其中第 6.2 条要求“船长为 150 m 及以上,2006 年 7 月 1 日或以后建造的散货船双舷侧处所和专用海水压载舱的涂层,应符合第Ⅱ-1/3-2 条的要求,以及 IMO 拟制定的涂层性能标准”。第 6.5 条要求“2006 年 7 月 1 日或以后建造的船长 150 m 以上,装运密度为 1 000 kg/m^3 及以上固体散装货物的散货船:

(1) 其货舱结构的布置应使所有预期的货物能使用标准的装卸设备和程序装卸而不造成降低结构安全的损坏;

(2) 应确保舷侧与船体梁的其他结构之间有效的结构连续性;和

(3) 其货物处所结构应能保证任一结构扶强构件的失效不会直接导致支持结构失效,从而可能导致整个加强板架的破坏”。

通过新的第Ⅻ章的同时,该修正案还通过了单舷侧散货船舷侧结构强度衡定标准和散货船舱口盖船舶所有人维护及检查标准,这两个标准分别在第 14 条和第 7.2 条中成为强制性要求。

第二节　海洋环境保护公约及相关规则

一、《1973 年国际防止船舶造成污染公约》及最新修正案

(一) 公约概述

随着人类对生活质量、可持续发展的认识和经济水平的提高,对赖以生存和发展的海洋环境提出了更为严格的保护要求,而《经 1978 年议定书修订的 1973 年国际防止船舶造成污染公约》(以下简称 MARPOL 73/78)的生效使海洋环境保护工作取得了积极的成效。MARPOL 73/78 通过控制船舶及设备状态和人员操作,旨在消除有意排放油和其他有害物质而污染海洋环境,并将这些物质的意外排放减至最低限度。目前,MARPOL 73/78 的要求已几乎成为遍布全球的港口国监控组织的必查项目。如果防污染证书和设备不符合要求,违章操作和违反排放标准,记录不符合要求等,船舶就很可能被港口国滞留。

《1973 年国际防止船舶造成污染公约》及其议定书Ⅰ(关于涉及有害物质事故报告的规定)和Ⅱ(关于仲裁)由 IMO 在 1973 年 10 月 8 日至 11 月 2 日召开的国际海洋污染会议上通过。1978 年 2 月 6 日至 17 日召开的国际油船安全和防污染会议(TSPP 会议)通过了其议

定书的修订。该公约再经1997年议定书修订，形成了具有6个附则的技术性公约。

MARPOL 73/78的6个附则分别是：

附则Ⅰ——防止油类污染规则；

附则Ⅱ——控制散装有毒液体物质污染规则；

附则Ⅲ——防止海运包装形式有害物质污染规则；

附则Ⅳ——防止船舶生活污水污染规则；

附则Ⅴ——防止船舶垃圾污染规则；

附则Ⅵ——防止船舶造成大气污染规则。

(二) 防止油类污染规则

该规则于1983年10月2日生效，截至2011年5月，已有150个国家加入，其船舶总吨位占世界商船总吨位的99.14%。

1. 2004年修正案

IMO 2004年10月召开的海洋环境保护委员会(MEPC)第52次会议以MEPC.117(52)号决议通过了该规则的2004年修正案，该修正案已于2007年1月1日生效实施，其中对编排结构进行了全面修订，并增加了以下几方面要求。

(1) 滤油设备的免除要求：

(i) 旅馆船、储存船的免除要求(第14(3)条)：适用于除了不载运货物重新定位航行外，保持在固定位置不动的船舶，如旅馆船、储存船等，要求其设有足够容量的储存舱。

(ii) 高速船的免除要求(第14(5)条)：适用于根据《高速船国际安全规则》发证的，从事回程不超过24 h且不载客或货物的重新定位航行的定期航班，要求其设有足够容量的储存舱，并在《国际防止油污证书》(IOPP证书)中注明。

(2) 新增泵舱保护要求(第22条)，适用于2007年1月1日或以后建造的5 000载重吨及以上的油船，具体要求如下：

(i) 双层底；或

(ii) 货泵舱位置位于船舶基线以上，高度至少符合上述双层底最小高度时，可不必设双层底；或

(iii) 当泵舱进水时不会影响压载泵或货泵系统的正常工作，可不必设双层底。

(3) 新增燃油舱保护要求(第12A条)，适用于2010年8月1日或以后交船的，且燃油舱总容量为600 m^3及以上的所有船舶。具体要求如下：

(i) 单个燃油舱容量不应超过2 500 m^3；

(ii) 不适用于燃油舱容量不大于30 m^3的小燃油舱，但这种小燃油舱的总容量不应超过600 m^3；

(iii) 双层底保护(不包括自升式钻井装置)；和

(iv) 边舱保护：600～5 000 m^3，5 000 m^3及以上；

(v) 替代措施：通过燃油意外溢油参数计算达到一定的水平。

(4) 新增“意外泄油性能”要求(第23条)。该条款替代原附则Ⅰ的“假定溢油量”和“货油舱尺度限制和布置”条款，适用于2010年1月1日或以后交船的油船。具体要求为，为预

防因碰撞或搁浅事故引起的油污染，对 5 000 载重吨及以上的油船，应计算其平均溢油量参数(O_M)。

(5) 泵吸、管路和排放布置要求：

(i) 用泵在水线以下排放压载水(第 30(6)条)：适用于所有油船，当根据 2004 年《船舶压载水及沉积物控制和管理国际公约》实施压载水置换时，允许在海上用泵在水线以下排放专用压载水和清洁压载水。

(ii) 海水箱(第 30(7)条)：适用于 2010 年 1 月 1 日或以后交船的 150 总吨及以上的油船，对于此类船舶，如果设有永久连接于货物管系的海水箱，应设置海水箱阀和舷内隔离阀，并且在两个阀间设置一适当装置(法兰、盲管、真空装置等)，以防止货油的泄漏。

(6) 船上油污应急计划的岸基计算机快速响应程序要求(第 37.4 条)：适用于5 000载重吨及以上的所有油船，要求其船上油污应急计划应配备岸基破舱稳性和残余结构强度计算的计算机快速响应程序(ERS)。

2. 2009 年修正案

MEPC 第 59 次会议于 2009 年 7 月 17 日分别以 MEPC. 186(59)号和 MEPC. 187(59)号决议通过了附则 Ⅰ 的修正案，其中新增第 8 章“防止油船间海上货油过驳期间造成污染”，并对附则相关条款、《国际防止油污证书》附页和《油类记录簿》等进行了修订。2009 年修正案已于 2011 年 1 月 1 日起对我国生效。

(1) 海上油船间货油过驳作业：

(i) 适用范围：适用于 150 总吨及以上从事海上油船间货油过驳作业的油船及其在 2012 年 4 月 1 日或以后进行的过驳作业。不适用于：①包括钻井平台的固定或浮动平台，用于近岸石油生产和储存的浮式生产、存储和卸载设施(FPSO)，用于近海储存已开采石油的浮式储油装置(FSU)等的相关油过驳作业；②船舶加装燃油作业；③为保障船舶安全或海上人命救助，或为应对具体污染事故以最大限度减少污染损害而进行的过驳作业。

(ii) 过驳作业计划：任何从事过驳作业的油船均须在不晚于 2011 年 1 月 1 日或以后进行的第一次年度、中期或换证检验时，随船携带一份过驳作业计划，过驳作业计划应参照 IMO 确定的过驳作业最佳实践导则，用船上工作语言写成，并经过主管机关批准。每艘油船的过驳作业计划应经主管机关批准，应用船上工作语言写成。其编写应考虑 IMO 确定的过驳作业最佳实践导则中所包含的信息。

(iii) 作业人员的资格：全面掌控过驳作业的人员应具备履行所有相关职责的资格，这些资格应考虑 IMO 确定的过驳作业最佳实践导则中的资格。

(iv) 过驳作业的报告：适用范围内的每艘油船，如计划在公约当事国的领海或专属经济区进行过驳作业，应至少在计划进行过驳作业的 48 h 之前通知该当事国。如果油船预计抵达进行过驳作业地点或区域的时间改变超过 6 h，该油船的船长、船舶所有人或代理须提供一份修改后的预计抵达时间表。

(2) 残油(渣油)舱的处置泵与管系连接：残油(渣油)舱须设有能够从残油(渣油)舱中抽走残油的专用处置泵。残油(渣油)舱不得与舱底系统、舱底含油污水舱、内底或油水分离器有排放连接，但该液舱可装有带有人工操作的自动关闭阀门和对经沉淀的水的直观监测装置，以及通往舱底含油污水舱或污水井的排泄管，或者其他安排，条件是此种安排不直接与舱底管系连接。

(三) 控制散装有毒液体物质污染规则

该规则于1983年10月2日生效，对我国于1987年4月6日生效。截至2011年5月，已有150个国家加入，其船舶总吨位占世界商船总吨位的99.14%。

IMO 2004年10月召开的MEPC第52次会议以MEPC.118(52)号决议通过了该规则的2004年修正案，对该规则的编排结构进行了全面修订，实质性修订包括以下几方面。该修正案已于2007年1月1日起生效实施。

1. 有毒液体物质污染分类系统的改变(第6条)

有毒液体物质污染分类系统从原来的“5类”系统(A类、B类、C类、D类和Ⅲ类)改为新的“4类”系统(X类、Y类、Z类和其他物质类)。新的分类系统如下：

(1) X类：此类有毒液体物质，如果在洗舱和排放压载水作业时排入海中，将对海洋资源或人类健康造成严重危害，因此，有必要严禁将此类物质排入海洋环境。

(2) Y类：此类有毒液体物质，如果在洗舱和排放压载水作业时排入海中，将对海洋资源或人类健康造成严重危害，或对舒适性或其他合法利用海洋造成损害，因此，有必要对排入海洋环境的此类物质的质量加以限制。

(3) Z类：此类有毒液体物质，如果在洗舱和排放压载水作业时排入海中，会对海洋资源或人类健康造成较小的危害，因此，有必要对排入海洋环境的此类物质的质量加以限制。

(4) 其他物质(OS)类：此类物质如果在洗舱和排放压载水作业时排入海中，似乎不会对海洋资源或人类健康造成危害，或不会对舒适性或其他合法利用海洋造成损害，因此，排放含有此类物质的舱底污水、压载水及其残余物或混合物不受本附则要求的约束。

新的分类系统对有毒液体物质载运要求的改变主要体现于：

(1) 所有物质重新分类，并重新指定船型，不经分类和评估的有毒液体物质不允许载运。

(2) 只有很少的原Ⅲ类物质被重新评定为OS类物质，大部分植物油成为Y类，需2型化学品船运输(原无船型要求)。

(3) 取消了“类油物质”的分类，不能再用油船运输有船型要求的有毒液体物质(NLS)/化学品。

2. 植物油运输要求(第4.1(3)条)

大部分植物油被评定为Y类物质，需要2型化学品船运输。某些特定植物油可采取下列替代措施：

(1) 3型化学品船；

(2) 双壳结构；

(3) Y类物质的扫舱系统；

(4) 操作要求；

(5) 须获得主管机关同意,运用免除条款。

对于现有的干货船,如果其原本就具有设计用于运输植物油的独立液货舱或深舱,经主管机关同意,可允许在某些特定贸易中继续载运植物油。

(1) 适用条件:

(i) 船舶(现有干货船)在 2007 年 1 月 1 日前已获得有毒液体物质运输证书(NLS 证书);

(ii) 仅允许载运 IBC 规则第 17 章一览表中"e"栏标有"k"脚注的货品;

(iii) 符合所有排放要求及手册要求,并按 NLS 发证程序签发 NLS 证书。

(iv) 只有在获得书面确认后,主管机关才能授予免除;在证书中应注明这种免除;书面确认应放在船上。

(2) 深舱载运:两国间证明由于地理位置原因,用 NLS 船载运植物油不可行时,才能给予这样的免除。

(3) 独立舱载运:这些独立舱专门设计用于载运植物油,独立液货舱距船壳板距离不少于 760 mm。

3. 泵吸、管路、卸货设施和污液舱(第 12 条)

(1) 有效的扫舱系统。散装运输有毒液体物质的船舶的扫舱系统,应满足如表 1-1 所示要求。应以水为介质进行"泵系性能试验",试验应得到主管机关的批准,并持有主管机关出具的试验报告。

表 1-1　散装运输有毒液体物质船舶的扫舱要求

船舶建造日期	每一货舱允许最大液货残余量/L		
	X类	Y类	Z类
1986 年 7 月 1 日以前	300	300	900
1986 年 7 月 1 日或以后 2007 年 1 月 1 日之前	100	100	300
2007 年 1 月 1 日或以后	75	75	75

(2) 水下排放口。被指定装载 X,Y 或 Z 类物质的船舶应当设有一个或几个水下排出口。对于在 2007 年 1 月 1 日之前建造并指定装载 Z 类物质的船舶,本条中所要求的水下排出口是非强制性的。

4. 有毒液体物质残余物的排放控制(第 13 条)

经修订的排放控制要求不再区分特殊区域内和特殊区域外排放标准,仅规定在"南极区域"禁止任何有毒液体物质的排放,并删除了关于船艉迹流中物质排放浓度和物质最大排放量的描述。

(1) 排放标准:

(i) 自航船航速至少 7 kn,非自航船航速至少 4 kn;

(ii) 以不超过设计水下排放口的最大排放率在水线以下排放(对 2007 年 1 月 1 日之前建造的船舶,Z 类物质或临时归为 Z 类物质的残余物或含有此类物质的压载水、洗舱水或其他混合物不强制要求在水线以下排放入海。)；

(iii) 排放时距最近陆地不少于 12 n mile,水深不少于 25 m。

(2) X类物质残余物的排放：液货舱卸完货后,离港前应预洗,残余物浓度不超过 0.1%;或者按照经批准的预洗程序预洗;而后按排放标准排放。

(3) Y和Z类物质残余物的排放：

(i) 按标准排放;若不是按照 P&A 手册卸货,应预洗。

(ii) Y类高黏度或凝固物质,必须预洗。

(iii) 对于Z类物质的排放,主管机关可免除离最近陆地不少于 12 n mile 的要求。

(四) 防止海运包装形成有害物质污染规则

该规则于 1992 年 7 月 1 日生效,对我国于 1994 年 12 月 31 日生效。截至 2011 年 5 月 3 日,已有 135 个国家加入,其船舶吨位占世界商船总吨位的 96.45%。IMO 2006 年 10 月召开的 MEPC 第 55 次会议以 MEPC.156(55)号决议通过了该规则的修正案,该修正案已于 2010 年 1 月 1 日生效实施。修正案对该规则的编排结构进行了全面修订,主要内容如下所述。

1. 适用范围

(1) 适用于所有海运包装有害物质的船舶。

(2) 不适用于船用物料及设备。

(3) 凡以前曾经装运过有害物质的空容器,除非已采取足够的预防措施,保证其中已没有危害海洋环境的残余物,否则应将它们本身视为有害物质。

2. 有害物质的定义

"有害物质"系指那些在《国际海运危险货物规则》中被确定为海洋污染物的物质。

3. 包装、标志和标签

有害物质的包装应能将其内容物对海洋环境的危害降至最低限度,具体应符合《国际海运危险货物规则》包装导则的要求。

盛装有害物质的包装件,应永久地标以正确的技术名称(不应仅使用商品名称),并加上永久的标志或标签牌,以指明该物质为海洋污染物。标记图案、文字应在海中浸没 3 个月后仍能清晰可见。盛装少量有害物质的包装件可免除标记要求。

4. 单证

所有有关海运有害物质的单证上涉及这些物质名称时,应该使用每种物质的正确技术名称(不应该仅使用商品名称),并对该物质注明"海洋污染物"字样。

托运人应在其提供的单证上声明对所托运的有害物质已妥善地进行了包装、标志和标签,并处于适合运输的状态。

运输有害物质的船舶应有一份列明船上所装全部有害物质的位置的详细积载图或特别清单,并在离港之前将积载图或特别清单的一份副本交给港口国当局指定的个人或组织使用。船舶在中途进行装卸货,即使是部分的装卸货,都要修订有害物质清单或舱单,包括这些货物在船上的装载位置和积载图,以供港口国当局指定的个人或组织使用。有害物质清单或舱单可与危险货物舱单或积载图合并。

5. 积载

海洋污染物应妥善积载和加强紧固，以使对海洋环境的危害减至最低限度，且不致对船舶和船上人员的安全造成危害，一般被要求积载在舱内。

6. 限量

对某些有害物质，由于科学和技术上的合理原因，可能需要禁止运输或对某一船舶的装载数量加以限制。在限制数量时应充分考虑船舶的大小、结构和设备，同时还应考虑这些物质的包装和内在性质。

（五）防止生活污水污染规则

该规则于 2003 年 9 月 27 日生效，生效后不足 1 年，IMO 即于 2004 年 4 月 1 日通过其修正案。该附则已于 2005 年 8 月 1 日正式生效，并于 2007 年 2 月 2 日对我国生效。截至 2011 年 5 月 3 日，已有 128 个国家加入，其船舶吨位占世界商船总吨位的 86.62%。

该附则规定了在船上或允许排放污水后的海域处理或保存生活污水的要求，要求各缔约国提供足够的生活污水接收装置，还有船旗国政府根据其权限对船舶签发《国际防止生活污水污染证书》。

1. 适用范围

附则Ⅳ适用于国际航行船舶，所有 400 总吨及以上的船舶以及 400 总吨以下且核定载客超过 15 人的船舶必须符合此规则。

2. 生活污水的定义

“生活污水”系指：

(1) 任何型式的厕所和小便池的排出物和其他废弃物；

(2) 医务室(药房、病房等)的洗手池、洗澡盆和这些处所排水孔的排出物；

(3) 装有活动物的处所的排出物；或

(4) 混有上述定义的排出物和其他废水。

3. 生活污水系统

每艘符合附则Ⅳ适用范围的船舶应配备下列生活污水系统之一：

(1) 生活污水处理装置，该装置应为主管机关认可的型号；

(2) 经主管机关认可的污水粉碎和消毒系统，该系统应装有主管机关认为合格的设施，当船舶距最近陆地不足 3 n mile 时用于临时储存生活污水；或

(3) 主管机关认为容积足够储存所有生活污水的集污舱，该容积的确定应考虑船舶操作、船上人员数目和其他相关因素。集污舱应按主管机关的要求来制造，并提供一种能通过视觉来观察舱内污水量的指示方式。

4. 船舶生活污水排放规定

经修订的附则Ⅳ规定了如表 1－2 所示的船舶生活污水排放标准。

5. 生活污水排放接头

为了使接收设备的管路能与船上的排放管路相连结，两条管路均应装有符合表1－3 所示标准的排放接头。

表 1－2 船舶生活污水排放标准

<table>
<tr><th>船舶配备的
生活污水系统</th><th colspan="2">相应的排放标准</th></tr>
<tr><td>生活污水处理装置</td><td colspan="2">通过正在运行的经认可的生活污水处理装置处理后排放入海，但排出物在其周围的水中不应产生可见的漂浮固体，也不应使周围的水变色</td></tr>
<tr><td>污水粉碎和消毒系统</td><td>将业经粉碎和消毒的生活污水，在距最近陆地 3 n mile 以外排放入海</td><td rowspan="2">应在船舶以不低于 4 kn 的航速航行时，以适当的速率排放，不能顷刻排光</td></tr>
<tr><td>集污舱</td><td>将未经粉碎或消毒的生活污水，在距最近陆地 12 n mile 以外排放入海</td></tr>
</table>

表 1－3 排放标准接头

项　目	尺　寸
外　径	210 mm
内　径	按照管子的外径，对于型深为 5 m 和小于 5 m 的船舶，排放接头的内径可为 38 mm
螺栓圆直径	170 mm
法兰槽口	直径为 18 mm 的 4 个孔等距分布在上述直径的螺栓圈上，开槽口至法兰外缘，槽口宽 18 mm
法兰厚度	16 mm
螺栓和螺帽	4 个，每个直径 16 mm，长度适当
注：法兰应设计为能接受最大内径 100 mm 的管子，以表面平整的钢或其他同等材料制成。这种法兰连同一个适当的垫圈，应能承受 600 kPa 的工作压力。	

(六) 防止船舶垃圾污染规则

该规则于 1988 年 12 月 31 日生效，对我国于 1988 年 11 月 21 日生效。截至 2011 年 5 月 3 日，已有 141 个国家加入，其船舶吨位占世界商船总吨位的 97.36%。

1. 2004 年修正案

IMO 2004 年 4 月召开的 MEPC 第 51 次会议以 MEPC. 116(51)号决议决议通过了该规则的 2004 年修正案，该修正案已于 2005 年 8 月 1 日生效，主要内容如下：

(1)《垃圾记录簿的格式》第 3 节中的第 4 类垃圾修改为"货物残留物、纸制品、破布、玻璃、金属、瓶子、陶器等"。

(2)《垃圾记录簿的格式》第 4 节的 4.1(a)(ii)段修改为"(ii)船舶的位置(经度和纬度)。记录货物残留物的排放，包括开始和停止排放时的位置"。

(3) 在《垃圾排放记录》的备注中增加"开始和停止排放货物残留物时的位置将记录在案"。

2. 2010 年修正案

IMO 2010 年 3 月召开的 MEPC 第 60 次会议以 MEPC. 191(60)号决议通过了该规则的 2010 年修正案，决定大加勒比区特殊区域的排放要求自 2011 年 5 月 1 日起生效。根据该修正案，附则Ⅴ规则第 5 条“大加勒比海区域为垃圾排放特别海域”的适用对象为，除例外情形外，本规则适用于所有船舶。垃圾分类如下：

(i) 塑料；

(ii) 可漂浮衬垫、包装材料，如保丽龙；

(iii) 纸、破布、玻璃、金属瓶、陶瓷等；

(iv) 货舱剩余物；

(v) 厨余：食物废弃物；

(vi) 燃烧后的灰烬。

不在特别区域的排放要求：

(i) 塑料类包括尼龙绳等以及燃烧塑料后的灰烬禁止抛海；

(ii) 可漂浮衬垫、包装材料，只准在距离陆地 25 n mile 以外抛海；

(iii) 厨余、纸、破布、玻璃、金属瓶、陶瓷等，只准在距离陆地 12 n mile 以外抛海；如果经粉碎研磨，垃圾大小不超过 25 mm，则可放宽在距离陆地 3 n mile 以外抛海。

在特别区域的排放要求：

(i) 除食物废弃物外，所有垃圾禁止抛海；

(ii) 食物废弃物只准在距离陆地 12 n mile 以外抛海。

以上两者的共同要求为，防止船舶垃圾污染规则是 MARPOL 公约 6 个附录里仅有的两个没有要求检验及发证的，只要求备有垃圾处理公告牌、垃圾管理计划及垃圾纪录等，港口应设有收受设施。

(七) 防止船舶造成大气污染规则

该规则主要控制船上消耗臭氧物质、氮氧化物(NO_x)、硫氧化物(SO_x)和挥发性有机化合物(VOC)的排放，并对船上焚烧、燃油的供应和质量提出了控制要求。该规则已于 2005 年 5 月 19 日生效，并于 2006 年 8 月 23 日对我国生效。截至 2011 年 5 月 3 日，已有 65 个国家加入，其船舶吨位占世界商船总吨位的 89.82%。

1. 2008 年修正案

IMO 2008 年 10 月召开的 MEPC 第 58 次会议以 MEPC. 176(58)号决议通过了该规则的 2008 年修正案，大幅提高了氮氧化物和硫氧化物的排放控制要求。该修正案已于 2010 年 7 月 1 日起生效实施，主要修订内容如下所述。

(1) 消耗臭氧物质(ODS)减排要求(第 12.6 和 12.7 条)：400 总吨以上具有含消耗臭氧物质再充注系统的船舶，应持有经主管机关批准的《消耗臭氧物质记录簿》，该记录簿可以是现有航海日志或电子记录系统的一部分。涉及消耗臭氧物质的相关作业，应按规定记录在《消耗臭氧物质记录簿》之中。

(2) 氮氧化物排放限制要求：

1) 新的船用柴油机氮氧化物排放限值要求(第 13.3 至 13.5 条)(见表 1-4)

表 1－4　船用柴油机氮氧化物排放限值要求

适用柴油机		氮氧化物排放限值
第Ⅰ级	2000 年 1 月 1 日或以后至 2011 年 1 月 1 日以前建造的船上安装的船用柴油机	1. 当 n 小于 130 r/min 时，17.0 g/(kW・h)； 2. 当 n 等于或大于 130 r/min 但小于 2 000 r/min 时，45・$n^{(-0.2)}$ g/(kW・h)； 3. 当 n 等于或大于 2 000 r/min 时，9.8 g/(kW・h)
第Ⅱ级	2011 年 1 月 1 日或以后建造的船上安装的船用柴油机	1. 当 n 小于 130 r/min 时，14.4 g/(kW・h)； 2. 当 n 等于或大于 130 r/min 但小于 2 000 r/min 时，44・$n^{(-0.23)}$ g/(kW・h)； 3. 当 n 等于或大于 2 000 r/min 时，7.7 g/(kW・h)
第Ⅲ级	2016 年 1 月 1 日或以后建造的船上安装的柴油机	1. 当 n 小于 130 r/min 时，3.4 g/(kW・h)； 2. 当 n 等于或大于 130 r/min 但小于 2 000 r/min 时，9・$n^{(-0.23)}$ g/(kW・h)； 3. 当 n 等于或大于 2 000 r/min 时，2.0g/(kW・h)
注：n 为柴油机转速。		

2）“老”柴油机的追溯（第 13.7 条）

1990 年 1 月 1 日或以后但在 2000 年 1 月 1 日以前建造的船舶上安装的、输出功率超过 5 000 kW 且每缸排量在 90 L 及以上的船用柴油机，经过主管机关认可，其氮氧化物排放限值应满足以下标准（其中 n 为柴油机转速）：

(i) 当 n 小于 130 r/min 时，17.0 g/(kW・h)；

(ii) 当 n 等于或大于 130 r/min 但小于 2 000 r/min 时，45・$n^{(-0.2)}$ g/(kW・h)；

(iii) 当 n 等于或大于 2 000 r/min 时，9.8 g/(kW・h)。

(3) 硫氧化物及颗粒物质排放限制要求：

1）新的全球范围内燃油硫含量限值（第 14.1 条）

船上使用的任何燃油的硫含量不应超过下述限值：

(i) 2012 年 1 月 1 日以前，4.50% m/m；

(ii) 2012 年 1 月 1 日或以后，3.50% m/m；以及

(iii) 2020 年 1 月 1 日或以后，0.50% m/m。

2）新的排放控制区（ECA）内燃油硫含量限值（第 14.4 条）

当船舶在排放控制区域航行时，船上使用的燃油的硫含量不应超过下述限值：

(i) 2010 年 7 月 1 日以前，1.50% m/m；

(ii) 2010 年 7 月 1 日或以后，1.00% m/m；以及

(iii) 2015 年 1 月 1 日或以后，0.10% m/m。

3）燃油转换程序和记录（第 14.6 条）

使用不同燃油以满足排放控制区硫氧化物排放限制要求的船舶，应持有书面的燃油转换程序，并将燃油转换作业记录在主管机关规定的航海日志中。

(4) 挥发性有机化合物排放限制要求(第 15.6 条)：载运原油的液货船应持有经主管机关批准的《挥发性有机化合物管理计划》。

(5) 船上焚烧控制要求：

1) 船上禁止焚烧的物质(第 16.2 条)

(i) 公约附则Ⅰ,Ⅱ,Ⅲ的货物残留物和相关的被粘染的包装材料；

(ii) 多氯联苯(PCB)；

(iii) 含有超过微量重金属的垃圾；

(iv) 含有卤素化合物的精炼石油产品；

(v) 不是在船上产生的污泥和油渣；

(vi) 废气滤清系统的残余物；

(vii) 除获得型式认可的焚烧炉外,禁止其他焚烧炉焚烧聚氯乙烯(PVC)。

2) 焚烧炉的技术要求(第 16.9 条)

2000 年 1 月 1 日或以后建造的船舶上的每个焚烧炉或 2000 年 1 月 1 日或以后安装在船上的每个焚烧炉,在该炉进行操作的任何时候均应对燃烧室气体出口温度进行监测。如焚烧炉为连续进料型,在燃烧室气体出口温度低于 850℃时不得将废弃物送入该焚烧炉装置;如焚烧炉为分批装料型,该装置应设计成其燃烧室气体出口的温度在启动后 5 min 内达 600℃且随后稳定在不低于 850℃。

(6) 燃油供应和质量要求(第 18.3 条)：船用燃油的硫含量应符合新修订的硫氧化物排放限制要求。

2. 2010 年修正案

IMO 2010 年 3 月召开的 MEPC 第 60 次会议以 MEPC. 189(60)号和 MEPC 190(60)号决议通过了该规则的 2010 年修正案,新增北美区域作为排放控制区,于 2011 年 8 月 1 日起生效实施。根据 MEPC. 189(60)号决议,附则Ⅰ中新增第 9 章"北大西洋油类运输特别要求"。规则第 43 条规定,除了为拯救船舶与人员安全外,禁止在南极海域载运下述货油或使用下述燃油：①原油在 15℃时,密度大于 900 kg/m^3;②除原油外其他油料在 15℃时,密度大于 900 kg/m^3 或者动黏度在 50℃时大于 180 m^2/s;③沥青(bitumen)、焦油(tar)和乳胶(emulsions),如果在去南极海域之前,载运过上述油料,不强制要求洗舱(管路)。

根据 MEPC 190(60)号决议,附则Ⅵ规则第 13 条规定,对于北美地区为排放控制区(ECA)：

(1) Tier Ⅰ,安装在建造于 2000 年 1 月 1 日或以后且 2011 年 1 月 1 日以前船上的柴油机氧化氮的排放在下述值内：① 17.0 g/(kW·h),当转速小于 130 r/min;②45·n$^{(-0.2)}$ g/(kW·h),当转速大于等于 130 r/min 但小于 2 000 r/min;③9.8 g/(kW·h),当转速大于等于 2 000 r/min。

(2) Tier Ⅱ,安装在建造于 2011 年 1 月 1 日或以后船上的柴油机氧化氮的排放在下述值内：①14.4 g/(kW·h),当转速小于 130 r/min;②44·n$^{(-0.23)}$g/(kW·h),当转速大于等于 130 r/min 但小于 2 000 r/min;③7.7 g/(kW·h),当转速大于等于 2 000 r/min。

(3) Tier Ⅲ,安装在建造于 2016 年 1 月 1 日或以后船上的柴油机氧化氮的排放在下述值内：①3.4 g/(kW·h),当转速小于 130 r/min;②9·n$^{(-0.2)}$g/(kW·h),当转速大于等于

130 r/min 但小于 2 000 r/min；(3) 2.0 g/(kW·h)，当转速大于等于2 000 r/min。

当船舶在排放控制区内，要适用本标准；当船舶在排放控制区外，可适用 Tier Ⅱ 标准。

规则第 14 条规定：①波罗的海及北海区域为排放控制区；②北美地区为排放控制区。

(1) 燃油硫含量不能超过下述限制：①2012 年 1 月 1 日以前 4.5% m/m ；②2012年 1 月 1 日或以后 3.5% (m/m)；③2020 年 1 月 1 日或以后 0.5% m/m。

(2) 排放控制区包含下述区域：①波罗的海及北海，含英吉利海峡；②其他由 IMO 根据程序规范所指定的区域，例如美国和加拿大。

(3) 当船舶在排放控制区，燃油硫含量不能超过下述限制：①2010 年 7 月 1 日以前 1.5% (m/m)；② 2010 年 7 月 1 日或以后 1.0% m/m；③ 2015 年 1 月 1 日或以后 0.10% (m/m)。

(4) 船舶如要进入排放控制区，必须备有书面的转换程序，且有足够的时间，在进入排放控制区前，将燃油系统内原来的燃油燃烧用尽，再进入排放控制区。当转换操作完成时，必须在主管机关所规定的航海日志上记录低硫燃油柜容量、日期、时间及船位。

二、《国际船舶压载水和沉积物控制与管理公约》

(一) 公约制定的背景

过去几十年随着航运贸易的发展，由船载压载水导致的海洋有害水生物和病原体入侵愈来愈引起人们的重视。大量数据显示外来水生物的生物侵害已达到十分危险的水平，对环境、人体健康、财产和资源都造成严重损伤或损害。典型的例子是原产于欧洲东部(黑海)的斑马贝，被引入欧洲西部和北部，包括爱尔兰和波罗的海甚至半个北美东部(大湖区)。斑马贝是一种表面有硬壳的生物，单体的斑马贝会聚集在一起成为大团，并沉积在所有可以依附的硬质表面。它取代了本地水生生命并改变了栖息地的生态系统和食物链，引起了严重的底层构造和船舶沉积问题，阻塞了吸水管的入口、水闸和灌溉堤防。仅美国，在 1989—2000 年间，为从工业设备上清除斑马贝，就造成了约 7 亿 5 千万至 10 亿美元的损失。

20 世纪 80 年代末，IMO 已经开始积极地寻求针对这个问题的解决方案。最初，在广泛考虑各种有用的信息后，IMO 制定并在 1991 年发布了《防止船舶压载水和沉积物排放引入有害生物和病原体的指南》(后以 A. 774 - 1993 号决议通过)；1997 年，上述指南被更多的最新信息和建议改进，形成了 IMO A. 868(20) 号决议，该决议提供了关于如何减少随着压载水装入有害生物的机会的建议。2004 年 2 月 9 日至 13 日，关于船舶压载水管理的外交大会在伦敦 IMO 总部召开，大会最终通过了《国际船舶压载水和沉积物控制与管理公约》，希望通过船舶压载水和沉积物控制与管理来防止、尽量减少和最终消除因有害水生物和病原体的转移对环境、人体健康、财产和资源造成的风险，并避免此种控制引发的有害副作用，鼓励相关知识和技术的发展。

（二）公约构成与主要内容

公约由正文和附则组成，正文共 22 条，包括定义、一般义务、适用范围、控制有害水生物和病原体通过船舶压载水和沉积物转移、沉积物接受设备、科学技术研究和检测、检验和发证、违犯事件，船舶检验、对违犯事件的侦查和对船舶的监督、监督行动的通知、对船舶的不当延误、技术援助、合作与区域合作、信息交流、争端解决、与国际法和其他协议的关系等。附则《船舶压载水和沉积物控制与管理规则》分 A 部分（总则）、B 部分（船舶的管理和控制要求）、C 部分（某些区域的特殊要求）、D 部分（压载水管理标准）和 E 部分（压载水管理的检验和发证要求），共 5 部分 24 条。

1. 压载水管理计划

每艘船舶均应在船上携带压载水并实施压载水管理计划，此计划应由主管机关批准并考虑 IMO 制定的指南。压载水管理计划是各船特定的，应至少详述与公约要求的压载水管理有关的该船舶和船员的安全程序；详述实施本公约中所载的压载水管理要求和补充性的压载水管理实践所应采取的行动；详述沉积物的海上处置程序和岸上处置程序。包括与将在其水域中进行海上排放的国家当局进行协调的船舶海上排放压载水管理程序，指定在船上负责确保计划得到正确实施的高级船员，以及本公约规定的船舶报告要求压载水管理计划应以船舶的工作语言写成，如果使用的语言不是英文、法文或西班牙文，则应有其中之一的译文。

2. 压载水记录簿

每艘船舶均应在船上备有至少载有附录Ⅱ规定信息的压载水记录簿。该记录簿可以是独立的电子记录系统，也可以被合并到其他记录簿或系统中。压载水记录簿的记录事项应在完成最后一项记录后保留在船上至少 2 年，此后应在至少 3 年的期限内由公司控制。在依据第 A－3 条、第 A－4 条或第 B－3－6 条排放压载水时，或在发生本公约未以其他方式予以免除的压载水的其他意外或异常排放时，应在压载水记录簿中作出记录，并说明排放的情况和理由。压载水记录簿应在所有合理的时间随时可供检查；对于被拖带的无人船舶，可放在拖船上保存。

每次压载水作业均应及时在压载水记录簿中作出完整记录。每次记录均应由负责有关作业的高级船员签字，每页填写完毕均应由船长签字。压载水记录簿中的记录事项应以该船的工作语言填写，如果该语言不是英文、法文或西班牙文，则该记录事项应载有其中一种语言的译文。当填写的记录事项也使用了船舶有权悬挂其船旗的国家的官方语言，在发生争端或有不一致时，应以此种语言填写的记录事项为准。当船舶在当事国的港口或离岸码头时，经当事国正式授权的官员可在本条适用的任何船上检查压载水记录簿，并可制作任何记录事项的副本和要求船长证明该副本是真实副本。经此种证明的任何副本应在任何诉讼中被允许作为记录事项中所述事实的证据。压载水记录簿的检查和被证明副本的制作应从速进行，不应造成船舶不适当的延误。

3. 船舶压载水管理

（1）2009 年前建造的船舶：

（i）压载水容量为 1 500～5 000 m^3（包括 1 500 m^3 和 5 000 m^3）时，2014 年以前应进行

至少符合第 D－1 或 D－2 条所述标准的压载水管理，此后应至少符合第 D－2 条所述标准；

(ii) 压载水容量小于 1 500 m^3 或大于 5 000 m^3 时，2016 年以前应进行至少符合第 D－1 或 D－2 所述标准的压载水管理，此后应至少符合第 D－2 所述标准；

第(i)款适用的船舶，应在不迟于该船符合其适用标准当年的交付周年日后第一次中间检验或换证检验时符合第(i)款，以早者为准。

(2) 在 2009 年或以后建造的、压载水容量小于 5 000 m^3 的船舶，应进行至少符合第 D－2 条所述标准的压载水管理。

(3) 在 2009 年或以后但在 2012 年以前建造的、压载水容量等于或大于 5 000 m^3 的船舶，应按上述第(1)款第二段进行压载水管理。

(4) 在 2012 年或以后建造的、压载水容量等于或大于 5 000 m^3 的船舶，应进行至少符合第 D－2 条所述标准的压载水管理。

(5) 本条要求不适用于将压载水排放到设计考虑了 IMO 制定的指南的接收设施中的船舶。

(6) 压载水管理的其他方法，如能确保对环境、人体健康、财产或资源的同等保护并得到本委员会的原则批准，则也可被接受。

4. 压载水更换

(1) 为符合第 D－1 条的标准而进行压载水更换的船舶：

(i) 凡可能时，均应在距最近陆地至少 200 n mile，水深至少为 200 m 的地方进行此种压载水更换，并考虑 IMO 制定的指南。

(ii) 当船舶不能按上述条款进行压载水更换时，应考虑其所述指南，在尽可能远离最近陆地的地方，并在所有情况下距最近陆地至少 50 n mile，水深至少为 200 m 的地方进行此种压载水更换。

(2) 在距最近陆地的距离或水深不符合第(1)条中所述参数的海区中，视情况与邻近或其他国家协商并考虑第(1)条所述指南，港口国可指定船舶进行压载水更换的区域。

(3) 不应为符合第(1)条的任何特定要求而要求船舶偏离其预定航线或推迟航行。

(4) 如船长合理地确定，由于恶劣天气、船舶设计或应力、设备失灵或其他任何异常状况，压载水更换会威胁船舶的安全或稳性、船员或乘客，则应视情不要求进行压载水更换的船舶符合第(1)或(2)条。

(5) 当船舶被要求进行压载水更换但却未按本条做时，其理由应在压载水记录簿中。

5. 船舶沉积物管理

所有船舶应按本船压载水管理计划的规定清除和处置被指定承载压载水的处所中的沉积物。第 B－3.3 条至第 B－3.5 条中所述船舶的设计和建造应考虑 IMO 制定的指南，在不降低安全或营运效率的情况下，做到将沉积物的摄入和不良聚留减至最低程度，便于沉积物的清除，提供用于沉积物清除和取样的安全通道。第 B－3.1 条所述船舶应在可行的范围内符合本款。

6. 高级和普通船员的职责

高级和普通船员应熟知其在供职船舶实施具体压载水管理方面的职责，并应熟知与其职责相应的船舶压载水管理计划。

7. 压载水管理标准

(1) 压载水更换标准：船舶进行压载水更换，其压载水容积更换率应至少为95%。对于使用“泵入—排出”方法交换压载水的船舶，“泵入—排出”3倍于压载水舱容积应视为达到第(1)款所述标准；“泵入—排出”少于压载舱容积的3倍，如船舶能证明达到了至少95%的更换率，则也可被接受。

(2) 压载水性能标准：进行压载水管理的船舶的排放，应达到每毫升中最小尺寸大于或等于50 μm的可生存生物少于10个，每毫升中最小尺寸小于50 μm但大于或等于10 μm的可生存生物少于10个；并且，微生物的排放不应超过规定的浓度。作为一种人体健康标准，微生物应包括：

(i) 有毒霍乱弧菌(O1和O139)：少于每百毫升1个菌落形成单位(cfu)或少于每克(湿重)浮游动物样品1个cfu；

(ii) 大肠杆菌：少于每百毫升250个cfu；

(iii) 肠道球菌：少于每百毫升100个cfu。

8. 压载水管理的检验和发证

本公约适用的400总吨及以上的船舶，应接受初次检验、换证检验、中间检验、年度检验和附加检验。证书应按主管机关规定的、不超过5年的期限颁发，以颁证国的官方语言写成，如使用的语言不是英文、法文或西班牙文，则文本应包括其中一种语言的译文。

(三) 公约批准实施的进度

本公约应在其合计商船队吨位不少于世界商船总吨位35%的至少30个国家加入公约12个月后生效。公约自2004年6月1日起至2005年5月31日在IMO总部开放供任何国家签署，此后仍开放供任何国家加入。

为有效实施该公约，在2004年3月召开的MEPC第51次会议上，有关国家牵头制定了相关导则草案，这些导则是实施公约的重要文件，包括：

导则1——沉积物接收设备导则；
导则2——压载水采样导则草案；
导则3——关于游艇和搜救船艇的压载水管理导则；
导则4——压载水管理和制定压载水管理计划导则；
导则5——压载水接收设备导则；
导则6——压载水置换导则；
导则7——危险性评估导则提纲草案；
导则8——关于批准压载水管理系统的导则；
导则9——使用活性物质的压载水管理系统的批准程序；
导则10——压载水处理技术项目批准导则草案；
导则11——(新船)压载水置换设计与建造标准导则；
导则12——船舶压载舱中沉积物控制和清除导则；

导则 13——关于引入附加措施(包括在紧急状态下)的导则。

2004 年 10 月的 MEPC 第 52 次会议对实施公约的相关导则草案进行了审议,并将导则 8(关于批准船上压载水管理系统的导则)和导则 9(使用活性物质的压载水管理系统的批准程序)列为 13 个导则中优先完成的工作。

2005 年 7 月的 MEPC 第 53 次会议通过了导则 3(关于游艇和搜救船艇的压载水管理导则)、导则 4(压载水管理和制定压载水管理计划导则)和导则 6(压载水置换导则)。

截至 2011 年 5 月 3 日,共有 28 个国家加入了该公约,占世界商船总吨位的25.43%,尚未达到生效条件。我国目前还未加入这一公约,巴拿马、希腊等船队大国及美国、日本、澳大利亚、英国等发达国家也都没有加入,公约生效时间尚无法预测。

三、《国际安全与环境无害化拆船公约》

(一) 公约制定的背景

拆解一艘大船要清除数以吨计的有害废物,其中包括汞、铅、多氯化联苯、石棉等永久性有机污染物。拆船作业不仅会对附近社区的地下水源及空气造成污染,还会威胁到拆船工人的健康,比如工人长期接触切割作业所产生的有毒烟雾对健康造成的长期影响,还包括工人接触铅、铬酸盐、辐射物及易爆物所造成的职业危害。

国际海事社会对拆船作业中安全、健康与环境问题的关注由来已久,IMO 自 1998 年起将拆船纳入讨论议题,并于 2003 年 12 月 5 日通过了《IMO 拆船导则》,对拆船作业中的安全与环境保护给予技术指导。巴塞尔公约(BC)和国际劳工组织(ILO)也分别于 2002 年和 2004 年制定了各自的拆船导则,分别是《船舶整体及部分拆解的环境无害化管理技术导则》和《拆船业中的安全与健康:亚洲国家及土耳其拆船导则》。

由于导则不具有强制性,导致其实施情况并不理想,促使 IMO 于 2005 年决定在以上 3 套导则的基础上制定强制性的拆船公约,以从根本上解决拆船作业中的安全与环保问题。经过 5 年的起草讨论,《国际安全与环境无害化拆船公约》在 2009 年 5 月于香港召开的 IMO 外交大会上获得通过,并被命名为《香港国际安全与环境无害化拆船公约》(以下简称《拆船公约》)。

(二) 公约的主要内容

《拆船公约》共由 21 项条款、1 个附则和 7 个附录组成:正文 21 条属于公约的总体要求;附则 25 条属于公约的具体技术要求;附录是相关的表格和证书格式。公约架构详见图 1-1。

1. 公约的总体要求

(1) 公约适用于 500 总吨及以上任何类型的海船,不适用于内河船舶、军舰、其他国有或国营并暂时只用于政府非商业性服务的船舶,以及自始至终从事国内营运并最终在本国拆解的国内航行船舶。

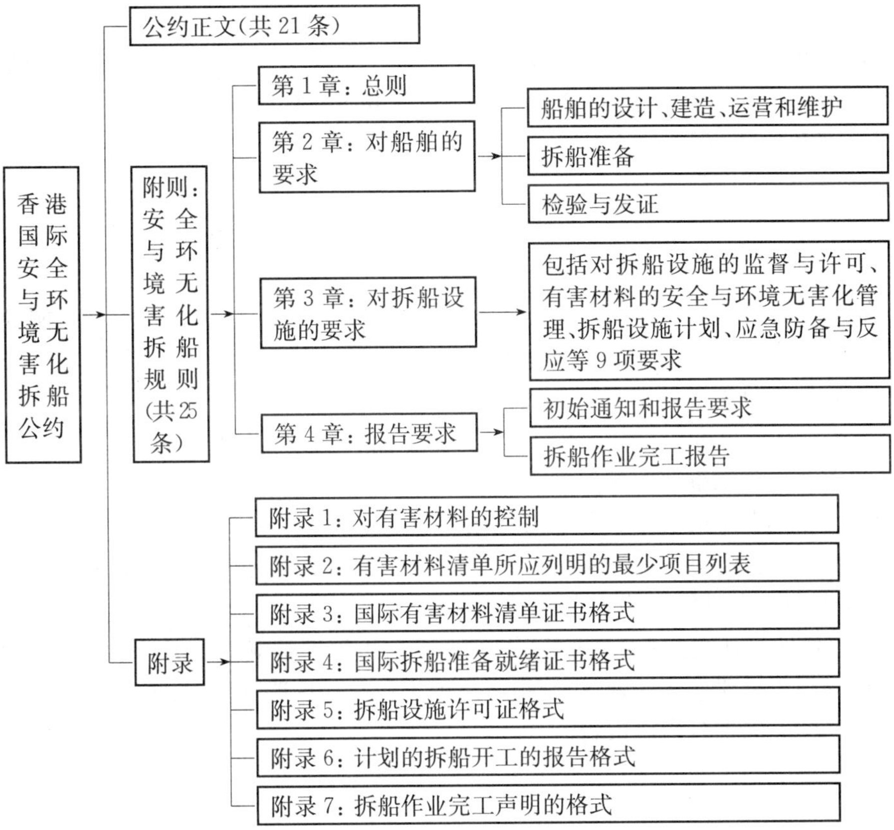

图1-1 《拆船公约》架构

(2) 公约在达到以下3个条件2年后生效：一是15个国家批准加入公约；二是缔约国的合计商船吨位不少于世界商船总吨位的40%；三是缔约国的最大年拆船总量不少于其合计商船总吨位的3%。目前仅法国签署了该公约，尚无其他国家加入该公约。

(3) 公约确定了对非缔约国船舶不予优惠待遇原则。此外，还规定了缔约国船舶只能到经缔约国批准的拆船设施处所拆解，经缔约国批准的拆船设施处所只能接受缔约国的拆解船舶。

2. 对有害材料的控制

对有害材料的控制是公约的核心内容，旨在通过控制有害材料在船上的使用，降低拆船作业的安全与环境污染风险。

(1) 限制/禁止有害材料的使用：公约要求船舶设计、建造、营运和维护中禁止或限制使用附录1和附录2中列明的有害材料，从而最大程度地减少船上的有害材料。

(2) 有害材料清单的制定：船舶应持有一份经主管机关核准的有害材料清单，其中列明船体结构与设备中含有的有害材料及其分布位置与大概数量，并在船舶的整个营运阶段保持清单的更新。

(3) 有害材料的预先清除：船舶所有人在将船舶移交拆船设施之前，应将船上残留的货物、燃油和废弃物降至最低，但是如果船舶所有人选择的拆船设施被批准为能够完全处理船上所有的有害材料，则可不要求船舶所有人进行预先清除作业。

（4）有害材料的安全与环境无害化拆解：拆船设施在进行船体切割作业前，应将船上的有害材料加以标识和最大程度地清除，并确保对拆除下来的有害材料以安全和环境无害化方式加以管理和处置。

3. 公约的实施机制

公约建立了检验发证、报告审批等必要的实施机制，以确保公约得到充分履行。具体内容如下：

（1）船舶检验和发证：船舶应接受船旗国主管机关的初次检验、换新检验、附加检验和船舶拆解前的最终检验。初次检验完成后，签发《国际有害材料清单证书》；最终检验完成后，签发《国际船舶拆解准备就绪证书》。

（2）拆船设施的批准：公约要求每个缔约国进行立法并建立相关制度，以确保拆船设施符合公约要求并经过批准。此外还要求拆船设施从基础设施、管理体系、应急防备、人身防护等方面达到公约要求的安全和环境无害化水平。

（3）船舶拆解计划的制定：拆船作业开始之前，拆船机构应与船舶所有人协商制定一份详细的《拆船计划》，并获得拆船国主管当局的批准。

（4）拆解作业的强制报告：船舶获得《国际船舶拆解准备就绪证书》后，拆船机构应向拆船国主管当局报告拆船作业计划，提交报告之前不得进行拆船作业；拆船作业后完成后应签发一份完成声明并向主管当局报告。

（三）公约的特点

从公约的主要内容来看，公约涵盖了船舶设计和建造、船舶营运、船舶拆解三大方面，对船舶从设计直到报废拆解的整个生命周期提出了控制环境和人类健康危害的要求。《拆船公约》并不仅仅涉及拆船这一单一过程，其向上追溯性更多地体现在造船和设备制造业方面，对循环再生利用提出了更高的要求。总体上公约具有强制性、安全和环保性、系统性和预防性等特点。

（四）公约批准实施的进度

目前，IMO 正在抓紧制定《拆船公约》配套的 6 个技术导则，以确保公约各项要求得以统一有效地执行。6 个技术导则的名称和制定进程分别如下：

（1）《有害材料清单制定导则》，已制定完毕并经 2009 年 7 月召开的 MEPC 第 59 次会议审议通过。

（2）《安全与环境无害化拆船导则》，已制定完毕并经 2010 年 9 月至 10 月召开的 MEPC 第 61 次会议审议通过。

（3）《拆船计划制定导则》，计划在 2011 年 7 月召开的 MEPC 第 62 次会议上审议通过。

（4）《拆船设施批准导则》，计划在 2011 年 7 月召开的 MEPC 第 62 次会议上审议通过。

（5）《检验与发证导则》，计划在 2012 年 3 月召开的 MEPC 第 63 次会议上审议通过。

（6）《船舶检查导则》，计划在 2012 年 3 月召开的 MEPC 第 63 次会议上审议通过。

四、《控制船舶有害防污底系统污染国际公约》

(一) 公约制定的背景

船舶污底是指船舶水线以下的船体表面附着的有害海洋生物,如藤壶、海藻等。船舶污底会增加船舶的航行阻力,增加燃油消耗,提高船舶的营运成本。同时,船舶污底还会加快船舶水下部分船体的腐蚀速度,降低船舶的使用寿命。

为了防止或者减少污着生物在船体的附着和生长,较早的时候船舶在船体外壳上涂上石灰涂层,之后使用含有砷的涂漆。随着现代工业的发展,20 世纪中期人们开发出了效果较好的含金属化合物防污漆,这些化合物质可以滤入海水中,杀死藤壶和其他附着海洋生物。但是研究发现,这些化合物质降解缓慢,在海水中会长时间残存,对海洋环境造成危害,并可能危及食物链的正常进程。目前应用最广泛的防污漆是一种 20 世纪 60 年代研发的含三丁基锡(TBT)的防污漆,它已被证实会导致牡蛎畸形和螺类的性畸变。

船用防污漆的污染问题引起了 IMO 海洋环境保护委员会的重视。从 1988 年 MEPC 26 会议提出此问题开始,经过 10 年的努力,1998 年 MEPC 41 会议决定开始起草关于控制船用防污漆的法律文件,MEPC 42 确立了将要制定的法律文件草案的原则,1999 年 6 月召开的 MEPC 43 会议全面开始了文件的起草工作,MEPC 44 会议形成了防污底系统控制公约的基本框架,MEPC 45 初步完成了控制有害防污底系统公约草案并原则上批准了该草案,2001 年 4 月召开的 MEPC 46 会议对公约草案进行了进一步的审议,2001 年 10 月 5 日在 IMO 总部伦敦举行的 IMO 外交大会上通过了公约。

该公约已于 2008 年 9 月 17 日生效。截至 2011 年 5 月 3 日,共有 51 个国家加入该公约,其合计商船吨位占世界商船总吨位的 78.81%。我国政府已批准加入该公约,该公约已于 2011 年 6 月 7 日起正式对我国生效。

(二) 公约的框架

公约共 21 条正文和 4 个附件。基本条文包括:一般义务;范围;定义;防污系统的控制;提出修正防污系统控制的程序;专家组;科学和技术研究及监测;信息交流;检验和发证;船舶检查和违章的调查;避免对船舶的不当延误;争议的解决;修正;签署、批准、接受、核准和加入;生效;退出;公约保存人;与国际法和其他协议的关系;公约使用的文字等。附件包括:附件 1——防污系统的控制;附件 2——初始提议须具备的要素;附件 3——全面提议中需具备的要素;附件 4——检验、《国际防污系统证书》的签发、证书的格式、证书的有效性。

(三) 公约的适用范围

公约适用于:

(1) 有权悬挂缔约国国旗的船舶以及无权悬挂某缔约国国旗但在该缔约国管辖下营运的船舶;

(2) 进入某缔约国的港口、船厂和近海装卸站但不属于前两者的船舶。

船舶是指航行于海洋环境的任何类型船舶，包括水翼船、气垫船、潜水艇、浮动艇筏、固定或浮动式平台、浮动式储存装置(FSU)以及浮动式生产、储存和卸货装置(FPSO)。

(四) 公约对防污底系统的控制

公约对在防污底系统中充当杀虫剂的有机锡化合物的控制是通过公约附件 1 的规定来实现的。附件 1 规定，从 2003 年 1 月 1 日起，所有船舶不得施涂或重新施涂在防污底系统中充当杀虫剂的有机锡化合物；从 2008 年 1 月 1 日起，所有船舶(2003 年 1 月 1 日前建造并在 2003 年 1 月 1 日或以后未曾坞修的固定或浮动式平台、FPSO 和 FSU 除外）在船壳上或外部构件或表面上不得有此类化合物，或者应该有一个阻挡底层不符合要求防污底系统渗出此类化合物的隔离层。

(五) 检验和发证

对于 400 总吨及以上的国际航行船舶(不包括固定或浮动平台、FSU 和 FPSO)，在投入营运或第一次签发《国际防污底系统证书》之前需进行初次检验，船舶防污底系统改变或更换时需进行附加检验。检验必须能够保证船舶的防污底系统完全符合本公约的要求。对船长大于 24 m 但小于 400 总吨的船舶，需随船携带一份船舶所有人或其授权代理签署的《船舶防污底系统声明》，并附有适当的证明文件，例如油漆收据和购买发票。

第三节　船员培训、发证和值班公约及相关规则

一、《海员培训、发证和值班标准国际公约》概述

海上航行安全与海员的素质和技能水平密切相关，为促进国际间海上人命与财产的安全和保护海洋环境，IMO 多年来一直在研究制订一个以提高海员素质来保障航海安全的国际公约，规范海员培训、发证和值班标准，以提高航海人员的整体素质。

1978 年 6 月 14 日至 7 月 7 日 IMO 在伦敦召开了外交大会，制定并通过了《1978 年海员培训、发证和值班标准国际公约》(以下简称 STCW 公约)。STCW 公约为缔约国提供了一套普遍能接受的船员培训、发证和值班标准方面的最低标准。该公约于 1983 年 4 月 27 日达到生效条件，于 1984 年 4 月 28 日生效。我国于 1981 年 6 月 8 日加入该公约，根据公约规定，该公约于 1984 年 4 月 28 日起开始对我国生效。目前 STCW 公约的缔约国达 151 个，其船队吨位占全球总吨位的 98.77%。STCW 公约实施以来，对促进包括我国在内的各缔约国海员素质和技能的提高，在全球范围内保障海上人命、财产安全和保护海洋环境，有效地控制人为因素对海难事故的影响等方面，都起到了积极的作用。

随着海运业的发展、船舶科技水平的提高、船舶配员的多国化、各国对海上安全和海洋环境的不断关注，以及一段时期内全球范围内发生几次比较重大的海难事故，IMO 对 STCW 公约不断地进行了修订。截至目前，STCW 公约经过了 9 次修订，其中 1995 年和

2010 年修正案是全面整体的修正。

(1) 1991 年修正案：关于“全球海上遇险和安全系统”(GMDSS)和驾驶台单人值班，已于 1992 年 12 月 1 日生效。

(2) 1994 年修正案：关于液货船船员的特殊培训，已于 1996 年 1 月 1 日生效。

(3) 1995 年修正案：全面修订，已于 1997 年 2 月 1 日生效。

(4) 1997 年修正案：关于工作在除客滚船以外的客船船上的船长、高级船员、普通船员和其他人员的最低强制性要求，已于 1999 年 11 月 1 日生效。

(5) 1998 年修正案：关于装载固体散货船上从事货物绑扎、装卸的船员的最低适任标准，已于 2003 年 1 月 1 日生效。

(6) 2004 年修正案：对 STCW 规则表 A－Ⅵ/2－1“救生艇筏和除快速救助艇以外的救助艇的最低适任标准”的修订和对 STCW 规则证书和签证的修正(要求在证书上取消“2005 年”字样)，已于 2006 年 7 月生效。

(7) 2005 年修正案：通过对 STCW 规则第Ⅷ章 B 部分——关于机舱资源管理的指南(STCW.6/Circ.7)的修正。

(8) 2006 年修正案：关于船舶保安员的培训，已于 2008 年 1 月 1 日生效。

(9) 2010 年修正案：即马尼拉修正案，是对公约的全面修订，于 2012 年 1 月 1 日生效，过渡期至 2017 年 1 月 1 日。

二、STCW 公约 1995 年修正案

1993 年 IMO 开始着手对 STCW 公约进行全面修改，并在 STCW 公约签字日 17 周年的 1995 年 7 月 7 日，通过了 STCW 公约修正案和相关规则，即目前的《经 1995 年修正的 1978 年海员培训、发证和值班标准国际公约》(以下简称 STCW 78/95 公约)，其生效日期为 1997 年 2 月 1 日，过渡期为 5 年。对我国的生效日期为 1998 年 8 月 1 日，过渡期至 2002 年 2 月 1 日。该公约除正文条款外，其他内容都作了全面的修改，并新增设了与公约和附则相对应的、更为具体的《海员培训、发证和值班规则》(以下简称 STCW 规则)。规则分为 A 和 B 两部分，A 部分为强制性规定，B 部分为建议性要求和指南。

该修正案主要增加了以下内容：

(1) 全面、严格、多方位的遵章核实机制，包括规则Ⅰ/7 对缔约国主管机关的监督、规则Ⅰ/4 对船舶和船员的港口国管理、规则Ⅰ/10 对方便旗船舶海员发证的监督等。

(2) 加强对海员的实际技能培养和评估，并规定海员必须接受系统的专业教育和培训。

(3) 对海员培训、考试、评估和发证，规定必须建立质量标准体系并受到连续的质量控制。

(4) 允许重组传统的船上岗位分工体系，引入适应先进自动化船舶的“职能发证”体系。

(5) 增加了包括模拟器训练、特殊类型船舶、基本安全和人员管理等在内的多种强制和非强制的培训项目。

(6) 严格并扩大对证书再有效的规定和适用范围。

(7) 集中和系统地规定了海员在各种条件下保持正常和安全值班的原则和要求。

三、STCW 公约 2010 年修正案(马尼拉修正案)

(一) 公约修订的背景

在 1995 年修正案实施 10 年后的 21 世纪,国际航运界的发展趋势之一是船舶正朝着大型化、快速化、专业化和现代化的方向发展,全球对海洋环境的保护更为严格,包括信息技术在内的新技术的应用越来越广泛和深入,因此对海员培训与值班标准的要求也越来越高;同时,由于海盗猖獗,海运安全受到严重的挑战,对海员的培训与值班标准又提出了新的保安要求。因此,IMO 认为需要对 STCW 78/95 公约和 STCW 规则进行全面回顾,以便进行系统修订。

2007 年 IMO 船员培训发证分委会 STW 38 会议确定了对 STCW 78/95 公约和 STCM 规则进行全面审查的 8 项原则:

(1) 保留 STCW 78/95 修正案的结构与目标;

(2) 不降低现有标准;

(3) 不修改公约条款;

(4) 解决不一致的问题,清理过时的要求及体现技术发展的需求;

(5) 确保有效的信息交流;

(6) 由于技术的创新,在履行培训、发证和值班要求方面,提供一些灵活性;

(7) 考虑短航线船舶与近海石油工业的特点和环境;

(8) 考虑海上保安。

经过 4 次 STW 分委会会议及 2 次特别会间会议的审议,2010 年 1 月召开的 STW 分委会第 41 次会议基本完成对 STCW 78/95 公约和 STCW 规则进行全面回顾的议题,形成 STCW 公约 2010 年修正案的初稿。2010 年 6 月 21～25 日,在菲律宾马尼拉召开的 IMO STCW 公约缔约国外交大会上通过了修正案,称为 STCW 公约"马尼拉修正案",将于 2012 年 1 月 1 日生效。

(二) 主要修正内容

1. 第Ⅰ章"总则"的主要修正内容

(1) 新增"适任证书""培训合格证书""书面证明""电子员""电子技工""高级值班水手""高级值班机工""保安职责"等新定义。新修正案理顺了船员证书管理体系,将其分为适任证书、培训合格证书和书面证明等 3 种(详见表 1-5)。适任证书系指依据附则第Ⅱ,Ⅲ,Ⅳ或Ⅶ章的条款向船长、高级船员及 GMDSS 无线电操作员签发或签证的;培训合格证书系指向海员签发的除适任证书以外的,说明符合本公约要求的相关培训、能力和海上服务资历的证书;书面证明系指除适任证书或培训合格证书以外的,用来证明已符合本公约相关要求的文件。新修正案提高了证书的签发、签证和认可的审查要求,以防止与适任证书相关的非法行为。

表 1-5 STCW 规则规定的证书要求一览

规则	证书类型和简单描述	证明承认证书的签证[1]	要求登记[2]	证书再有效[3]
Ⅱ/1，Ⅱ/2，Ⅱ/3，Ⅲ/1，Ⅲ/2，Ⅲ/3，Ⅲ/6，Ⅳ/2，Ⅶ/2	适任证书——给船长、高级船员和GMDSS 无线电操作员	是	是	是
Ⅱ/4，Ⅲ/4，Ⅶ/2	培训合格证书——给具有适当资质的、参与航行和机舱值班的普通船员	否	是	否
Ⅱ/5，Ⅲ/5，Ⅲ/7，Ⅶ/2	培训合格证书——给具有高级值班水手、高级值班机工或电子技工资质的普通船员	否	是	否
Ⅴ/1-1，Ⅴ/1-2	培训合格证书或适任证书的签证——给油船、化学品船和液化气船的船长和高级船员	是	是	是
Ⅴ/1-1，Ⅴ/1-2	培训合格证书——给油船、化学品船和液化气船的普通船员	否	是	否
Ⅴ/2	书面证明——对客船的船长、高级船员、普通船员和其他服务人员的培训	否	否	否[4]
Ⅵ/1	培训合格证书[5]——基本培训	否	是	是[6]
Ⅵ/2	培训合格证书[5]——救生艇筏、救助艇和快速救助艇	否	是	是
Ⅵ/3	培训合格证书[5]——高级消防	否	是	是
Ⅵ/4	培训合格证书[5]——医疗急救和医护	否	是	否
Ⅵ/5	培训合格证书——船舶保安员	否	是	否
Ⅵ-6	培训合格证书[7]——保安意识培训或者负有指定保安职责船员的培训	否	是	否

资料来源：STCW 公约 2010 年修正案，IMO。

注：

1. 证明承认证书的签证系指依据规则第Ⅰ/2 条第 7 段的签证。
2. 要求登记系指依据规则第Ⅰ/2 条第 14 段成为登记的一部分。
3. 证书的再有效系根据规则Ⅰ/11 确定持续的专业适任能力，或者，如适用，根据规则 A-Ⅵ/1 至 A-Ⅵ/3 节保持所需的适任标准。
4. 根据规则Ⅴ/2 第 3 段的要求，完成“拥挤人群管理”“危机管理和人的行为”或“旅客安全、货物安全和船体完整性”培训的船员在不超过 5 年的间隔内完成适当的更新培训，或者提供在之前 5 年内达到所需适任标准的证明。
5. 根据规则Ⅱ/1，Ⅱ/2，Ⅱ/3，Ⅲ/1，Ⅲ/2，Ⅲ/3，Ⅲ/6 和Ⅶ/2 签发的适任证书包含了“基本培训”“除快速救助艇以外的救生艇筏和救助艇”“高级消防”和“医疗急救”等技能要求，则上述适任证书的持有人不需要根据第Ⅵ章的适任要求持有相应的培训合格证。
6. 根据规则 A-Ⅵ/1，A-Ⅵ/2 和 A-Ⅵ/3 的要求，船员每 5 年应提供保持所需适任标准的证据。
7. 当保安意识培训或者负有指定保安职责人员的培训没有包含在签发证书的条件中。

(2) 为适应海上运输保安的需要,增设船舶保安方面的强制性培训要求。

(3) 新增证书的签发和登记条款、对海上服务资历的认可、培训课程的确认、登记的电子查询、证书注册数据库的开发等规定。

(4) 适任证书再有效的条件增加了一种情形,即履行了所持证书上相应职能认可的海上服务资历至少在再有效之前6个月中累计3个月。

(5) 在近岸航行原则中,新增缔约国应与相关缔约国就有关航区和其他相关条件的细节达成一致的条款。

(6) 增加独立评价报告内容的明确要求,对最初资料交流、后续报告及有资格人员的小组等作出明确规定。

(7) 明确海员健康标准及健康证书的签发要求。要求海员健康检查均应由缔约国认可的完全合格的有经验的从业医生完成。缔约国应制定认可从业医生的规则,对其进行登记并根据请求向其他缔约国、公司和海员提供。

(8) 增加公司的责任。公司应确保其指派到任一船上的海员均接受了本公约要求的知识更新培训;任何时候都必须按SOLAS第Ⅴ章第14条第3款的规定确保其在船上能进行有效的口头沟通。

(9) 明确过渡期的安排。

2. 第Ⅱ章"船长和甲板部"的主要修正内容

(1) 强调电子海图显示与信息系统(ECDIS)的应用。新增使用ECDIS以保持安全的航行值班(操作级);使用有助于指挥决策的ECDIS及附属系统以保持安全的航行(管理级)的要求。

(2) 简化天文航海的知识、理解和熟练要求,提倡使用电子航海天文历和天文航海计算软件。

(3) 驾驶台资源管理成为强制性适任标准。

(4) 新增领导力和团队工作技巧的使用(操作级)与领导力和管理技巧的使用(管理级)的强制性适任能力。

(5) 新增海洋环境保护意识方面的知识、理解和熟练要求。

(6) 新增按照船舶报告系统和VTS报告程序的一般规定进行报告的内容。

(7) 新增高级值班水手发证的强制性最低要求。

3. 第Ⅲ章"轮机部分"的主要修正内容

(1) 删除"至少30个月的认可的教育与培训"的要求。

(2) 提高普通船员晋升轮机员的要求,从STCW 78/95修正案的"不少于6个月的轮机部海上服务资历"提高到"不少于12个月的精工实习和认可的海上服务资历",其中包括不少于6个月的机舱值班(在轮机员的指导下)服务资历。

(3) 明确了第Ⅲ章"适任证书发证要求"与第Ⅵ章"培训合格发证"之间的联系。

(4) 机舱资源管理成为强制性适任标准。

(5) 新增领导力和团队工作技巧的使用(操作级)与领导力和管理技巧的使用(管理级)的强制性适任能力。

(6) 新增电子员和电子技工发证和资格的强制性最低要求。

(7) 新增高级值班机工发证的强制性最低要求。

4. 第Ⅳ章“无线电通信和无线电人员”的修正内容

将第Ⅳ章标题“无线电通信和无线电人员”修改为“无线电通信和无线电操作员”，本章内出现的“无线电人员”全部被改为“无线电操作员”。此外，在第Ⅰ章的规则Ⅰ/1“定义和说明”中增加了“GMDSS无线电操作员”的概念。表A-Ⅳ/2和第B-Ⅳ/2节中的《IMO商船搜救手册》修改为《国际海空搜救手册》。

5. 第Ⅴ章“特定类型船舶的船员特殊培训要求”的修正内容

(1) 对STCW 78/95修正案的液货船船长、高级船员和普通船员培训和资格强制性最低要求作重大调整，由Ⅴ/1“液货船(油船、化学品船、液化气船)船长、高级船员和普通船员培训和资格强制性最低要求”分解为Ⅴ/1-1“油船、化学品船船长、高级船员和普通船员培训和资格强制性最低要求”与Ⅴ/1-2“液化气船船长、高级船员和普通船员培训和资格强制性最低要求”两部分。新增5种证书：《油船和化学品船货物操作基础培训证书》《油船货物操作高级培训证书》《化学品船货物操作高级培训证书》《液化气船货物操作基础培训证书》《液化气船货物操作高级培训证书》。

(2) 新增负有货物装卸、积载、洗舱、过驳或其他与货物有关操作直接责任的人员强制性适任能力的要求。

(3) 将原来的Ⅴ/2“滚装客船的船长、高级船员、普通船员和其他人员培训和资格强制性最低要求”和Ⅴ/3“除滚装客船以外的客船的船长、高级船员、普通船员和其他人员培训和资格强制性最低要求”修改为新的Ⅴ/2，标题相应改为“客船船长、高级船员、普通船员和其他人员培训和资格强制性最低要求”，不再突出滚装客船的特殊要求。

(4) 在规则B部分，增加了B-Ⅴ/d“近海移动装置(MOUs)使用规则的指南”，B-Ⅴ/e“对近海供给船上的船长、负责航行值班驾驶员培训和资格的指南”，B-Ⅴ/f“对操作动力定位系统人员培训和资历的指南”和B-Ⅴ/g“对航行极地水域船舶船长和高级船员培训的指南”。

6. 第Ⅵ章“应急、职业安全、医护和救生职能”的主要修正内容

(1) 明确所有船员熟悉和基本安全培训及训练的强制性最低要求，增加海洋环境保护基本知识、船上有效沟通、团队工作、理解并采取措施控制疲劳等新内容。

(2) 保安培训分为4类培训：船舶保安员培训，熟悉保安培训，保安意识培训，负有指定保安职责人员的培训。船舶保安员必须持有《船舶保安员培训合格证书》；当保安意识培训或者负有指定保安职责人员的培训没有包含在签发证书的条件中时，所有船员必须持有《保安意识培训合格证书》，被指定负有保安职责的海员则还应持有《负有保安职责培训合格证书》。

(3) 将保持包括基本安全、熟练救生艇操作、高级消防等在内适任能力的方式修改为每5年船员需要提供保持适任的证据；对于那些可以在船上实施的训练项目，主管机关可以接受船员在船上的训练和实践经历，但公约并没有明确“保持不能在船上实施的训练项目的适任能力”的方式与方法。

7. 第Ⅶ章“可供选择的发证”的主要修正内容

增加了申请高级值班水手和高级值班机工应符合的适任标准，支持级船员发证资历要

求和甲板部、轮机部特殊综合培训项目的指导。

8. 第Ⅷ章“值班”的主要修正内容

(1) 规定主管机关为防止负有安全、防污染及保安职责的值班人员疲劳，应制定与实施足够休息时间的措施；规定主管机关为防止药物和酒精的滥用，应制定适当的措施。

(2) 所有负责值班的高级船员或参与值班的普通船员以及涉及指定的安全、防污染和保安职责的人员的休息时间应不少于：任何 24 h 内最少 10 h；以及任何 7 天内77 h。休息时间可以分为至多不超过 2 个时间段，其中一个时间段至少要求有 6 h，连续休息时间段之间的间隔不应超过 14 h。在紧急或在其他超常工作情况下不必保持上述规定关于休息时间的要求。紧急集合演习、消防和救生演习，以及国家法律和规则与国际文件规定的演习，应以对休息时间干扰最小并不致于船员疲劳的形式进行。

(3) 规定正在履行安全、保安和海洋环境职责的船长、高级船员和其他海员的血液酒精浓度(BAC)不高于 0.05%，或呼吸中酒精浓度不高于 0.25 mg/l。

(4) 增加了负有保安职责的值班人员的规定、值班时间和休息时间的要求及防止药物和酒精滥用的指导。

第四节　2006 年海事劳工公约

一、概述

国际劳工组织(ILO)成立于 1919 年，旨在促进充分就业和提高生活水平，保护工人生活与健康，并主张通过劳动立法来改善劳工状况。我国是 ILO 的创始国之一，1983 年我国正式恢复了在该组织的活动。目前该组织有 183 个成员国，至今已通过了 188 项劳工公约，其中有 41 项是专门针对船员而制定的，占其公约总数的 22%。此外，ILO 还通过了 29 项海事劳工建议书。

然而，随着海运业的不断发展，许多劳工标准已无法为现代船员提供社会保护的新要求，因此 ILO 理事会于 2001 年决定制定一部新的综合海事劳工公约，帮助船舶所有人获取平等的竞争环境，帮助船员获得体面的工作。经过近 5 年的努力，在 2006 年 2 月召开的第 94 届国际劳工大会上，来自 ILO106 个成员国的政府、船舶所有人和船员三方代表以 314 票赞成、0 票反对、4 票弃权的投票结果一致通过了《2006 年海事劳工公约》(以下简称 MLC 2006 公约)。该公约对 ILO 以往制定的所有海事劳工公约和建议书进行了整合，清除了过时条款，有效地统一了全球海员劳动保护及关键的法律和实践，为全世界海员的工作和生活环境提供了全面保障，并以政府、船舶所有人和海员都能接受的标准和方式保证了所有海员都有“体面工作”的权利。

该公约对已有的 ILO 公约的要求作了修订和更新，对船员的权利和成员国的义务作了详细和明确的规定，内容全面具体，被认为是继《1974 年国际海上人命安全公约》《1973 年国际防止船舶造成污染公约》和《1978 年海员培训、发证和值班标准国际公约》之后国际航运法律法规的“第四大支柱”。

二、主要内容

（一）公约的结构

MLC 2006 公约在架构上由三部分构成，分别为条款、规则和守则。其中，条款和规则规定了核心权利、原则以及批准公约的成员国的基本义务；守则包含了规则的实施细节，由 A 部分“强制性标准”和 B 部分“非强制性导则”组成。

公约包含了以下五个领域的内容：

(1) 海员上船工作的最低要求，包括最低年龄、体检证书、培训和资格、招募和安置等；

(2) 就业条件，包括海员就业协议、工资、工作时间或休息时间、休假的权利、遣返、船舶灭失或沉没时对海员的赔偿、配员水平、海员职业发展和技能开发及就业机会等；

(3) 起居舱室和娱乐设施、食品和膳食服务；

(4) 健康保护、医疗、福利和社会保障保护，包括船上和岸上医疗、船舶所有人的责任、健康保护和安全及事故预防、获得使用岸上福利设施、社会保障等；

(5) 遵守与执行，包括船旗国责任、一般原则、对认可组织的授权、海事劳工证书和海事劳工符合声明、船上投诉程序等。

（二）公约的内容

MLC 2006 公约前所未有地为海员的劳动提供了具体明确的“劳工标准”。公约标题一至四之下的规则条款提供了详细明确的劳工标准，将实质性地促进船员的“体面工作”。公约标题如下所示：

标题一　海员上船工作的最低要求
规则 1.1　最低年龄
规则 1.2　体检证书
规则 1.3　培训和资格
规则 1.4　招募和安置
标题二　就业条件
规则 2.1　海员就业协议
规则 2.2　工资
规则 2.3　工作或休息时间
规则 2.4　休假的权利
规则 2.5　遣返
规则 2.6　船舶灭失或沉没时对海员的赔偿
规则 2.7　配员水平
规则 2.8　海员职业发展和技能开发及就业机会
标题三　起居舱室、娱乐设施、食品和膳食服务

规则 3.1　起居舱室和娱乐设施
规则 3.2　食品和膳食服务
标题四　健康保护、医疗、福利和社会保障保护
规则 4.1　船上和岸上医疗
规则 4.2　船舶所有人的责任
规则 4.3　保护健康和安全及防止事故
规则 4.4　获得使用岸上福利设施
规则 4.5　社会保障
标题五　遵守与执行
规则 5.1　船旗国责任
规则 5.1.1　一般原则
规则 5.1.2　对认可组织的授权
规则 5.1.3　海事劳工证书和海事劳工符合声明
规则 5.1.4　检查和执行
规则 5.1.5　船上投诉程序
规则 5.1.6　海上事故
规则 5.2　港口国的责任
规则 5.2.1　在港口的检查
规则 5.2.2　海员投诉的岸上处理程序
规则 5.3　劳工提供责任

(三) 公约的重要特点和制度

(1) “三方协调机制”,即由政府、雇主组织、工会组织组成的,以调整劳动关系为目的的协商机制。

(2) “原则性和灵活性”的结合: 公约采用强制性标准和建议性指南相结合、“实质上等效”等方式,在确保海员能够充分享有各项权利的同时,亦赋予了成员国采取具体行动时的灵活性。

(3) 发证制度: 公约要求主管机关对符合要求的船舶签发《海事劳工证书》和《海事劳工符合声明》。

(4) “不更优惠待遇原则”: 不仅抵御了来自低标准船舶的不公平竞争,也加快了各成员国加入公约的进程。

(5) 严格的核查机制——实施 MLC 2006 公约的船旗国和港口国监督检查: 在港口国检查的情况下,港口国监督官员审查由船旗国签发的船舶《海事劳工证书》和《海事劳工符合声明》的有效性和完整性;在发现船舶未持有《海事劳工证书》和《海事劳工符合声明》,或初步判定船舶的工作和生活条件不符合本公约的要求,或收到针对该船舶的投诉指控的情况下,港口国监督官员可对船舶实施详细检查。检查后如发现船舶的工作和生活条件方面存在缺陷或其他不满足公约要求的情况,港口国监督官员可向船长提出纠正缺陷的要求。对明显危害船员健康或安全,或者该船曾多次违反公约要求的情况,港口国监督官员还可以滞留船舶直至其纠

正缺陷或提出令人满意的纠正计划。若船舶存在的缺陷属重大缺陷，港口国监督官员可以提请本国海员和船舶所有人组织注意这些缺陷，并通知船旗国代表及下一港主管当局；对船旗国不能解决的问题还可通知国际劳工局局长。

(6) 完善的船员投诉处理程序——同时规定船员船上和岸上投诉程序：各成员国应要求悬挂其船旗的船舶具备公平、有效和迅速处理海员指控违反本公约要求（包括海员权利）的投诉的船上程序；缔约方同时应保证靠泊本国港口船舶上的船员有权提出申诉，并以快速而实际的方式解决该船存在的缺陷。

三、公约批准实施的进度

公约的生效条件为，注册船舶运输吨位占世界船舶总吨位33%以上的至少30个成员国批准其12个月后生效。2006年公约通过以后，ILO立刻着手制定了5年推进公约批准计划。截至2011年9月，利比里亚等16个国家已经批准该公约，这些国家拥有的注册船舶吨位数已经超过公约生效的要求。预计该公约将于2012年生效。

我国是个船员大国，共有约165万名船员，其中海船船员约65万名，每年海员外派人数逾10万。同时我国也是人口大国，海员劳工资源丰富，可开发市场潜力巨大。目前，国际海员市场逐步转向东亚，随着我国船员在国际市场上所获评价的逐步提升，国际航运市场对我国船员的需求量进一步加大。MLC 2006公约将有利于吸引航海职业从业者，使航运业获得更多的人才，有利于推进我国船员劳工市场的扩大，进而减缓当前的就业压力，并为高端航运人才提供基础保障。

第五节　海上危险货物运输主要相关国际公约和规则

一、联合国《关于危险货物运输的建议书·规章范本》（桔皮书）

1956年，由联合国经济及社会理事会危险货物运输专家委员会（UN CETDG，以下简称委员会）编写的《关于危险货物运输的建议书》（以下简称《建议书》）首次出版。为了反映技术的发展和使用者不断变化的需要，《建议书》每半年进行一次修订，每2年出版新的版本。

在委员会第十九届会议（1996年12月2日至10日）上，通过了《危险货物运输规章范本》（以下简称《规章范本》）第一版，为方便《规章范本》纳入国家和国际规章，有助于协调一致，从而使各成员国政府、联合国、各专门机构和其他国际组织节省大量资源，委员会将《规章范本》作为《建议书》的附件。《建议书》从第十修订版起，定名为《关于危险货物运输的建议书·规章范本》，又称桔皮书。

《规章范本》的目的是提出一套基本规定，使有关各种运输方式的国家和国际规章能够统一地发展；而规定仍然足够灵活，能够兼容可能需要满足的任何特殊要求。希望各国政府、政府间组织和其他国际组织在修改和制定其所负责的规章时，遵守《规章范本》规定的原则，从而为这方面在世界范围内的统一做出贡献。此外，应尽可能采纳新的结构、格式和内容，以便形成使用比较简易的方法，便利执行机构的工作和减少行政负担。虽然仅是建议，但《规章范本》所用的措词是强制性的，以便将《规章范本》直接作为国家和国际运输规章的基础。

《规章范本》是关于危险货物运输的实质性内容，而且这种内容和格式已被其他相关的“国际危规”所接受。《规章范本》共分 7 个部分，包括危险货物的分类原则和各类别的定义、主要危险货物的列表、一般包装要求、试验程序、标记、标签或揭示牌和运输单据。此外，还有与特定类别货物有关的特殊要求。这一分类、列表、包装、标记、标签、揭示牌和单据制度一旦得到普遍采用，承运人、发货人和检查当局将受益于运输、装卸和检查手续的简化以及费时手续的减少。

为了对危险品作适当的分类，委员会还编写了《关于危险货物运输的建议书·试验和标准手册》（又称小桔皮书），介绍了联合国关于某些类型危险品的分类方法，并阐述被认为最有助于主管当局获得所需资料以便对运输物质和物品作适当分类的试验方法和程序。小桔皮书应与桔皮书一起使用。

二、《1974 年国际海上人命安全公约》

该公约第Ⅱ-2 章第 54 条对载运危险货物船舶提出了特殊要求，而公约第Ⅶ章共有 3 个部分，专述危险货物的载运要求。

（1）A 部分“包装或散装固体危险货物的载运”：适用范围为一切船舶，以及小于 500 总吨的货船中所载运的包装或散装固体，且按《国际海运危险货物规则》分类的危险货物。

（2）B 部分“散装运输危险流体化学品船舶的构造和设备”：适用范围为 1986 年 7 月 1 日或以后建造的化学品船，也包括小于 500 总吨者。

（3）C 部分“散装运输液化气体船舶的构造与设备”：适用范围为 1986 年 7 月 1 日或以后建造的气体运输船，也包括小于 500 总吨者。

三、《经 1978 年议定书修订的 1973 年防止船舶造成污染公约》

《经 1978 年议定书修订的 1973 年防止船舶造成污染公约》是防止船舶造成污染而非调整危险货物运输的公约，但是根据有关货物运输申报规定，列为 MARPOL 73/78 内品种的货物作为危险货物申报，因此其中有关附则也被列入危险货物管理法规体系。

四、《国际海运危险货物规则》

《国际海运危险货物规则》（以下简称 IMDG Code）由 IMO 颁布，旨在保护船员和通过保证危险品海运船舶运输的安全来减少海洋污染。IMDG Code 通过 SOLAS 公约成为强制性标准（A 部分）。内容主要包括危险货物的分类，危险货物明细表，包装和罐柜的规定，托运程序，容器、中型散装容器、大型容器、可移动罐柜和公路槽车的构造和试验，运输作业等 7 大部分，格式基本与前述《规章范本》一致，但具体要求是针对海运的特点而做出的，因此与《规章范本》又有些不同。各个成员国在制定国内的相关法规时，也可以借鉴 IMDG Code 的相关章节，并可针对国内的具体情况对相关条款进行变更。IMDG Code 每 2 年重新修正出版一次，一般在出版 2 年后正式生效，要求船舶必须按照最新版本进行配备，如当前最新版本为 34－08 版，是 2008 出版的，于 2010 年正式生效。

按照 IMDG Code，危险货物分为以下 9 类：

第 1 类　爆炸品
第 2 类　气体：压缩气体、液化气体和加压溶解气体
第 3 类　易燃液体
第 4.1 类　易燃固体
第 4.2 类　易自燃物质
第 4.3 类　遇水放出易燃气体的物质
第 5.1 类　氧化物质
第 5.2 类　有机过氧化物
第 6.1 类　有毒物质
第 6.2 类　感染性物质
第 7 类　放射性物质
第 8 类　腐蚀性物质
第 9 类　杂类危险物质（经验已经证明或可能证明其具有危险特性，应适用本规则规定的任何其他物质）

五、《固体散装货物安全操作规则》和《国际海运固体散货规则》

1965 年 IMO 出版了第一个版本的《固体散装货物安全操作规则》（以下简称 BC Code）。制定规则的最初目的是通过现有典型的固体散装货物装船的相关危险规定信息，指出固体散装货物装船时应采取的程序，以促进固体散装货物的安全积载和装船。BC Code 经过数次修改和改版，一直作为建议性技术规则供各缔约国参考。该规则本身内容并不限于具有化学危险性的散装货物，实际上更广泛地规定了散装易流态物质、具有化学危险性的物质及既不易流态化又无化学危险性的物质在散装运输时的人身与船舶安全的一般要求、货物适运性鉴定、平舱措施、具有的危险性说明以及测定散装物质各种特性的试验方法细则，为主管部门、船舶所有人、托运人和船长提供关于固体散装安全积载和运输标准的指导。该规则涉及的具有化学危险性的物质包括了 IMDG Code 中的第 4.1 类、第 4.2 类、第 4.3 类、第 5.1 类、第 6.1 类、第 6.2 类、第 7 类、第 8 类和第 9 类固体危险物质。

在 2008 年 11 月 26 日至 12 月 5 日于伦敦召开的 MSC 第 85 次会议上，《国际海运固体散货规则》（以下简称 IMSBC Code）以及使该规则成为强制性要求的 1974 年 SOLAS 公约修正案（第七章 A－1 部分）得以通过。众所周知，与固体散货运输有关的主要危险一般是由于货物分布不当而造成船舶结构破损、航行中稳性丧失或减少，以及货物间的化学反应。因

此，IMSBC Code 通过提供某些货物运输的危险信息和合适的操作程序，以提高固体散货积载和运输的安全性。该修正案于 2011 年 1 月 1 日默认生效，并取代于 1965 年通过的建议性的 BC Code。IMSBC Code 适用于载运固体散装货物的一切船舶及小于 500 总吨的货船上可能采取特别预防措施的货物的装运（散装液体、散装气体和其他章内已作出装运规定的除外）。同时，按照经修正的 SOLAS 公约第Ⅱ-2 章的规定，1984 年 9 月 1 日或以后建造的 500 总吨及以上的货船和 1992 年 2 月 1 日或以后建造的 500 总吨以下的船舶，在载运除第 6.2 类和第 7 类以外的固体散装危险货物时，必须持有适装证书。

IMSBC Code 由前言、13 节正文和 4 个附录组成，主要涉及一般规定和定义、评定货物的安全适运性、平舱措施和确定静止角的方法、易流态化货物和易流态化货物的测试程序、具有化学危险的货物、各固体散装货物明细表、实验室测试程序和标准以及干散货物的特性和索引等。

六、《国际散装运输危险化学品船舶构造和设备规则》和《散装运输危险化学品船舶构造和设备规则》

由于危险液态化学品具有火灾危险性、人身健康危害性、水污染危险性、空气污染危险性和反应性危险性，IMO 对散装运输危险化学品船的结构、设备以及运载方面的操作从保证安全的角度出发，制定了《国际散装运输危险化学品船舶构造和设备规则》（IBC Code，以下简称《国际散化规则》）和《散装运输危险化学品船舶构造和设备规则》（BCH Code，以下简称《散化规则》）。

最初的《散化规则》只涉及散装运输有毒液体物质的安全运输要求，不涉及防污染方面的运输要求。规则仅具指导性，对各国政府无强制性要求，但 1987 年 4 月 MARP0L 73/78 公约附则Ⅱ的生效（1985 年修正案）使《散化规则》成为强制性规则，并限定 1986 年 7 月 1 日前建造的散化船舶应执行《散化规则》。

在《散化规则》9 套修正案的基础上，IMO 重新制定了《国际散化规则》。该规则于 1983 年通过，并作为实施 1974 年 S0LAS 公约的强制性规则，于 1986 年 7 月 1 日生效。在《国际散化规则》生效以前，一切散装运输化学品船舶应参考《散化规则》；在《国际散化规则》生效以后，1986 年 7 月 1 日以后建造的散化船舶应符合《国际散化规则》的要求，1986 年 7 月 1 日以前建造的船舶则应符合《散化规则》的要求。这两个规则对散装运输化学品船舶，包括船型、船舶残存能力（抗沉性）、液货舱位置、船舶布置、货物围护系统、机械通风、管系、温控、液货舱透气系统、环境控制、防火与灭火、电气设备、测量设备、人员保护和操作等，都作了详细规定，是 1974 年 S0LAS 公约第Ⅶ章 B 部分的实施细则。

散装危险化学品船舶满足《散化规则》或《国际散化规则》的，经船舶检验后，签发《国际散装危险化学品适装证书》或《散装危险化学品适装证书》。

七、《国际散装运输液化气体船舶构造和设备规则》

《国际散装运输液化气体船舶构造和设备规则》（IGC Code，以下简称《国际液化气体船规则》)、《散装运输液化气体船舶构造和设备规则》(GC Code,以下简称《液化气体船规则》),以及《现有散装运输液化气体船舶规则》(以下简称《现有气体船规则》)是实施1974年SOLAS公约第Ⅶ章C部分要求的具体细则。其中《国际液化气体船规则》是1974年SOLAS公约的强制性规则,适用于1986年7月1日以后建造或改建的所有船舶。《液化气体船规则》和《现有气体船规则》是非强制性规则,《液化气体船规则》适用于1976年10月31日以后建造的船舶,《现有气体船规则》适用于1976年10月31日前建造的船舶。

散装运输液化气体船舶满足上述规则的,经船舶检验后,签发《散装运输液化气体适装证书》。

综上所述,海上危险货物运输主要相关公约和规则架构如图1-2所示。

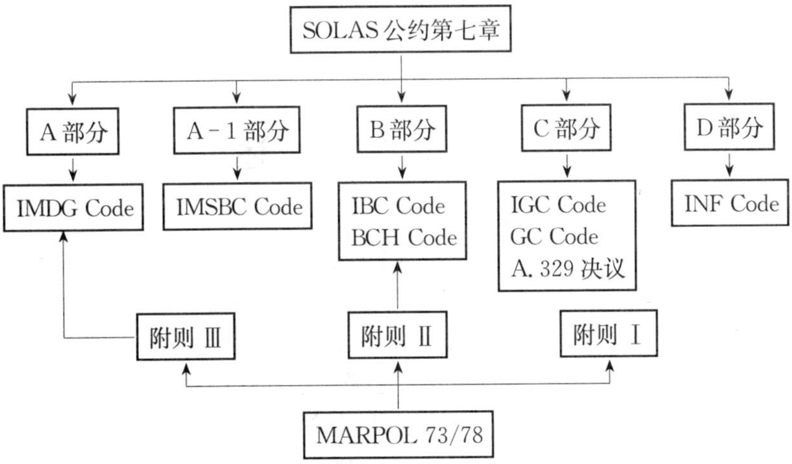

资料来源:李祎东,2010。

图1-2 海上危险货物运输主要相关公约和规则架构

第二章

船旗国检查及港口国监督

第一节 概 述

船舶所依附的船旗国是主权国家，其概念一般指船舶登记国或船员注册国。船旗国既有履行 IMO 公约的责任和能力，也有对依附于其上的船舶进行监管的责任，船旗国主管当局通过国内法将公约的要求贯彻于其登记的船舶及注册的船员，以此来达到保证国际航行船舶安全及保护海洋环境的目标。IMO 也正是基于这种理解设计履约责任和制度框架，制定和颁布与海上安全及保护海洋环境有关的国际公约，并由其名下的技术合作委员会（TC）及履约分委会（FSI）为主负责推进公约在各主权国家的履行。

值得注意的是，不是所有的船旗国都会以同样程度的警惕性来执行公约中的标准。一些国家是因为缺乏执行标准的资源，而另一些则是缺乏执行标准的意愿。对于那些缺乏执行标准意愿的国家，很明显需要更多的手段促进其履约程度的提高。大多数的船旗国，特别是方便旗国家在本国之外并没有大量履约资源。当各国对 IMO 所颁布公约的履行只是流于形式时，IMO 不得不在全球范围内推出各种包括港口国和沿岸国等实施主体在内的管理机制来加强其公约履约的力度，以实现航行安全和海洋环境保护的目标。港口国和沿岸国因此成为补充的履约主体。

经过多年的发展，IMO 目前在全球范围内推进两种海事管理机制：一种是依靠船旗国自身来促进公约履约；另一种即港口国监督制度，主要依靠港口国对进入其港口的外国船舶实施强制检查并辅以强制措施等手段来监督船旗国是否做到履约的各项要求。

对于前者，就 IMO 与船旗国之间的关系而言，IMO 对成员国开展名为“自愿履约审核”的核验机制，查核船旗国对 IMO 主要海事安全公约的履约程度。该机制通过给予主动参与自愿审核的国家一种“自愿审核”的标识来将其船旗下的船队或经其认可的船员列入所谓的“经审核国家名单”中，再通过一些贸易区（如美国和欧盟）的港口国监督机制或其他有关安全措施对非该名单中的船舶采取一定的强制措施来加以限制，以此达到对缔约国或成员国形成约束力的目的。IMO 自愿审核机制实施后得到了一些国家的响应，使其越来越成为 IMO 有效制约各成员国的手段，并将具有强制性。对于后者，IMO 与各有关港口国备忘录地区之间首先存在指导关系，即IMO作为海上安全的最高层次组织者，为港口国备忘录地区的安全检查提供公约适用上的指导，港口国备忘录地区的实践反过来促使IMO公约得到更好履行；其次，两者之间存在相互牵制、相互制约和互助协作关系，比如港口国备忘录地区的实践为IMO制定新规范和修订现有规范提供重要的基础。

第二节　船旗国检查

一、船旗国检查的地位

联合国海洋法公约（UNCLOS 82）第九十四条（船旗国的义务）规定：

3. 每个国家对悬挂该国旗帜的船舶，除其他外，应就下列各项采取为保证海上安全所必要的措施：(a) 船舶的构造、装备和适航条件；(b) 船舶的人员配备、船员的劳动条件和训练，同时考虑适用的国际文件；(c) 信号的使用、通信的维持和碰撞的防止。

4. 这种措施应包括为确保下列事项所必要的措施：

(a) 每艘船舶，在登记前及其后适当的间隔期间，受合格的船舶检验人的检查，并在船上备有船舶安全航行所需要的海图、航海出版物以及航行装备和仪器；

(b) 每艘船舶都由具备适当资格，特别是具备航海术、航行、通信和海洋工程方面资格的船长和高级船员负责，并且船员的资格和人数与船舶种类、大小、机械和装备都是相称的；

(c) 船长、高级船员和在适当范围内的船员，充分熟悉并须遵守关于海上生命安全，防止碰撞，防止、减少和控制海洋污染及维持无线电通信所适用的国际规章。

5. 每一国家采取第3款和第4款要求的措施时，须遵守一般接受的国际规章、程序和惯例，并采取为保证这些规章、程序和惯例得到遵行所必要的任何步骤。

6. 一个国家如有明确理由相信对某一船舶未行使适当的管辖和管制，可将这项事实通知船旗国。船旗国接到通知后，应对这一事项进行调查，并于适当时采取任何必要行动，以补救这种情况。

而在IMO看来，正如IMO秘书长在总结有效履行IMO通过的标准机制时所强调的：提高安全和环境标准的责任有赖于各方的安排，标准是由IMO制定和通过的，由船舶所有人和船舶经营人执行，并由船旗国或港口国进行监督。保证悬挂本国船旗的船舶符合已生效的国际公约的相关要求是每个船旗国政府的责任。

事实上，从理论上讲，由于船旗国参与缔结了各类国际海事安全公约，具有各种海事安全监管的主权地位和资源，实质性地管理了船舶的登记运营，在国际海事安全管理机制中，船旗国应当首先被认为是履约的主体。对本身是一个质量船旗的国家来说，港口国监督只是对其履约能力的一种监督或补充，而真正起到决定性作用的还是船旗国检查。

二、船旗国检查的安排

如前述可见，船旗国检查的安排由船旗国按其国内法确定，并且一般来说对于海运国家，为接轨港口国检查安排，船旗国检查的程序类似于港口国检查；由于海事公约作为海上安全和防污染最低要求的特点，船旗国检查适用的实体规范要求总体上高于公约要求。不排除某些海运国家在上述方面的例外处理。

我国的船旗国检查安排见第三章“国内法律法规”部分。

三、船旗国检查有关的最新发展

为了促进国际海上安全和海洋环境保护相关公约全面、统一、有效的实施，IMO 建立了“IMO 成员国自愿审核机制”(VMSAS，以下简称自愿审核机制)，以检视船旗国履行公约的能力，加强其推进公约在各国实施的力度。IMO 为此制定了审核标准、审核框架和审核程序，并自 2006 年 1 月起在全球实施。自愿审核机制是微观的“船旗国检查”行动的约束和指导。

该机制的运行以成员国自愿申请为前提，IMO 根据成员国的申请组建审核组，以《IMO 强制性文件实施规则》作为审核标准，对申请国履行《1974 年国际海上人命安全公约》《经 1978 年议定书修订的 1973 年国际防止船舶造成污染公约》《1969 年国际船舶吨位丈量公约》《1966 年国际载重线公约》《1972 年国际海上避碰规则公约》及《1978 年海员培训、发证和值班标准国际公约》等 6 个重要公约的政府职责情况进行审核，即从船旗国管理、沿岸国管理和港口国管理三方面，对缔约国政府履行国际海事条约的情况进行审核。审核主要内容包括：保证公约得以遵守的立法，做好实施公约的组织机构、管理机制和资源投入的布置和安排，采取适当措施确保执行公约的效力和效果，通过适当的方法评估立法、实施和执行的过程、程序和资源，循环提高和改进履约的方式和效能。审核结束后，审核组将向被审国和 IMO 秘书长递交审核报告，报告将体现被审国总体履约效果，总结经验，并提出合理化的改进意见和建议；最终 IMO 将以通函形式向各成员国通报审核的情况，包括审核发现的好的履约经验和存在的问题，尤其是需要跟踪审核的“不符合项”和“观察项”及其纠正措施。该机制的运行将为各国提供一个平台，共享履约的成功经验，交流可吸取的教训，促进全球海上安全和海洋环境保护及海事行政管理效能的共同提高；同时，对各国政府履约的国际形象及其航运利益产生正面或负面的影响。

为进一步促进我国航运业安全、健康、有序、环保地发展，为我国经济发展保驾护航，我国海事局从实现我国航运战略利益的高度，于 2005 年 1 月成立自愿审核机制对策研究课题组，对我国履约现状进行调查和分析，查找问题和不足，提出我国应对自愿审核机制的对策和方案。2006 年 9 月，根据课题研究的成果和结论，我国海事局成立了审核机制领导组和工作组，着手我国接受 IMO 审核的准备工作。2008 年 6 月，中国海事局代表我国政府正式向 IMO 递交了自愿审核机制审核申请，并于 2009 年 9 月接受了 IMO 审核组的审核。通过审核后，我国政府于 2010 年 12 月向 IMO 正式提交我国经审核后的各项工作情况的汇总报告，加入“经审核国家名单”中。至此，我国五星旗船队正式进入全球公认的质量船旗行列，在非贸易关税壁垒方面为自身的外贸创造了更有利的条件。

自愿审核机制通过 IMO 大会决议从几大公约中抽取了相关条款，甚至从尚未达到生效条件的公约修正案条款中抽取了相关内容，作为成员国参与自愿审核的必要条件，即当这些条款的内容得到相关国家的履行，方可认为该国在这方面满足了公约的要求。随着自愿审核机制作用的不断扩大，IMO 在海上安全委员会、海洋环境保护委员会等重要会议上不断地扩大所抽取条款或内容的范围，甚至已把自愿审核转为强制审核列入日程——2009 年 IMO 第 26 届大会决定，IMO 将于 2015 年起对所有会员国实施强制性的履约审核。

对于 IMO 来说，自愿审核机制具备三大功能：①“牙齿”，即 IMO 控制相关利益方的武器；②督促船旗国履行公约、推动公约及其修正案相关内容生效的辅助手段；③协助港口国或沿岸国打击低标准航运的重要方式。应该说，自愿审核机制自启动以来已得到各方的关注，一些港口国甚至将船旗国是否经过自愿审核作为评判船旗质量的重要依据之一。在巴黎备忘录地区和美国（将在下节作详细介绍），新检查机制（NIR）和新的 21 世纪质量船体系已明确了将经过自愿审核的船旗国风险指数降级处理或作为评定准则之一。

第三节　港口国监督

港口国监督是指一个国家或主权地区的港口主管当局根据国际公约要求，对自愿进入该港口的外国籍船舶实施的一种安全检查，旨在验证船舶的设备、人员配备及操作技能、船舶安全和防污染管理及船舶保安管理等事项是否符合国际公约或强制性规则所定义的要求或规范，该检查对在全球范围内督促船旗国履行 IMO 公约、消除低标准船舶作用巨大。港口国监督目前已被国际社会采纳为船旗国履约机制的一种有效补充手段，被各港口国普遍采用。

1975 年，IMO 在其第 9 届大会上通过了 A. 321 号决议，初步设定开展港口国监督的程序。为进一步统一各国在港口国监督检查方面所适用的标准及规范操作，1978 年，由 8 个沿北海的西北欧国家成立了所谓的海牙备忘录组织，共同开展港口国检查，到了 1982 年，该组织被 14 个西欧国家联合组成的巴黎备忘录组织所取代。1991 年 IMO 召开第 17 届大会，通过了 A. 682 号决议，在全球范围内鼓励推行区域化的港口国监督备忘录组织，协同开展港口国监督检查，相互合作，共同建立全球化的港口国监督网络，以减少直至消除低标准船舶。

由于全球航运业总是围绕贸易区域进行布局，使得港口国监督备忘录组织的成立也形成了一种按贸易大区分布的格局，目前已有 9 个区域化港口国监督备忘录组织，基本覆盖了全球范围，分别是巴黎备忘录（Paris MOU）、东京备忘录（Tokyo MOU）、拉美备忘录（Acuerdo de Viña del Mar）、加勒比备忘录（Caribbean MOU）、中西非备忘录（Abuja MOU）、黑海备忘录（Black Sea MOU）、地中海备忘录（Mediterranean MOU）、印度洋备忘录（Indian Ocean MOU）和海湾备忘录（the Riyadh MOU）。在这些备忘录组织或国家中，从贸易量、船舶到访量、船舶检查量及港口国技术能力来看，巴黎备忘录、东京备忘录及美国这两区一国对全球航运的影响举足轻重，尤其对航行其间的各国船队及其船员影响力最大，其开展港口国监督检查的相关政策及技术要点也是应着重关注的。

当前各国在开展港口国监督检查时，不仅要考虑自身的人力资源能力建设及数量配比，还要运用科学分析方法，对到港船舶设定一个适检标准，从而可以根据到港船舶的预动态做到有的放矢。因此一种被称为目标船选择机制的方法被广泛应用于港口国监督检查中，这一方法根据各港口国对安全和防污染的社会容忍度不同而标准各异，船舶一旦被选船机制确定为适检船将会被港口国当局优先检查。考虑到目标船选择机制对海员今后工作中合理应对港口国监督检查的重要性，本章将着重对巴黎备忘录、东京备忘录及美国所适用的目标船选择机制作出解析。

一、巴黎备忘录

巴黎备忘录是成立最早的区域性港口国监督组织，目前有 27 个成员国，分别是比利时、保加利亚、加拿大、克罗地亚、塞浦路斯、丹麦、爱沙尼亚、芬兰、法国、德国、希腊、冰岛、爱尔兰、意大利、拉脱维亚、立陶宛、马耳他、荷兰、挪威、波兰、葡萄牙、罗马尼亚、俄罗斯、斯洛文尼亚、西班牙、瑞典和英国。其中俄罗斯和加拿大也是东京备忘录的成员。上述区域覆盖了欧洲沿岸和自北美到欧洲的北大西洋沿岸。

2009 年 4 月 23 日，欧盟委员会(EU)通过了新的港口国检查法令(2009/16/EC)，作为欧盟成员国进行港口国检查的依据，该法令于 2011 年 1 月 1 日执行。2009 年 5 月 18 日至 22 日，巴黎港口国控制谅解备忘录组织在冰岛首都雷克雅维克举行了第 42 次委员会会议，决定运行一套完全符合 2009/16/EC 内容的新港口国检查体制(New Inspection Regime，NIR)，取代现有的港口国控制体系，作为巴黎备忘录组织各成员未来进行港口国检查的依据。NIR 于 2011 年 1 月 1 日与 2009/16/EC 同步实施。

NIR 引入了目标风险评估机制(风险特征法，Ship Risk Profile，SRP)，并用新的 THETIS 信息系统代替现行的 SIReNaC 信息系统。THETIS 系统较原有的数据库更加智能化，信息的来源也更加集中，能够接收来自欧盟海事信息交换系统(Safe Sea Net，SSN)的信息，能够反应在欧盟水域内营运船舶的动向。在该信息系统下，针对以往船舶随意转换船旗国、船舶所有人及运营商的情况，新系统将严密监控，利用每艘船舶独立的 IMO 编号严格管制运营商隐瞒不良记录的做法。在新机制下，船舶将根据其风险高低划分为低风险船(LRS)、标准风险船(SRS)和高风险船(HRS)。同时通过捆绑 IMO 自愿审核机制项目、认可组织是否经由欧盟认证、公司实施 ISM 规则表现等要素，采取激励手段，减轻低风险船舶的检查负担，而对高风险船舶采取更为深入和密集的检查。

(一) 适检周期

当借助新的目标船选择机制确定并标示某一船舶为高风险船舶或低风险船舶或标准风险船舶后，各港口国监督主管机关将采取的检查措施便具备了可预期性。船舶经核算的风险程度将决定其接受港口国监督检查的频度及检查项目的范围。

不同风险的船舶应按如下时间间隔强制接受定期检查：高风险船舶每 5～6 个月，标准风险船舶每 10～12 个月，低风险船舶每 24～36 个月；而检查又根据是否超出上述时间窗口，依检查项目的范围和深入程度分为初步检查、详细检查和扩大检查。

重要或突发因素将触发附加检查。下列因素可以触发附加检查：重要因素Ⅰ级优先(PⅠ)，如碰撞、非法排放、违规操纵、暂停或撤销船籍、数据库中无船舶数据等；突发因素Ⅱ级优先(PⅡ)，如显著缺陷、早前被滞留的船舶(滞留3个月之后)、申诉、货物问题、引航员报告等。

(二) 选船机制

2009/16/EC中包含的目标船选择机制较1998/42/EC修正案来说是全新的。欧盟充分吸收了近年来IMO的一些研究成果，使用了船旗国管理表现、检验机构表现、航运公司表现和安全管理体系认证表现来识别和评估船舶的风险；基于数理统计分析，保留了船舶历史检查记录以及船舶的船龄、船型作为船舶安全风险评估的因素，提升了对低标准船舶的目标锁定成功率。

船舶风险概况评估，是基于船型、船龄、船旗、发证机构、公司表现评估以及曾经发生的滞留和缺陷，为每艘船舶创设的一个风险模型。该模型可以确定特定的船舶风险，将其分为高、中、低风险。表2-1列出了目标因素种类和相应的目标值。

表2-1 巴黎备忘录船舶目标及风险评估系统

<table>
<tr><td colspan="2" rowspan="2">风险特征(SRP)</td><td colspan="2">高风险船(HRS)</td><td>低风险船(LRS)</td><td rowspan="2">标准风险船(SRS)</td></tr>
<tr><td>标 准</td><td>权重</td><td>标 准</td></tr>
<tr><td colspan="2">船 型</td><td>化学品船、液化气船、油船、散货船、客船</td><td>2</td><td>所有类型</td><td rowspan="16">高风险与低风险以外的所有船舶</td></tr>
<tr><td colspan="2">船 龄</td><td>大于12年</td><td>1</td><td>所有船龄</td></tr>
<tr><td rowspan="3">船旗</td><td rowspan="2">黑白名单</td><td>黑(中危险以上)</td><td>2</td><td rowspan="2">白</td></tr>
<tr><td>黑(中危险)</td><td>1</td></tr>
<tr><td>IMO审核</td><td>—</td><td>—</td><td>是</td></tr>
<tr><td rowspan="5">认可组织</td><td rowspan="4">表 现</td><td>高</td><td>—</td><td rowspan="4">高</td></tr>
<tr><td>中</td><td>—</td></tr>
<tr><td>低</td><td rowspan="2">1</td></tr>
<tr><td>极 低</td></tr>
<tr><td>欧盟认可</td><td>—</td><td>—</td><td>是</td></tr>
<tr><td colspan="2" rowspan="4">公司表现</td><td>高</td><td>—</td><td rowspan="4">高</td></tr>
<tr><td>中</td><td>—</td></tr>
<tr><td>低</td><td rowspan="2">2</td></tr>
<tr><td>极 低</td></tr>
<tr><td colspan="2">36个月内缺陷数</td><td>不合格</td><td>—</td><td>不多于5项缺陷，且36个月内至少有1次检查</td></tr>
<tr><td colspan="2">36个月内滞留数</td><td>不少于2次滞留</td><td>1</td><td>无滞留</td></tr>
</table>

(三) 优先检查的船舶

如果在检查的时间窗口内,船舶处在Ⅱ级优先顺序,可能被检查;如果已超出检查的时间窗口,船舶处在Ⅰ级优先顺序,则必须被检查。表 2-2 列出了优先检查的船舶。

表 2-2　巴黎备忘录优先检查的船舶

优先级别	判断标准	检查类型
Ⅰ级,必须检查的船舶	出现重要因素	附加检查
	6 个月内未接受检查的高风险船	定期检查
	12 个月内未接受检查的标准风险船	定期检查
	36 个月内未接受检查的低风险船	定期检查
Ⅱ级,选择检查的船舶	5 个月内未接受检查的高风险船	定期检查
	出现突发因素	附加检查
	10 个月内未接受检查的标准风险船	定期检查
	24 个月内未接受检查的低风险船	定期检查

(四) 船舶的扩大检查

船龄高于 12 年的任何客船、油船、气体运输船或化学品船都可能面临扩大检查。同时,新增扩大检查中,巴黎备忘录扩大了对预计到达报告的责任。原来适用于特定船型船舶的须提前 72 h 发出预计抵达报告的覆盖范围被扩大至包括了所有的高风险船型:12 年船龄以上的客船、油船、液化气体运输船、散货船等。

(五) 船舶的拒绝进港

NIR 下的拒绝进港程序适用于所有船型(目前仅适用于液货船、散货船和客船)。以下类别船舶会被拒绝入港:

(i) 黑名单船旗,且 3 年内超过 2 次被滞留;

(ii) 灰名单船旗,且 2 年内超过 2 次被滞留。

拒绝进港的最小周期:

(i) 第一次拒绝为 3 个月;

(ii) 第二次拒绝为 12 个月;

(iii) 第三次拒绝为 24 个月,且是有条件的;

(iv) 第四次拒绝则属无限期。

二、东京备忘录

亚太地区港口国监督谅解备忘录(即东京备忘录)于 1993 年 12 月 1 日在东京由 16

个国家和地区的海事主管当局共同签订，并于 1994 年 4 月 1 日正式生效。目前，东京备忘录共有 18 个成员，分别是澳大利亚、加拿大、智利、中国、斐济、中国香港地区、印度尼西亚、日本、韩国、马来西亚、新西兰、巴布亚新几内亚、菲律宾、俄罗斯、新加坡、泰国、瓦努阿图和越南。

(一) 适检周期

按照备忘录总则中的要求，东京备忘录的目标是在其所覆盖区域内检查船舶总量达到本区域内营运船舶总量的 75%。一般情况下，船舶接受了东京备忘录成员检查后的 6 个月内，其他东京备忘录成员不会再对这艘船舶进行检查。但这样的检查间隔期不适用于目标因素分值高的船舶和被列为优先检查的船舶。

(二) 选船机制

自 2004 年 3 月 1 日起，东京备忘录正式将船舶目标体系(Ship Targeting System)作为确定优先检查船舶的工具。各目标因素对应一定的分值，按照船舶对应的目标种类得到总分值，然后以分值的大小确定船舶检查的先后。船舶目标体系如表 2－3 所示。

表 2－3　东京备忘录船舶目标体系

目标因素种类		分　值
船旗因素	超过平均滞留率(基于 APCIS 系统 3 年滚动平均滞留率)	每超过 1 个百分点＋1(小数四舍五入)
船型因素	船龄超过 15 年的以下船型：油船、化学品船、散货船、杂货船、冷藏船、滚装货/客船、客船	＋4
	其他船型	0
船龄因素	0～5 年	0
	6～10 年	＋5
	11～15 年	＋10
	16～20 年	10＋超出 15 年的年份数＋1
	大于 20 年	15＋超出 20 年的年份数＋1
船级社因素	非 IACS 船级社	＋10
最近 4 次初始检查或发现新缺陷的跟踪检查中滞留次数	1 次	＋15
	2 次	＋30
	3 次	＋60
	4 次	＋100

续表

目标因素种类		分值
缺陷	在最近4次检查或发现新缺陷的跟踪检查中发现的每项缺陷	+0.6×缺陷数(小数四舍五入)
上次检查遗留缺陷	APCIS记录的上次检查或相关的跟踪检查中没有标注已纠正(Code 10)的缺陷	+2×遗留缺陷数
距上次初始检查的时间	6～12个月	+3
	12～24个月	+6
	超过24个月或从没有在东京备忘录接受过检查(包括新船)	+50
目标因素总分值(TF)	优先等级	
＞100	Priority 1 (very high)	
41～100	Priority 2 (high)	
11～40	Priority 3 (medium)	
0～10	Priority 4 (extreme)	

(三) 优先检查的船舶

不论船舶目标因素分值如何，有下列情况的船舶将被作为优先检查的对象：

(1) 被港口当局通报的船舶；

(2) 被相关方(船长、船员、任何与船舶安全有关的人或组织)就船上生活和工作环境或船舶防止污染进行投诉的船舶；

(3) 要求在规定期限内消除缺陷的船舶；

(4) 引航或港口当局报告存在影响安全航行缺陷的船舶；

(5) 装载危险或污染货物时，未按要求进行报告的船舶；

(6) 船舶被滞留后，未得到港口国允许擅自开航的船舶；

(7) PSC委员会公布的优先检查的船舶种类。

(四) 东京备忘录的发展

东京备忘录在2010年6月召开的港口国监督委员会第20届会议上推出向低标准船施压政策。对在过去12个月内滞留达3次及以上的船舶，东京备忘录将视为低标准船，并从2010年8月起在网站上公布低标准船名单，同时向船旗国和船舶管理公司发送警告信。该名单中的船舶将会在东京备忘录组织各成员的所有港口受到更频繁的港口国检查，并且所有东京备忘录地区的主管当局被要求必须保持警觉，对发现的低标准船进行检查。

三、美国海岸警卫队

美国由其海岸警卫队(USCG)独立地开展港口国监督检查,其实施方案具有先进性,实施过程具有严格性。USCG 港口国检查虽不属于任何一个备忘录组织,但却以观察员的身份参加巴黎备忘录、东京备忘录等组织的活动。

(一) 检查种类

按照美国联邦法案(FRC)第三十三章第四十六条的要求,在美国水域航行的外国旗船舶需要接受检查,检查一般包括以下几类:

(1) 年度检查。年度检查程序在检查手册和海事安全手册里作了相应规定,年度检查一般包括对船舶证书和文件的检查以及对船舶总体状况的检查(包括设备检查、试验及应急演习等)。如果检查官发现有明显证据表明船舶状况不满足相关美国法律或公约的要求,检查可以扩大。

(2) 再次检查。2 次年度检验之间,为确保船舶能持续满足相关美国法律或公约的要求而进行的检查。再次检查一般包括对船舶证书和文件的检查和总体检查(仅仅是例行检查)。如果检查官发现有明显证据表明船舶状况不满足相关美国法律或公约的要求,检查可以扩大。

(3) 扩大检查。在年度和再次检查中,发现有明显证据表明船舶状况不满足相关美国法律或公约的要求,而进行更为细致的检查和试验。

(4) 消除缺陷检查。仅限于对缺陷消除情况的检查,如果登船过程中发现了其他缺陷,那么应进行一次再次检查。

(5) 监控。对装卸货、加油、过驳等过程的任何部分的现场监督,注重整个操作的程序和控制方面,一般与年度检查、再次检查和消除缺陷检查一起进行。

(6) 货品监督。装运爆炸物或放射性物质时的监督过程。

(二) 选船机制

随着停靠美国港口的非美国旗船舶的增多,为了确定此类船舶的风险程度,并帮助 PSC 检查官选择检查船舶,USCG 制定了 PSC 安全和环境保护符合目标矩阵(Port State Control Safety and Environmental Protection Compliance Targeting Matrix)以评估船舶安全和环境保护程度,以及基于风险评估的 ISPS/MTSA 保安符合目标矩阵(ISPS/MTSA Security Compliance Targeting Matrix)以评估船舶的保安符合性。

1. PSC 安全和环境保护符合目标矩阵

USGC 港口国安全检查目标矩阵如表 2-4 所示。

表 2-4 中,船舶管理:对于列入 USCG 船舶所有人列表中的船舶所有人/管理公司所属船舶,分值加 5。船舶所有人列表中的船舶所有人/管理公司是指那些在过去 12 个月内所属船舶曾被滞留的公司,该列表根据过去 12 个月的情况每月更新。

表 2－4　USCG 港口国安全检查目标矩阵

船舶管理	船旗	船级社	历　　史	船　　型
5 点 USCG 网站所列船舶所有人、经营人或租家	**7 点** USCG 网站所列船旗	**Priority Ⅰ** 滞留率高于 2% **5 点** 滞留率为 1%～2% **3 点** 滞留率为 0.5%～1% **0 点** 滞留率低于 0.5%	**Priority Ⅱ** 首次到美国港口 **5 点/次** 前 12 个月内滞留的次数 **1 点/次** 前 12 个月内有过其他操作控制的次数 **1 点/次** 前 12 个月内发生事故的次数 **1 点/次** 前 12 个月内发生违反相关法律法规的次数 **1 点/次** 前 6 个月内未登轮的次数	**1 点** 油船或化学品船 **1 点** 气体运输船 **2 点** 10 年以上的散货船 **1 点** 客船 **2 点** 散装低价值日用品运输船

Priority Ⅰ(PⅠ)：必须在进港前登轮检查。
— 矩阵得分在 17 点及以上；或
— 船舶发生海损而影响船舶航行；或
— USCG 港口船长认为船舶对港口或环境构成潜在威胁；或
— 船舶所属船级社的滞留率高于 2%；
— 船舶在接受海岸警卫队检查前将限制进港。
Priority Ⅱ(PⅡ)：不必在进港前检查，但应在到港时检查。
— 矩阵得分在 7～16 点间；
— 本港或其他港口上次检查留有遗留要求，或船舶是年度检查过期的油船或客船；
— 船舶在接受海岸警卫队检查前将限制货物作业或旅客上下船。
Non-Priority Vessel(NPV)：不必登陆检查。
— 矩阵得分在 6 点及以下；
— 船舶属低危险。
降级条款：如果船舶的分值达到PⅠ或PⅡ的标准，并且在过去 6 个月内 USCG 已对该船进行了检查，无严重缺陷，那么船舶可以被降为 NPV，被降为 NPV 的船舶会被列入随机检查船舶之列。

船旗：对于悬挂列入 USCG 船旗列表中船旗的船舶，分值加 7。过去 3 年滞留率超过平均值的船旗将被列入船旗列表中，该列表于每年 4 月 1 日更新。

船级社：按照各船级社过去 3 年的滞留率确定。

2. ISPS/MTSA 保安符合目标矩阵

USCG 港口国保安检查目标矩阵如表 2－5 所示。

表 2－5 中，CAR(Control Action Ratio)是一个与滞留率相似的数值：

(1) 船舶所有人/管理公司/租家的 CAR＝与公司管理相关的控制措施数/ISPS(MTSA)检查数量；

(2) 船旗国的 CAR＝与船旗国相关的控制措施数/ISPS(MTSA)检查数量；

（3）认可保安组织（RSO）的CAR＝与RSO相关的控制措施数/ISPS(MTSA)检查数量。

表2－5 USCG港口国保安检查目标矩阵

Ⅰ	Ⅱ	Ⅲ	Ⅳ	Ⅴ
船舶管理	船旗国政府	认可保安组织（RSO）	保安符合性（历史）	最近一个停靠港口
ISPS Ⅰ 船舶所有人/管理公司/租家在过去12个月中，有过与ISPS相关的拒绝入港和驱逐出港记录* **5点** 船舶所有人/管理公司/租家的CAR值大于等于5%，或在G－MOC目标船舶管理公司清单中 **2点** 船舶所有人/管理公司/租家的CAR值大于1%，小于5% **2点** 从2004年7月1日起，船舶所有人/管理公司/租家在过去3年内其所属船舶进行了检查的不超过10艘次	**7点** 船旗国的CAR值大于等于5% **2点** 船旗国的CAR值大于1%，小于5% **2点** 从2004年7月1日起，在过去的3年内，悬挂该国国旗的船舶进行了检查的不超过20艘次	**ISPS Ⅰ** RSO的CAR值大于等于5% **5点** RSO的CAR值大于1%，小于5% **2点** RSO的CAR值大于0.5%，小于1% **2点** 从2004年7月1日起，在过去的3年内，由该RSO发证的船舶进行了检查的不超过20艘次	**ISPS Ⅰ** 在过去12个月中，有过与ISPS相关的拒绝入港和驱逐出港记录* **ISPS Ⅱ** 矩阵点数没有达到需要进行ISPS Ⅰ类检查的分值，并且在过去12个月内，没有进行过ISPS检查 **5点** 船舶的CAR值大于等于1% **2点** 船舶的CAR值大于0.5%，小于1% **1点** 过去12个月内发生的每次航行限制	**指定进入条件和/或拒绝入港** 最近停靠的5个港口是列在联邦登记册（Federal Register）中的港口 **ISPS Ⅰ** 最近停靠的5个港口是被定为ISPS Ⅰ类的港口 **ISPS Ⅱ** 矩阵点数没有达到需要进行ISPS Ⅰ类检查的分值，并且最近停靠的5个港口是被定为ISPS Ⅱ类的港口
*考虑拒绝入港的具体情况，可能将等级放宽为ISPS Ⅱ。如果拒绝入港仅仅是因为未提供Notice of Arrival，会给予2点的分值。 船舶点数大于等于17点的是ISPS Ⅰ船舶，在进港前必须登轮检查。 船舶点数在7～16点之间的是ISPS Ⅱ船舶，不必在进港前进行检查，但应该在到港时检查。 船舶点数小于7点的为ISPS Ⅲ船舶，不必登轮检查，除非被随机的MTSA/ISPS检查抽到。				

除了上述两种选船机制以外，未被选中的船舶，将进入随机登轮选择程序（Random Boarding Selection Process）。在随机选择中，按照USCG的目标，将有10%的船舶被选中执行检查。

（三）USCG港口国检查的发展

USCG在2009年8月4日推出了基于风险评估的新选船机制，2010年8月11日修订了对RSO在安全、环保和保安方面责任判定的标准，2010年9月1日颁布了关于外旗船舶的禁令（BFV）。

USCG关于外旗船舶的禁令(BFV)要求所有进入美国水域的悬挂外旗船舶须遵循美国相关规则、国际公约和其他规定的标准。如果船舶在12个月内被USCG重复滞留3次,且确定未能有效实施SMS可能是导致滞留的原因之一时,将向该船船舶所有人和管理公司签发一封"拒入函",拒绝该船进入美国的任何港口或地点。"拒入函"将通过IMO号与船舶关联,即使该船被出售、更换管理公司、改名或更换船旗,"拒入函"仍保持有效,直至USCG对"拒入函"中所要求提交的所有信息审查满意后,才向船舶所有人和管理公司签发"接受函"。

该船在签发"接受函"后返回美国的任何港口或地点时,要在进入前接受PⅠ优先级PSC检查。检查满意后,该船可按期前行;如无法通过PⅠ优先级PSC检查,且存在重大不符合或发现可滞留缺陷,则滞留该船,并根据现有政策采取适当的控制措施。

自签发"接受函"之日起12个月内,如果船舶再次发生滞留,且认定管理公司或船旗国主管机关无法确保采取积极措施纠正低标准状况,改进失效的SMS,则将签发第二封"拒入函",至少在12个月内拒绝该船进入美国任何港口或地点,直至SMS得到有效实施。

如果被滞留船舶继续在海上航行,而未按USCG签发的"港口国控制检查报告/缺陷报告表"要求纠正缺陷,或通过不进入指定的修理厂来拒绝符合有关文件的适用要求,则签发"拒入函"。

虽然在过去12个月内少于3次滞留,但根据USCG观点,该船的状况可能会对船舶、船员和海洋环境造成严重威胁,或存在下列情况时,船舶依然可能被签发"拒入函":

(1) 曾有过事故、污染事件或严重修理问题的历史,有理由让人相信这种船舶可能不安全或对海洋环境造成威胁;

(2) 曾违反美国任何法律排放油类或危险物质,或排放方式或排放量不符合美国作为缔约国的任一公约的规定。

第四节　船旗国检查、港口国检查与船级社检查之间的关系

一、依附关系

在许多情况下,船旗国或港口国授权船级社代表其履行船舶检验和检查,尤其在一些缺乏执行标准资源的国家。比如在某些情况下,一些主管当局可能对悬挂其本国国旗的船舶,或按IMO A.787(19)号决议港口国控制程序(经A.882(21)号决议修订)对挂靠其港口的他国船舶,在完全和不间断地实施控制方面存在困难,则通过指派授权的认可机构(船级社)代表主管机关执行检验。就船级社实施法定检查而言,无论如何,这种检查是基于船旗国或港口国的授权而进行的,因此存在依附关系。

二、监督关系

港口国监督和船旗国监督同属船舶安全检查范畴。确切地说,港口国监督是对船旗国

监督的一种补充管理措施。就某一从事国际航行的船舶安全管理来说，承担主要监督责任的是船旗国，但由于该国际航行的船舶经常不挂靠国内港口，船旗国对本国籍船舶就难以适时实施有效的安全监督。船旗国和船级社还协助港口国的 PSC 当局，妥善处理港口国检查中发现的船舶缺陷。港口国监督反过来通过选船机制、目标系数、黑名单等监督船级社的检验和船旗国的履约情况。简言之，港口国监督既是对船旗国监督的补充和延伸，也是对船旗国政府在执行国际公约、维护海上人命和财产安全、保护海洋环境等方面工作质量的检查和监督。此外，港口国监督的记录和伤亡统计数据也越来越多地应用于衡量船旗国的履约水平。

三、合作关系

在实际港口国检查中，港口国海事主管当局对发现的船舶缺陷，如果属于船舶结构、强度和水密性等方面的，港口国检查官（PSCO）一般会通知船舶所有人寻求船级社的技术支持，以确定是否属于可滞留的缺陷；如果是救生消防等方面的，本着尽力避免不当滞留的精神，一些 PSCO 也倾向于寻求船级社的咨询。在接到船舶所有人的请求后，船级社验船师会积极参与检查工作，并提供合理的建议。

第三章

国内法律法规有关新规定

第一节　中华人民共和国船员条例

国际海事组织高度认可船员对海上安全和防污染的贡献，并致力于建立相关的船员技术和服务规范。目前四部由国际海事组织和国际劳工组织共同促成的、构成全球海上安全和防污染规范体系框架的最重要的公约，即《1974 年国际海上人命安全公约》《经 1978 年议定书修订的 1973 年国际防止船舶造成污染公约》《经 1995 年修订的 1978 年海员培训、发证和值班标准国际公约》和《2006 年综合海事劳工公约》，其中有两部是专门规范船员技术和服务标准的。全球各航运国家大都制定了船员法，我国香港、台湾地区也特别为船员制定了有关规定。

目前我国约有 165 万船员，其中海员约 65 万人，是世界上拥有海员数量最多的国家，船员在我国对外贸易中发挥了重要作用。我国政府非常重视船员管理的立法工作。2007 年 3 月 28 日，国务院第 172 次常务会议通过了《中华人民共和国船员条例》(中华人民共和国国务院令第 494 号，本节简称本条例)，自 2007 年 9 月 1 日起施行。本条例的制定，对我国航运市场和船员而言意义重大。

一、总则

(一) 适用范围

法律、行政法规或者规章的效力范围，包括对人和事的效力、地域效力以及时间效力。按此，本条例的适用范围为：

(1) 地域效力　本条例适用于中华人民共和国境内。

(2) 时间效力　本条例自 2007 年 9 月 1 日起施行。

(3) 对人和事的效力　本条例适用于船员的注册、任职、教育培训、职业保障等，以及对船员用人单位、船员教育培训机构和船员服务机构的要求等。

另外，关于本条例的适用范围应当注意以下几个问题：

第一，关于外国船员的适用问题。对于在我国船舶上服务或者任职的外国籍船员，应当持有其所属国政府签发的相关证书和身份证件，并应按照本条例的有关规定，办理相应证书的承认签证。申请此类船员所持证书的承认签证，适用本条例的规定。

第二，关于中国船员的适用问题。对于在中国籍船舶上任职或者服务的中国船员，本条例所有有关船员的规定对其都适用。对于在外国籍船舶上任职或者服务的中国船员，取得中国船员资质或者证书方面的规定适用本条例；其他方面的要求，应当符合 STCW 公约和《2006 年综合海事劳工公约》的要求。

第三，关于军用船舶船员和渔业船员的适用问题。根据本条例第七十一条的规定，军用船舶船员不适用本条例。渔业船员适用本条例所设定的基本原则和基本制度，但由于渔业船舶在作业方式、船员组成等方面的特殊性，本条例第七十一条规定渔业船员的具体管理办法由国务院渔业行政主管部门参照本条例另行制定。

第四，在我国境内居住、学习的外国籍公民和公司法人，在我国境内从事船员注册、任职、培训、职业保障以及提供船员服务等活动的，适用本条例。

（二）主管机关及职责

我国政府的船员管理实行垂直管理与分级管理相结合的管理体制，具体来说，国务院交通主管部门主管全国船员管理工作，国家海事管理机构依照本条例负责统一实施船员管理工作。负责管理中央管辖水域的海事管理机构和负责管理其他水域的地方海事管理机构（以下统称海事管理机构）依照各自职责，具体负责所辖区域内的船员管理工作。

（三）船员的定义

1. 船员

本条例所称船员，是指具备本条例规定的船员注册条件，经海事管理机构注册，取得海事管理机构颁发的船员服务簿的人员。船员分为船长、高级船员和普通船员三个层次，高级船员分为大副、二副、三副、轮机长、大管轮、二管轮、三管轮、通信人员以及其他在船舶上任职的高级技术或者管理人员。

2. 船长

船长，是指依照本条例取得船长任职资格，并负责管理和指挥船舶的人员。《经 1995 年修订的 1978 年海员培训、发证和值班标准国际公约》规定，船长是指挥船舶的人，在海船上服务的船长必须持有相应的适任证书。《中华人民共和国海商法》规定，船长是负责船舶管理和驾驶的人员，船长必须由持有相应适任证书的人担任。本条例中对船长的定义与国际公约和国内有关法律中对船长的定义基本一致。作为船长必须取得相应的任职资格，持有有效的船长适任证书，船长在船任职期间，对船舶具有法定的管理权和指挥权。

3. 高级船员

高级船员是对依照本条例取得相应任职资格的大副、二副、三副、轮机长、大管轮、二管轮、三管轮、通信人员以及其他在船舶上任职的高级技术人员或者管理人员的统称。其中：大副、二副和三副称为甲板部高级船员；轮机长、大管轮、二管轮和三管轮称为轮机部高级船员;通信人员包括GMDSS一级无线电电子员、GMDSS二级无线电电子员和GMDSS通用操作员;其他在船舶上任职的高级技术或管理人员包括客运部高级管理人员、事务部高级管理人员等。

4. 普通船员

普通船员是指除船长和高级船员以外的其他船员,主要包括值班水手、值班机工、GMDSS限用操作员和服务人员等。

二、船员注册

(一) 船员注册及其意义

船员注册是船员从业人员的准入条件,是划分船员职业身份的界限,也是海事管理机构对船员进行跟踪管理的需要。但是,船员的注册仅表明注册人是船员,具备作为一名船员最基本的水上安全知识和技能,至于其在船上能够担任什么职务,并不由船员注册决定,而取决于船员具备何种岗位的任职资格。

船员注册主要有四个作用:掌握船员的总体情况,便于统计分析从业人员数量、组成、分布情况等,发挥行业指导作用;由于船员长期远离单位和家乡,并且工作危险性较大,需要掌握船员的家庭、近亲的联系渠道;使船上不同岗位的工作人员都具备作为船员最基本的个人水上安全知识和技能;跟踪船员的船上任职资历、适任情况、安全记录、违章记录等。

船员注册是与全球各航运国家接轨的一项制度。船员经过注册,持有海事主管当局颁发的船员服务簿,各国互相承认,并由海事主管当局、船员工作所在船舶的船长和船员当时服务船舶所在的船公司分别在船员服务簿上记载相应的情况。中国船员不论在中国籍船上还是在外国籍船上工作,中国或者外国船长、中国或者外国的船公司,都会在船员服务簿上按照全球航运界通行的做法对船员进行考核管理并作出相应的记载。

(二) 船员注册的条件

1. 年龄

依照本条例申请船员注册的公民最低年龄是18周岁,到船上见习或实习的人员由于不能参加独立值班,最低年龄可放宽到16周岁。《中华人民共和国劳动法》规定禁止用人单位招用未满16岁的未成年人,对年满16岁未满18岁的未成年工实行特殊的劳动保护,因此年满16岁未满18岁的未成年人只能作为船上的见习或实习人员。

申请船员注册的最大年龄是60周岁,年龄超过60周岁的申请人不予注册。《国务院关于工人退休、退职的暂行规定》中规定男性年满60岁、女性年满55岁应该退休。

2. 健康

船员在船上任职期间,船舶经常远离陆地,在大洋中长时间航行,食品的供应难以确保新鲜、充足和品种多样;船舶航行期间,船员经常要与恶劣的天气和海况搏斗;船员在船舶航行期间受伤、生病,往往很难及时得到陆地医疗机构的救助,船上的医疗条件仅仅能对一些小的疾病和受伤进行简单的处理。船员的职业特点要求船员必须具有健康的体魄,因此,从事船员职业的人员应符合船员健康要求。

当然，注册健康要求与任职健康要求是不一样的，任职健康要求根据其岗位职责需要，要高于注册健康要求。

3. 专业技能

依照本条例规定申请船员注册的公民应参加船员教育和培训机构组织的“船员基本安全培训”，并经海事管理机构考试、评估合格，取得培训合格证。船员基本安全专业培训是指“个人求生技能”“防火和灭火”“基本急救”“个人安全和社会责任”四个方面的专业培训，是为确保船舶和船上人员的安全。每一个在船上工作的人员必须掌握的基本技能和安全知识的培训，是成为一名船员的基本条件。

4. 语言能力

从事国际航行船舶的船员，其职业特点具有较强的涉外性。无论是在中国籍国际航行船舶上工作的船员还是派往外国籍船舶上工作的船员，在工作和生活中都不可避免地要与不同国家的有关人员进行交流和沟通，英语是国际交往的通用语言，能够较熟练地用英语进行沟通和交流就成了国际航行船舶的船员必须具备的能力。申请船员注册的公民在申请注册前应通过海事管理机构组织的船员专业英语考试。

(三) 船员注册的申请

船员注册是对船员实行跟踪管理的基础工作，需要对注册申请人的准确资料进行登记和备案，为确保申请人提交的资料准确无误，一般情况下，应由申请人本人到海事管理机构办理注册。为方便船员注册申请人，本条例规定申请人本人因故不能亲自前来办理的，可由其代理人持申请人的委托书代为办理。

申请船员注册应向海事管理机构提交证明申请人符合本条例第六条规定条件的证明材料。办理船员注册应向海事管理机构提交如下材料：

(1) 办理船员证件工作单；

(2) 填妥的《〈船员服务簿〉登记表》；

(3) 有效身份证件及其影印件；

(4) 2 张近期直边正面 2 寸免冠白底彩色照片；

(5) 船员基本安全培训合格证或影印件；

(6) 船员专业外语考试证明或合格证(申请注册国际航行船舶船员者)。

(四) 船员服务簿

1. 船员服务簿的性质与作用

经船员注册后，船员即可获得由海事管理机构颁发的船员服务簿。船员服务簿是船员的职业身份证件，表明持证人满足作为船员的基本条件。世界各国海事主管机关对持有船员服务簿人员的船员职业身份都予以认可。海船船员和内河船员都应依照本条例的规定取得船员服务簿，并在船上任职期间随身携带。

船员服务簿中记录了船员本人的服务资历、安全记录、参加有关专业和特殊培训、体格检查和跟踪管理等情况。船员上船任职或解职离船，均需由船长或船舶所有人在船员服务簿内如实填写船员所服务的船舶名称、总吨位和主机功率，船员实际担任的职务、任职和解职的时间与地点。海事管理机构对船员实行跟踪管理时，对船员的违法处理情况、违法计分情况要如实记入船员服务簿中。

船员服务簿是船员申请适任考试、评估和发证时必须向海事管理机构提交的证明文件之一。

2. 船员服务簿中记载的船员个人信息

船员服务簿中记载的船员个人信息主要包括船员的姓名、姓名的汉语拼音、性别、出生日期、身份证号码、家庭住址、主要联系方式、联系人等。目的是使海事管理机构掌握注册船员的基本信息，对船员实行跟踪管理。一旦需要与船员或其亲人联系时，海事管理机构、船公司、船员服务机构或工会组织可以方便地及时与船员或其亲人取得联系。

(五) 注销船员注册的条件

当注册船员的情况发生变化、不再满足船员从业条件时，应及时注销船员注册，并予以公告，保证船员注册的严肃性、有效性和准确性。被注销船员注册的人员同时就不再具有本条例规定的船员的权利和义务。船员有下列情形之一的，海事管理机构应当注销船员注册，并予以公告：

(1) 死亡或者被宣告失踪的；

(2) 丧失民事行为能力的；

(3) 被依法吊销船员服务簿的；

(4) 船员本人申请注销注册的。

前两项都是属于船员失去民事行为能力的情况，其履行船员职责的能力丧失了，为保证船员注册的准确性，应及时将其从注册船员中注销。船员被依法吊销船员服务簿是对船员违法行为的处罚，吊销了船员服务簿实际上就是取消了船员的职业资格，而船员注册是对船员从事船员职业的许可。因此，海事管理机构对受到吊销船员服务簿处罚的船员应及时注销其船员注册。被吊销船员服务簿并被注销船员注册的人员并不是永远不能再从事船员职业，本条例第七条第二款规定，申请人被依法吊销船员服务簿未满 5 年的，不予注册。这意味着公民的船员服务簿被吊销 5 年后，仍然可以重新申请船员注册，若条件符合本条例船员注册条件的规定，业经海事管理机构的船员注册，可以重新取得船员服务簿。从业自由是公民的权利，当船员选择不再从事船员职业时，向海事管理机构提出注销船员注册的申请，海事管理机构应及时给予办理注销船员注册。

三、船员任职资格

(一) 船员取得适任证书的条件

《1978 年海员培训、发证和值班标准公约》《中华人民共和国海上交通安全法》《中华人民共和国海商法》《中华人民共和国内河交通安全管理条例》等国际公约和国内法律法规均明文规定，参加航行值班和轮机值班的船员应持有相应的适任证书。这是确保船舶航行、停泊和作业安全，保护海洋环境的需要，是船员担任船上职务的必备条件。各国海事主管机关在对到港船舶进行检查时，船员是否持有相应的适任证书是法定的必查项目。

1. 持证船员范围

参加航行和轮机值班的船员应持有相应的适任证书，这些船员包括船长和参加航行和轮机值班的高级船员和普通船员。高级船员包括大副、二副、三副、轮机长、大管轮、二管轮、三管轮、GMDSS一级无线电电子员、GMDSS二级无线电电子员和GMDSS通用操作员。参加航行和轮机值班的普通船员包括值班水手、值班机工和GMDSS限用操作员。

相应的适任证书是指船员所持有的适任证书应与其所服务船舶的航区、种类、等级或主机类别以及其在船上所担任的职务相符合。持有较高航区、等级和职务适任证书的船员可以在较低航区、等级的船舶上担任同等或较低等的职务，但担任值班水手和值班机工职务的船员必须持有相应的值班水手和值班机工适任证书。

2. 申请船员适任证书的条件

《经1995年修订的1978年海员培训、发证和值班标准国际公约》规定，船长、高级船员或普通船员的证书，应签发给主管机关认为在服务、年龄、健康状况、培训、资格和考试各方面都符合要求的证书申请人。公约对申请不同类别、航区、等级和职务的适任证书提出了相应的要求。本条例对申请船员适任证书的条件规定符合公约的规定要求，主要有以下四个方面的内容：

(1) 已经取得船员服务簿。申请船员适任证书的船员应符合本条例第六条规定的船员注册条件，业经船员注册，已取得海事管理机构颁发的船员服务簿。

(2) 符合船员任职岗位健康要求。目前我国船员的健康标准按照我国原交通部1993年公布的行业标准——《海船船员体检要求》(JT 2025—1993)、原交通部海事局颁布的包括内河船舶船员体检要求的《〈中华人民共和国内河船舶船员适任考试发证规则〉实施办法》(海船员〔2005〕198号)以及2007年《关于调整有关船员健康检查要求的通知》执行。

(3) 经过船员适任培训。船员适任培训是船员在取得适任证书前接受的旨在提高船员适应拟任岗位所需的专业技术知识和专业技能的教育或培训。船员适任培训的种类有：①航海类教育和培训，即根据《经1995年修订的1978年海员培训、发证和值班标准国际公约》的要求，为取得船员适任证书发证资格而进行的岸上和船上教育和培训，包括认可的航海类学历教育、职业教育、船上培训、船上见习、精通业务和知识更新培训等。②船员专业培训，包括熟悉基本安全培训、精通救生艇筏和救助艇培训、船舶高级消防培训、精通急救和船上医护培训、雷达操作模拟器培训、船舶操纵模拟器培训和船舶轮机模拟器培训等。

(4) 具备相应的船员任职资历，并且任职表现和安全记录良好。船员从事的是一种操作性和实践性非常强的职业，尤其是船长和高级船员，不但要具备丰富的专业知识和较高的专业技能，还必须具有丰富的船上工作经历，以便于处理船舶在航行和停泊期间可能发生的各种应急事故。国际航运界普遍认识到船员的船上工作经历对船员适任能力的影响是巨大的，因此《经1995年修订的1978年海员培训、发证和值班标准国际公约》中要求适任证书申请人必须具备申请证书所要求的船上服务资历，并且任职表现和安全记录良好。《中华人民共和国海船船员适任考试、评估和发证规则》和《中华人民共和国内河船舶船员考试、评估和发证规则》对海船船员和内河船员中申请各类别、等级、职务的适任证书者最近5年内船上任职时间作出了相应要求，并且要求任职表现和安全记录良好。

（二）船员适任证书的申请与受理

本条例第九条规定了申请船员适任证书者应具备的条件，凡满足规定条件的船员都可由船员所在单位或船员本人向海事管理机构提出书面申请，并附送证明自己满足规定条件的材料。船员所在单位和船员本人应对所提交申请材料的真实性负责。

（三）申请材料

申请船员适任证书者应递交：

(1)《船员适任证书申请表》；
(2) 有效的《船员服务簿》；
(3) 12 个月内体检的《船员体格检查表》；
(4) 现持有的适任证书；
(5) 专业培训合格证；
(6) 特殊培训合格证(申请特种船舶船员适任证书者)；
(7) 近期直边正面 2 寸免冠白底彩色照片 2 张；
(8) 有效身份证件及其影印件；
(9) 船员适任培训证明(如航海类教育的毕业证书或毕业证明或学籍证明、船上培训或见习证明等)；
(10) 通过海事管理机构组织的适任考试证明(如考试成绩通知单、考试合格证等)。

（四）船员适任证书签注内容

船员适任证书是船员取得船上相应任职资格的证明。《中华人民共和国海船船员适任考试、评估和发证规则》和《中华人民共和国内河船员考试、评估和发证规则》依照公约的要求，按船舶的航区、类别、等级和船员职务将船员适任证书进行了分类，并规定了相应的适用范围。适任证书持有人只能在证书签注的适用范围内担任职务。

（五）船员适任证书的有效期及证书再有效

船员适任证书的有效期不得超过 5 年。一般情况下，适任证书有效期为 5 年，当申请适任证书的船员年龄距 60 岁不到 5 年时，应签发有效期至其 60 周岁生日之日止的适任证书。

适任证书持有者应在证书有效期的最后 12 个月内，向海事管理机构申请证书再有效。申请适任证书再有效者，应完成国家海事管理机构规定的知识更新培训，并在最近 5 年内具有不少于 12 个月与其适任证书所载适用范围相应的船上服务资历，且安全记录良好。

在最近 5 年内具有不少于 12 个月与其适任证书所载适用范围相应的船上服务资历，但安全记录不良，或在最近 5 年内不具有与其适任证书所载适用范围相应的船上服务资历，或证书失效者，应当参加并通过一定的抽查科目考试，具体的抽查考试科目由交通主管部门制定。

(六) 船员特免证明签发的规定

1. 签发特免证明的必要性及签发要求

依据《1978 年海员培训、发证和值班标准公约》规定,船舶在境外遇到不可抗力或其他特殊情况,如船员死亡或因伤病等原因不能参加值班等,若海事管理机构认为对人员、财产和环境不致造成危险时,可签发特免证明,允许某一指定的船员在某一指定的船上,在为期不超过 6 个月的指定期间内,担任其并未持有适任证书的职位,除非有关无线电规则另有规定。但是被发给这种特免证明的人员应能充分胜任其所补缺的职位。然而,除不可抗力的情况外,对船长或轮机长不得给予特免证明,即使给予了这种证明,其期限也应尽可能短。凡给予某职位的特免证明,只应发给具有适当证书可充任仅比该职位低一级职务的人员。如公约对该低一级职位并无证书要求,则可对海事管理机构认为其资格和经验与所要充任职位要求相当的人员签发特免证明,但是,如果该人并未持有相应的证书,则应通过海事管理机构认可的测试,以表明这种特免证明的签发是安全的。

2. 申请签发特免证明的条件

(1) 当事船员所服务的船舶在中华人民共和国境外;

(2) 当事船员拟任的职位,现任船员因病或者其他不可抗力不能继续履行职务;

(3) 当事船员具备其拟任职位较低一级职位的任职资格;拟任船长职位的,为船上负责航行值班的船员中任职资格最高者;

(4) 不属于专职无线电人员的职位。

3. 特免证明的申请

特免证明的申请应由船员所服务的公司向海事管理机构提出书面报告,申请报告应包括船舶名称,航行区域,船舶停泊港口,签发对象持证情况、任职资历和安全记录情况,申请理由及证明材料。

申请特免证明的船员所持证书和任职资历应符合下列要求:

(1) 持有值班水手、值班机工适任证书,并实际担任其职务满 12 个月者,可以申请三副、三管轮特免证明。

(2) 持有三副、三管轮适任证书,并实际担任其职务满 6 个月者,可以申请二副、二管轮特免证明。

(3) 持有二副、二管轮适任证书,并实际担任其职务满 12 个月者,可以申请大副、大管轮特免证明。

(4) 持有大副、大管轮适任证书,并实际担任其职务满 12 个月者,可以申请船长、轮机长特免证明。

4. 特免证明的签发及有效期

受理特免证明申请的海事管理机构应当在受理之日起 3 个工作日内核实有关情况并报国家海事管理机构批准,符合规定条件的,可为其签发为期不超过 6 个月的特免证明,船长或轮机长特免证明的有效期不得超过 3 个月。一艘船舶上同时持特免证明的船长和高级船员总共不得超过 3 名。当事船舶抵达我国第一个港口后,特免证明自动失效。失效的特免证明由船员所服务的公司负责收回并送交海事管理机构。

（七）海员证

1. 海员证

中华人民共和国海员证是中国籍船员在境外履行船员职务、临时上岸休假、转船、过境上船、遣返时，表明其中华人民共和国公民身份的证件。根据本条例规定，凡以海员身份出入中国国境或派往外国籍船舶上工作的船员都应持有海员证。

持有中华人民共和国海员证的船员出入中国国境无须签证，在其他国家临时上岸休假、转船、过境上船或遣返时，按照有关国际公约或我国与有关国家签订的海运或航运协定，享受通行便利的权利。

根据《中华人民共和国公民出境入境管理法》《中华人民共和国护照法》及本条例的规定，办理海员证应当向海事管理机构申请，海事管理机构是海员证的签发机关。

2. 申请条件

申请中华人民共和国海员证，应当符合下列几个条件。

(1) 是中华人民共和国公民：应持有能证明其中国国籍的证件或证明文件。

(2) 已注册为国际航行船舶船员或者有确定的船员出境任务：取得船员服务簿和相应的任职资格证书，或者有确定的船员出境任务。

(3) 无法律、行政法规(如《中华人民共和国公民出境入境管理法》等)规定禁止出境的情形。

3. 申请材料

船员申请办理海员证应向海事管理机构提交如下资料：

(1) 办理船员证件工作单；

(2) 有效身份证件及其影印件；

(3) 按规定填具的海员证申请表；

(4)《办理海员证批件》；

(5) 政审批件或公安机关出具的无法律、行政法规规定的禁止公民出境的情形的证明；

(6)《船员服务簿》或《渔业船员服务簿》及其影印件；

(7) 表明船员具有担任其拟任职务资格的证书或证明文件及其影印件；

(8) 合法有效的劳动合同或管理协议及其影印件；

(9) 申请人近期(12 个月以内)免冠正面半身头像白底彩色证件照片(必要时提供规定规格的数码照片)；

(10) 船员体检表及其影印件(仅限于初次申请)。

再次办理海员证的单位可免予提交第 2,6 和 10 项所要求的材料。航行于港澳航线的船员需提交其加盖“适用港澳航线”签证章的适任证书。

4. 海员证的补发

海员证在国内遗失、被盗或损毁的，船员本人应立即向所在单位或派出单位报告，由所在单位或派出单位向原海员证签发的海事管理机构报告并申请补发海员证。海员证损毁的，在申请补发海员证时应将损毁的海员证交回海事管理机构。

海员证在国外遗失、被盗或损毁的，应由船员所在船舶的船长持书面报告，向中华人民共和国驻外使馆、领馆申请补发海员证。所补发海员证的有效期，按返回国内所需时间确定，但最长不得超过半年。船员进入中国国境后，在国外补发的海员证立即作废。

船长在为船员申请补发海员证的同时，应将海员证遗失情况电告船员所在单位或派出单位，由所在单位或派出单位将船舶名称、船员姓名、海员证号码报告原颁发海员证的海事管理机构和公安部边防局。

5. 海员证有效期

海员证的有效期最长不超过5年。海员证在有效期内签证页已签满，可直接到海事管理机构申请换发，换发海员证的有效期限不得超过原海员证的有效期限，有效期不足12个月的海员证不予换发，需重新申请。海员证有效期届满前12个月，可由原申办单位申请再次办理。有效期为2年及以上期限的海员证如在境外到期，持证人可凭其原海员证和所在船舶的船长出具的证明，向就近的我国驻外使、领馆申请海员证有效期的延期。海员证只允许办理一次有效期的延期，延长期限不得超过1年。

四、船员的职责

据统计，80%以上的水上交通事故、污染事故等事故隐患和险情与人为因素有关，而其中船员未履行或未妥善履行其应尽的职责，又占人为因素中的较大比重。为了保障水上人命财产安全、保护水域环境、保证船舶运输生产正常运转，有必要以行政法规的形式明确船员在船工作期间应尽的职责，更为有力地促进船员正确履行职责。

(一) 基本要求

(1) 中国籍船员携带船员服务簿、适任证书、海员证，外国籍船员携带该等相应证件及就业许可证，不适用的除外。

(2) 掌握本船适航状况、预定航线通航保障情况以及有关航区气象、海况等。对于高级船员特别是船长，该项要求尤为重要。

(3) 遵守水上交通安全和防治船舶污染的规定，遵守船舶安全操作规程，遵守船上的管理制度和值班规定，按照各项法规性、技术性的规则操纵、控制和管理船舶，如实地、规范地填写航行日志、轮机日志、电台日志、油类记录簿、垃圾记录簿、货物记录簿等船舶法定文书。

(4) 严肃认真地参加船舶消防、救生、堵漏、防污、弃船以及其他项目的应急训练、演习，切实锻炼和提高应变技能。船舶应急部署的要求是强制性的，船员应该按照这些要求落实各项应急预防措施，以备迅速有效地应急应变。

(5) 遵守船舶报告制度(无论是强制的还是自愿参加的)，直接或通过合适的第三者向有关部门及时地、准确地报告本船动态，所发现或者发生的险情、水上交通事故、水域污染事故、保安事件，以及航标移位、漂流物、障碍物等影响航行安全的其他情况。报告类型包括常规和非常规报告。

(6) 在不严重危及自身安全的情况下，尽力救助遇险人员。海上交通安全法、海商法、内河交通安全管理条例和有关国际海事公约也有相同或相似的规定。对于船员，救助水上遇险人员是全球普适的法定义务，不只是人道义务。

（7）不得利用船舶私自搭载非经申报获准载运的或非客货运输合同项下的旅客、货物，不得携带枪支弹药、毒品和其他违禁物品，以保证船舶及船上人员、货物的安全，限制船员谋取不当利益或非法利益。

（二）职务隶属关系

船长全面负责船舶的管理和驾驶，是船上职务、地位最高，权力、责任最大的人。船长在其职权范围内发布的命令，船员、旅客和其他在船人员都必须执行。船舶所有人本人、船舶所有人代表属于在船人员的，也是如此。

大副、轮机长、事务部（客运部）主管等高级船员应当组织带领所分管的低职务船员妥善执行船长发布的命令，并督促低职务船员履行好自身职责。下级船员对上级船员依据有关规定所作出的职责安排、指令，有服从、执行的义务。上级船员督导不力造成不良后果的，应负一定责任。

（三）船长、高级船员不得擅自放弃职责

船长、高级船员在航次中应持续担任其职务，不得擅自辞职、离职或者中止职务。“不得擅自”并非“不得”。船长、高级船员如果经申报获准，或受公司、有关监管部门和其他有权者的指令，并且与接任者办理完交接手续，再行辞职、离职或者中止职务，就不属于“擅自”的情形。

由于普通船员对航行安全、运输生产的影响较小些，补充较容易些，本条例没有对普通船员设定与船长、高级船员同等严格的义务。普通船员的辞职、离职或者中止职务，并不因为本条例没有提及而可以恣意而为，而是应依照其他规范、企业内部管理规定办理。

（四）船长的特定职责及权力

1．船长履行指挥和管理船舶职责的若干特定要求

（1）船长保证船舶携带船舶登记、检验、安全、防污、卫生、口岸查验等证书，船舶载运客货文件、应急计划、保安计划、各类日志和记录簿等文书，以及有关航行资料；保证船员携带职业身份、国籍、适任资格、健康、就业许可等证件。这些证件、文书和资料，应当符合法规、公约的要求。

（2）船长制订船舶消防、救生、堵漏、防污等应急计划，并从设备器材、措施、人员及任务分组等方面，保证应急计划的有效实施。

（3）船长在开航前通过全面核查、补正和确认，以保证在开航时“船舶适航、船员适任”；在船舶航行、停泊、作业时通过持续了解船员情况、调整船员安排或请求补足船员，以保障船舶的最低安全配员，保证船舶的正常值班。

（4）船长执行海事管理机构有关水上交通安全和防治船舶污染的指令。由于发布者的权威、利害关系通常较为重大、针对全船而非个人等原因，执行该等指令的责任应归属于船长。如果本船发生水上交通事故或者污染事故，应当由船长向海事管理机构提交事故报告。

（5）船长对本船船员实施或组织实施日常训练和考核，促使船员在船工作期间保持并提高业务技术、道德法纪、营运管理等素质。本船船员的服务资历和任职表现，由船长如实、规范地记入该船员的船员服务簿，作为申请船员适任证书所需的一项证明材料。考察和记录船员任职表现，是船员跟踪管理的主要环节和重要措施。

（6）船长应当在驾驶台值班且必要时应当直接指挥船舶。“直接指挥”是指船长亲自发布操作指令、驾驶船舶等，平时分派给高级船员的工作此时由船长直接进行。

（7）船长应当保障本船船员、旅客和其他在编人员，以及有关监管部门工作人员、引航员、码头装卸工人、代理等临时上船人员的安全。

（8）船长负责组织本船人命财产的施救。前提是船舶发生事故并且危及在船人员和财产安全，施救对象是在船人员和财产。施救行动由船长组织，船员和其他在船人员实施，并应尽力。

（9）船长在弃船时应采取的措施及步骤。

2. *船长权力*

船长负责船舶的指挥和管理，由于船长职务与责任、船长专业判断能力与现场情况了解程度的关系，本条例规定，在保障水上人身与财产安全、船舶保安、防治船舶污染水域方面，船长具有独立决策权并负有最终责任。船长在上述三个方面而非所有方面，有权独立地作出决策，不受任何组织和个人的非法干涉。相应地，任何组织和个人不应妨碍船长行使独立决策权。船长所作出的决策，即使受到了外界的干涉、妨碍，仍视为船长本人的决策。赋予船长独立决策权，要求船长负有最终责任。

船长的独立决策权与第二十二条第（四）项所规定的执行海事管理机构有关指令之义务，两者不相矛盾，都是从保障水上交通安全和防治船舶污染的角度设定的。船长如果认为海事机构的指令并不适当，可以提出自己的意见和建议，但不能借独立决策权而拒绝执行海事机构的指令。

为了保障水上人身与财产安全、船舶保安、防治船舶污染水域，船长为履行职责可以行使以下权力：

（1）航次计划的决定权。船舶的航次计划由船长决定，包括变更计划。船舶内部因素、外部环境不具备船舶安全航行条件的，船长有权拒绝开航或者续航。

（2）对公司违法或不当指令的拒绝执行权。船员用人单位或者船舶所有人所下达的指令，如果是违法指令，或者是明显威胁有关人员、财产和船舶安全的指令，或者是造成或可能造成水域环境污染的指令，船长都有权拒绝执行。他人从船舶所有人手中取得了船舶实际控制权的，比如船舶的经营人、租赁人、管理人，视为船舶所有人。

（3）对引航员的监督权。在引航过程中，不解除船长驾驶和管理船舶的责任。船长应认真监督引航操纵指令，如果发现引航员的操纵指令对船舶航行安全或者水域环境构成威胁，有权及时纠正、制止，必要时可以要求更换引航员。“制止”是指不执行引航员的不正确操纵指令，甚至中止引航员的工作而临时改由船长亲自指令或操作。

（4）撤离船舶、弃船的决定权。撤离船舶是船上全部人员从船上撤离，是临时性的避险措施。船长决定撤离船舶的前提条件是“船舶遇险并严重危及在船人员的生命安全”。虽然船舶遇险，但险情并不危及或不严重危及船上人员的生命安全，就达不到这种前提条件。弃船是放弃船舶，是不可逆的处置措施，对船舶所有人有重大利害关系。船长决定弃船的前提条件是“船舶可能沉没、毁灭”。船舶沉没、毁灭的可能性，不是主观上臆想的，而是客观上面临着的；不是或可幸免的，而是不可避免的。船长在作出弃船决定前应当尽可能报告船舶所有人，听取船舶所有人的意见；除非情况紧急，一般应取得船舶所有人的同意。

（5）责令不称职船员离岗的权力。船员由于业务知识与技能、工作质量与绩效、违章与事故、责任感、身心状态等原因，没有或者不能履行好本岗位的职责和义务，船长有权责令该不称职的船员离开当前工作岗位，改派其他船员暂代。

五、船员职业保障

船员职业保障是船员权益的核心内容之一。为了维护船员权益，保持船员劳动关系的和谐，本条例根据我国劳动和社会保障有关法律法规及我国批准的有关国际劳工公约，参考相关国际公约及国际惯例，结合船员职业特点和我国船员职业保障实际情况，就船员的劳动合同、工作休息时间、工资报酬、保险、工作生活条件、遣返等方面作出规定。

（一）社会保险

社会保险是国家立法保障劳动者在因年老、患病、生育、伤残、死亡等原因，永久或暂时丧失劳动能力或失业，本人和家属失去生活来源时，从国家和社会获得物质帮助的一种社会保障制度。社会保险是我国宪法、法律、法规赋予每一个劳动者的基本权利和义务，是国家对劳动者履行的社会责任，它具有强制性、保障性、福利性和普遍性。近年来，随着《社会保险费征缴暂行条例》《失业保险条例》《工伤保险条例》等一系列法规的相继颁布实施，以及相关规范性文件的出台，我国的社会保险体系正在得到不断的规范、完善和发展。

我国的社会保险目前具体分基本养老保险、基本医疗保险、失业保险、工伤保险、生育保险五个险种。参加社会保险，既是每个劳动者应该享有的权利，也是用人单位和劳动者必须承担的义务。船员用人单位和船员应当依法严格履行社会保险义务，按照有关规定参加工伤保险、医疗保险、养老保险、失业保险以及其他社会保险。船员用人单位应依法按时足额缴纳社会保险费用，并依法按时足额代扣代缴船员的社会保险费用。任何单位和个人都不能以任何形式减免社会保险费，禁止任何形式的协议性缴费；任何单位和个人都不能以任何理由拒绝履行社会保险费缴纳义务，因船员职业特点遇到缴费方面的操作性困难时，应在依法按时足额缴纳的原则下，与社会保险主管机关或经办机构协商解决。

（二）劳动保护

船舶驶往或驶经战区、疫区，或船舶运输有毒、有害物质时，船舶所有人作为船员的用人单位，应当为船员提供除前文所述社会保险以外的保险，确保船员在可能受到人身、健康伤害时因投保而获得相应赔偿。

同时，为防止船员可能受到的人身、健康伤害，船舶所有人要为船员提供必要的防护措施，这些防护措施应当切实有效并符合国家有关法律法规、有关国际公约的规定。船舶所有人如未能有效履行上述义务，应自行承担船员的人身、健康伤害赔偿责任。

（三）船员生活和工作场所、生活和工作条件、工作期间疾患工伤救治及善后

1. 船员生活和工作场所有关要求

船舶上与船员生活和工作有关的硬件设施，如卧室，餐厅，休息处所与办公处所，卫生设备，照明设备，医务处所，取暖、通风设备，舱室、通道和出入口的布置与结构，饮用水和淡水系统，船用药箱等必须符合国家船舶检验规范要求，为船员的身体健康和工作安全提供必要的船舶硬件保障。目前，我国的船舶检验规范为中华人民共和国海事局颁布的《船舶与海上设施法定检验规则》。

2. 船员生活和工作条件有关要求

船舶所有人作为船员用人单位应根据船舶工作的特点，为船员的身体健康和工作安全提供必要的物质和管理保障。在物质上为船员提供必要的食品、饮用水等生活用品，提供必要的劳动保护用品，提供迅速诊断和治疗所必需的药品、医疗设备设施等医疗用品；在日常管理上应关心船员健康，为船员定期进行健康检查并建立健康档案，坚持以预防为主、防治结合的方针防治职业疾病。生活、防护和医疗用品的提供及管理、船员健康的检查及管理应符合有关法律法规、我国缔结或加入的国际公约的要求。

3. 船员在船工作期间疾患、工伤救治及善后

船员用人单位应以人为本，发扬人道主义精神，采取一切措施，积极救治在船工作期间患病、受伤的船员，使其能够及时得到船上和岸上医疗；确认船员失踪或死亡时，应按照有关法律法规、集体合同、劳动合同的规定及时做好善后工作，包括船员安葬、进行或协助进行赔偿或保险索赔、家属安抚等。

（四）船员雇佣

劳动合同是劳动者与用人单位确立劳动关系、明确双方权利和义务的协议。船员用人单位与船员建立劳动关系时，应按照《中华人民共和国劳动法》及其他社会保障法律法规、我国缔结或加入的船员劳动与社会保障国际公约的要求，遵循合法、公平、平等自愿、诚实信用、协商一致的原则与船员订立劳动合同，约定劳动合同期限、工作内容、劳动保护和劳动条件、劳动报酬、劳动纪律、劳动合同终止的条件、违反劳动合同的责任及其他有关内容。船员用人单位与船员个人订立的劳动合同中劳动条件和劳动报酬等标准不得低于集体合同的规定。劳动合同依法订立即具有法律约束力，当事人必须履行劳动合同规定的义务。

我国海事管理机构为确保上船工作人员的身体条件、任职资格、任职经历等要求得到满足而实施有效监管，根据本条例为上船工作人员颁发船员服务簿、船员适任证书、海员证等证书。船员用人单位不得招用未取得并持有本条例规定相应证件的人员上船工作。

（五）船员工资

1. 合理确定并足额支付工资报酬

（1）船员工资报酬应当合理。船员用人单位应参考本行业船员工资水平，充分考虑船员职业的风险性、艰苦性、流动性等因素，合理确定船员工资标准。船员工资标准不得低于船员用人单位所在地人民政府公布的最低工资标准，而且不得低于所适用的任何一个集体

合同中规定的工资标准。

(2) 船员工资应按时支付。船员工资必须在船员用人单位与船员约定的日期至少每月支付一次。虽然船员职业的流动性给船员工资报酬的发放带来一定困难,但船员用人单位仍应当采取各种有效手段,如在船发放、银行转账等,确保船员工资报酬的按时发放。

(3) 船员工资应足额发放,任何单位和个人不得克扣。“克扣”指船员用人单位无正当理由扣减船员应得工资,不包括以下减发工资的情况:国家的法律、法规中有明确规定的;依法签订的劳动合同中有明确规定的;船员用人单位依法制定并经职代会批准的规章制度中有明确规定的;船员用人单位工资总额与经济效益相联系,经济效益下浮时,工资必须下浮的;因劳动者请事假等相应减发工资等。有下列情况之一的,船员用人单位可以代扣船员工资:船员用人单位代扣代缴的个人所得税;船员用人单位代扣代缴的应由船员个人负担的各项社会保险费用;法院判决、裁定中要求代扣的抚养费、赡养费;法律、法规规定可以从劳动者工资中扣除的其他费用。

(4) 船员工资应以货币形式支付,不得以实物及有价证券替代货币支付。船员用人单位应将工资支付给船员本人,也可根据船员本人意愿由其亲属或委托他人代领。船员用人单位在支付工资时应向船员提供其本人的工资清单。船员用人单位必须书面记录支付船员工资的数额、时间、领取者的姓名以及签字,并保存两年以上备查。

2. 待派船员工资

船员用人单位应当向在劳动合同有效期内的待派船员支付待派期工资,且待派期工资标准不应低于船员用人单位所在地人民政府公布的最低工资标准。待派期工资按月支付,待派期不满一个月的,按比例支付。

待派船员指实行综合计算工时工作制的船员在劳动合同有效期内应休公休期满后,因船员用人单位原因未能上船工作的船员。船员应休公休期满后,未按船员用人单位指示上船工作且无正当理由的,不视为待派船员。

船员的待派与船员的工时制度密切相关。目前,经劳动行政部门批准,船员根据工作性质或生产特点主要实行标准工时制、不定时工时制、综合计算工时制三种工时制度,其中,实行标准工时制和不定时工时制的船员不存在待派工资问题。

(1) 标准工时制:根据《中华人民共和国劳动法》和《国务院关于修改〈国务院关于职工工作时间的规定〉的决定》,我国境内的国家机关、社会团体、企业事业单位以及其他组织的职工实行每日工作 8 h,每周工作 40 h 的工时制度。有条件实行标准工时制的船员用人单位,应对本单位的船员实行标准工时制。

(2) 不定时工时制:不定时工时制是针对因生产特点、工作特殊需要或职责范围的关系,无法按标准工作时间衡量或需要机动作业的职工所采取的一种工时制度。企业应当根据标准工时制合理确定劳动者的劳动定额或其他考核标准,以便安排劳动者休息。其工资由企业按照本单位的工资制度和工资分配方法,根据劳动者的实际工作时间和完成劳动定额情况计发。部分船员,如辅助船船员,可以按有关规定报批后实行不定时工时制。

(3) 综合计算工时制:综合计算工时制是针对因工作性质特殊,需连续作业或受季节及自然条件限制的企业部分职工,采用的以周、月、季、年等为周期综合计算工作时间的一种工时制度。在综合计算周期内,平均日工作时间和平均周工作时间应与法定标准工作时间基本相同。部分船员，如运输船员、施工船舶船员、救捞船员，可以按有关规定报批后实行综合计算工时制。

除以上三种工时制度外，经按有关规定报批后，企业可根据生产特点，对船员实行其他工作和休息办法。

经按规定报批后，我国主要船员用人单位中的运输船员实行以年为周期的综合计算工时制，实行轮班工作、集中公休方式；施工船舶船员、救捞船员实行以周、月、季、年为周期的综合计算工时制，实行集中工作、集中休息或轮休方式。船员在船工作期间遇到休息日、法定节假日应正常工作(其中法定节假日按加班处理)，离船后集中休息。

应休公休期：按在船工作 5 天休息 2 天，再考虑法定节假日因素累计计算。船员在法定节假日轮班或集中工作时，按《中华人民共和国劳动法》第四十四条第三款规定支付船员工资报酬。全年累计应休公休期＝年累计休息日天数(104 天)＋法定节假日总天数(10 天)－已按加班处理的法定节假日天数。

实际公休期：自船员离船后抵达遣返目的地的次日起，至船员按照船员用人单位指示上船工作的实际起程日期的前日止算实际公休期。

待派期：实际公休期超过应休公休期的，自超过之日起算待派期。

(1) 船员用人单位与船员的初次劳动合同生效之日起，至船员按照船员用人单位指示首次上船工作的实际起程日期的前日止，可视为待派期，也可根据集体合同、劳动合同及船员用人单位与船员的约定视为实际公休期。

(2) 船员应休公休期满后，未按船员用人单位指示上船工作且无正当理由的，自船员用人单位指示其上船工作所要求的起程之日起，止算待派期，且可以继续计算实际公休期并计入下一个综合计算周期。

(3) 以上情况未考虑船员年休假期因素。本条例第三十条就船员年休假期和年休假期间工资报酬作出了规定。

船员在境外用人单位工作时，其工时制度可根据境外用人单位所在国家法律法规、相关国际公约及集体合同有关规定执行。

(六) 船员在船工作时间

海船船员的在船作息制度应当符合国务院交通主管部门规定的标准。中华人民共和国原交通部颁布的《中华人民共和国海船船员值班规则》(1997)关于船员在船作息时间有关要求如下：

(1) 船长应采取有效措施防止疲劳操作。所有参加值班的船员在 24 h 内必须有至少 10 h 的休息时间。休息时间可以分开，但不超过两段时间，其中一段时间至少要有 6 h。

(2) 参加值班的船员 10 h 最短休息时间可以减少到不少于 6 h，条件是这种降低不得超过每周 2 天，同时，每周提供的休息时间不得少于 70 h。

(3) 在紧急、操演及特殊情况时，可以不保持上述休息时间的要求。

(4) 一定时间内的平均工作h 最长每天不应超过 12 h。工作小时的一般规定可以不计必需的日常工作，如就餐替人或正常交接班所需的额外时间。

(5) 船长在安排船员值班时，应充分考虑女性船员的生理特点和国家的有关规定。

非海船船员作息制度应符合国务院交通主管部门规定的标准。

(七) 船员休假

本条例规定船员享有在船舶上每工作 2 个月不少于 5 日的年休假。船员的年休假期应得到有效保障,等候遣返的时间和遣返旅行的时间不得从船员年休假期中扣除,船员用人单位只有在极端紧急情况下并取得船员的同意后,方可将处于年休假期的船员召回。船员用人单位可根据本条例,结合船舶工作特点和本单位实际情况,就船员享受年休假期计算、使用、分段与累积、申请与审批等有关事宜作出具体规定。

船员在年休假期间,船员用人单位应支付不低于船员在船服务期间的平均工资报酬。在船服务期间工资报酬指船员在船服务期间正常工作时间的报酬,不包括加班工资、奖金、津贴、劳务费等。

(八) 船员遣返

1. 船员遣返的性质

船员遣返是船员的权利和船舶所有人的义务,遣返目的是确保船员能够返家,这对航行于世界各地的、可能遭遇各类突发事件的船员具有十分重要的现实意义。

鉴于船员遣返涉及船员切身利益及世界各国的合作,国际劳工组织就海员遣返以公约形式予以规范。中国加入了国际劳工组织《海员遣返公约》(第 23 号)。本条例根据国际劳工组织第 23 号公约,并参考国际劳工组织《2006 年海事劳工公约》有关规定,就船员遣返的情形、遣返地点、遣返费用、遣返权利的保障等作出规定。

2. 遣返条件

根据本条例规定,船员在船工作期间,有下列情形之一时,船员可以要求遣返。

(1) 船员的劳动合同终止或者依法解除的。即:出现劳动合同约定的终止或解除的条件,或出现符合依法解除劳动合同的条件,船员本人要求或被要求离船时,船员可以要求遣返。

(2) 船员不具备履行船上岗位职责能力的。即:船员的履职能力达不到岗位要求,被要求离岗或离船时,船员可以要求遣返。对船员履职能力的认定须由船员所在船舶的船长书面确认。

(3) 船舶灭失的。即:船舶因拆解、沉没、损坏后无法修复等原因在实体或功能上消失时,船员失去工作的对象,无法付出劳动,可以要求遣返。

(4) 未经船员同意,船舶驶往战区、疫区的。即:船舶驶往可能对船员的人身、健康安全造成威胁的战区、疫区时,船员可以要求离船并遣返。“战区”指我国的法律法规、集体合同、劳动合同界定的战乱区域;“疫区”指我国的法律法规、集体合同、劳动合同界定的疫病区域。

(5) 由于破产、变卖船舶、改变船舶登记或者其他原因,船员用人单位、船舶所有人不能继续履行对船员的法定或者约定义务的。即:船员用人单位、船舶所有人因经营状况、船员工作场所(船舶)发生重大变化,无法继续向在船船员提供工作机会时,船员可以要求遣返。

3. 船员遣返地点的选择

船员可以在接受招用的地点、上船任职的地点、居住地、户籍所在地、船籍登记国中选择一个遣返目的地，也可与船员用人单位或船舶所有人在确定遣返前或确定遣返后协议约定遣返目的地。

4. 船员遣返费用

船员用人单位应承担属本条例第三十三条所列情形的船员遣返费用。其他情形时，如船员根据有关法律、法规、规则或集体合同等被视为严重失职，船员用人单位有权向船员收取全部或部分遣返费用。

船员的遣返费用包括乘坐交通工具的费用和 30 kg 行李的运输费用、旅途中合理的食宿及医疗费用。"医疗费用"为直到船员身体状况适于旅行到遣返目的地时为止的必要医疗所产生的费用。交通工具乘坐标准、食宿标准、超标准费用的处理方式等，可以在集体合同、劳动合同中约定，也可由船员用人单位与船员协商确定。

5. 船员遣返权利保障

当船员的遣返权受到侵害，或船员的遣返由于船员用人单位或船舶所有人的行为而造成不合理延误：船员在境内时，可向当时所在地的民政部门申请援助；船员在境外时，可向我国驻境外的领事机构申请援助。民政部门或领事机构应根据事实和保护劳动者合法权益的原则，按照相关法律法规调解双方的争议，向船员提供包括法律、生活方面的援助，必要时可安排船员直接遣返。保障船员及时顺利地遣返是船员用人单位的责任和义务，因船员正当遣返而产生的费用，如果由提供援助的民政部门或境外领事机构垫付，船员用人单位应及时核对并返还。

六、船员培训

STCW 公约要求各缔约国政府对海员职业培训和教育进行特别的管理，如要求教育和培训机构建立质量体系，对船员培训和教育进行质量控制，以保证各船员培训和教育机构严格按照公约的要求开展船员职业培训和教育。按照 STCW 公约的要求，我国也在船员教育培训机构的资质、船员培训的过程以及培训的内容等方面制定了有效可行的规定和制度。

船员教育培训的目标是，不但要教会学员必要的理论知识，更重要的是让学员熟练掌握实际操作技能，因此要求在课程中要有大量的在实际设备上的操作内容。为了保证这些机构的船员教育培训质量，主管机关在设施、设备、教员和管理等方面提出了明确要求。

(一) 船员培训机构设立条件

船员是一个特殊的行业，培训船员的教育机构在各方面也有相应的专业性要求。设立船员教育培训机构应达到规定的资质标准并且通过法定的程序批准。

1. 船员教育培训机构的硬件要求

船员教育培训是对实际操作环节要求很高的项目，从专业培训项目、特殊培训项目到适任培训项目，概莫能外。一是为了让学员从感性上认知这些船上常用、必用的设施设备，二是要学员通过动手操作，学习使用、维修这些设施和设备的能力。开展船员教育培训工作，符合要求的场地、设施和设备是必不可少的。

2. 船员教育培训机构的教学、管理人员要求

为确保船员培训质量，作为船员教育培训机构的教学人员，在专业理论水平和实践能力上都有严格的规定，只有达到相应资质水平的人员才可以开展船员培训工作。一般情况下，主要课程的专业教学人员，不但要求经过相应专业的学历教育，具备一定程度的本专业理论知识水平，还要求在船上工作若干年且担任一定的职务。同样，作为普遍开设的英语教学，不但要求教师具备娴熟的英语水平，还要求任课老师具备专业背景。除了教学人员，教育培训机构还应该配备适当的招生、教学管理、后勤供应等人员，保证教育培训各个环节的顺畅运行。

3. 教育培训机构的管理质量要求

开展船员教育培训的机构，必须具备系统、完整和有效的管理制度，保证教学培训工作的秩序，确保教学工作以及学员、教师的安全。

4. 质量控制体系要求

开展船员教育培训的机构，除了以上三个方面的规定外，还要有效运行质量控制体系，这是来自于STCW公约的明确要求。体系应涵盖船员教育培训的各个要素，制定能确保各种制度予以落实的措施，分工明确，责任到人。同时，体系应按规定的时间实施内部审核和外部审核，若查出不符合要求的情况应予以纠正。

(二) 船员教育培训机构的日常教学工作

船员是水上交通安全和防治船舶污染以及船舶保安等法律和政策的最终执行者，这些法规和规定应该贯穿船员教育培训的主要过程。主管机关对每项培训的科目都规定了培训大纲和纲要，对设施、设备和教员资格提出了明确要求。

七、船员服务

近年来，随着国际航运市场的不断发展，船员的流动性越来越强，专门开展船员管理业务的公司开始存在并发展。不少航运公司从提高管理效率出发，将船员管理业务从整体综合业务中分离出来，成立专门的船员管理公司，开展船员招收、船员培养、船员派遣等业务。其中，随着船员流动性越来越强，社会上产生了很多为船员代办证书、为船员提供用人信息、进行船员劳务外派等业务的中介机构，即船员服务机构。

(一) 船员服务机构的定义

船员服务机构是指从事代理船员办理申请培训、考试、申领证书等有关手续，代理船员用人单位管理船员事务，提供船舶配员等船员服务业务的机构。

(二) 船员服务机构成立的条件

(1) 成立船员服务机构要有通过工商管理部门批准的法人。

(2) 有2名以上具有高级船员任职资历的管理人员。一般来说，具有高级船员任职资历的管理人员比较熟悉船舶、船员业务，在招聘船员、考核船员、安排船员上船服务、处理与船舶所有人方面的事务时，具有较多的经验和专业知识。为保证船员服务公司的正常经营

能力，必须具备这样的人员才能开展相应的业务工作。

(3) 为保证各项船员服务业务的健康开展，应有符合国务院交通主管部门规定的船员服务管理制度。

(4) 具有与所从事业务相适应的服务能力。

目前，为船员提供中介服务已经成为大部分船员服务机构的一项主要业务，开展这项工作同时要遵守劳动部门关于中介的录用、合同、权益保护、税费缴纳等方面的规定。

(三) 船员服务机构的职责

1. 建立船员档案

对船员的职业过程予以真实的记载，不论对船员本身还是对服务机构的规范管理都有着重要意义。船员档案的主要内容包括：船员培训、考试、评估、证书和签证持有情况以及任职、解职、安全技术考核、船员身体健康状况等信息记录。真实的船员技术档案能够反映船员成长过程及其目前的状况，为对船员实施连续有效的管理提供依据，并随时可查到其船舶上服务的所有船员文件和数据。

2. 船舶配员服务和管理

船员服务机构要遵守配员原则，优先安排优秀的船员上岗，同时要保证船员的正常休假，杜绝不符合要求、不适任的船员上船工作。

船员服务机构应该切实保证所属船员的权益，这是船员服务机构的职责和义务。船员与服务机构之间应该签订劳动合同。船员由服务机构提供给用人单位时，必须同时再与用人单位签订劳动合同，明确双方的责任和义务，明确劳动内容和工资标准等。未依法订立劳动合同的，船员服务机构不能提供船员，以避免发生矛盾纠纷时，产生责任不清。

船员服务机构提供的船员失踪或者死亡的，用人单位负主要善后工作责任。作为与船员签订劳动合同或协议的船员服务机构，应该做好协调、调解等工作。

3. 船员管理

船员服务机构要加强所属船员的管理工作，船员的任职情况、安全记录和身体健康情况及其他有关数据要统一统计，以便于对船员的配员安排，保证船员适当的资历和工作时间。

(四) 船员服务机构的从业准则

相对于船员服务机构，船员始终处于弱势的一方，从法律上保护船员合法权益，鼓励船员的从业积极性，应该是社会和政府机构的职责。对船员诚实信用，公平合作应该是船员服务机构的基本原则。如果船员服务机构欺诈船员、侵害船员权益，船员除了对其实施诉讼等法律手段外，还可以采集详实有效的证据到海事机构投诉，海事机构核查无误后，可依据本条例规定终止船员服务机构的从业资格。

第二节　中华人民共和国船员培训管理规则

近年来，为适应世界和我国航运业的发展形势需要，我国已将船员发展摆到了交通运输发展全局的重要位置，明确提出建立一支"数量充足、结构合理、素质优良"的船员队伍、2020年成为船员劳务输出大国和世界船员强国的战略目标。船员培训是船员队伍发展的基础支撑和根本保障。为了进一步规范和加强船员培训工作，推动实现船员发展规划目标，2009年6月22日交通运输部第6次部务会议上通过了《中华人民共和国船员培训管理规则》(中华人民共和国交通运输部令2009年第10号，本节简称本规则)，自2009年10月1日起施行。

本规则进一步明确了《中华人民共和国船员条例》设定的船员培训许可制度以及船员培训许可与船员教育和培训质量体系的关系；细分了船员培训种类和项目，明确了每一个培训项目对教学场地、设施、设备以及教学人员的要求；明确了培训机构实施船员培训以及海事机构对船员教育和培训机构监督检查的要求，并规定了法律责任。

一、概述

在中华人民共和国境内从事船员培训业务的，适用本规则。

本规则自2009年10月1日起施行；1997年颁布的《中华人民共和国船员培训管理规则》(原交通部1997年第13号令)同时废止。

本规则第三条规定：船员培训实行社会化，从事船员培训业务应当依法经营，诚实信用，公平竞争。船员培训管理应当公平、公正、公开和便民。

二、船员培训的种类和项目

船员培训按照培训内容分为船员基本安全培训、船员适任培训(包括船员岗位适任培训和船员专业技能适任培训)和特殊培训三类；按照培训对象分为海船船员培训和内河船舶船员培训两类。由此交叉对应形成的船员培训体系包括47个项目，其中基本安全培训2个，船员适任培训25个，特殊培训20个。本规则对于培训种类和项目的调整，符合《中华人民共和国船员条例》中有关船员培训的分类和表述。

(一) 船员基本安全培训

船员基本安全培训，指船员在上船任职前接受的个人求生技能、消防、基本急救以及个人安全和社会责任等方面的培训，包含海船船员基本安全、内河船舶船员基本安全两项培训项目。

(二) 船员适任培训

船员适任培训，指船员在取得适任证书前接受的使船员适应拟任岗位所需的专业技术知识和专业技能的培训，包括船员岗位适任培训和船员专业技能适任培训。

1. 船员岗位适任培训

船员岗位适任培训分为海船船员岗位适任培训和内河船舶船员岗位适任培训。

(1) 海船船员岗位适任培训包含以下15个培训项目：船长；轮机长；大副；大管轮；三

副;三管轮;值班机工;值班水手;全球海上遇险和安全系统(GMDSS)操作员;引航员;非自航船舶船员;水上飞机驾驶员;地效翼船船员;游艇驾驶员;摩托艇驾驶员。

(2) 内河船舶船员岗位适任培训包含以下 2 个培训项目:驾驶岗位;轮机岗位。

2. 船员专业技能适任培训

船员专业技能适任培训仅针对海船船员,包含以下 8 个培训项目:精通救生艇筏和救助艇;精通快速救助艇;高级消防;精通急救;船上医护;雷达观测与标绘和雷达模拟器;自动雷达标绘仪;船舶保安。

(三) 特殊培训

特殊培训,指针对在危险品船、客船、大型船舶等特殊船舶上工作的船员所进行的培训,分为海船船员特殊培训和内河船舶船员特殊培训。

(1) 海船船员特殊培训包含以下 14 个培训项目:油船安全知识;油船安全操作;油船原油洗舱;化学品船安全知识;化学品船安全操作;液化气船安全知识;液化气船安全操作;滚装客船;客船;大型船舶操纵;高速船;船舶装载散装固体危险和有害物质作业;船舶装载包装危险和有害物质作业;驾驶台资源管理。

(2) 内河船舶船员特殊培训包含以下 6 个培训项目:油船;散装化学品船;客船;高速船;滚装船;载运包装危险货物船舶。

三、船员培训的许可

(一) 船员培训业务许可制度及其特点

培训机构(指依法成立的院校、企事业单位或者社会团体)应当按照本规则的规定,针对不同的船员培训项目,申请并取得特定的船员培训许可,方可开展相应的船员培训业务。船员培训业务许可制度的特点如下:

(1) 船员培训业务许可制度针对的是船员培训项目的许可,而非培训机构。

(2) 本规则对每个培训项目所对应的场地、设施、设备和教学人员要求作出明确规定。为了更清晰地说明各个培训项目的许可条件,本规则制定了 4 个附件,分别对海船船员培训和内河船舶船员培训中每一个培训项目的教学场地、设施、设备以及教学人员的要求进行了细化和明确。

(3) 增加了教学人员的培训要求。教学人员总数的 80%应当通过中华人民共和国海事局组织的考试,并取得相应证明。

(4) 对规范船员培训实施和加强船员培训监管作出了明确的规定。海事机构应对培训机构实施日常监督检查,并加大处罚力度。

(5) 取消了原来船员培训项目筹备的许可,有利于提高审批的效率。

(6) 任何国家机关以及船员培训和考试的主管部门均不得举办或者参与举办船员培训,以确保船员教育培训的质量。

(二) 从事海船船员培训业务的许可条件

培训机构从事海船船员培训业务，根据其开展培训的类别和项目，应当符合下列许可条件：

(1) 有符合本规则附件一规定的船员培训项目要求的场地、设施和设备。

(2) 有符合本规则附件二规定的与船员培训项目相适应的教学人员，教学人员总数的80%应当通过中华人民共和国海事局组织的考试，并取得相应证明。

(3) 有与船员培训项目相适应的管理人员。①配备专职教学管理人员、教学设施设备管理人员、培训发证管理人员和档案管理人员；②教学管理人员至少2人，具有航海类中专以上学历或者其他专业大专以上学历，熟悉相关法规，熟悉所管理的培训项目；③教学设施设备管理人员至少1人，具有中专以上学历，能够熟练操作所管理的设施、设备。

(4) 有健全的船员培训管理制度，具体包括学员管理制度、教学人员管理制度、培训证明发放制度、教学设施设备管理制度和档案管理制度。

(5) 有健全的安全防护制度，具体包括人身安全防护制度和突发事件应急制度等。

(6) 有符合交通运输部规定的船员培训质量控制体系。

(三) 从事内河船舶船员培训业务的许可条件

培训机构从事内河船舶船员培训业务，根据其开展培训的类别和项目，应当符合下列许可条件：

(1) 有符合本规则附件三规定的船员培训项目要求的场地、设施和设备。

(2) 有符合本规则附件四规定的与船员培训项目相适应的教学人员，教学人员总数的80%应当通过中华人民共和国海事局组织的考试，并取得相应证明。

(3) 有与船员培训项目相适应的管理人员。①配备专职教学管理人员、教学设施设备管理人员、培训发证管理人员和档案管理人员；②教学管理人员至少2人，具有水运类中专以上学历或者其他专业大专以上学历，熟悉相关国内法规，熟悉所管理的培训项目；③教学设施设备管理人员至少1人，具有中专以上学历，能够熟练操作所管理的设施、设备。

(4) 有健全的船员培训管理制度，具体包括学员管理制度、教学人员管理制度、培训证明发放制度、教学设施设备管理制度、档案管理制度。

(5) 有健全的安全防护制度，具体包括人身安全防护制度和突发事件应急制度等。

(6) 有符合交通运输部规定的船员培训质量控制体系。

四、船员培训的实施

培训机构应当按照《船员培训许可证》载明的培训项目、地点和海事管理机构确定的培训规模开展船员培训。船员应当在取得《船员培训许可证》的培训机构，完成规定项目的船员培训。本规则进一步明确了船员培训许可与船员教育和培训质量体系的关系，即建立和有效运行质量管理体系是取得船员培训许可和保持许可有效性的必要条件。本规则还将航海教育中关于船员培训的内容剥离出来，纳入到船员培训的范畴进行管理，从而理清了航海教育与船员培训的关系。

(一) 培训机构基本义务

培训机构应当将《船员培训许可证》悬挂在经营场所的醒目位置，公示其培训项目、收费项目、收费标准以及师资等情况。

培训机构在招生时应当向学员告知中华人民共和国海事局规定的有关培训项目中对船员年龄、持证情况、船上服务资历、见习资历、安全任职记录、身体健康状况等方面的要求。

培训机构应当按照中华人民共和国海事局的规定对培训活动如实做好记录。

(二) 教员管理

从事船员培训的教员不得在两个以上的培训机构担任自有教员。船舶培训机构应当将其自有教员向海事管理机构备案。中华人民共和国海事局应当定期将符合规定要求的教员向社会公布。

(三) 备案

培训机构应当在每期培训班开班 3 日前以书面或者电子方式将培训计划报海事管理机构备案，备案内容应当包括培训规模、教学计划和日程安排、承担本期培训教学的教员情况及培训设施、设备、教材等准备情况。

培训机构应当在每期培训班开班之日起 3 日内将学员名册向海事管理机构备案。

(四) 船员培训质量控制体系

培训机构应当保持船员培训质量控制体系的有效运行。培训机构应当为在本机构参加培训的学员建立培训档案，并在培训结束后出具相应的《船员培训证明》。对培训出勤率低于规定培训课时 90％的学员，培训机构不得出具培训证明。

(五) 考试、评估和发证

学员完成培训并取得培训证明后，可以向海事管理机构申请相应培训项目的考试、评估。

对已按照规定完成培训并且考试、评估合格的学员，由海事管理机构依据相关规定签发相应的考试、评估合格证明。

本规则为船员考试审核制度的改革创造了条件。船员考试审核制度的发展趋势是：考试与发证相分离，通过考试并不能立即拥有相应的资格证件；通过考试作为申请资格证件的必要条件之一，但不是充分条件。

第三节　中华人民共和国船员服务管理规定

随着航运业的发展，船员自由流动的情形已经相当普遍，船员服务机构应运而生。这些服务机构代理船员用人单位管理船员事务，提供船舶配员服务，代理船员办理培训、考试、申领证书(包括外国船员证书)等有关手续，对促进船员有序流动、扩大船员就业和方便航运企业管理船员发挥了重要作用。

《中华人民共和国船员条例》第三十九条至第四十四条对船员服务机构的条件、申请许可的程序以及取得许可后的行为规范作了明确规定，是制定船员服务管理规定的立法依据。但该条例仅明确了制度内涵，其中规定较为原则，缺乏在制度执行过程中所必需的操作性规定，因此需要在上位法原则性规定的基础上，制定相应的配套规章对其予以细化和明确，从而更好地发挥船员服务管理制度的基础性管理作用。为此，2008 年 7 月 8 日交通运输部第 8 次部务会议通过了《中华人民共和国船员服务管理规定》(中华人民共和国交通运输部令 2008 年第 6 号，本节简称本规定)，自 2008 年 10 月 1 日起施行。

本规定的颁布实施是我国海事管理的一件大事，具有十分重要的意义，主要体现在以下三个方面：一是有助于国家鼓励支持公民从事船员职业，增加了公民的就业机会；二是有助于加强对船员服务机构的管理，规范船员服务市场，改变目前船员服务市场混乱的局面，维护和保障船员的合法权益，推动航运事业的可持续发展；三是有助于提高船员服务机构的管理水平，促进航运市场的规范有序，确保船员服务市场的健康良性发展。

本规定共分六章、三十六条，概括起来，主要体现在以下七个方面：一是明确了海事机构管理职能和船员服务机构的服务范围；二是明确船员服务机构的资质；三是建立《船员服务机构许可证》制度；四是明确了船员服务机构的权利与义务；五是明确了船员服务机构应公布收费内容及收费标准；六是明确了监督管理和法律责任；七是对中国香港特别行政区、澳门特别行政区和台湾地区的船员服务有特别规定。

一、概述

(一) 定义

船员服务，是指代理船员办理申请培训、考试、申领证书(包括外国船员证书)等有关手续，代理船员用人单位管理船员事务，为船舶提供配员等相关活动。

(二) 港澳台特别规定

为航行于中国香港特别行政区、澳门特别行政区和台湾地区的海船提供船员服务的，按照为国际航行海船船员提供船员服务管理，应当取得甲级海船《船员服务机构许可证》。

为航行于中国香港特别行政区、澳门特别行政区和台湾地区的内河船舶提供船员服务的，应当取得内河船舶《船员服务机构许可证》。

(三) 溯及力

本规定施行前已开展船员服务的机构，符合以下要求的，可以按照本规定申请甲级海船船员服务机构资质。

(1) 在中华人民共和国境内依法设立的法人；

(2) 有不少于 300 m^2 的固定办公场所；

(3) 有 2 名以上具有海船甲类一等高级船员任职资历的专职管理人员和 5 名以上专职业务人员；

(4) 按照中华人民共和国海事局的规定，建立船员服务质量管理制度、人员和资源保障制度、教育培训制度、应急处理制度和服务业务报告制度等海船船员服务管理制度；

(5) 最近 3 年来为外国籍船舶提供配员 300 人以上的，即最近 3 年为境外船舶所有人经营的外国籍船舶直接提供配员 300 人以上，应当提供最近 3 年来为外国籍船舶配员的详细的、可供核查的证明材料。

二、船员服务机构的分类和资质

本规定对船员服务机构的分类、准入条件、设立机构的申请和审批，以及船员服务机构许可证的内容、变更、核查、延续和注销等方面都作了详细的规定。

(一) 船员服务机构的分类

鉴于内河和沿海的船员在管理上的差异，本规定将船员服务机构分为内河船员服务机构和海船船员服务机构；同时为加强对为国际航行船舶提供配员服务的管理，海船船员服务机构又分为甲级海船船员服务机构和乙级海船船员服务机构。

内河船舶船员服务机构，是指为内河船舶船员提供船员服务的机构。

甲级海船船员服务机构，是指为国际航行和国内航行海船船员提供各项船员服务的机构。

乙级海船船员服务机构，是指为国内航行海船船员提供船员服务的机构。

(二) 从事内河船舶船员服务业务机构的资质

从事内河船舶船员服务业务的机构，应当符合下列条件：

(1) 在中华人民共和国境内依法设立的法人。

(2) 有不少于 100 m^2 的固定办公场所。所谓"固定办公场所"，要求船员服务机构应当拥有办公场所的房屋所有权，或与场所所有权人签订 2 年以上(自提交申请之日起计算)租用协议。办公场所面积，仅计算用于船员服务业务办公所用的场所面积，不包括仓库、住宅、空地等与办公场所无关的场所面积。固定办公场所的证明材料应为房屋所有权登记或租赁登记证书复印件。固定办公场所应当与企业法人营业执照中载明的住所一致。

(3) 有 2 名以上具有内河一等、二等船舶高级船员任职资历的专职管理人员和 2 名以上专职业务人员。

(4) 按照中华人民共和国海事局的规定，建立船员服务质量管理制度、人员和资源保障制度、教育培训制度、应急处理制度和服务业务报告制度等内河船舶船员服务管理制度。

(三) 从事甲级海船船员服务业务机构的资质

从事甲级海船船员服务业务的机构，应当符合下列条件：

(1) 在中华人民共和国境内依法设立的法人;

(2) 有不少于 300 m^2 的固定办公场所;

(3) 有 2 名以上具有海船甲类一等高级船员任职资历的专职管理人员和 5 名以上专职业务人员;

(4) 从事乙级海船船员服务业务 3 年以上,并且最近 3 年来为国内沿海船舶提供配员 500 人以上;

(5) 按照中华人民共和国海事局的规定,建立船员服务质量管理制度、人员和资源保障制度、教育培训制度、应急处理制度和服务业务报告制度等海船船员服务管理制度。

乙级海船船员服务机构的服务范围是为国内航行海船船员提供船员服务,不能申办海员证和为国际航行的船舶提供配员。

(四) 从事乙级海船船员服务业务机构的资质

从事乙级海船船员服务业务的机构,应当符合下列条件:

(1) 在中华人民共和国境内依法设立的法人;

(2) 有不少于 150 m^2 的固定办公场所;

(3) 有 2 名以上具有海船甲类、乙类和丙类一等高级船员任职资历的专职管理人员和 2 名以上专职业务人员;

(4) 按照中华人民共和国海事局的规定,建立船员服务质量管理制度、人员和资源保障制度、教育培训制度、应急处理制度和服务业务报告制度等海船船员服务管理制度。

三、船员服务机构的管理

(1) 在船员服务机构的管理方面,本规定明确交通运输部主管船员服务工作;中华人民共和国海事局负责统一实施船员服务管理工作;海船船员服务管理工作由交通运输部直属海事管理机构具体负责;内河船舶船员服务管理工作由交通运输部直属海事管理机构、地方海事管理机构具体负责。

(2) 本规定进一步明确:设立甲级海船船员服务机构,应当向中华人民共和国海事局提出申请;设立乙级海船船员服务机构,应当向该机构工商注册地的交通运输部直属海事管理机构提出申请,该机构工商注册地没有交通运输部直属海事管理机构的,应当向中华人民共和国海事局指定的交通运输部直属海事管理机构提出申请;设立内河船舶船员服务机构,应当向该机构工商注册地的交通运输部直属海事管理机构或者地方海事管理机构提出申请。

(3) 航运公司为本单位船员提供代为办理申请培训、考试、申领证书(包括外国船员证书)等有关手续,将本单位船员派往本单位船舶,无须取得《船员服务机构许可证》,但应当向中华人民共和国海事局授权的海事管理机构备案(备案内容应当符合本规定第二十二和第二十三条的规定)。航运公司从事除前述情形外的其他船员服务业务,必须取得《船员服务机构许可证》。申请从事船员服务业务的机构,应当提交下列材料:①设立船员服务机构的申请文书;②企业法人营业执照复印件;③专职管理人员的船员适任证书复印件或者相关证明材料;④拟设立机构的人员组成、职责等情况的说明材料;⑤船员服务相关管理制度文件;

⑥为国内沿海船舶提供配员的证明材料(仅适用甲级海船船员服务机构申请人);⑦其他相关证明材料。申请人在提供企业法人营业执照和专职管理人员的船员适任证书复印件时,应当向海事管理机构出示原件。

(4)《船员服务机构许可证》上应当载明船员服务机构编号、名称、法定代表人姓名、地址、服务范围、有效期以及其他有关事项。为内河船员和海船船员提供服务的机构,应当同时持有内河船舶《船员服务机构许可证》和海船《船员服务机构许可证》。取得《船员服务机构许可证》的机构,应当按照《船员服务机构许可证》中载明的业务范围,以本机构的名义到各海事管理机构办理船员服务业务。船员服务机构不得以其分公司、子公司、办事处、部门或者其他名义从事船员服务业务。《船员服务机构许可证》的有效期为5年。

四、船员服务机构的权利义务

船员服务机构不同于普通的中介服务机构,在劳动关系中既可能是用人单位,也可能是用工单位或中介组织,而船员服务机构的法律地位不一样,其所承担的权利义务也不尽相同。如何在《中华人民共和国劳动法》《中华人民共和国劳动合同法》和《中华人民共和国船员条例》的框架下,具体规范船员服务机构的权利义务是本规定的重点。本规定作为《中华人民共和国船员条例》的配套规章之一,主要是为加强船员服务管理,规范船员服务行为,维护船员和船员服务机构的合法权益,而船员服务机构在劳动关系中的法律地位应当由国家有关劳动保障方面的法律来调整,因此只对船员服务机构的权利义务作出原则性表述。

(一)合同签订义务

船员服务机构向船员用人单位(依法与船员签订劳动合同的单位)或者船员用工单位(使用未与船员用人单位解除劳动合同船员的单位)提供船员服务,应当签订船舶配员服务协议或者劳务派遣协议。船舶配员服务协议应当明确船员的劳动报酬、工作时间和休息休假、遣返方式和费用、意外伤亡保险和社会保险、违反协议的责任等,并将船舶配员服务协议的内容告知有关船员。劳务派遣协议应当约定被派遣船员岗位和人员数量、派遣期限、劳动报酬、意外伤亡保险和社会保险以及违反协议的责任等,并将船员劳务派遣协议的内容告知被派遣船员。

船员服务机构向船员提供船员服务业务,应当与船员签订船员服务协议。

船员服务机构提供船舶配员服务,应当督促船员用人单位与船员依法订立劳动合同。船员用人单位未与船员签订劳动合同的,船员服务机构应当终止向船员用人单位提供船员服务。

为与船员服务机构签订劳动合同的船员提供船舶配员服务的,船员服务机构为船员用人单位,船员服务机构应当同时履行船员用人单位的责任和义务。船员服务机构不得为未经船员注册的人员提供船舶配员服务。

船员服务机构为已经与航运公司或者其他单位签订劳动合同的船员提供船舶配员服务的,应当事先经过船员用人单位同意。

(二) 信息披露与公开义务

船员服务机构在提供船舶配员服务时，应当向船员用人单位或者船员用工单位以及有关船员提供全面、真实的信息。不得提供虚假信息，不得损害船员的合法权益。

船员服务机构在提供船员服务时，应遵守国家船员管理、劳动和社会保障的有关规定，履行诚实守信义务，并向社会公布服务内容和收费标准，不得重复或者超过标准收取费用。

(三) 船员权益保障义务

船员服务机构应当为为其服务的船员取得法定和约定的劳动和社会保障权利提供相应的支持。船员服务机构不得克扣船员用人单位、船员用工单位按照船舶配员服务协议支付给船员的劳动报酬。

船员发生失踪、死亡或者其他意外伤害的，船员服务机构应当配合船员用人单位做好相应的善后工作。

(四) 禁止条款

船员服务机构不得有下列行为：

(1) 以欺骗、贿赂、提供虚假材料等非法手段取得《船员服务机构许可证》；

(2) 伪造、变造、倒卖、出租、出借《船员服务机构许可证》，或者以其他形式非法转让《船员服务机构许可证》；

(3) 超出《船员服务机构许可证》服务范围提供船员服务；

(4) 以虚假资历、虚假证明等手段向海事管理机构申请办理船员培训、考试、申领证书等有关业务；

(5) 为未取得船员服务机构资质而从事船员服务的机构代办各类船员服务业务；

(6) 严重侵害船员的合法权益，或者当所服务船员的合法权益受到严重侵害时不履行法定义务。

境外船员用人单位不得在中华人民共和国境内直接招用中国籍船员，应当通过符合本规定资质条件的船员服务机构办理。

(五) 船员服务信息档案

船员服务机构应当建立船员服务信息档案，记载船员在服务期间发生的下列事宜，并保持船员服务信息记载的真实、连续和完整性：

(1) 船上任职资历；

(2) 基本安全培训、适任培训和特殊培训情况；

(3) 适任状况、安全记录和违章记录；

(4) 劳动合同、船员服务协议、船舶配员服务协议。

船员服务机构应当建立船员名册，记载服务船员的姓名、所服务的船公司和船舶的名称、船籍港、所属国家等情况，并定期以书面或者电子方式向海事管理机构备案。

五、监督管理

本规定第四章明确海事管理机构对船员服务机构的监督管理职能，海事管理机构应当建立监督检查制度、船员服务机构管理档案和名单公布制度。另外，还规定了海事管理机构对不再具备规定条件的船员服务机构可以责令限期改正，逾期不改正的，可以注销《船员服务机构许可证》。本规定第五章细化和充实了《中华人民共和国船员条例》有关对船员服务机构的处罚条款。

第四节　中华人民共和国海员外派管理规定

改革开放以来，我国海员外派得到了较快发展，由 20 世纪 70 年代末的每年几百人增长至目前的近 10 万多人次，大量的高素质中国海员被派往世界主要航运国家船舶上服务。随着我国由计划经济向市场经济转型发展，以及海员由传统的公司人逐渐向社会人转变，催生并繁荣了我国海员外派市场，形成了国有与民营外派企业共存的局面。外派海员作为我国对外劳务输出的高端群体，对促进就业、提高国民收入和加快经济发展，以及推动优势企业“走出去”参与国际竞争、拓展全球视野发挥了积极作用。同时，海员外派领域存在非法外派、外派企业违规经营、损害外派船员合法权益等严重问题，原有的监管机制已不能满足当前海员外派市场发展的要求。

为了更好地发挥行业主管部门在海员管理方面的专业优势，充分发挥各职能部门的作用，建立更加规范顺畅的海员外派管理机制，加快中国海员外派的有序发展，2010 年，交通运输部与商务部建立了在国家对外劳务合作框架下共同实施海员外派管理的新机制。在“平稳过渡、责权一致”的前提下，对外派海员管理职责分工进行了调整。调整后，商务部负责制定对外劳务合作总体规划、制定对外劳务合作相关法律法规和政策措施、签署双边劳务合作协议、归口数据统计等工作。交通运输部负责所有赴外籍船舶或我国港澳台地区籍船舶工作的外派海员类劳务人员的管理，包括外派企业经营资格管理、证件管理、人员培训、项目审查、项目招收备案、境外管理，会同国务院有关部门和地方政府处理境外突发事件和船员劳务纠纷、打击违规违法外派及整顿市场秩序、强化政府公共服务等工作。

为有效履行海员外派管理职责，发挥交通海事的行业管理和服务优势，促进外派海员业务健康发展，2010 年 12 月 30 日交通运输部第 12 次部务会通过了《中华人民共和国海员外派管理规定》(中华人民共和国交通运输部令 2011 年第 3 号，本节简称本规定)，并自 2011 年 7 月 1 日起施行。

本规定是一部专门规范海员外派管理的部门规章。本规定的实施，将为进一步规范和完善海员外派行业管理，保护外派海员的合法权益，促进海员外派市场健康、有序发展发挥重要作用，同时也实现了与《2006 年海事劳工公约》的接轨，为我国履行《2006 年海事劳工公约》打下了基础。

本规定共分七章、五十条，主要体现在以下七个方面：一是明确了各级海事机构管理职能和海员外派应遵循的原则；二是明确了海员外派机构的资质要求；三是建立了海员外派机构资质证书制度；四是明确了海员外派机构的权利与义务；五是明确了海员外派突发事件应急处理要求及海员外派备用金管理；六是明确了对海员外派机构的监督管理要求；七是明确了海员外派机构的法律责任。

一、概述

海员外派，指为外国籍或者中国港澳台地区籍船舶提供配员的船员服务活动。

交通运输部主管全国海员外派工作。国家海事管理机构负责统一实施全国海员外派的监督管理工作。交通运输部直属海事管理机构依照各自职责负责具体实施海员外派的监督管理工作。

二、海员外派机构资质

本规定对海员外派机构的准入条件、设立机构的申请和审批，以及海员外派机构资质证书内容的变更、年审、延续和注销等方面都作了详细的规定。

机构申请从事海员外派，应当向其工商注册地的交通运输部直属海事管理机构提出，工商注册地没有交通运输部直属海事管理机构的，应当向国家海事管理机构指定的交通运输部直属海事管理机构提出。

从事海员外派的机构，应当符合下列条件：

(1) 在中华人民共和国境内依法设立的法人；

(2) 有与外派规模相适应的固定办公场所；

(3) 有至少 2 名具有国际航行海船管理级船员任职资历的专职管理人员和至少 3 名具有 2 年以上海员外派相关从业经历的管理人员；

(4) 具有进行外派海员任职前培训和岗位技能训练及处理海员外派相关法律事务的能力；

(5) 按照国家海事管理机构的规定，建立船员服务质量管理制度、人员和资源保障制度、教育培训制度、应急处理制度和服务业务报告制度等海员外派管理制度；

(6) 具有自有外派海员 100 人以上；

(7) 注册资本不低于 500 万元人民币，且为实缴货币资本，本规定实施后，对外劳务合作法规另有规定的，从其规定；

(8) 具有足额交纳 100 万元人民币海员外派备用金的能力；

(9) 机构及其法定代表人具有良好的商业信誉，最近 3 年内没有重大违约行为和重大违法记录。

海员外派机构资质证书的有效期最长不超过 5 年。

三、海员外派机构的责任和义务

本规定明确了海员外派机构的责任和义务。

(1) 海员外派机构应当遵守国家船员管理、船员服务管理、船员证件管理、劳动和社会保障及对外劳务合作等有关规定，遵守中华人民共和国缔结或加入的国际公约，履行诚实守信义务。

(2) 海员外派机构应当保证本规定第五条第(五)项所规定的各项海员外派管理制度的有效运行。

(3) 海员外派机构为海员提供海员外派服务，应当保证外派海员与下列单位之一签订有劳动合同：

(i) 本机构；

(ii) 境外船舶所有人；

(iii) 我国的航运公司或者其他相关行业单位。

外派海员与我国的航运公司或者其他相关行业单位签订劳动合同的，海员外派机构在外派该海员时，应当事先经过外派海员用人单位同意。外派海员与境外船舶所有人签订劳动合同的，海员外派机构应当负责审查劳动合同的内容，发现劳动合同内容不符合法律法规、相关国际公约规定或者存在侵害外派海员利益条款的，应当要求境外船舶所有人及时予以纠正。

(4) 海员外派机构应当为外派海员购买境外人身意外伤害保险。

(5) 海员外派机构应当在充分了解并确保境外船舶所有人资信和运营情况良好的前提下，方可与境外船舶所有人签订船舶配员服务协议。

(6) 海员外派机构与境外船舶所有人签订的船舶配员服务协议，应当符合国内法律、法规和相关国际公约要求，并至少包括以下内容：

(i) 海员外派机构及境外船舶所有人的责任、权利和义务，包括外派船员的数量、素质要求，派出频率，培训责任，外派机构对船员违规行为的责任分担等；

(ii) 外派海员的工作、生活条件；

(iii) 协议期限和外派海员上下船安排；

(iv) 工资福利待遇及其支付方式；

(v) 正常工作时间、加班、额外劳动和休息休假；

(vi) 船舶适航状况及船舶航行区域；

(vii) 境外船舶所有人为外派海员购买的人身意外、疾病保险和处理标准；

(viii) 社会保险的缴纳；

(ix) 外派海员跟踪管理；

(x) 突发事件处理；

(xi) 外派海员遣返；

(xii) 外派海员伤病亡处理；

(xiii) 外派海员免责条款；

(xiv) 特殊情况及争议的处理；

(xv) 违约责任。

海员外派机构应当将船舶配员服务协议中与外派海员利益有关的内容如实告知外派海员。

(7) 海员外派机构应当根据派往船舶的船旗国和公司情况对外派海员进行相关法律法规、管理制度、风俗习惯和注意事项等任职前培训,并根据海员外派实际需要对外派海员进行必要的岗位技能训练。

(8) 海员外派机构应当在外派海员上船工作前,与其签订上船协议,协议内容应当至少包括下列内容:

(i) 船舶配员服务协议中涉及外派海员利益的所有条款;

(ii) 海员外派机构对外派海员工作期间的管理和服务责任;

(iii) 外派海员在境外发生紧急情况时海员外派机构对其的安置责任;

(iv) 违约责任。

(9) 海员外派机构应当建立与境外船舶所有人、外派海员的沟通机制,及时核查并妥善处理各种投诉。海员外派机构应当对外派海员工作期间有关人身安全、身体健康、工作技能及职业发展等方面进行跟踪管理,为外派海员履行船舶配员服务合同提供必要支持。

(10) 海员外派机构不得因提供就业机会而向外派海员收取费用。海员外派机构不得克扣外派海员的劳动报酬。海员外派机构不得要求外派海员提供抵押金或担保金等。

(11) 海员外派机构应当为所服务的每名外派海员建立信息档案,主要包括:

(i) 外派海员船上任职资历(包括所服务的船公司和船舶的名称、船籍港、所属国家、上船工作起始时间等情况);

(ii) 外派海员基本安全培训、适任培训和特殊培训情况;

(iii) 外派海员适任状况、安全记录和健康情况;

(iv) 外派海员劳动合同、船舶配员服务协议、上船协议等;

(v) 海员外派机构应当按有关规定报送统计数据,并将自有外派海员名册、非自有外派海员名册及上述档案信息按要求定期报海事管理机构备案。

(12) 海员外派机构不得把海员外派到下列公司或者船舶:

(i) 被港口国监督检查中列入黑名单的船舶;

(ii) 非经中国境内保险机构或者国际保赔协会成员保险的船舶;

(iii) 未建立安全营运和防治船舶污染管理体系的公司或者船舶。

(13) 海员外派机构资质被暂停、吊销、撤销的,应当继续履行已签订的合同及协议。

四、突发事件处理

本规定结合国家对外劳务合作管理相关规定与海员外派事件,明确了海员外派突发事件处理相关要求。

(1) 突发事件发生时,海员外派机构应当按照应急处理制度的规定,立即启动应急预案,并及时向海事管理机构报告。

(2) 海员外派机构应当与境外船舶所有人共同做好突发事件的处置工作。当境外船舶所有人未能及时全面履行突发事件责任时,海员外派机构应妥善处理突发事件,避免外派海员利益受损。

(3) 当海员外派机构拒绝承担或者无力承担发生突发事件责任时,可以动用海员外派备用金，用于支付外派海员回国或者接受其他紧急救助所需费用。

(4) 海员外派备用金动用后，海员外派机构应当于30日内补齐备用金。

(5) 境外突发事件的处理按对外劳务合作有关规定执行。

五、监督管理

本规定明确海事管理机构对船员服务机构的监督管理职能。

(1) 海事管理机构应当建立健全辖区内海员外派机构的管理档案，加强对海员外派机构的监督检查。

(2) 海事管理机构实施监督检查，可以询问当事人，向有关海员外派机构或者个人了解情况，查阅、复制有关资料，并保守被调查海员外派机构的商业秘密或者个人隐私。接受海事管理机构监督检查的海员外派机构或者个人，应当如实反映情况和提供资料，不得以任何理由拒绝或阻扰检查。

(3) 海事管理机构实施监督检查时发现海员外派机构不再具备规定条件的，由海事管理机构责令限期改正。海员外派机构在规定期限内未能改正的，应当依法撤销海员外派机构资质，并依法办理海员外派机构资质证书的注销手续。

(4) 海事管理机构应当定期向社会公布海员外派机构名单、机构概况，以及依法履行相应职责和承担法律义务、维护外派海员合法权益、诚实守信等情况。

第五节　中华人民共和国船员注册管理办法

《中华人民共和国船员条例》设立了船员职业准入制度，主要通过两项行政许可实现：一是船员注册制度，二是船员任职资格制度。船员注册制度是对从事船员职业的入门要求，船员注册管理是与全球各航运国家接轨的一项制度。《中华人民共和国船员条例》第四条至第七条对船员注册工作予以规定。船员任职资格制度则是对船上特定工作岗位的进一步要求，较之船员注册制度更加注重于对船员实际技能的锻炼和培养，注重于船员职业经历的积累，在我国由《内河船舶船员适任考试发证规则》和《海船船员适任考试、评估和发证规则》等予以规范。

对船员职业设置两重门槛，主要是基于船员工作的风险性和特殊性。为保障航行安全，船舶不同的工作岗位对船员的专业技能要求不同。取得船员注册，仅仅满足了在船上工作的最基本要求，只能从事普通船员（不参加航行和轮机值班的机工和普通水手）的有关工作，而不能从事参加航行和轮机值班船员的工作。只有满足相应的学历和资历要求，经过相应的适任培训，并通过相应的船员适任考试，获得相应的适任资格后，才能在与船舶安全航行密切相关的岗位上任职。

作为一项新的基础性船员管理制度，《中华人民共和国船员条例》的规定较为原则，明确了制度内涵，但是缺乏在制度执行过程中所必需的操作性规定，因此需要在上位法原则性规定的基础上，制定相应的配套规章对其予以细化和明确，以更好地发挥船员注册制度的基础性管理作用。《中华人民共和国船员注册管理办法》（本节简称本办法）于2008年2月27日经交通运输部第4次部务会议通过，自2008年7月1日起施行。

一、概述

中华人民共和国境内的船员注册以及相关管理活动，适用本办法。

本办法所称船员注册，是指海事管理机构根据申请人的申请，经依法审查，对符合船员注册条件的予以登记，签发船员服务簿，准许申请人从事船员职业的行为。

本办法中规范的船员注册制度，是针对我国目前的船员现状和船员职业特点，借鉴国际通行做法，按照《中华人民共和国行政许可法》的有关规定，建立的一项关于船员从业资格的行政许可制度。

二、船员注册制度的意义和作用

船员注册是从事船员职业的第一道门槛。船员注册制度规定了从事船员职业的最基本要求，只要符合规定的年龄和健康条件以及具备在船上工作最基本的安全知识和操作技能，就可以申请注册为船员，领取船员服务簿，上船从事与船舶航行安全没有直接联系的基本工作。船员注册制度划分了船员职业身份的界限，即：公民必须经过船员注册程序，方能取得船员的职业身份，然后才能上船从事相应的工作；而不论在船上担任什么岗位的职务，都必须首先经过船员注册，取得船员身份。

通过建立船员注册制度，将签发船员服务簿作为船员注册的最后程序，将船员服务簿进一步明确为船员的职业身份证件，强调了船员从业资格的行政许可性质，进一步加强和规范了对船员的基础性管理工作。通过船员注册制度，海事管理机构可以对船员的任解职情况、适任情况、安全记录、违章记录等信息进行跟踪和管理，统计和分析船员数量、组成、分布等情况，更好地发挥行业管理和行业指导作用。

三、船员注册的办理

(一) 船员注册申请

船员注册申请可以向任何海事管理机构提出，但是本办法限定了代办船员注册的范围。船员注册申请可以由申请人本人提出，也可以由船员服务机构、船员用人单位代为提出；本办法将代为船员办理注册的代理人，限定为船员服务机构和船员用人单位，排除了个人代办，此规定与《中华人民共和国船员条例》的有关规定是相符的，可以促进船员服务业务的规模、效能、品牌和信用。

另外，从行业管理的角度，为了适宜地制定船员发展政策，适时地调控船员供给与航运业需求的关系，适度地促进船员整体素质，需要比较准确地掌握船员队伍的数量与分布。因此，本办法规定船员不得重复注册，一人一个注册编号(船员服务簿编号)且终身不变，被注销注册的船员重新申请注册的仍使用原注册编号；同一人既可在国际航行船舶也可在国内航行船舶、既可以在海船也可以在内河船舶任职的，也是一次注册、一个编号。

（二）注册条件与申请材料

申请船员注册，应当具备下列条件：

(1) 年满 18 周岁（在船实习、见习人员年满 16 周岁）但不超过 60 周岁；

(2) 符合船员健康要求；

(3) 经过海船船员、内河船舶船员基本安全培训，并经海事管理机构考试合格。

申请注册国际航行船舶船员的，还应当通过海事管理机构组织的船员专业外语考试。

申请船员注册，应当提交下列材料：

(1) 船员注册申请表；

(2) 居民身份证复印件（校验原件，其中二代身份证的复印件需双面复印）；

(3) 船员体格检查表复印件（校验原件）；

(4) 近期直边正面 5 cm 免冠白底彩色照片 2 张；

(5) 海船船员、内河船舶船员基本安全培训合格证明复印件（校验原件）。

申请注册国际航行船舶船员的，还应当提交船员专业外语考试合格证明复印件（校验原件）。

申请人在提交居民身份证、海船船员基本安全培训合格证明、内河船舶船员基本安全培训合格证明以及船员专业外语考试合格证明等复印件时，应当同时向海事管理机构出示原件。

四、船员注册管理

经船员注册取得船员服务簿，不但确认了经过注册的人员成为船员的资格问题，而且解决了资格的保持和丧失问题。本办法对船员注册及其变更、注销进行了规定，同时规定海事管理机构应动态维护更新船员注册记录簿和数据库，以保持船员注册信息的完整、连续、安全和正当利用。

有下列情形之一的，船员应当在 6 个月内向管理本人注册档案的海事管理机构申请办理船员注册变更手续：

(1) 船员服务簿中记载的事项发生变化；

(2) 相貌发生显著变化。

海事管理机构应当将变更情况在船员服务簿中作相应记载或者换发新船员服务簿。

船员有下列情形之一的，海事管理机构应当注销船员注册，并予以公告：

(1) 死亡或者被宣告失踪的；

(2) 丧失民事行为能力的；

(3) 依法被吊销船员服务簿的；

(4) 本人申请注销注册的。

船员在劳动合同期间发生以上第(1)项、第(2)项情形的，船员服务机构或者船员用人单位应当向海事管理机构报告，并提交相关证明材料，由海事管理机构核实后依法予以注销。

海事管理机构吊销船员服务簿的决定，应当向管理该船员注册档案的海事管理机构通报。申请人被依法吊销船员服务簿的，自被吊销之日起 5 年内不予重新注册。

第六节　中华人民共和国船舶最低安全配员规则

《中华人民共和国船舶最低安全配员规则》(本节简称规则)于 2004 年 6 月 18 日经交通运输部第 15 次部务会议通过,自 2004 年 8 月 1 日起施行。其篇章结构包括正文和《海船甲板部、轮机部和客运部最低安全配员表》《海船无线电人员最低安全配员表》《内河船舶甲板部、轮机部和客运部最低安全配员表》等三个附录。2006 年,中华人民共和国海事局对三个附录进行了修订;2010 年,中华人民共和国海事局对附录三《内河船舶甲板部、轮机部和客运部最低安全配员表》再次进行修订,并于 2011 年 1 月 1 日起实施。规则所要求的船舶安全配员标准是船舶配备船员的最低要求,船舶可以高于该标准配备船员,但不得低于该标准,低于该标准将会被海事管理机构按照相关规定给予行政处罚。

一、概述

(一) 规则制定目的及依据

规则制定目的是为确保船舶的船员配备,足以保证船舶安全航行、停泊和作业,防治船舶污染环境。

规则制定依据为《中华人民共和国海上交通安全法》《中华人民共和国内河交通安全管理条例》和中华人民共和国缔结或者参加的有关国际条约。

(二) 规则适用范围

根据规则第二条的规定“中华人民共和国国籍的机动船舶的船员配备和管理适用本规则”,即规则适用于具有中国国籍的机动船舶。

例外情形:①规则对外国籍船舶作出规定的,规则也适用外国籍船舶;②军用船舶、渔船、体育运动船艇以及非营业的游艇,不适用本规则。

(三) 主管机关

根据规则第三条的规定:“中华人民共和国海事局是船舶安全配员管理的主管机关。”各级海事管理机构依照职责负责本辖区内的船舶安全配员的监督管理工作。

(四) 保证船舶安全配员的责任主体及其责任

根据规则第五条的规定:“船舶所有人(或者其船舶经营人、船舶管理人,下同)应当按照本规则的要求,为所属船舶配备合格的船员,但是并不免除船舶所有人为保证船舶安全航行和作业增加必要船员的责任。”

本条将为船舶配备合格船员的责任主体规定为船舶所有人或船舶经营人、船舶管理人,但其不是唯一的责任主体。根据《中华人民共和国船员条例》第二十二条的规定:“船长管理和指挥船舶时，应当按照规定保障船舶的最低安全配员。”

二、最低安全配员原则

（一）确定船舶最低安全配员标准应考虑的因素

根据规则第六条的规定：“确定船舶最低安全配员标准应综合考虑船舶的种类、吨位、技术状况、主推进动力装置功率、航区、航程、航行时间、通航环境和船员值班、休息制度等因素。”

（二）船舶最低安全配员的要求

1. 常规要求

根据规则第七条的规定：“船舶在航行期间，应配备不低于按本规则附录一、附录二、附录三所确定的船员构成及数量。高速客船的船员最低安全配备应符合交通部颁布的《高速客船安全管理规则》（交通部令 1996 年第 13 号）的要求。”

2. 减免规定的例外情形

根据规则第八条的规定：“本规则附录一、附录二、附录三列明的减免规定是根据各类船舶在一般情况下制定的，海事管理机构在核定具体船舶的最低安全配员数额时，如认为配员减免后无法保证船舶安全时，可不予减免或者不予足额减免。”

本条规定赋予海事管理机构可从保证船舶安全出发不予减免或不予足额减免相关船员配备的权力。

3. 增配船员的限制

规则第九条规定：“船舶所有人可以根据需要增配船员，但船上总人数不得超过经中华人民共和国海事局认可的船舶检验机构核定的救生设备定员标准。”制定本条规定是为保障船员的人命安全。

4. 船舶停泊期间的配员规定

规则第二十一条规定：“中国籍、外国籍船舶在停泊期间，均应配备足够的掌握相应安全知识并具有熟练操作能力能够保持对船舶及设备进行安全操纵的船员。无论何时，500 总吨及以上（或者 750 千瓦及以上）海船、600 总吨及以上（或者 441 千瓦及以上）内河船舶的船长和大副，轮机长和大管轮不得同时离船。”

本条第二款是船舶经常违反的一条规定。船舶在停泊期间同样也会遇到突发事件，故出于安全考虑，驾驶部和轮机部均应留有一定的高级船员值班。实践中，船长、大副或轮机长、大管轮经常同时离船，对此，海事管理机关会根据相关规定进行行政处罚。

三、最低安全配员管理

（一）《最低安全配员证书》的持有规定

中国籍船舶应当按照规则的规定，持有海事管理机构颁发的《船舶最低安全配员证书》。

在中华人民共和国内水、领海及管辖海域的外国籍船舶，应当按照中华人民共和国缔结或者参加的有关国际条约的规定，持有其船旗国政府主管机关签发的《船舶最低安全配员证书》或者等效文件。

（二）《船舶最低安全配员证书》的核发

（1）核发《船舶最低安全配员证书》的一般规定。规则第十一条规定，船舶所有人应当在申请船舶国籍登记时，按照本规则的规定，对其船舶的最低安全配员如何适用本规则附录相应标准予以陈述，并可以包括对减免配员的特殊说明。海事管理机构应当在依法对船舶国籍登记进行审核时，核定船舶的最低安全配员，并在核发船舶国籍证书时，向当事船舶配发《船舶最低安全配员证书》。

（2）在境外建造或者购买并交接的船舶办理《船舶最低安全配员证书》的要求。规则第十二条规定，在境外建造或者购买并交接的船舶，船舶所有人应持船舶买卖合同或者建造合同及交接文件、船舶技术和其他相关资料的副本（复印件）到所辖的海事管理机构办理《船舶最低安全配员证书》。

（3）海事管理机构核定最低安全配员的现场核查权。规则第十三条规定，海事管理机构核定船舶最低安全配员时，除查验有关船舶证书、文书外，可以就本规则第六条所述的要素对船舶的实际状况进行现场核查。

（三）《船舶最低安全配员证书》的使用

（1）规则第十四条规定，船舶在航行、停泊、作业时，必须将《船舶最低安全配员证书》妥善存放在船备查。船舶不得使用涂改、伪造以及采用非法途径或者舞弊手段取得的《船舶最低安全配员证书》。

（2）规则第十五条规定，船舶所有人应当按照本规则的规定和《船舶最低安全配员证书》载明的船员配备要求，为船舶配备合格的船员。

（四）《船舶最低安全配员证书》的换发、补发和重新办理

1.《船舶最低安全配员证书》的换发

《船舶最低安全配员证书》的换发有两种情形：

（1）规则第十六条规定的“船舶所有人应当在《船舶最低安全配员证书》有效期截止前1年以内，或者在船舶国籍证书重新核发或者相关内容发生变化时，凭原证书到船籍港的海事管理机构办理换发证书手续”。

（2）规则第十七条第一款规定的“证书污损不能辨认的，视为无效，船舶所有人应当向所辖的海事管理机构申请换发”。

2.《船舶最低安全配员证书》的补发

证书遗失的，船舶所有人应当书面说明理由，附具有关证明文件，到船籍港的海事管理机构办理补发证书手续。

3. 换发或补发《船舶最低安全配员证书》的有效期

换发或者补发的《船舶最低安全配员证书》的有效期，不超过原发的《船舶最低安全配员证书》的有效期。

4. 在船籍港以外换发或补发《船舶最低安全配员证书》的特别规定

规则第十九条规定，在特殊情况下，船舶需要在船籍港以外换发或者补发《船舶最低安全配员证书》，经船籍港海事管理机构同意，船舶当时所在港口的海事管理机构可以按照本规定予以办理并通报船籍港海事管理机构。

5.《船舶最低安全配员证书》的重新办理

规则第十八条规定，船舶状况发生变化需改变证书所载内容时，船舶所有人应当到船籍港的海事管理机构重新办理《船舶最低安全配员证书》。

四、监督检查

根据规则第二十条的规定，中国籍、外国籍船舶在办理进、出港口或者口岸手续时，应当交验《船舶最低安全配员证书》。

规则第二十二条规定，船舶未持有《船舶最低安全配员证书》或者实际配员低于《船舶最低安全配员证书》要求的，对中国籍船舶，海事管理机构应当禁止其离港直至船舶满足本规则要求；对外国籍船舶，海事管理机构应当禁止其离港，直至船舶按照《船舶最低安全配员证书》的要求配齐人员，或者向海事管理机构提交由其船旗国主管当局对其实际配员作出的书面认可。

规则第二十三条规定，对违反本规则的船舶和人员，依法应当给予行政处罚的，由海事管理机构依据有关法律、行政法规和规章的规定给予相应的处罚。

规则第二十四条规定，海事管理机构的工作人员滥用职权、徇私舞弊、玩忽职守的，由所在单位或者上级机关给予行政处分；构成犯罪的，依法追究刑事责任。

五、附则

（一）《船舶最低安全配员证书》的印制

规则第二十五条规定，《船舶最低安全配员证书》由中华人民共和国海事局统一印制。《船舶最低安全配员证书》的编号应与船舶国籍证书的编号一致。《船舶最低安全配员证书》有效期的截止日期与船舶国籍证书有效期的截止日期相同。

（二）附录的修改

规则第二十五条规定，本规则附录一、附录二、附录三的内容，可由中华人民共和国海事局根据有关法律、行政法规和相关国际公约进行修改。附录一至附录三的内容分别见表3-1至表3-3。

表 3-1 海船甲板部、轮机部和客运部最低安全配员表

甲板部			
船舶种类、航区、吨位或总功率		一般规定	附加规定
一般船舶	3 000 总吨及以上	船长、大副、二副、三副、驾驶员助理各 1 人，值班水手 3 人。	连续航行时间不超过 36 h，可减免三副和值班水手各 1 人。
	500 总吨及以上至未满 3 000 总吨	船长、大副、三副、驾驶员助理各 1 人，值班水手 3 人。	连续航行时间不超过 36 h，可减免值班水手 1 人；连续航行时间不超过 8 h，可再减免三副 1 人。
	200 总吨及以上至未满 500 总吨	船长、三副各 1 人，值班水手 2 人。	连续航行时间超过 24 h，须增加二副 1 人；连续航行时间不超过 4 h，可减免三副和值班水手各 1 人。
	100 总吨及以上至未满 200 总吨	船长、三副各 1 人，值班水手 1 人。	连续航行时间超过 36 h，须增加二副 1 人；连续航行时间不超过 8 h，可减免三副 1 人。
	未满 100 总吨	驾驶员（国际航行船舶为船长；机驾合一为驾机员）1 人，值班水手 1 人。	连续航行时间超过 8 h，须增加驾驶员（机驾合一为驾机员）1 人；连续航行时间不超过 4 h，可减免值班水手 1 人。
客船	500 总吨及以上	(1) 船长、大副、二副、驾驶员助理各 1 人，值班水手 3 人。 (2) 配有与救生艇数量相等的持有精通救生艇筏及救助艇操纵证书的人员（不包括船长和大副）。	连续航行时间超过 24 h，须增加二副 1 人；连续航行时间不超过 8 h，可减免二副和值班水手各 1 人。
	200 总吨及以上至未满 500 总吨	(1) 船长、二副 1 人，值班水手 2 人。 (2) 同上。	连续航行时间超过 8 h，须增加二副 1 人。
	100 总吨及以上至未满 200 总吨	(1) 船长、二副 1 人，值班水手 1 人。 (2) 同上。	连续航行时间超过 16 h，须增加二副 1 人；连续航行时间不超过 4 h，可减免二副 1 人。
	未满 100 总吨	(1) 船长（机驾合一为驾机员）1 人，值班水手 1 人。 (2) 同上。	限白天航行。连续航行时间超过 4 h，须增加二副（机驾合一为驾机员）1 人。
拖轮	海上 3 000 kW 及以上	船长、大副、二副、三副各 1 人，值班水手 3 人。	连续航行时间不超过 36 h，可减免二副、值班水手各 1 人；连续航行时间不超过 8 h，可再减免三副 1 人。
	海上 3 000 kW 以下	船长、三副各 1 人，值班水手 2 人。	连续航行时间超过 8 h，须增加二副 1 人。
	港内 750 kW 及以上	二副 1 人，值班水手 2 人。	
	港内 未满 750 kW	三副 1 人，值班水手 1 人。	

续 表

轮机部				
	航区和总功率		一般规定	附加规定
所有船	海上	3 000 kW 及以上	轮机长、大管轮、二管轮、三管轮、轮机员助理各 1 人，值班机工 3 人。	(1) 连续航行时间不超过 36 h，可减免三管轮和值班机工各 1 人。 (2) AUT－0 自动化机舱可减免二管轮、三管轮和值班机工 2 人。 (3) AUT－1 自动化机舱可减免三管轮和值班机工 2 人 (4) BRC 半自动化机舱可减免值班机工 2 人。
所有船	海上	750 kW 及以上至未满 3 000 kW	轮机长、大管轮、轮机员助理各 1 人、值班机工 2 人。	连续航行时间超过 16 h，须增加三管轮 1 人和值班机工 1 人（自动化机舱及 BRC 半自动化机舱除外）。
所有船	海上	220 kW 及以上至未满 750 kW	轮机长、三管轮各 1 人，值班机工 2 人。	连续航行时间超过 24 h，须增加二管轮 1 人（自动化机舱及 BRC 半自动化机舱除外）。 连续航行时间不超过 8 h，可减免值班机工 1 人；连续航行时间不超过 4 h，可再减免三管轮 1 人。
所有船	海上	75 kW 及以上至未满 220 kW	轮机员 1 人，值班机工（自动化机舱、BRC 半自动化机舱及机驾合一可减免）1 人。	连续航行时间不超过 8 h，可减免值班机工 1 人。
所有船	海上	未满 75 kW	值班机工（机驾合一的免）1 人。	
所有船	港内		二管轮、三管轮（或轮机员）各 1 人，值班机工 1 人（机驾合一的免）。	未满 750 kW，可减免二管轮 1 人；未满 75 kW，可再减免三管轮（或轮机员）1 人；机驾合一，可再减免值班机工 1 人。

客运部	
客船	按船舶载客定额，每 50 名乘客配客运部人员 1 名；航程不超过 40 n mile 或航行时间不超过 4 h 的，可按每 100 名乘客配客运部人员 1 名；航程不超过 10 n mile 或航行时间不超过 1 h 的，可按每 150 名乘客配客运部人员 1 名；航程不超过 5 n mile 或航行时间不超过 0.5 h 的，可按每 200 名乘客配客运部人员 1 名；航程不超过 5 n mile 或航行时间不超过 0.5 h，且载客定额不足 50 名的，可不配客运部人员。

注：(1) 驾驶员助理、轮机员助理为通过三副、三管轮适任考试和评估者或者持有相应航区、等级适任证书的高级船员；
(2) 值班水手、值班机工均为持有值班水手、值班机工适任证书者；
(3) 客运部人员包括乘警、船医、厨工及旅客服务员；
(4) 国际航行船舶的机舱自动化程度按其轮机入级证书载明情况为准；国内航行船舶的机舱自动化程度按照船舶检验证书簿载明情况为准，主推进装置驾驶室遥控的可按半自动化机舱进行减免；

续 表

(5) 轮机部可按航行时间减免，或按机舱自动化程度减免，但不应按航行时间和机舱自动化程度同时减免；
(6) 废钢船需航行时按其检验时的船舶种类及相关参数核定配员，不适用减免规定；
(7) 船舶在中途港或海上作业点停留时间不超过 4 h 的，计入连续航行时间；
(8) 机驾合一指在驾驶室能直接操纵主机；
(9) 低级岗位可由持有相应等级适任证书的较高级岗位船员担任，也可由持有较高等级适任证书的同级岗位船员担任；
(10) 未满 50 总吨且主机功率未满 75 kW 的载客不超过 12 人的船艇(包括舷外挂机船舶、摩托艇、快艇、乡镇自用船舶、农用船舶)，可只配驾驶员或驾机员 1 名。

表 3-2 海船无线电人员最低安全配员表

海 区	GMDSS 设备	
A1	兼职 GMDSS 限用操作员 1 人	
A2	专职 GMDSS 通用操作员 1 人或兼职 GMDSS 通用操作员 2 人	
A3 和 A4	双套	专职 GMDSS 通用操作员 1 人或兼职 GMDSS 通用操作员 2 人
	单套	专职 GMDSS 无线电电子员 1 人

注：(1) A1，A2，A3 和 A4 海区是指 1974 年国际海上人命安全公约 1988 年修正案所界定的区域；
(2) 经船舶检验部门批准(应在相关证书中标明或出具相应证明)暂未配备 GMDSS 设备的，可暂不配备 GMDSS 操作员；
(3) 船舶在未设有 GMDSS 岸上设施的水域航行，经该水域辖区的海事管理机构报主管机关批准后，可暂免予配备 GMDSS 操作员；
(4) 500 总吨以下船舶(仅航行在 A1＋A2 海区)可配兼职 GMDSS 通用操作员 1 人，300 总吨及以下国内航行船舶免配 GMDSS 操作员。

表 3-3 内河船舶甲板部、轮机部和客运部最低安全配员表

甲板部							
一般船舶	总吨位	2 000总吨及以上	1 000 总吨及以上至未满 2 000 总吨	600 总吨及以上至未满 1 000 总吨	300 总吨及以上至未满 600 总吨	100 总吨以上至未满 300 总吨	100 总吨及以下
	一般规定	船长 1 人、大副 1 人、二副或三副 1 人、水手 2人	船长 1 人、大副或二副 1 人、水手 2 人	船长 1 人、驾驶员 1 人、水手 2 人	船长 1 人、水手 1 人	船长或驾驶员(散化船、油船、液化气船须为船长)1 人	驾驶员 1 人
	附加规定	连续航行作业时间超过 16 h，须增加三副或二副 1 人、水手 1 人	连续航行作业时间超过 16 h，须增加三副 1 人	连续航行作业时间超过 16 h，须增加驾驶员 1 人	连续航行作业时间超过 10 h，须增加驾驶员 1 人	连续航行作业时间超过 10 h 或主机功率 75 kW 以下机驾合一，须增加水手 1 人；连续航行作业时间超过 10 h，须再增加驾驶员 1 人	连续航行作业时间超过 10 h，须增加驾驶员 1 人

续 表

甲板部								
客船	总吨位		2 000总吨及以上	1 000总吨及以上至未满2 000总吨	600总吨及以上至未满1 000总吨	300总吨及以上至未满600总吨	100总吨以上至未满300总吨	100总吨及以下
客船	一般客船	一般规定	船长1人、大副1人、二副1人、水手2人	船长1人、大副1人、水手2人	船长1人、驾驶员1人、水手2人	船长1人、驾驶员1人、水手1人	船长1人、水手1人	驾驶员1人
客船	一般客船	附加规定	连续航行作业时间超过10 h,须增加二副1人、水手1人	连续航行作业时间超过10 h,须增加二副1人;连续航行作业时间超过16 h,须再增加二副1人、水手1人	连续航行作业时间超过10 h,须增加驾驶员1人	连续航行作业时间超过10 h,须增加驾驶员1人	连续航行作业时间超过4 h,须增加驾驶员1人	连续航行作业时间超过4 h,须增加驾驶员1人
客船	J级航区客船	一般规定	船长1人、大副1人、水手2人	船长1人、大副1人、水手2人	船长1人、驾驶员1人、水手2人	船长1人、驾驶员1人、水手1人	船长1人、驾驶员1人、水手1人	驾驶员1人
客船	J级航区客船	附加规定	连续航行作业时间超过4 h,须增加大副1人、水手2人;连续航行作业时间超过10 h,须再增加二副1人、水手2人	连续航行作业时间超过4 h,须增加二副1人、水手2人;连续航行作业时间超过10 h,须再增加大副1人、水手2人	连续航行作业时间超过4 h,须增加驾驶员1人、水手1人;连续航行作业时间超过10 h,须再增加驾驶员1人、水手2人	连续航行作业时间超过10 h,须增加驾驶员1人	连续航行作业时间超过10 h,须增加驾驶员1人	连续航行作业时间超过4 h,须增加驾驶员1人、水手1人

轮机部					
	1 500 kW及以上	500 kW及以上至未满1 500 kW	150 kW及以上至未满500 kW	75 kW及以上至未满150 kW	75 kW以下
一般规定	轮机长1人、大管轮或二管轮或三管轮1人、机工1人	轮机长1人、大管轮或二管轮或三管轮1人、机工1人	轮机长或轮机员1人、机工1人	机工1人	无

续 表

轮机部					
	1 500 kW及以上	500 kW 及以上至未满 1 500 kW	150 kW 及以上至未满 500 kW	75 kW 及以上至未满 150 kW	75 kW 以下
附加规定	非机驾合一的须增加三管轮1人、机工2人	非机驾合一的须增加三管轮1人、机工1人	非机驾合一的须增加轮机员或轮机长1人	非机驾合一的为轮机长或轮机员1人	非机驾合一的须增加机工1人
客运部					
按船舶载客定额，每满 50 名乘客配客运部人员 1 人；航程不超过 80 km 或航行时间不超过 4 h 的，可按每满 100 名乘客配客运部人员 1 人；航程不超过 20 km 或航行时间不超过 1 h 的，可按每满 150 名乘客配客运部人员 1 人；航程不超过 10 km 或航行时间不超过 0.5 h 的，可按每满 200 名乘客配客运部人员 1 人。乘客定额不足以配客运部人员的，可由甲板部人员兼任。					

注：(1)“连续航行作业时间”系指在连续 24 h 之内，船舶保持航行和作业状态的持续时间；或者连续 24 h 之内，船舶总的航行和作业时间。船舶停泊不超过 2 h 的，视为保持航行和作业状态。

(2) 客运部人员包括乘警、船医、厨工及旅客服务员。

(3)“机驾合一”系指在驾驶室能够直接操纵主机。

(4) 废钢船需航行时，按其报废前最后一次检验时所核定的船舶种类及相关参数核定配员，按照最高标准进行配员。

(5) 主推进动力装置功率 1 500 kW 及以上的拖(推)轮，甲板部配员按照 2 000 总吨及以上一般船舶甲板部配员标准确定；主推进动力装置功率 500 kW 及以上至未满 1 500 kW 的拖(推)轮，甲板部配员按照 1 000 总吨及以上至未满 2 000 总吨一般船舶甲板部配员标准确定；主推进动力装置功率 150 kW 及以上至未满 500 kW 的拖(推)轮，甲板部配员按照 600 总吨及以上至未满 1 000 总吨一般船舶甲板部配员标准确定；主推进动力装置功率150 kW 以下的拖(推)轮，甲板部配员按照 300 总吨及以上至未满 600 总吨一般船舶甲板部配员标准确定。

(6) 拖(推)轮船队的驳船如未配备水手，则拖(推)轮在按照上述规定进行配员的基础上，3 艘及以下驳船增加水手 1 人，3 艘以上驳船增加水手 2 人。

(7) 300 总吨及以上或 150 kW 及以上的港内作业船舶和航行时间不超过 30 分钟的对江客(汽)渡船，可每个工班配驾驶员 1 人、水手 2 人、轮机员 1 人、机工 1 人。

(8) 300 总吨及以上的液货船、集装箱船、自卸式沙船，甲板部在一般船舶基础上须增配水手 1 人。

(9) 未满 50 总吨且主机功率未满 150 kW 的载客不超过 12 人的船艇(包括游艇、摩托艇、快艇、交通艇、舷外挂机船舶)，可只配驾驶员 1 人。

(10) 各省级地方海事局或直属海事局对仅在本辖区通航水域内航行的 100 总吨及以下船舶，可参照本配员表的要求，自行制定最低安全配员标准，并报备交通运输部海事局。没有自行制定最低安全配员标准的，执行本配员表的要求。

第七节　中华人民共和国船员违法记分管理办法

《中华人民共和国船员违法记分管理办法(试行)》(本节简称办法)自 2002 年 10 月 1 日起实施。制定本办法旨在增加船员遵章守法的意识，减少人为因素对水上交通安全的影响。

违法记分管理与行政处罚的关系方面，依据办法第三条第二款规定“船员违法记分不影响行政处罚的决定和执行”，即行政处罚的决定和执行为单独的具体行政行为，不受船员违法记分的影响。而违法记分的决定是根据行政处罚结果作出的。

一、概述

(一) 适用范围

办法适用于在中、外籍船舶上服务的持有中华人民共和国海船船员适任证书、内河船员职务适任证书的中国籍船员和持有中华人民共和国引航员证书的引航员(以下统称船员)。

(二) 船员违法行为的定义

根据办法第二十一条的规定，船员违法行为是指：①违反有关船舶管理、船员管理、通航管理、危险货物运输安全监督管理、防止船舶污染管理、船舶交通管理、航标管理秩序行为；②其他违反有关水上安全监督管理秩序的行为。

(三) 违法记分管理的适用情形

违法记分管理适用以下两种情形：①对因违反水上交通安全管理法规受到海事行政处罚的船员；②船舶安全检查存在缺陷的当事船员或实际操作检查不合格的船员。其中，“违反水上交通安全管理法规”泛指违反水上交通安全管理的法律法规规章等。

另外，对严重违法或屡次违法的船员实施强制培训和考试。

(四) 实施机关

办法第四条规定：中华人民共和国各级海事管理机构负责实施本办法。

二、违法记分分值

(一) 记分周期

根据办法第五条的规定，每一公历年为一个记分周期(每年的 1 月 1 日至 12 月 31 日)。一个周期期满后，记分分值累加未达到 15 分的，该周期内的分值不转入下一个记分周期。在一个记分周期内分值满 15 分的船员，经培训和考试后，记分分值重新起算。

例外情形：初次申请证书的船员，自签发证书之日起开始记分，但记分周期的截止日期亦为 12 月 31 日。

(二) 记分分值

船员违法记分的分值分为以下六种：

(1) 船员受到警告处罚的，对应的违法记分分值为 1 分。

(2) 船员受到罚款处罚的，罚款数额每100元对应违法记分分值为1分，100元以下的对应违法记分分值为1分，罚款数额超过1 500元的对应违法分分值一律为15分。

(3) 船员受到扣留证书处罚的，对应的违法记分分值分别为：证书被扣留3个月及以下的，记10分；证书被扣留3个月以上的，记15分。

(4) 海事机构进行船舶安全检查时，发现船舶存在缺陷，应对负有直接或间接责任的船员记1分。

(5) 对船员实际操作检查不合格的船员，记1分。

(6) 船员受到罚款和扣留证书行政处罚一并执行的，违法记分在两者之中取高者。

三、船员违法记分的处置

(一) 船员违法记分的机构

根据办法第十二条的规定，船员违法记分由做出行政处罚或实施船舶安全检查、船员实际操作检查的海事机构予以记载。

(二) 违法记分的方式

根据办法第十三条的规定，海事机构做出行政处罚决定或实施船舶安全检查、船员实际操作检查后，由海事机构在海船船员所持有的《船员服务簿》“主管机关签注(一)”栏或内河船员所持有的职务适任证书记分附页上加盖“船员违法记分专用章”，填写记分分值、执法人员执法证号码、记分时间。

当时不能进行违法记分记录的，由做出行政处罚的海事管理机构负责跟踪落实记录事宜。

(三) 船员记分分值满后的处置

根据办法第十四条的规定，船员违法记分分值满15分的，最后记分的海事机构应将船员的证书滞留，并将《滞留船员适任证书通知书》送船员本人签收。

《滞留船员适任证书通知书》一式三份，分别由滞留证书的海事机构、签发证书的海事机构和船员本人留存。签发证书的海事机构应将《滞留船员适任证书通知书》归入船员个人档案中保存。

《滞留船员适任证书通知书》不能作为船员持有适任证书的证明，船员不能凭《滞留船员适任证书通知书》继续在船任职。

滞留证书的海事机构应同时填写《船员违法记分登记表》作为内部工作记录。

(四) 证书滞留后的强制培训、考试

根据办法第十五条、第十六条的规定，海船船员和引航员必须在收到《滞留船员适任证书通知书》6个月内到证书的签发机关申请培训、考试。

内河船员由滞留证书的海事机构指定强制培训、考试地点，在收到《滞留船员适任证书

通知书》后6个月内到指定地点参加强制培训、考试。

内河船员如在证书签发机关所在地参加强制培训、考试，滞留证书的海事机构应将被滞留船员证书寄送至证书签发机关，由证书签发机关负责强制培训、考试和发还证书。

强制培训由海事机构指定的培训机构实施，培训的时间不超过7天，培训的内容为水上安全管理法规、安全教育宣传和海事案例等。

考试在强制培训结束后进行，由海事机构组织。

(五) 培训、考核合格后的销分

根据办法第十七条的规定，海船船员参加强制培训、考试合格后，海事机构应在《船员服务簿》“主管机关签注(一)”栏填写“业经考试、培训合格”，加盖《船员服务簿》签证专用章，及时发还被滞留的证书，但同时受到扣留证书行政处罚期限未到的，应在扣留期满后发还被扣留证书。

内河船员参加强制培训、考试合格后，海事机构应在记分附页上填写相应内容，加盖海事机构公章，及时发还被滞留的证件，但同时受到扣留证书行政处罚期限未到的，应在扣留期满后发还被扣留证书。

(六) 申请强制培训的时限顺延的情形

根据办法第十八条的规定，船员对行政处罚不服，按照有关规定申请行政复议或提起行政诉讼，在复议或诉讼期间船员申请强制培训的时限顺延。

(七) 船员无正当理由，逾期不参加强制培训、考试的处置

根据办法第十九条的规定，船员无正当理由，逾期不参加强制培训、考试的，海事机构应将证书寄送至原签发机关，船员需按照证书载明的航区、等级、职务参加晋升考试，合格后，方可领回被扣留的证书。

(八) 可视同违法记分满的情形

根据办法第二十条的规定，内河船员遗失证书或证书记分附页、海船船员遗失《船员服务簿》，海事机构可视为其违法记分已满15分，应在船员参加强制培训、考试合格后，方可按规定补发证书、证书记分附页或《船员服务簿》。

此规定是防止船员为掩盖其已被违法记分的事实，谎称遗失记分记录。

(九) 违法记分的变更和撤销

办法第十条规定：“船员对行政处罚不服，按照有关规定申请行政复议或提起诉讼，经依法裁决变更或撤销原处罚决定的，相应的记分分值也应予以变更或撤销。”

本条规定了违法记分随行政处罚决定的变更或撤销而变更或撤销，即在船员通过行政复议和行政诉讼这两种途径使行政处罚决定被依法变更或撤销的情形下，相应的记分分值也应予以变更或撤销。

第八节　中华人民共和国海船船员值班规则

为加强海船船员值班管理，防止船员疲劳操作，保障海上人命与财产安全，保护海洋环境，1997年10月20日原交通部颁布了《中华人民共和国海船船员值班规则》(原交通部令1997年第11号，本节简称本规则)，并于1998年1月1日起实施。本规则根据《中华人民共和国海上交通安全法》《中华人民共和国海洋环境保护法》等有关法律、法规的规定，以及国际海事组织《经1995年修订的1978年海员培训、发证和值班标准国际公约》和国际电信联盟《无线电规则》的要求制定。本规则的主要内容包括：总则，航次计划及值班安排，航行值班应遵守的原则，不同环境下的航行值班，轮机值班应遵守的原则，无线电值班应遵守的原则，港内值班，驾驶、轮机联系制度，船员健康适任要求以及附则。本规则在2010年STCW公约修正案生效后，将重新被修订颁布。

一、概述

(一) 适用范围

本规则对人的效力：在100总吨及以上中国籍海船上服务的组成值班的船员，但在军用船舶、渔业船舶、非营业的游艇、构造简单的木质船上服务的船员除外。

本规则的时间效力：1998年1月1日起实施。

另需注意的问题包括：

(1) 进入中华人民共和国内水、领海和管辖水域的外国籍船舶的船员值班，应符合中华人民共和国政府缔结或参加的有关国际公约的相应规定。

(2) 下列船舶不在本规则适用范围，但应参照本规则制定相应的船员值班程序和要求，在合理和可行的范围内符合本规则的要求，并充分考虑保护海洋环境和保证此类船舶以及同一海域中其他船舶的安全。

(i) 未满100总吨的海船；

(ii) 从事海洋科学研究、海洋工程的船舶和非自航移动式近海装置；

(iii) 政府公务船或政府拥有的用于非商业性目的的海船。

(二) 定义

(1) “海船”指航行于海上以及江海直达的一切类型的机动和非机动船只。

(2) “船长”指船员中负责指挥和管理船舶的人员。

(3) “驾驶员”是大副、二副、三副的统称。

(4) “轮机长”指主管船舶机械推进以及机械和电气装置的操作和维护的轮机部高级船员。

(5) “轮机员”是大管轮、二管轮、三管轮的统称。

(6) “无线电人员”指国际电信联盟的《无线电规则》和SOLAS公约规定的海上移动通信的值机人员。

(7)“高级船员”指参加值班的驾驶员、轮机员、无线电人员。

(8)“轮机值班”指一个人或组成值班的一组人履行其职责，包括一个高级船员亲临机舱或不亲临机舱履行其高级船员的职责。

(9)“GMDSS”指全球海上遇险和安全系统。

(10)“DSC”指 GMDSS 中的“数字选择性呼叫”。

二、航次计划及值班安排

(一) 航次计划

1. 一般要求

(1) 船长应根据航次任务及时通知各部门有关负责人做好各项开航准备工作。

(2) 对预定的航次，船长和驾驶员应在研究有关资料后事先做好航次计划。

(3) 大副、轮机长应在与船长协商后，预先确定并落实本航次所需各种燃物料、淡水以及备品的数量。

(4) 船长应检查各种船舶证书和船员证件是否齐全、有无逾期，检查运输单证及港口文件是否齐全，保证船舶处于适航状态。

2. 开航前计划航线的标绘

开航前，船长应充分并恰当地运用预定航线上所必需的、有效的以及最新改正的航海图书资料和其他航海出版物，计划好从出发港到下一停靠港的预定航线。

在考虑了所有有关信息而核实了航次计划后，开航前计划航线应清楚地标绘在有关海图上，并且在航行期间可供值班驾驶员随时使用。驾驶员在使用之前应认真核实每一个准备转向的航向。

3. 航次计划

制订航次计划应至少包括以下内容：

(1) 航线的总里程和预计航行的总时间。

(2) 预计航线上的气象情况和海况。

(3) 各转向点的经纬度。

(4) 各段航线的航程和预计到达各转向点的时间。

(5) 复杂航段的航法以及对航线附近的危险物的避险手段。

(6) 特殊航区的注意事项。

4. 航次计划的改变

如果在航行中决定改变计划航线中的下一停靠港，或者因其他原因船舶需要大幅度地偏离计划航线，船长应及早修正计划航线，并在海图上重新标示。

(二) 值班安排

船长必须确保值班的安排足以保证船舶安全。值班驾驶员在值班期间，特别在关系到避免碰撞和搁浅时，负责船舶的安全航行。参加值班的船员必须是符合主管机关规定的合格船员。每个值班船员都须明确自己的职责。

轮机长有责任与船长商量,确保轮机值班的安排足以保持安全值班。

三、航行值班应遵守的原则

(一) 值班驾驶员职责

负责航行的值班驾驶员是船长的代表,其首要职责是负责船舶的安全航行,必须时刻遵照《1972 年国际海上避碰规则》和安全航行规章进行操纵和避让。

(二) 瞭望

1. 瞭望的目的

(1) 利用视觉、听觉及所有其他可用的方法对当时环境和情况保持连续戒备的状态,并及早发现或察觉到它的变化。

(2) 充分估计到碰撞、搁浅和其他危害航行安全的局面和危险。

(3) 寻找遇难的船舶和飞机、船舶遇难人员、沉船残骸和其他危害航行安全的物体。

2. 瞭望的要求

(1) 遵照《1972 年国际海上避碰规则》第五条的规定随时保持正规有效的瞭望。为证明航行值班的构成足以保证能连续保持正规的瞭望,船长应考虑所有有关因素,包括本规则描述的因素及下列因素:

1) 能见度,天气和海况。

2) 航行所在区域的通航密度和所发生的其他活动。

3) 在分道通航区域内或附近水域时所必须注意的情况。

4) 由船舶特性、即时操纵要求和预期操纵所引起的额外工作量。

5) 任何一个指定为值班的船员适任值班的情况。

6) 掌握每一位高级船员和普通船员的职业适任能力及信心。

7) 每位值班驾驶员的经验及其对船舶设备、程序和操纵能力的熟悉程度。

8) 任何特定时刻船上发生的活动,包括无线电通信以及必要时召唤待命人员立即至驾驶台的有效性。

9) 驾驶台仪器和控制器,包括报警系统的工作状况。

10) 舵和推进器的控制以及船舶操纵特性。

11) 船舶尺度和指挥位置的视野。

12) 驾驶台的结构对值班人员利用视力和听力探测外部发生情况所造成的妨碍程度。

13) 国际海事组织及主管机关通过的任何其他涉及值班安排、适用于值班的标准程序和指南。

(2) 必须全神贯注地保持正规瞭望,不得从事或被分派给会影响瞭望的其他任务。在驾驶台和海图室分开的船上,为了履行其必要的职责,可以短时间进入海图室,但是必须事先确信这样做是安全的,并确保有效的瞭望仍维持着。

3. 舵工

瞭望人员和舵工的职责是分开的，舵工在操舵时不应当作是瞭望人员，除非具有四周无遮挡的视野并且没有夜视障碍或其他保持正规瞭望的妨碍。

4. 单人瞭望

日间，处于下列情况时，值班驾驶员可以单人瞭望：

(1) 对环境作了充分估计，确信这样做是安全的。

(2) 充分考虑了一切有关因素，但不限于天气情况、能见度、通航密度、邻近的航行危险物、在分道通航制内或附近水域航行时所必须注意的情况。

(3) 当环境的任何变化需要时，能立即召唤其他合适人员到驾驶台协助。

5. 夜间瞭望

在夜间航行应至少保持一名水手协助驾驶员值班。

(三) 值班安排

1. 值班人员构成

在确定包括合格的甲板部普通船员在内的驾驶台值班人员构成时，应特别考虑下列因素：

(1) 在任何时候，驾驶台不得无人值守。

(2) 天气情况、能见度、日间或夜间。

(3) 临近航行上的危险时，可能需要值班驾驶员执行额外的航行职责。

(4) 助航仪器，如雷达或无线电定位仪以及其他船舶安全航行设备的使用和操作状态。

(5) 船上是否装有自动操舵装置。

(6) 驾驶台是否配置认可的 GMDSS 无线电通信设备。

(7) 装备在驾驶台上的无人机舱控钮、警报和指示器的使用程序及限制。

(8) 由于特殊的操作环境可能导致对航行值班的特别要求。

2. 交接班

(1) 值班驾驶员职责。值班驾驶员如果有理由认为接班驾驶员不能有效地履行其职责，则不应向接班驾驶员交班，并应立即向船长报告。值班驾驶员应将所有与航行安全有关的指示和信息告知驾驶台的其他值班人员，以确保安全值班和正规瞭望。

(2) 接班驾驶员职责。接班驾驶员应确信本班人员完全能履行各自的职责，特别是夜视能力的适应性。接班驾驶员在其视力未完全调节到适应光线条件以前，不应接班。接班驾驶员在接班前，应对本船的推算船位或实际船位进行核实，并证实预定的航线、航向和航速的可靠性，还应注意在其值班期间预期可能会遇到的任何航行危险。

(3) 交、接班驾驶员应交接清楚下列情况：

1) 船长对船舶航行有关的常规命令和其他特别指示。

2) 船位、航向、航速和吃水。

3) 当时和预报的潮汐、海流、气象、能见度等因素及其对航向和航速的影响。

4) 在驾驶台控制主机时的主机操作程序和使用方法。

5) 航行环境，包括但不限于：正在使用或在值班期间有可能使用的所有航行和安全设备的工作状况；电罗经和磁罗经的误差；看到的或知道的附近船舶的位置及动态；在值班期间可能会遇到的情况和危险；由于船舶的横摇、纵摇、水的比重变化及船体下坐对富裕水深可能造成的影响。

需要注意的是，如果值班驾驶员在交班前正在进行船舶特殊操纵或其他避免危险的行动，接班驾驶员应在这种操作完成之后再接班。

（四）航行值班职责

1. 值班驾驶员职责

（1）在驾驶台保持值班，不得随意离开驾驶台。

（2）对船舶的安全航行负责，即使船长在驾驶台，直到明确船长已承担责任为止。

（3）对为了航行安全而采取的某种行动发生疑问时及时通知船长。

在下列情况下值班驾驶员应立即报告船长，船长接到报告后应尽快上驾驶台，必要时由船长直接指挥：

1）遇到或预料能见度不良时。

2）对通航条件或他船的动态产生疑虑时。

3）对保持航向感到困难时。

4）在预计的时间未能看到陆地、航标或测不到水深时。

5）意外地看到陆地、航标或水深突然发生变化时。

6）主机、推进装置遥控器、舵机或者任何主要的航行设备警报或指示仪发生故障时。

7）无线电设备发生故障时。

8）在恶劣天气中，怀疑可能有气象危害时。

9）遇到危及航行的任何情况，诸如冰或漂流船时。

10）发现遇难人员或船只以及他船求救时。

11）对船长指定的位置或时间以及其他紧急情况感到疑虑时。

尽管在上述情况中要求立即报告船长，但当情况需要时，值班驾驶员为了船舶的安全，应毫不犹豫地采取果断行动。

负责航行值班的驾驶员，不应被分派或担负任何妨碍船舶安全航行的职责。

2. 值班驾驶员操船能力要求

在任何时候均应使用安全航速，在需要时，值班驾驶员应毫不犹豫地使用舵、主机和音响信号装置，但情况允许时，应及时通知机舱主机变速的意图，或者按照适用的程序有效地使用装置在驾驶台的无人机舱主机控钮。

值班驾驶员必须充分掌握包括冲程在内的本船在任何吃水情况下的操纵特性，并应熟悉其他可能具有的不同操纵特性。

在使用自动舵时，值班驾驶员应考虑到及时使舵工就位并改为手动操舵的必要性，以应付随时可能出现的潜在危险。转换手动操舵或自动操舵必须由值班驾驶员亲自或在其监督之下进行。

3. 工作记录

值班时应做好与航行安全有关的动态和工作的正规记录。

4. 船舶设备

值班驾驶员应充分了解船上所有安全和航行设备的放置地点和操作方法，并应了解和考虑这些设备在操作上的局限性。

(1) 电子助航仪器。所有值班驾驶员应完全熟悉所装备的电子助航仪器的使用方法，包括其性能及局限性。在值班期间，应最有效地使用船上一切可用的助航仪器，以足够频繁的时间间隔对所驶的航向、船位和航速进行核对，以确保本船沿着计划航线行驶，并注意在适当的时候使用回声测深仪。

(2) 船舶设备的操作试验。只要可行和情况允许，船上的航行设备应经常在海上进行操作试验，尤其要在预料到将有影响航行安全的危险情况之前进行。这种试验还应在到港前和出港前进行，并应予以记录。

(3) 船舶设备的定期检查。值班驾驶员应对有关设备作定期检查，以确保：

1) 手动操舵或自动舵按船舶正确的航向行驶。

2) 有条件时每班应至少测定一次标准罗经的误差，可能的话，在有较大改变航向后也应测定；标准罗经和电罗经应经常进行核对；主罗经与复示仪应同步；如发现误差变化较大，应及时报告船长。

3) 每班至少试验一次自动舵的手动操作。

4) 航行灯和信号灯及其他航行设备正常工作。

5) 无线电设备应正常工作并按本规则第六章的要求进行值守。

6) 无人机舱控钮、警报和指示器工作正常。

(4) 所有值班驾驶员应能熟练地使用雷达，并应做到：

1) 当遇到或预料能见度不良，以及在船舶密度大的水域航行时，应使用雷达，但应注意其局限性。在任何时候使用雷达都必须遵守《国际海上避碰规则》中有关使用雷达的规定。

2) 应确保所使用的雷达量程以足够频繁的时间间隔进行转换，以便能及早地发现回波。应注意微弱的和反射力差的回波可能会被漏掉。

3) 每当使用雷达时，应选择合适的量程，仔细观察显示器，有效地作雷达运动图，并应确保在充裕的时间里完成雷达标绘和进行系统分析。

4) 天气良好时，只要有可能，值班驾驶员应进行雷达方面的操练。

5. 避碰要求

即使在良好天气航行，值班驾驶员仍应经常精确地测定所接近船舶的罗经方位和距离，以便及早判断有无碰撞的危险。必要时使用甚高频无线电话，与他船协调避让措施。并应特别注意，当接近大型船舶或拖带船队，或者在近距离接近他船时，有时尽管方位有明显的变化，但碰撞危险可能依然存在，值班驾驶员对此应按《国际海上避碰规则》及早采取积极的行动，随后还应检查此种避让行为是否取得预期的效果。

四、不同环境下的航行值班

(一) 能见度不良

当遇到或预料能见度不良时，值班驾驶员的首要职责是遵照《国际海上避碰规则》的相应条款，采取鸣放雾号、以安全航速行驶并使主机处于立即可操纵的准备状态等措施。此外，值班驾驶员还应该：

（1）通知船长。

（2）布置瞭望人员和舵工手动操舵。

（3）显示航行灯。

（4）开启和使用雷达。

（5）如可能，在能见度变坏前抢测陆标或天测船位。

（二）夜间航行

在夜间航行时，船长和值班驾驶员安排瞭望应充分考虑到驾驶台设备和可供使用的助航仪器的局限性、当时航区的环境和情况，以及所实施的程序和安全措施。

船长应将航行指示和注意事项或者其他重要布置明确记入“船长夜航命令簿”，值班驾驶员应遵照执行。

（三）沿岸和拥挤水域的航行

在沿岸和拥挤水域航行时，应使用船上适合于该地区并依照最近资料改正过的最大比例尺的海图。在确认没有碰撞危险的情况下，应勤测船位，环境许可时还应使用多种方法定位。值班驾驶员应确切地辨认沿岸陆标及所有有关的航行标志。

（四）引航员在船时的航行

船舶由引航员引航时并不解除船长管理和驾驶船舶的责任。船长和引航员应交换有关航行方法、当地情况和船舶性能等情况。船长和值班驾驶员应与引航员紧密合作，并随时核对船位和船舶动态。船长对引航员的错误操作应及时指出，必要时即行纠正。

船长在非危险航段暂离驾驶台时应告知引航员，并指定驾驶员负责。如值班驾驶员对引航员的行动或意图有所怀疑，应要求引航员予以澄清，如仍有怀疑，应立即报告船长，并可在船长未到达之前采取必要的行动。

五、轮机值班应遵守的原则

（一）值班轮机员

负责轮机值班的轮机员是轮机长的代表，在任何时候主要负责对影响船舶安全的机械设备进行安全有效的操作和保养，并根据需要负责值班责任范围内的一切机械设备的检查、操作和测试，确保在任何时候均能保证安全值班。

（二）值班安排

在任何时候，轮机值班的组成应确保影响船舶安全操作的所有机器的安全运转，不论是自动还是手动操作，都应适合当时的环境和条件。

在决定轮机值班人员组成时，可包括合适的普通船员，并对下列因素应予以特别考虑：

(1) 船舶类型、机器类型和状况。

(2) 对影响船舶安全运行的机器置于充分的监管之下。

(3) 由于情况的变化,如天气、冰区、污染水域、浅水水域、各种紧急情况、船损控制或消除污染而采用的特殊操作方式。

(4) 值班人员的资格和经验。

(5) 人命、船舶、货物和港口的安全及环境保护。

(6) 遵守有关国际公约、国家法规和当地规章。

(7) 保持船舶正常运行。

(三) 值班交接

值班轮机员如有理由认为接班轮机员不能有效地执行值班任务时,不应向接班轮机员交班,而应立即向轮机长报告。

接班轮机员应确信本班人员完全有能力完成各自的任务。接班轮机员应检查轮机日志,并与自己观察的情况核对一致时,方可接班。

轮机值班人员在接班之前,应对下列情况了解清楚:

(1) 轮机长关于船舶系统和机器运转的常规命令和特别指示。

(2) 所有机器及系统运行的工作状况和参与涉及人员以及潜在的危险。

(3) 污水舱、压载舱、污油舱、备用舱、淡水柜、粪便柜等使用状况和液面高度以及对其中贮存物的使用或处理的特殊要求。

(4) 燃油备用舱、沉淀柜、日用油柜和其他燃油贮存设备中的燃油液位高度和使用状况。

(5) 有关卫生系统处理的特殊要求。

(6) 各种主、辅机系统(包括配电系统)的操作方式和运行状况。

(7) 监控设备和手动操作设备的状况。

(8) 蒸汽锅炉运行以及有关的设备状况和操作方式。

(9) 由于恶劣天气、冰冻、被污染的水域或浅水引起的潜在不利条件。

(10) 由于设备故障或危及船舶安全的情况而采取的特殊操作方式和应急措施。

(11) 有关分派给机舱普通船员任务的情况。

(12) 消防设备的有效性。

(四) 轮机值班职责

(1) 值班轮机员应保证维持既定的正常值班安排。机舱值班的普通船员应协助值班轮机员使主、辅机安全和有效运行。

1) 检查机舱和舵机室。在轮机值班开始时,应当对当时所有的机器工作情况、工况参数加以验证、分析,并保持在正常范围值内。在值班期间,值班轮机员应定期巡回检查机舱和舵机室,以便及时发现机器的故障和损坏情况,并执行其他一切需要的任务。任何运转失常的、预料将发生故障或需要特殊处理的机器,连同已经采取的措施应作详细记录。如果需要,应为进一步的措施拟出计划。

2）迅速执行操纵命令。对于有人值守的机舱，值班轮机员应随时能立即操纵推进设备，以适应变向和变速的需要。对于定期无人值守机舱的值班轮机员，在机舱呼叫照料时，应立即到达机舱。驾驶台的所有命令应迅速执行，对主推进装置的变向和变速应作出记录。当人工操作时，值班轮机员应保证主推进装置的操纵台前不间断地有人值守，并处于准备和操作状态。当机舱处于备车状态时，值班轮机员应保证一切在操纵时可能用到的机器设备随时处于可用状态，并使电力有充足的储备，以满足舵机和其他需要。

(2) 尽管轮机长在机舱，值班轮机员仍应继续对机舱工作全权负责，直到轮机长明确已承担责任并经双方确认后为止。值班轮机员在值班期间不应再被分派或承担任何会妨碍其监管主推进系统及其辅助设备的其他任务，而应保证机器及设备处于经常监管之下，直到正式交班为止。值班轮机员应告知其他值班人员有关机器的潜在危险情况，以及危及人命和船舶安全的情况。值班轮机员应确保机舱在监管之下，一旦值班人员丧失值班能力，应安排替代人员。不能使机舱处于无人监管而无法手动操作和调节的失控状态。

(3) 轮机值班的所有成员都必须熟悉被指派的值班职责，此外，每个成员对其服务的船舶还应掌握：

1）恰当地使用内部通信系统的知识。

2）机舱逃生途径的知识。

3）机舱报警系统的知识，特别是关于辨别各种警报与二氧化碳警报的能力。

4）有关机舱灭火设备的数量、位置、性能和使用的知识。

5）船损堵漏工具的使用知识。

(4) 机器的保养和维护。对所有机器保养和维护所需要的物料和备件的供应应给予足够注意，包括机械、电气、电子、液压、空气系统及其控制装置和与此相关的安全设备，所有舱室生活系统设备以及物料和备品的使用记录。轮机长应保证将值班时拟进行的预防性保养、控制损害或修理工作等情况通知负责值班的高级船员。对于属于值班责任内拟处理的所有机器，负责轮机值班的高级船员应将其隔离、旁通和调整，并将已进行的全部工作记录下来。在进行一切预防性保养、损害控制或维修工作时，值班轮机员应与负责维修工作的轮机员合作，这些工作应包括但不局限于如下内容：

1）对要进行工作的机器加以隔离和旁通。

2）在维修期间，将其余的设备调节至充分和安全发挥功能的状态。

3）为了有利于接班人员的工作，在轮机日志或其他适当的文本上详细记录维修保养过的设备、参加人员和他们所采取的安全措施。

4）必要时将已修理过的机器和设备进行测试、调整，投入使用。

5）值班轮机员应确保在机舱从事维修工作的普通船员，在一旦自动设备失灵时，可协同对机器进行手动操作。

(5) 应急反应。值班轮机员应采取必要的措施，以应对由于设备损坏、失火、进水、破裂、碰撞、搁浅和其他原因所引起损害的影响。值班轮机员应记住，为使船舶和船员的安全免遭任何威胁，在船舶推进系统发生故障引起速度变化或停止运转、舵机瞬间失灵或失效、机舱发生火灾、电站发生故障或类似这种威胁安全的其他情况下，应立即通知驾驶台。这种通知如有可能，应在采取行动之前完成，以便驾驶室有最充分的时间采取一切可能的措施来避免可能发生的海难。在遇到下列情况，值班轮机员应立即通知轮机长：

1）当机器发生故障或损坏，可能危及船舶的安全运行时。

2）发生失常现象，经判断会引起推进机械、辅机、监视系统、调节系统的损坏或破坏时。

3）发生紧急情况或对于采取什么措施和决定无把握时。

除需要将上述情况报告轮机长以外，为了机器和船员的安全需要，值班轮机员可以立即毫不犹豫地采取措施。

(6) 工作记录。在下班前，值班轮机员应将值班中有关主、辅机发生的事情完整记录下来，并提醒接班人员注意。值班轮机员应将保证安全值班的一切适当指示和信息告知值班人员，日常的机器保养工作应纳入值班日常工作制度之内。详细的维修工作，包括全船的电气、机械、液压、气动或适用的电子设备的修理，应在轮机长和值班轮机员的监视下进行。这些修理应作记录。

(五) 不同环境下的轮机值班

值班轮机员应确保提供雾中声号用的持久的空气或蒸汽压力，并随时执行驾驶台的任何变速、变向的命令。此外，还应保证备妥用于操纵的一切辅助机械。

值班轮机员当接到船舶进入拥挤水域中航行的通知时，应确保所有涉及船舶操纵的机器能即刻置于手动操作模式。值班轮机员还应保证有足够的备用动力，以供舵和其他操作要求所用。应急操舵和其他辅助设备应准备好可立即使用。

六、无线电值班应遵守的原则

(一) 无线电人员

船公司、船长和无线电值班人员应当保证船舶在海上航行时保持足够的无线电安全值班；在遵守本规则的同时，还应符合无线电规则。在船长的领导下，船舶电台在持有相应适任证书的无线电人员管理下进行操作，遇险通信只能经船长批准后发送。

本规则适用于经修正的《1974 年国际海上人命安全公约》所规定的配备 GMDSS 的船舶无线电人员。

(二) 值班安排

在决定无线电值班时，船长应：

(1) 保证无线电值班是按照无线电规则和 SOLAS 公约有关规定进行的。

(2) 保证无线电值班的主要职责不会受到与船舶安全航行无关的无线电通信的严重影响。

(3) 考虑到船上所安装的无线电设备及其工作时间。

(三) 无线电值班职责

(1) 履行无线电值班的无线电人员应：

1）保证值班是保持在无线电规则和 SOLAS 公约所指定的频率上。

2）值班时，定时检查无线电设备的工作状态及其电源，并且在发现设备故障时及时报告船长。

3）凡水上安全管理机关有相应规定不能在港界内开启发信机，或者是在装卸和清洗易挥发性的易燃易爆货物时，根据船长或值班驾驶员的指示禁止开启和修理一切发信设备。

（2）在离港前，指定作为在遇险事件时负有无线电通信职责的无线电人员应确保：

1）所有遇险和安全无线电设备、备用电源均处于有效工作状态，并记入电台工作日志。

2）所有国际公约规定的文件、船舶航行通告和主管机关要求的附加文件均须备妥，并根据最新收到的资料进行修改，有不符之处报告船长。

3）报房时钟准确地设定到与无线电报时信号一致。

4）天线正确地架妥无损坏，并连接正确。

5）应准时接收船舶将要航行的区域、船长要求的其他区域的最新气象报告和航行警告，并将这些信息送交船长。

（3）在离港并启用电台时，无线电值班人员应：

1）保持在国际遇险频率上值守并接收有关的通信业务。

2）发送通报（船名、位置和目的港等）给有关的海岸电台和其他可能会进行通信的相应岸台。

3）根据船长指示，向船位报告系统发送报告。

（4）在电台值守时间内，无线电值班人员应：

1）用标准报时信号校对报房时钟，每天至少一次。

2）在进入或驶离可能经常与之通信的海岸电台的服务区域时发一通报。

（5）在海上时，指定为在遇险事件中负有无线电通信主要责任的无线电值班人员应保证下列设备工作正常：

1）每周至少一次用试验方法测试数字选择性呼叫（DSC）遇险和安全通信的无线电设备。

2）每天至少一次测试遇险和安全通信的无线电设备，但不发射任何信号。

这些试验的结果应记入无线电工作日志。指定进行一般通信业务的无线电值班人员，应考虑本船船位与那些可能要进行通信业务的海岸电台和海岸地球站的相互位置，保证做到在可能交换通信的频率上保持有效的值守。在交换通信信息时，无线电值班人员应遵守国际电信联盟的有关规定。

（6）当到达港口关闭电台时，无线电值班人员应报告给当地海岸电台和其他建立过联系的电台，并应：

1）确保天线接地。

2）检查备用电源安全足电。

（7）船舶遇险。遇险报警或遇险呼叫优先于其他一切通信。当电台收到遇险报警时，必须立即停止干扰遇险通信的任何发射。如本船遇险，指定为在遇险事件中负有无线电通信主要责任的无线电人员，应立即遵照无线电规则的程序承担起责任。当收到遇险报警时，无线电值班人员应立即报告船长，在遇险事件中负有无线电通信主要责任的无线电人员，应马上根据无线电规则的程序承担起责任。在发生遇险事件时，保持无线电记录是无线电人员的责任。下列事项连同其发生的时间应予记录：

1）遇险、紧急和安全的无线电通信摘要。

2）与遇险及救助有关的重要事件。

3）如果可能，每天一次船位。

4）无线电装置的状况，包括电源状况的摘要。

（8）工作记录。无线电值班人员应按照无线电规则及SOLAS公约有关无线电日志的要求作好记录。无线电工作日志必须存放在经常通信操作的地点，并应能使：

1）船长可以查阅。

2）主管机关的任何授权官员可以查阅。

七、港内值班

（一）港内值班应遵守的原则

正常情况下在港内系泊或锚泊的所有船上，为了安全，船长必须安排适当而有效的值班。对于具有特种形式的推进系统或辅助设备，以及对装载有危害的、危险的、有毒的、易燃的物品或其他特殊货物的船舶，还应按有关规定的特殊要求值班。

船长应根据系泊情况、船舶类型和值班特点，配备足够的且具有熟练操作能力能够保持相关设备安全有效运转的值班船员。为了有效地值班，还应安排好必要的设备。

1. 驾驶台值班

船舶在港内停泊期间的值班安排应始终：

（1）确保人命、船舶、货物、港口和环境的安全，确保所有与货物作业有关的机械的安全操作。

（2）遵守国际的、船旗国的及港口国的规定。

（3）保持船上秩序和日常工作。

停泊值班人员的组成，应包括一名值班驾驶员和至少一名水手。

2. 轮机部值班

各船的轮机长应与船长商量，保证轮机值班的安排适合于保持在港轮机的安全值班。在决定轮机值班人员的组成时，应予考虑下列各点：

（1）必须保持有一名轮机员负责值班。

（2）推进功率为750 kW及以上的船舶，必须安排至少一名机工协助值班轮机员值班。

（3）轮机员在负责值班期间，不应被分派或承担任何会妨碍其监管船上机械系统的其他任务。

3. 交接班

值班驾驶员或值班轮机员如有任何理由，认为接班的高级船员不能有效地履行其职责，则不应交班，并应报告船长或轮机长。接班高级船员应确保本班人员完全有能力并有效地履行他们的职责。

在交接班时若正在进行重要操作，除非船长或轮机长另有指令，该操作应由交班的高级船员完成。

(二) 锚泊中值班驾驶员的职责

锚泊时，船长可根据情况决定是值航行班还是值停泊安全班。

值班驾驶员在锚泊中应做到：

(1) 锚抛下时应立即测定船位，并在海图上标出锚位和回旋范围，对锚地的潮汐、流向、水深、底质、周围情况及当地气象，做到心中有数，并记入航海日志。

(2) 如情况许可，要经常利用固定航标或岸上容易辨认的物标，校核船舶是否保持在锚位上。

(3) 确保维护有效的瞭望，并注意：

1) 周围锚泊船的情况，尤其是位于上风(或上流)方向锚泊船的动态，以防他船走锚危及本船安全；

2) 来泊船的锚位是否与本船有足够的安全距离，如若过近，应设法通知对方，并报告船长；

3) 如过往船舶或邻近锚泊船起锚离泊时距本船过近，应严密注视其动态，若判断对本船有威胁时，应以各种信号警告对方。

(4) 以适当的时间间隔巡视全船，注意吃水、龙骨下富裕水深以及船舶的状态。

(5) 注意观测气象、潮汐和海况变化，注意锚位、锚链受力，船艏偏荡，特别在转流时，注意船身回转及周围船舶动向，必要时采取紧急措施，防止因本船或他船走锚酿成危险或事故。

(6) 不论本船或他船走锚，或者过往船舶距离过近而出现危险局面时，应果断地采取一切有效措施，以避免或减少损失，并立即通知船长。

(7) 在急流区锚泊或遇大风浪天气，除执行船长指示外，还应勤测锚位，定时巡视甲板，检查锚链和制链器是否正常，并应认真督促值班水手每小时检查锚链、锚链制和锚设备一次。

(8) 督促值班水手按时升降旗及锚球，开关锚灯、甲板照明，按规定显示或悬挂相应的号灯号型，鸣放相应的声号。

(9) 遇能见度不良时，必须认真执行《国际海上避碰规则》的有关规定，加强瞭望，鸣放雾号，开亮锚灯和各层甲板的照明灯，并通知船长。

(10) 锚泊中发生碰撞时，应将对方的动态和碰撞时间，以及本船所采取的措施和受损情况等详细记录在航海日志上，并画出示意图。

(11) 锚泊中进行装卸作业，除应执行靠泊值班中有关装卸业务方面的职责外，尚应注意旁靠船、驳的系缆、碰垫和绳梯以及其他各种安全措施。

(12) 根据锚地情况及水上安全管理机关的规定，用甚高频无线电话在规定的频道上按时守听。

(13) 严格遵守防污染规定，采取有效措施，防止船舶对水域环境造成污染。

（三）靠泊中值班驾驶员的职责

值班驾驶员在靠泊中应做到：

（1）掌握全船人员动态，经常巡查船的四周、装卸现场及工作场所，关心从事高空、舷外及封闭舱室内工作的人员安全，督促值班人员坚持岗位，保持部门间联系畅通。

（2）督促值班水手按时升降国旗、开关灯，显示或悬挂有关号灯号型；经常检查舷梯、锚链、跳板及安全网，及时调整系泊缆绳，特别是在有较大潮差的泊位上，应加强巡查，必要时，应采取措施以确保系泊设备处于安全工作状态。

（3）注意吃水、龙骨下的富裕水深和船舶的一般状态。

（4）根据各船舶种类特点，按大副积载计划的要求，负责船港联系和协作，监督装卸操作安全和质量，掌握装卸进度，解决装卸中发生的问题，制止违章作业，注意天气变化及海况，及时开关舱；装卸一级危险品、重大件、贵重货时到现场监督指导。

（5）注意及时收听天气预报，当收到恶劣气象警报时，采取必要的措施以保护船舶、人员和货物的安全。

（6）按船长或大副的指示或者情况需要，通知机舱注入、排出或调整压舱水，并注意船体平衡。注意检查污水沟、压载舱及淡水舱的测量记录。监收加装淡水和物料，加油船来时通知机舱并注意防火安全。

（7）严格遵守有关安全及防火规定，遇火警、人落水或船进水时，应即发警报；船长、大副不在船时，要负责指挥在船人员全力抢救，以避免船舶、货物和船上人员受到损失，必要时请求水上安全管理机关或附近船只给予援助。

（8）掌握船舶稳性情况，以便在失火时能向港口消防部门提供可喷洒在船上的水的大致数量，并不至危及本船。

（9）船上进行明火作业及修理工作时，要严格按规定报批，并注意查看和采取必要的预防措施。

（10）采取各种有效预防措施，严禁在系泊区域内排放污油水、垃圾及杂物，防止本船对周围环境的污染。

（11）注意过往船舶，当有他船系靠本船或前后泊位时，应在现场守望，并采取相应安全措施，一旦发生事故，应立即记下该船船名、国籍、船籍港及事故经过，并向船长报告。

（12）对遇难船舶和人员提供援助。

（13）主机试车前，应确认推进器附近无障碍物，不至碍及他船，不至损坏舷梯、跳板、缆绳、装卸属具及港口设施等方可进行，并注意查看和采取必要的预防措施。

（14）靠泊期间船舶的工作事项须记入航海日志。

（四）轮机值班

（1）当船舶在开敞的港外锚地或其他任何实际上是“在海上”的情况下，值班轮机员应保证：

1）保持有效的值班。

2）定时检查所有正在运转和处于准备状态的机器。

3）按驾驶台命令使主、辅机保持准备状态。

4）遵守适用的防污染规则，采取措施，防止污染海洋环境。

5）所有损害控制和消防系统处于备用状态。

（2）在港内值班轮机员应特别注意：

1）遵守其在值班范围内的一切命令，防范有关危险情况的特殊操作程序和规定。

2）仪表和控制系统，对运行中的所有机械设备及系统的监测。

3）为防止违反水上安全监督机关有关防污染规定所必须采取的技术、方法和处理程序。

4）污水沟的情况。

（3）值班轮机员应：

1）出现紧急情况而需要时，拉响警报并采取一切可能的措施避免船舶及其货物和船上人员遭受损害。

2）了解驾驶员对装卸货物时所需设备的要求，以及对压载和船舶稳性控制系统的附加要求。

3）经常巡查、分析可能发生的设备故障或损坏情况，并立即采取补救措施以确保船舶装卸货、港口及其周围环境的安全。

4）保证在其职责范围内采取必要的预防措施，以避免船上各种电气、电子、液压、气动以及机械系统发生事故或损坏。

5）将影响船上机械运转、调节或修理的所有重要事项，完整地记录下来。

（五）甲板值班的交接班

交班和接班的驾驶员都应在交接前巡视检查全船和周围，认真做好交接工作。

（1）交班驾驶员应告知接班驾驶员下列事项：

1）航海日志和停泊值班记录簿所记载的有关内容、公司指示和船长命令，有关人员来船联系及对外联系事项。

2）气象、潮汐、泊位水深、船舶吃水、系缆情况、锚位和所出锚链的情况、转流时船舶回转等安全注意事项，主机状态和应急使用的可能性，以及与船舶安全有关的其他情况。

3）船上应完成的所有工作，积载计划，大副的要求，装卸进度，开工舱口及工班数，货物的分隔衬垫，装卸质量，装卸属具情况，危险品和重大件及应采取的预防和应急措施，贵重货，水手监舱情况及与港方联系事项。

4）污水沟、压舱水、淡水的水位情况及加装燃油、淡水情况。

5）消防设备的情况。

6）港口及本船悬挂的信号、显示的号灯号型和鸣放的声号，港口特殊规定，当发生紧急情况或需要援助时船方与港方的联系方法。

7）全船人员的动态情况。

8）厂修、自修、检修工作的项目、质量、进度和采取的安全措施。

9）旁靠船、驳情况，周围锚泊船的动态，发生事故的经过、原因、责任和取得的签证文件。

10）有关船舶、船员、货物的安全和防止水域污染的其他重要情况，以及由于船舶行为造成环境污染时向水上安全管理机关报告的程序。

（2）接班驾驶员在负责甲板值班之前应核实：

1）系泊缆绳或锚链状况是恰当的。

2）了解正在装卸的有害或危险货物的性质，并知道万一发生溢漏或失火时应采取的相应措施。

3）本船悬挂的信号、显示的号灯号型以及鸣放的声号是合适的。

4）各项安全措施和防火规定都在严格遵守之中。

5）外界的条件或环境没有危及本船，本船也不危及其他船舶。

（3）交接中或交接后对交接事项有怀疑，应及时请示大副或船长。

（六）轮机值班的交接班

（1）在交接班前，值班轮机员应向接班轮机员告知以下事项：

1）当日的常规命令，有关船舶操作、保养工作、船舶机械或控制设备修理的特殊命令。

2）所有机械和系统进行修理工作的性质、涉及的人员以及潜在的危险。

3）使用中的舱底污水或残渣柜、压载水舱、污油舱、粪便柜、备用柜的液位高度和状态以及对其中贮存物的使用或处理的特殊要求。

4）有关卫生系统处理的特殊要求。

5）移动式或固定式灭火设备以及烟火探测系统的状况和备用情况。

6）获准从事机器修理的人员，其工作地点和修理项目，以及其他获准上船的人员和需要的船员。

7）有关船舶排出物，消防要求，特别是在恶劣天气将来临时船舶的准备工作等方面的港口规定。

8）船上与岸上人员可使用的通信线路，包括万一发生紧急事件或要求援助时与水上安全监督机关的通信线路。

9）其他有关船舶、船员、货物的安全以及防止环境污染等重要情况。

10）由于轮机部造成环境污染时，向水上安全监督机关报告的程序。

（2）接班轮机员在承担值班任务前，应确认上述事项已被告知，同时还应：

1）熟悉现有的和可能有的电热、水源及其分配情况。

2）了解船上的燃油、润滑油及一切淡水供给的可用程度和情况。

3）尽可能地将船舶及机器准备妥，以便在需要时备车或应付紧急状况。

（七）运载危险货物船上的停泊值班

每艘运载危险货物的船舶，不论货物是易爆的、易燃的、有毒的、危害健康的或污染环境的，其船长都应确保维持安全值班。对于运载散装危险货物的船舶，即使船舶安全地在系泊或锚泊，甲板部和轮机部也应各由至少一名高级船员和若干名普通船员组成安全值班。

每艘运载非散装危险品的船舶的船长，应充分注意到这些危险品的性质、数量、包装和积载以及船上、水上和岸上的所有特殊情况。

八、驾驶、轮机联系制度

(一) 开航前

船长应提前 24 h 将预计开航时间通知轮机长,如停港不足 24 h,应在抵港后立即将预计离港时间通知轮机长;轮机长应向船长报告主要机电设备情况、燃油和炉水存量;如开航时间变更,须及时更正。

开航前 1 h,值班驾驶员应会同值班轮机员核对船钟、车钟、试舵等,并分别将情况记入航海日志、轮机日志及车钟记录簿内。

主机试车前,值班轮机员应征得值班驾驶员同意。待主机备妥后,机舱应通知驾驶台。

(二) 航行中

每班下班前,值班轮机员应将主机平均转数和海水温度告知值班驾驶员,值班驾驶员应回告本班平均航速和风向风力,双方分别记入航海日志和轮机日志;每天中午,驾驶台和机舱校对时钟并互换正午报告。

船舶进出港口,通过狭水道、浅滩、危险水域或抛锚等需备车航行时,驾驶台应提前通知机舱准备。如遇雾或暴雨等突发情况,值班轮机员接到通知后应尽快备妥主机。判断将有风暴来临时,船长应及时通知轮机长作好各种准备。如因等引航员、候潮、等泊等原因须短时间抛锚时,值班驾驶员应将情况及时通知值班轮机员。

因机械故障不能执行航行命令时,轮机长应组织抢修并通知驾驶台速报船长,并将故障发生和排除时间及情况记入航海日志和轮机日志。停车应先征得船长同意,但若情况危急,不立即停车就会威胁主机或人身安全时,轮机长可立即停车并通知驾驶台。轮机部如调换发电机、并车或暂时停电,应事先通知驾驶台。在应变情况下,值班轮机员应立即执行驾驶台发出的信号,及时提供所要求的水、气、汽、电等。

船长和轮机长共同商定的主机各种车速,除非另有指示,值班驾驶员和值班轮机员都应严格执行。

船舶在到港前,应对主机进行停、倒车试验,当无人值守的机舱因情况需要改为有人值守时,驾驶台应及时通知轮机员。抵港前,轮机长应将本船存油情况告知船长。

(三) 停泊中

抵港后,船长应告知轮机长本船的预计动态,以便安排工作,动态如有变化应及时联系;机舱若需检修影响动车的设备,轮机长应事先将工作内容和所需时间报告船长,取得同意后方可进行。

值班驾驶员应将装卸货情况随时通知值班轮机员,以保证安全供电。在装卸重大件或特种危险品或使用重吊之前,大副应通知轮机长派人检查起货机,必要时还应派人值守。如因装卸作业造成船舶过度倾斜,影响机舱正常工作时,轮机长应通知大副或值班驾驶员采取有效措施予以纠正。

对船舶压载的调整，以及可能涉及海洋污染的任何操作，驾驶和轮机部门应建立起有效的联系制度，包括书面通知和相应的记录。

每次添装燃油前，轮机长应将本船的存油情况和计划添装的油舱以及各舱添装数量告知大副，以便计算稳性、水尺和调整吃水差。

九、船员健康适任要求

每一艘海船，不得以低于主管机关颁发的船舶最低安全配员证书中所列数目和级别的数额配备船员。

各船应将值班安排表张贴在易见之处。船上应做好船员工作小时和休息时间的记录，以备主管机关检查，以保证有关工作小时和休息时间的规定得以执行。这种检查每六个月进行一次。船长在安排船员值班时，应充分考虑女性船员的生理特点和国家的有关规定。

船长应采取有效措施防止疲劳操作。所有参加值班的船员在 24 h 内必须有至少 10 h 的休息时间。休息时间可以分开，但不超过两段时间，其中一段时间至少要有 6 h。10 h 最短休息时间可以减少到不少于 6 h，条件是这种降低不得超过每周 2 天，同时，每周提供的休息时间不得少于 70 h。但是，在紧急、操演及特殊情况时，可以不保持本规则对休息时间的要求。

一定时间内的平均工作小时最长每天不应超过 12 h。工作小时的一般规定可以不计必需的日常工作，如就餐替人或正常交接班所需的额外时间。

严禁船员酗酒，值班人员在值班前四小时内禁止喝酒，且值班期间血液中的酒精含量不得超过 0.08%。严禁船员服用可能导致不能安全值班的药物。严禁船员有吸毒和贩毒行为。

第九节　中华人民共和国船舶安全检查规则

随着我国航运业的高速发展，海事监管的外部环境和方式都发生巨大变化，《中华人民共和国船舶安全检查规则》(1997 规则)已不能充分适应新形势下海事监管的新情况和新要求。自 2006 年起，根据《中华人民共和国海上交通安全法》《中华人民共和国海洋环境保护法》《中华人民共和国内河交通安全管理条例》等法律、行政法规和我国缔结、加入的有关国际公约，国家海事局着手对该规则进行修订。经过 40 余稿的反复修订，最终形成新版《中华人民共和国船舶安全检查规则》(本节简称本规则)，于 2009 年 10 月 29 日经第 10 次交通运输部部务会议通过，自 2010 年 3 月 1 日起施行。

一、概述

(一) 适用范围

本规则适用于对中国籍船舶以及航行、停泊、作业于我国港口(包括海上系泊点)、内水和领海的外国籍船舶实施的安全检查活动。

本规则不适用于军事船舶、公安船舶、渔业船舶和体育运动船艇。

本规则所称“船舶安全检查”，是指海事管理机构按照本规则规定的程序，对船舶技术状况、船员配备及适任状况等进行监督检查，以督促船舶、船员、船舶所有人、经营人、管理人以及船舶检验机构、发证机构、认可组织等有效执行我国法律、行政法规、规章，船舶法定检验技术规范，以及我国缔结、加入的有关国际公约的规定。

（二）特点与意义

本规则中体现了系统设计原则、现实性与前瞻性相结合的原则、高效原则、便民原则、监管与服务相结合的原则。相比“1997 规则”，本规则在五个方面的变化很明显：一是指明了船舶安全检查行为的定义，澄清了船舶安全检查行为的目的和性质；二是明确了本规则的调整范围，即主管机关对船舶实施的安全检查活动，而非特定船舶；三是丰富了安全检查的内容，满足当前国际公约和国内法提出的具体要求并具有一定的前瞻性；四是完善了源头管理所对应的现场核查机制，有力提升源头管理效果；五是引进了船舶信誉管理机制，促进现场执法力量的高效配置。

本规则的实施将使船舶安全检查更加有利于促进社会经济和航运生产力的发展；更加有利于规范船舶安全检查行为，提高海事监管能力，发挥海事监管的综合效能；更加有利于服务行政相对人，体现有效监管、优质服务。

（三）主管机关

中华人民共和国海事局统一管理全国的船舶安全检查工作。

其他各级海事管理机构按照职责开展船舶安全检查工作。

二、船舶安全检查的职责范围与内容

本规则第二条规定：本规则所称“船舶安全检查”，是指海事管理机构按照本规则规定的程序，对船舶技术状况、船员配备及适任状况等进行监督检查，以督促船舶、船员、船舶所有人、经营人、管理人以及船舶检验机构、发证机构、认可组织等有效执行我国法律、行政法规、规章，船舶法定检验技术规范，以及我国缔结、加入的有关国际公约的规定。

该条明确规定了安检员不仅有对船舶进行安全检查的职责，而且还增加了对船舶检验机构、发证机构、认可组织等的监督职责，即船舶检验机构、发证机构、认可组织在对船公司、船舶管理出现失误或错误时，安检员有权利进行监督，并通知其纠正。

本规则第八条第（六）至第（九）项将“船舶保安相关内容”“……中国籍船员所持有适任证书所对应的适任能力”“船员人身安全、卫生健康条件”“船舶安全与防污染管理体系的运行有效性”纳入船舶安全检查的内容，因此扩大了检查范围。

三、选船机制

本规则第九条规定：“海事管理机构应当根据中华人民共和国海事局制定的选船标准以

及国际公约、区域性合作组织的规定，结合辖区实际情况，按照公平对等、便利公开、重点突出的原则，合理选择船舶实施安全检查。

经海事管理机构检查的中国籍船舶或者经《亚太地区港口国监督谅解备忘录》成员当局检查的外国籍船舶，自检查完毕之日起六个月内不再进行检查，但下列船舶除外：

（一）客船、油船、液化气船、散装化学品船；

（二）发生水上交通事故或者污染事故的船舶；

（三）被举报低于安全、防污染、保安、劳工条件等要求的船舶；

（四）新发现存在若干缺陷的船舶；

（五）依选船标准核算具有较高安全风险指数的船舶；

（六）中华人民共和国海事局指定检查的船舶。”

四、检查程序

本规则明确规定了检查程序。其中第十条规定：“检查人员实施船舶安全检查，在登轮后应当向船方出示有效证件，表明来意。先进行初步检查，对船舶进行巡视，核查船舶证书、文书和船员证书。

有下列情形之一的，检查人员应当对船舶实施详细检查，并告知船方进行详细检查的原因：

（一）巡视或者核查过程中发现在安全、防污染、保安、劳工条件等方面明显存在缺陷或者隐患的；

（二）被举报低于安全、防污染、保安、劳工条件等要求的；

（三）两年内未经海事管理机构详细检查的；

（四）中华人民共和国海事局要求进行详细检查的。”

五、缺陷处理

除开航前纠正缺陷、在开航后限定的期限内纠正缺陷、滞留外，本规则第十二条增加了“（四）禁止船舶进港；（五）限制船舶操作；（六）责令船舶驶向指定区域；（七）驱逐船舶出港”等缺陷处理意见。增加缺陷处理意见后，使现场安检员对缺陷处理更灵活，易于操作。

海事管理机构采取本规则第十二条第（三）、（四）、（七）项所列处理措施之一的，对于中国籍船舶应当通报船籍港海事管理机构；对于外国籍船舶应当通过中华人民共和国海事局通报其船旗国政府、国际海事组织；导致滞留的缺陷如与船舶检验机构、发证机构或者认可组织有关的，还应当通报相关的船舶检验机构、发证机构或者认可组织。接到通报的船舶检验机构、发证机构或者认可组织应当核实和调查有关缺陷情况，采取相应的措施，并将相关情况及时反馈给发出通知的海事管理机构；船舶以及相关人员应当按照海事管理机构签发的《船旗国监督检查记录簿》或者《港口国监督检查报告》的要求，对存在的缺陷进行纠正。

本规则第十七条特地增加了中国籍船长对缺陷纠正的监控职责，即“中国籍船舶的船长或者履行船长职责的船员应当对缺陷纠正情况进行检查，并在航行日志中进行记录”，这一规定，进一步强化了安全责任的主体——船舶。

六、复查

“1997 规则”中规定对所有的缺陷船舶纠正后必须向海事管理机构申请复查，而本规则第十八条规定：“船舶在纠正导致海事管理机构采取本规则第十二条第（三）、（四）、（五）、（七）项所列处理措施之一的缺陷后，应当向海事管理机构申请复查。对其他缺陷纠正后，船舶可自愿申请复查。”即除滞留、禁止船舶进港、限制船舶操作和驱逐船舶出港等四项缺陷必须强制申请复查外，对其他缺陷纠正后，船舶可以自愿申请复查。

海事管理机构接到自愿复查申请，决定不予复查的，应当及时通知申请人。

海事管理机构可以根据需要对缺陷纠正情况进行跟踪检查。对已经纠正的缺陷，经复查或者跟踪检查合格后，检查人员应当在船舶安全检查报告中签名并加盖船舶安全检查复查合格章，海事管理机构应当及时解除相应的处理措施。

七、陈述、申辩和信息公开

本规则第三条规定“船舶安全检查应遵循依法、公正、诚信、便民的原则”；第十三条规定“船舶有权对海事管理机构实施船舶安全检查时提出的缺陷以及处理意见当场进行陈述和申辩，海事管理机构应当充分听取船方意见”；第二十三条规定“海事管理机构应当建立健全船舶安全检查信息公开制度，并接受社会公众和有关方面的咨询和监督”。这些规定将海事管理人员与行政管理相对人置于平等地位。

八、报告义务

本规则第二十条规定“从事国际航行的中国籍船舶所有人、经营人或者管理人应当按照中华人民共和国海事局的规定，定期将船舶在境外接受检查和处罚的情况向船籍港海事管理机构报告。对连续二年不能返回国内港口接受船旗国监督检查的船舶，经中华人民共和国海事局授权，船籍港海事管理机构可以到船舶所在地港口对船舶实施船旗国监督检查”；第二十一条规定“船舶除按缺陷处理意见纠正存在的缺陷外，中国籍船舶在境外发生水上交通事故或者污染事故的，或者在境外被滞留、禁止进港（入境）、驱逐出港（境）的，船舶所有人、经营人或者管理人应当在船舶到达国内第一个港口前，将船舶在境外接受检查和处罚的情况向船籍港海事管理机构报告。对发生第一款规定情形的船舶，中华人民共和国海事局可以根据事故或者缺陷的性质以及客观条件，指定有关船舶检验机构对其实施境外临时检验”；第二十四条规定“船舶安全检查不免除船舶、船员及相关方在船舶安全、防污染和保安等方面应当履行的法定责任和义务”。这些规定进一步强调了船舶公司和船员在安全和防污染方面的主体责任。

九、《船旗国监督检查记录簿》和《港口国监督检查报告》

实施船旗国监督检查和港口国监督检查结束后，检查人员分别签发《船旗国监督检查记录簿》和《港口国监督检查报告》。检查人员应当在《船旗国监督检查记录簿》或者《港口国监督检查报告》中标明缺陷及处理意见，签名并加盖船舶安全检查专用章。对于缺陷处理意见为滞留的，检查人员应当在《船旗国监督检查记录簿》或者《港口国监督检查报告》中注明理由。

《船旗国监督检查记录簿》应当连续使用，保持完整，不得缺页、擅自涂改或者故意毁损。《港口国监督检查报告》以及使用完毕的《船旗国监督检查记录簿》应当妥善保管，至少在船上保存二年；除海事管理机构外，任何单位、人员不得扣留、收缴《船旗国监督检查记录簿》或者《港口国监督检查报告》，也不得在《船旗国监督检查记录簿》或者《港口国监督检查报告》上签注。

第十节　中华人民共和国防治船舶污染海洋环境管理条例

1983 年 12 月 29 日国务院颁布了《中华人民共和国防止船舶污染海域管理条例》(本节简称 1983 年条例)。该条例实施 20 余年，随着国内航运事业的飞速发展，海上船舶运输及有关作业活动明显增加，其间国际海事组织出台了一系列加强防止船舶污染海洋环境的国际公约，全国人大常委会也根据我国保护海洋环境的实际需要修改了 1983 年出台的《中华人民共和国海洋环境保护法》，因此国务院相应地开展了对 1983 年条例的修订工作。2009 年 9 月 2 日国务院第 79 次常委会审议并以国务院 561 号令通过了《中华人民共和国防治船舶污染海洋环境管理条例》(本节简称条例)，于 2010 年 3 月 1 日正式实施。

一、概述

总则部分共有 9 条，包括条例的立法目的、立法依据、适用范围、基本原则、实施主体和职责、应急能力建设规划、应急反应机制、应急预案、监测监视机制以及报告、举报等规定。

(一) 立法目的和立法依据

条例的立法目的是防治船舶及其有关作业活动污染海洋环境，条例的立法依据是《中华人民共和国海洋环境保护法》。

(二) 条例的适用对象

法规的适用对象，是指法规对什么样的人或组织有效。条例的适用对象是船舶以及与船舶及其有关作业活动相关联的任何组织和个人。

与船舶及其有关作业活动相关联的任何组织和个人主要包括：政府及其有关部门、海事管理机构、船舶所有人、经营人、管理人、港口经营人、污染物接收单位、污染清除单位等从事船舶有关作业活动的单位，以及船员、船舶载运污染危害性货物的货主、申报人员、装卸人员、污染清除人员等从事船舶有关作业活动的人员，还包括任何发现船舶及其有关作业活动造成或者可能造成海洋环境污染的单位和个人。

（三）条例适用的空间范围

条例适用的空间范围为中华人民共和国管辖海域。

对于中华人民共和国管辖海域的界定，应当与条例的上位法《中华人民共和国海洋环境保护法》保持一致。根据《中华人民共和国海洋环境保护法》第二条的规定，条例所称中华人民共和国管辖海域，包括中华人民共和国内水、领海、毗连区、专属经济区、大陆架以及中华人民共和国管辖的其他海域。同时，在中华人民共和国管辖海域以外，造成中华人民共和国管辖海域污染的，也适用条例。这符合《中华人民共和国海洋环境保护法》第二条第三款的规定：在中华人民共和国管辖海域以外，造成中华人民共和国管辖海域污染的，也适用本法。

（四）防治船舶及其有关作业活动污染海洋环境基本原则

防治船舶及其有关作业活动污染海洋环境的基本原则为“预防为主、防治结合”。

（五）防治船舶及其有关作业活动污染海洋环境监督管理实施主体及其职责

条例第四条明确了国务院交通运输主管部门是船舶防治污染工作的主管部门，海事管理机构是船舶防治污染工作的具体监管部门。

（六）船舶污染隐患或者船舶污染事故报告义务

条例第九条规定了对船舶污染隐患或者船舶污染事故报告的义务。对此，《中华人民共和国海洋环境保护法》第四条也规定：“一切单位和个人都有保护海洋环境的义务，并有权对污染损害海洋环境的单位和个人，以及海洋环境监督管理人员的违法失职行为进行监督和检举。”这就要求海洋环境的国家监督管理与群众参与结合起来，使依法保护环境与人民群众的自觉维护相结合。海洋环境保护不仅仅是政府及其相关部门的重要任务，而且也是企业、事业单位、社会团体和每个公民应尽的义务，是一项全民事业。因此，条例第九条规定任何单位和个人发现船舶及其有关作业活动造成或者可能造成海洋环境污染的，应当立即向就近的海事管理机构报告或者举报。该条规定包含以下几方面含义：第一，“任何单位和个人”既包括中国的单位和个人，也包括外国的单位和个人；第二，应当“报告或者举报”的情况，不仅包括船舶及其有关作业活动已经造成海洋环境污染的情况，还包括虽尚未造成海洋环境污染但可能造成海洋环境污染的情况；第三，为便于相关部门作出快速反应，应当立即以最快的方式向就近的海事管理机构报告或者举报；第四，对于报告或者举报的方式和途径没有限制，可以是口头的，也可以是书面的，包括现有海上应急通信方式如(甚)高频、固定电话、移动电话、传真、VTS 以及 2000 年 1 月 3 日启用的我国水上搜救专用电话号码

"12395"等。

(七) 其他规定

条例第五至第八条还分别对国家和地方防治船舶及其有关作业活动污染海洋环境应急能力建设规划,国家和地方政府制定防治船舶及其有关作业活动污染海洋环境应急反应机制和应急预案,船舶及其有关作业活动污染海洋环境的监测、监视,建立国家和地方专业应急队伍和应急设备库等进行了规定。这主要是对国家相关政府机关的要求,在此不加赘述。

二、防治船舶及其有关作业活动污染海洋环境的一般规定

(一) 关于船舶构造、设备、器材,以及防治船舶污染海洋环境证书、文书的规定

条例第十条规定:船舶的结构、设备、器材应当符合国家有关防治船舶污染海洋环境的技术规范以及中华人民共和国缔结或者参加的国际条约的要求。

船舶应当按照法律、行政法规、国务院交通运输主管部门的规定以及中华人民共和国缔结或者参加的国际条约的要求,取得并随船携带相应的防治船舶污染海洋环境的证书、文书。

"船舶的结构"即船舶构造,主要包括船体结构、舱室布置、船舶管系等;"设备"是指安装在船舶上,以保证船舶正常运转的各种设施和系统,主要是指与防污染相关的设备,包括船舶动力系统以及油水分离器、焚烧炉、生活污水处理装置、船舶垃圾及压载水、臭氧消耗物质处理设施等辅助机械;"器材"是指船舶配备的防治船舶造成海洋环境污染的专用物资和材料。

证书和文书是指船舶所必备的,用以证明船舶性能、技术状况和营运符合安全与防治污染要求的各种文件的总称(见表 3-4 和表 3-5)。船舶证书有法定证书与入级证书之分,本条所称证书仅指船舶法定证书,是船舶通过法定检验的证明文件。船舶法定证书由海事管理机构或者经海事管理机构授权的船舶检验机构签发。由于船舶的种类、吨位及航行区域的不同,不同的船舶所应取得的证书是不同的。船舶文书是指国际条约、国内法律行政法规、规章规定的船舶必须持有的各类报告、手册、资料、说明书、记录等证明文件,属于法定文书,其中《船上油污应急计划》《船舶垃圾管理计划》《程序和布置手册》等文书需要经过海事管理机构的审核批准。

表 3-4 中国籍国际航行船舶主要防污染证书、文书

序号	证书、文书名称	依 据	签发机关	适用船舶
1	《船公司符合证明》副本(DOC)	《国际船舶安全营运和防止污染管理规则》(ISM 规则)	海事管理机构	500 总吨以上所有船舶
2	《船舶安全管理证书》(SMC)	《国际船舶安全营运和防止污染管理规则》(ISM 规则)	海事管理机构	500 总吨以上所有船舶

续 表

序号	证书、文书名称	依　据	签发机关	适用船舶
3	《国际防止油污证书》(IOPP 证书)	《经 1978 年议定书修订的 1973 年国际防止船舶造成污染公约》(《73/78 防污公约》)附则Ⅰ	船级社	150 总吨以上的油船及 400 总吨及以上的非油船
4	《国际防止生活污水污染证书》	《经 1978 年议定书修订的 1973 年国际防止船舶造成污染公约》(《73/78 防污公约》)附则Ⅳ	船级社	400 总吨及以上的新船和 400 总吨以下但经核定许可载运 10 人以上的新船以及该附则生效之日 5 年后上述所有船舶
5	《国际防止空气污染证书》(IAPP 证书)	《经 1978 年议定书修订的 1973 年国际防止船舶造成污染公约》(《73/78 防污公约》)附则Ⅲ	船级社	400 总吨及以上船舶
6	《油污损害民事责任保险或其他财务保证证书》(CLC 证书)	《1992 年国际油污损害民事责任公约》	海事管理机构	载运 2 000 t 以上作为货物的散装持久性油类的船舶
7	《国际防止散装运输有毒液体物质污染证书》(NLS 证书)	《经 1978 年议定书修订的 1973 年国际防止船舶造成污染公约》(《73/78 防污公约》)附则Ⅱ	船级社	散装运输有毒液体物质船舶
8	《国际散装运输化学品适装证书》(COF 证书)	《国际散装运输危险化学品船舶构造和设备规则》(IBC 规则)	船级社	1986 年 7 月 1 日及以后建造的散装运输危险化学品或有毒液体物质船舶
9	《散装运输化学品适装证书》	《散装运输危险化学品船舶构造和设备规则》(BCH 规则)	船级社	1986 年 7 月 1 日前建造的散装运输危险化学品或有毒液体物质船舶
10	《国际散装运输液化气体适装证书》	《国际散装运输液化气体船舶构造和设备规则》(IGC 规则)	船级社	1986 年 7 月 1 日及以后建造的，从事散装运输温度在 37. 8℃，蒸汽绝对压力超过0. 28 MPa的液化气体及其他同类的运输船舶
11	《散装运输液化气体适装证书》	《散装运输液化气体船舶构造和设备规则》(GC 规则)	船级社	1986 年 7 月 1 日以前建造的，从事散装运输温度在 37. 8℃，蒸汽绝对压力超过 0. 28 MPa 的液化气体及其他同类的运输船舶

续 表

序号	证书、文书名称	依　据	签发机关	适用船舶
12	《油类记录簿》(机器处所)	《经 1978 年议定书修订的 1973 年国际防止船舶造成污染公约》(《73/78 防污公约》)附则Ⅰ	海事管理机构	150 总吨以上的油船及 400 总吨及以上的非油船
13	《油类记录簿》(货油、压载的作业)	《经 1978 年议定书修订的 1973 年国际防止船舶造成污染公约》(《73/78 防污公约》)附则Ⅰ	海事管理机构	150 总吨以上的油船
14	《货物记录簿》	《经 1978 年议定书修订的 1973 年国际防止船舶造成污染公约》(《73/78 防污公约》)附则Ⅱ	海事管理机构	散装运输有毒液体物质船舶
15	《垃圾记录簿》	《经 1978 年议定书修订的 1973 年国际防止船舶造成污染公约》(《73/78 防污公约》)附则Ⅰ	海事管理机构	400 总吨及以上的船舶和核准载运 15 人及以上的船舶
16	《船上油污应急计划》	《经 1978 年议定书修订的 1973 年国际防止船舶造成污染公约》(《73/78 防污公约》)附则Ⅰ	海事管理机构	150 总吨以上的油船及 400 总吨及以上的非油船
17	《船上海洋污染应急计划》	《经 1978 年议定书修订的 1973 年国际防止船舶造成污染公约》(《73/78 防污公约》)附则Ⅰ和附则Ⅱ	海事管理机构	同时适用《73/78 防污公约》附则Ⅰ第 37 条和附则Ⅱ第 17 条的船舶
18	《船上有毒液体物质海洋污染应急计划》	《经 1978 年议定书修订的 1973 年国际防止船舶造成污染公约》(《73/78 防污公约》)附则Ⅱ	海事管理机构	150 总吨及以上散装运输有毒液体物质船舶
19	《船舶垃圾管理计划》	《经 1978 年议定书修订的 1973 年国际防止船舶造成污染公约》(《73/78 防污公约》)附则Ⅰ	海事管理机构	400 总吨及以上的船舶和核准载运 15 人及以上的船舶
20	《程序和布置手册》	《经 1978 年议定书修订的 1973 年国际防止船舶造成污染公约》(《73/78 防污公约》)附则Ⅱ	海事管理机构	指定载运 X,Y,Z 类物质的散装运输有毒液体物质船舶
21	《国际燃油污染损害民事责任证书》	《2001 年国际燃油污染损害民事责任公约》	海事管理机构	1 000 总吨及以上的载运非油类物质的船舶

表 3-5 中国籍国内沿海航行船舶主要防污染证书、文书

序号	证书、文书名称	签发机关	适用船舶
1	《船公司符合证明》副本(DOC)	海事管理机构	500 总吨以上所有船舶
2	《船舶安全管理证书》(SMC)	海事管理机构	500 总吨以上所有船舶
3	《海上船舶防止油污证书》	船舶检验机构	所有船舶
4	《海上船舶防止生活污水污染证书》	船舶检验机构	20 m 及以上船舶
5	《海上船舶防止散装运输有毒液体物质污染证书》	船舶检验机构	20 m 及以上散装运输有毒液体物质船舶
6	《海上船舶散装运输化学品适装证书》	船舶检验机构	散装运输化学品的各类船舶
7	《海上船舶散装运输液化气体适装证书》	船舶检验机构	散装运输液化气体的各类船舶
8	《海上船舶危险品适装证书》	船舶检验机构	20 m 及以上运输包装类有害物质的船舶
9	《油类记录簿》(机器处所)	海事管理机构	150 总吨以上的油船及 400 总吨及以上的非油船
10	《油类记录簿》(货油、压载的作业)	海事管理机构	150 总吨以上的油船
11	《货物记录簿》	海事管理机构	散装运输有毒液体物质船舶
12	《垃圾记录簿》	海事管理机构	400 总吨及以上的船舶和核准载运 15 人及以上的船舶
13	《船上油污应急计划》	海事管理机构	150 总吨以上的油船及 400 总吨及以上的非油船
14	《船上海洋污染应急计划》	海事管理机构	同时适用《73/78 防污公约》附则 I 第 37 条和附则 II 第 17 条的船舶
15	《船上有毒液体物质海洋污染应急计划》	海事管理机构	150 总吨及以上散装运输有毒液体物质船舶
16	《船舶垃圾管理计划》	海事管理机构	400 总吨及以上的船舶和核准载运 15 人及以上的船舶
17	《程序和布置手册》	海事管理机构	指定载运 X,Y,Z 类物质的散装运输有毒液体物质船舶
18	船舶油污损害民事责任保险证书或者财务保证证书	海事管理机构	除 1 000 总吨以下载运非油类物质的船舶之外的所有船舶
19	《油污损害民事责任保险或其他财务保证证书》(CLC 证书)	海事管理机构	载运 2 000 t 以上作为货物的散装持久性油类的船舶

（二）船舶所有人、经营人或者管理人建立健全安全营运和防治船舶污染管理体系的规定

条例第十一条规定：中国籍船舶的所有人、经营人或者管理人应当按照国务院交通运输主管部门的规定，建立健全安全营运和防治船舶污染管理体系。

海事管理机构应当对安全营运和防治船舶污染管理体系进行审核，审核合格的，发给符合证明和相应的船舶安全管理证书。

本条是条例新设立的一项制度，主要目的是为了加强对航运公司和船舶的安全与防污染管理，是结合《国际船舶安全营运和防止污染管理规则》（ISM 规则）在我国的推广实施而作出的具体规定。

（三）港口、码头、装卸站和从事船舶修造的单位相关要求的规定

条例第十二条规定：港口、码头、装卸站和从事船舶修造的单位应当配备与其装卸货物种类和吞吐能力或者修造船舶能力相适应的污染监视设施和污染物接收设施，并使设施处于良好状态。

第十三条规定：港口、码头、装卸站以及从事船舶修造、打捞、拆解等有关作业活动的单位应当制定有关安全营运和防治污染的管理制度，按照国家有关防治船舶及其有关作业活动污染海洋环境的规范和标准，配备相应的防治污染设备和器材，通过海事管理机构的专项验收。

港口、码头、装卸站以及从事船舶修造、打捞、拆解等作业活动的单位，应当定期检查、维护配备的防治污染设备和器材，确保防治污染设备和器材符合防治船舶及其有关作业活动污染海洋环境的要求。

（四）制定防治船舶及其有关作业活动污染海洋环境应急预案的规定

条例第十四条规定：船舶所有人、经营人或者管理人以及有关作业单位应当制定防治船舶及其有关作业活动污染海洋环境的应急预案，并报海事管理机构批准。

港口、码头、装卸站的经营人应当制定防治船舶及其有关作业活动污染海洋环境的应急预案，并报海事管理机构备案。

船舶、港口、码头、装卸站以及其他有关作业单位应当按照应急预案，定期组织演练，并做好相应记录。

三、船舶污染物的排放和接收

对于污染物的排放，国际海事组织先后通过了 MARPOL 73/78 公约及其六个附则，并正在抓紧制定《控制和管理船舶压载水和沉积物国际公约》技术导则，对船舶污染物（船舶含油污水、含有毒物质污水、船舶垃圾、生活污水、废气、压载水）的排放实施控制，这对加强海洋环境保护起到了极为重要的作用。

(一) 对船舶污染物排放要求的规定

条例第十五条规定：船舶在中华人民共和国管辖海域向海洋排放的船舶垃圾、生活污水、含油污水、含有毒物质污水、废气等污染物以及压载水，应当符合法律、行政法规、中华人民共和国缔结或者参加的国际条约以及相关标准的要求。

船舶应当将不符合前款规定的排放要求的污染物排入港口接收设施或者由船舶污染物接收单位接收。

船舶不得向依法划定的海洋自然保护区、海滨风景名胜区、重要渔业水域以及其他需要特别保护的海域排放船舶污染物。

本条第一款是关于船舶污染物排放应当符合相关要求的规定。根据本款规定，在中华人民共和国管辖海域内的任何国籍、任何类型的船舶及船舶所从事的任何作业与活动，均不得违反法律、行政法规、中华人民共和国缔结或者参加的国际条约以及相关标准的要求排放船舶垃圾、生活污水、含油污水、含有毒物质污水、废气、压载水等可能造成海洋环境污染的物质。本款所称"船舶垃圾"系指产生于船舶正常营运期间并需要持续或定期处理的各种食品、生活和作业废弃物(不包括鲜鱼及其各部分)；"生活污水"系指任何厕所和小便池的排出物和其他废弃物，医务室(药房、病房等)的洗手池、洗澡盆和这些处所排水孔的排出物，装有活动物的处所的排出物，或混有上述定义排出物的其他废水；"含油污水"系指含有包括原油、燃油、油泥、油渣和炼制品在内的任何形式石油成分的污水，如残油、机舱舱底水、货舱洗舱水、含油压载水等；"含有毒物质污水"系指含有《国际散装化学品规则》第 17 或第 18 条污染类一栏中所指明的或经临时评定列为 X，Y，Z 或 OS 类物质的货舱洗舱水或者压载水；"废气"系指船舶正常营运过程中产生的氮氧化物、硫氧化物、挥发性有机化合物以及臭氧消耗物质等；"压载水" 系指为控制船舶横倾、纵倾、吃水、稳性或应力而加装到船上的水及悬浮物质。本条中"法律、行政法规、中华人民共和国缔结或者参加的国际公约以及相关标准"主要包括《中华人民共和国环境保护法》《中华人民共和国环境噪声污染防治法》《中华人民共和国海洋环境保护法》、条例、《船舶污染物排放标准》(GB 3552—1983)、《船舶污染物接收和清舱作业单位接收处理能力要求》(JT/T 673—2006)、《经 1978 年议定书修订的 1973 年国际防止船舶造成污染公约》以及交通运输部和海事管理机构颁布的规章和文件等。依照上述法律、行政法规、相关标准以及我国缔结或者参加的国际公约的规定，我国管辖海域内的船舶污染物排放标准如下：

(1) 对于船舶排放含油污水的规定。船舶在距最近陆地 12 n mile 以外的海域航行时，可将机器处所产生的油类和含油混合物通过滤油设备向舷外排放，排出物含油量不得超过 15×10^{-6}。油船航行于距最近陆地 50 n mile 以外的海域且排油监控系统正在运转时，可将货油区域污油水舱内的油类或者含油混合物排入海中，但油量瞬间排放率不得超过 30 L/n mile。对于 1979 年 12 月 31 日及以前交船的油船，其排入海中的总油量不得超过这项残油所属的该种货油总量的 1/15 000；对于 1979 年 12 月 31 日以后交船的油船，其排入海中的总油量不得超过这项残油所属的该种货油总量的 1/30 000。

(2) 对于船舶排放含有毒液体物质污水的规定。船舶在距最近陆地 12 n mile 以外且水深不少于 25 m 处海域航行，以及自航船航速不小于 7 kn，非自航船航速不小于 4 kn 时，方可将所载的X,Y,Z,OS类有毒液体物质的残余物或者含有此类物质的压载水、洗舱水或者其他含有此类物质的混合物在水线以下通过水线以下排出口排放,排出速度不得超过排出口的最大设计速率。排放时,应当按照海事管理机构批准的《程序和布置手册》载明的程序进行。

(3) 对于船舶排放垃圾的规定。船舶在距最近陆地12 n mile以外时可以将食品废弃物排放入海;船舶在距最近陆地3 n mile以外时可以将业经粉碎或者磨碎且直径不大于25 mm的食品废弃物排放入海。船舶不得将一切塑料制品或其他垃圾排放入海。如果垃圾与具有不同处理或者排放要求的其他排放物混在一起时,则应适用其中较为严格的要求。

(4) 对于船舶排放生活污水的规定。船舶在距最近陆地3 n mile以外海域以不低于4 kn的航速航行时,可使用污水粉碎和消毒系统排放业经粉碎和消毒的生活污水,排出物在其周围的水中不应产生可见的漂浮固体,也不应使周围的水变色。船舶在距最近陆地12 n mile以外海域以不低于4 kn的航速航行时,可排放未经粉碎或者消毒的生活污水。船舶不得将集污舱中储存的生活污水即刻排光。

本条第二款所称"不符合前款规定"是指船舶及其所从事的任何作业活动产生的船舶垃圾、生活污水、含油污水、含有毒有害物质污水、废气等污染物以及压载水,无法符合法律、行政法规、中华人民共和国缔结或者参加的国际条约以及相关标准的要求向海洋排放时的情形。在此种情形下,一方面为了防止发生船舶非法排放的现象,保障海洋环境,另一方面为了防止发生因船舶污染物储存舱过满而影响航行安全的现象,确保船舶的正常营运,本款规定上述污染物应当交由港口接收设施或者船舶污染物接收单位强制接收。

本条第三款是对船舶污染物的禁排规定。根据《海洋自然保护区管理办法》的规定,海洋自然保护区是指以海洋自然环境和资源保护为目的,依法把包括保护对象在内的一定面积的海岸、河口、岛屿、湿地或海域划分出来,进行特殊保护和管理的区域。海洋自然保护区分国家级和地方级两种:国家级海洋自然保护区的范围和界线由国务院批准、划定并公布;地方级海洋自然保护区的范围和界线则由沿海省、自治区、直辖市人民政府批准、划定并公布。根据国务院批准的《海洋特别保护区管理工作方案》的规定,海洋特别保护区是指根据区域的地理条件、生态环境、生物与非生物资源的特殊性,以及海洋开发利用对区域的特殊需要,而划出的海洋区域;进而根据该区域的特殊性,采取特殊的保护措施和特殊的开发方式,以保证科学、合理、持续地利用该区域的各种海洋资源,发挥海洋资源、环境和空间的最佳综合效益。海洋特别保护区的宗旨是:在积极推进海洋资源、环境和空间开发的同时,维持海洋自然景观和资源再生产能力,维护海区的良性生态平衡不被破坏并能得到改善。海洋特别保护区与海洋自然保护区的建设目的和管理方式均不相同。海洋特别保护区不是单纯保护某一种资源或维护自然生态系统的原始性或现有状态,而是提供科学依据,对所有资源积极地采取综合保护措施,协调各开发利用单位之间及其与某一资源或多项资源的关系,以保证最佳的开发利用秩序和效果。与海洋特别保护区相比,海洋自然保护区是为保护某些原始性、存留性和珍稀性的海洋生态环境对象而设定的区域,侧重于保护对象的原始性、珍稀性和自然性,保护的是其原始自然状态,基本不涉及资源开发和社会发展。有些涉海行业主管部门为了保护单一的海洋资源或产业对象,也会按照国际公约或国内法律法规的规定设立一些其他需要特别保护的海域,如渔业资源保护区、海滨风景名胜区等。在上述海域内船舶不得排放任何污染物,包括船舶在装卸、运输、运行过程中加注、产生、储存和排出的任何可能对环境造成污染损害的物质，包括本条第一款所明确的污染物以及船舶噪声、防腐涂料等。依法设立需要特别保护海域的，应当同时设置船舶污染物接收设施和应急设备器材，并应当就船舶污染物接收设施和应急设备器材的设置要求征求海事管理机构的意见。

(二) 船舶记载污染物处置情况以及保留记录时间的规定

条例第十六条规定：船舶处置污染物，应当在相应的记录簿内如实记录。

船舶应当将使用完毕的船舶垃圾记录簿在船舶上保留 2 年；将使用完毕的含油污水、含有毒有害物质污水记录簿在船舶上保留 3 年。

船舶处置污染物的行为包括船舶污染物的收集、储存、转驳、排放(包括达标排放、紧急排放、接收排放等任何形式的排放)等任何涉及污染物操作的行为。根据本条规定，船舶应当按照有关国内法律法规和中华人民共和国缔结或者参加的国际条约的规定，持有用于记载船舶污染物处置作业的文书、记录簿。如船舶吨位在 150 总吨及以上的油船和 400 总吨及以上的非油船应当将含油污水的处置情况记载于《油类记录簿》中；船舶吨位在 150 总吨及以上的载运散装有毒液体物质的船舶应当将含有有毒有害物质污水的处置情况记载于《货物记录簿》中；而船舶吨位在 400 总吨及以上或者载客 15 人及以上的船舶应当将船舶垃圾的处置情况记载于《垃圾记录簿》中。对于国际公约或国内法律法规没有明确要求配备相应船舶污染物处置记录簿的，如船舶吨位在 150 总吨以下的油船、400 总吨以下的非油船、150 总吨以下的载运散装有毒液体物质的船舶、载客 15 人以下的船舶等，应当将船舶处置污染物的行为记载于作业当日的航海日志或轮机日志中。

船舶在污染物处置结束后，应当按照记录簿的记录要求当场将处置情况如实记载于相应的记录簿中，包括污染物处置起始和结束的船位和时间、污染物处置的方式、污染物处置的种类和数量等情况，并签名确认。船舶如实、及时记载污染物处置情况，一方面是对船舶所有人自身的保护，防止因漏记、误记而产生非法排放污染物的嫌疑；另一方面也可方便主管机关对船舶污染物处置情况实施检查。

按照《经 1978 年议定书修订的 1973 年国际防止船舶造成污染公约》的要求，记载船舶垃圾收集、储存、处置情况的船舶《垃圾记录簿》应在最后一次记录完成后在船上保存 2 年，记载船舶含油污水、含有毒有害物质污水收集、储存、处置情况的《油类记录簿》《货物记录簿》应在最后一次记录完成后在船上保存 3 年。条例的规定与公约的要求完全一致。

(三) 对船舶污染物接收单位从事船舶污染物接收作业进行许可的规定

条例第十七条规定：船舶污染物接收单位从事船舶垃圾、残油、含油污水、含有毒有害物质污水接收作业，应当依法经海事管理机构批准。

《中华人民共和国海洋环境保护法》第七十条虽然规定了接收作业的许可，但是对申请人没有明确，条例在此基础上，将申请人明确为船舶污染物接收单位。同时根据本条的规定，污染物接收作业的许可范围仅包括船舶垃圾、残油、含油污水、含有毒有害物质污水等四类船舶污染物，而不是所有的船舶污染物。

另外，“海事管理机构依法批准”主要包括两个方面：一是批准的条件要符合规定，条例的配套规章《中华人民共和国船舶及其有关作业活动污染海洋环境防治管理规定》对这些许可条件予以了进一步明确；二是批准的程序要符合规定。

（四）船舶污染物接收作业结束后对污染物接收情况进行确认的规定

条例第十八条规定：船舶污染物接收单位接收船舶污染物，应当向船舶出具污染物接收单证，并由船长签字确认。

船舶凭污染物接收单证向海事管理机构办理污染物接收证明，并将污染物接收证明保存在相应的记录簿中。

本条第一款规定船舶污染物接收单位在污染物接收作业完毕后，应当向船舶出具污染物接收单证，单证上应注明作业单位名称、接收作业的开始和结束时间、地点、污染物种类、数量、经办人姓名、联系方式等内容，并加盖作业单位公章。船长应在污染物接收单证上签字，以表示对该作业予以确认。船舶污染物接收证明的用途包括以下几方面：一是用于核对船舶污染物的处置量和产生量是否相符，以判断船舶是否存在污染物去向不明的现象；二是用于证明船舶污染物接收作业是否经海事管理机构批准；三是用于证明船舶确实已将污染物交由经海事管理机构备案的具备接收处理能力的船舶污染物接收作业单位接收处理。

本条第二款规定了对船舶污染物接收作业予以行政确认的要求。船舶在污染物接收作业完成后，应当在相应的记录簿中如实记载，并携带记录簿原件、复印件以及污染物接收单证到作业地所在海事管理机构办理污染物接收证明。污染物接收证明是用于确认污染物接收作业真实性的行政确认文书。海事管理机构在受理办证材料后，一方面应当对船舶自上一次污染物处置作业结束之日起所产生的污染物进行核算，并与本次污染物处置量进行核对，以检查该船是否存在污染物去向不明的现象；另一方面应当对从事船舶污染物接收作业的单位是否具备资质、污染物接收作业是否经海事管理机构审批同意等进行核实。如发现船舶污染物存在去向不明现象的，则应当开展调查，一经查实，按照规定予以处罚。船舶应将船舶污染物接收证明保存在相应的记录簿中，如船舶垃圾接收证明应当保存于船舶《垃圾记录簿》中，船舶残油、含油污水接收证明应当保存于船舶《油类记录簿》中，含有毒有害物质污水接收证明应当保存于船舶《货物记录簿》中，以备各地海事管理机构检查。

（五）船舶污染物接收单位处置所接收污染物的规定

条例第十九条规定：船舶污染物接收单位应当按照国家有关污染物处理的规定处理接收的船舶污染物，并按月将船舶污染物的接收和处理情况报海事管理机构备案。

本条中船舶污染物接收单位应每月将船舶污染物的接收处理情况报海事管理机构备案，内容包括船舶污染物接收单位名称、每次污染物接收作业的时间、地点、被接收船舶名称、污染物种类、数量、处理去向等。

四、船舶有关作业活动的污染防治

（一）防治船舶有关作业活动造成污染的原则性规定

条例第二十条规定：从事船舶清舱、洗舱、油料供受、装卸、过驳、修造、打捞、拆解，污染危害性货物装箱、充罐，污染清除作业以及利用船舶进行水上水下施工等作业活动的，应当遵守相关操作规程，并采取必要的安全和防治污染的措施。

从事前款规定的作业活动的人员，应当具备相关安全和防治污染的专业知识和技能。

本条第一款采用列举的方法明确了需要加强污染防治管理的船舶有关作业活动的范畴，并明确了从事这些作业活动的原则性要求。第一款中"相关操作规程"是指主管机关、行业或企业制定的操作要求、指南或程序。相关作业活动采用特定的设备、特殊的程序，经过长期的实际操作，成为业界认可的通用做法，并得到行业的认可或承认，可以视为"相关操作规程"，如规范油船和油码头油类作业的《国际油船和油码头安全指南》、原交通部颁布的《船舶污染物接收和清舱作业单位接收处理能力要求》(JT/T 673—2006)以及《海运危险货物集装箱装箱安全技术要求》(JT 672—2006)中规定的操作规程等。

(二) 船舶载运污染危害性货物适载和装载的规定

条例第二十一条规定：船舶不符合污染危害性货物适载要求的，不得载运污染危害性货物，码头、装卸站不得为其进行装载作业。

污染危害性货物的名录由国家海事管理机构公布。

本条第一款中的"符合污染危害性货物适载要求"主要是指载运具有污染危害性货物的船舶，其结构和设备应能够防止或者减轻所载货物对海洋环境造成的污染。考虑到船舶的结构和设备均须通过海事管理机构或其认可的船舶检验机构的检验，并取得有效的技术证书和适装证书，船舶是否符合污染危害性货物适载要求，可以通过船舶是否持有相应的技术证书和所载的污染危害性货物是否在适装证书或者其他类似证书中列明来作出判断。

本条第二款中的"污染危害性货物的名录"于 2011 年 3 月 9 日由中华人民共和国海事局对外公布，可在海事管理机构的网站下载和查询。

(三) 载运污染危害性货物船舶进出港口、过境和装卸作业的规定

条例第二十二条规定：载运污染危害性货物进出港口的船舶，其承运人、货物所有人或者代理人，应当向海事管理机构提出申请。经批准方可进出港口、过境停留或者进行装卸作业。

(四) 对载运污染危害性货物船舶装卸作业的码头、装卸站的规定

条例第二十三条规定：载运污染危害性货物的船舶，应当在海事管理机构公布的具有相应安全装卸和污染物处理能力的码头、装卸站进行装卸作业。

(五) 关于污染危害性货物的单证、包装、标志、数量限制的规定及对污染危害性不明货物进行危害性评估的规定

条例第二十四条规定：货物所有人或者代理人交付船舶载运污染危害性货物，应当确保货物的包装与标志等符合有关安全和防治污染的规定，并在运输单证上准确注明货物的技术名称、编号、类别(性质)、数量、注意事项和应急措施等内容。

货物所有人或者代理人交付船舶载运污染危害性不明的货物，应当由国家海事管理机构认定的评估机构进行危害性评估，明确货物的危害性质以及有关安全和防治污染要求，方可交付船舶载运。

（六）对船舶载运污染危害性货物的开箱查验规定

条例第二十五条规定：海事管理机构认为交付船舶载运的污染危害性货物应当申报而未申报，或者申报的内容不符合实际情况的，可以按照国务院交通运输主管部门的规定采取开箱等方式查验。

海事管理机构查验污染危害性货物，货物所有人或者代理人应当到场，并负责搬移货物，开拆和重封货物的包装。海事管理机构认为必要的，可以进行查验、复验或者提取货样，有关单位和个人应当配合。

本条中"应当申报而未申报"一般指船舶载运污染危害性货物（包括污染危害性不明的货物）应当申报，但在装货港确定舱位之后或在卸货港、过境港抵达港口之后未向海事管理机关申报的行为。"申报的内容不符合实际情况"主要是指货物的技术名称、编号、类别（性质）、数量、注意事项和应急措施等内容与实际不符。

（七）对船舶申请进行散装液体污染危害性货物过驳作业许可的规定

条例第二十六条规定：进行散装液体污染危害性货物过驳作业的船舶，其承运人、货物所有人或者代理人应当向海事管理机构提出申请，告知作业地点，并附送过驳作业方案、作业程序、防治污染措施等材料。

海事管理机构应当自受理申请之日起 2 个工作日内作出许可或者不予许可的决定。2 个工作日内无法作出决定的，经海事管理机构负责人批准，可以延长 5 个工作日。

海上散装液体污染危害性货物过驳作业往往容易发生事故，给海洋环境带来很大的威胁，而且一旦发生此类事故，往往是灾难性的，因此需要对散装液体污染危害性货物过驳作业进行更为严格的管理。本条中"散装液体污染危害性货物"主要指散装油品、散装化学品、液化气等散装液态且具有污染危害性质的货物。

（八）对船舶供受油作业单位和船舶油料供受作业的规定

条例第二十七条规定：依法获得船舶油料供受作业资质的单位，应当向海事管理机构备案。海事管理机构应当对船舶油料供受作业进行监督检查，发现不符合安全和防治污染要求的，应当予以制止。

本条主要是对供受油作业单位的规定，在此不加赘述。

（九）船舶燃料供受双方有关供受单证、燃油样品保存的有关规定

条例第二十八条规定：船舶燃油供给单位应当如实填写燃油供受单证，并向船舶提供船舶燃油供受单证和燃油样品。

船舶和船舶燃油供给单位应当将燃油供受单证保存 3 年，并将燃油样品妥善保存 1 年。

本条根据《经 1978 年议定书修订的 1973 年国际防止船舶造成污染公约》附则Ⅵ的要求

制定，旨在通过对燃油质量的控制，达到防止船舶污染大气的目的。根据第一款规定，船舶燃油供给单位应当如实填写燃油供受单证，燃油供受单证应载明接受燃油供应船舶的名称和IMO编号、加油港口、供应日期时间、船用燃油供应商的名称和联系方式、产品名称、数量以及硫含量等信息。燃料供受单证正本交由船方保存，副本由供应单位留存。燃油样品应经双方确认，并存放在专用取样瓶中，贴好燃油供受双方签字的封条。

本条第二款是关于燃油供受单证和燃油样品保存时间的规定。燃油供受单证和燃油样品保存的目的：一是为了帮助船舶所有人、经营人、燃油供应商以及海事管理机构履行《经1978年议定书修订的1973年国际防止船舶造成污染公约》附则Ⅵ的要求，对燃油质量进行控制；二是为了在一旦发生因疑似燃油质量原因而导致的海损事故时，可作为证据供事故调查机构使用；三是为了一旦发生燃油污染海洋环境的事故，可以便于事故的调查处理。燃油供受单证应保存在船上容易取到的地方以供随时检查，并应在燃油供应上船之后保存3年；供应商保存燃油供受单证的副本至少3年，以供海事管理机构检查和核实。燃油样品在船舶上要妥善保存1年。

（十）关于确定船舶水上拆解、修造地点及对船舶拆解作业污染防治的规定

条例第二十九条规定：船舶修造、水上拆解的地点应当符合环境功能区划和海洋功能区划，并由海事管理机构征求当地环境保护主管部门和海洋主管部门意见后确定并公布。

条例第三十条规定：从事船舶拆解的单位在船舶拆解作业前，应当对船舶上的残余物和废弃物进行处置，将油舱（柜）中的存油驳出，进行船舶清舱、洗舱、测爆等工作，并经海事管理机构检查合格，方可进行船舶拆解作业。

从事船舶拆解的单位应当及时清理船舶拆解现场，并按照国家有关规定处理船舶拆解产生的污染物。

禁止采取冲滩方式进行船舶拆解作业。

（十一）对利用船舶转移危险废物和倾倒废弃物的规定

1. 转移危险废物

条例第三十一条规定：禁止船舶经过中华人民共和国内水、领海转移危险废物。

经过中华人民共和国管辖的其他海域转移危险废物的，必须事先取得国务院环境保护主管部门的书面同意，并按照海事管理机构指定的航线航行，定时报告船舶所处的位置。

本条第一款是关于禁止转移危险废物涉及海域的规定。“中华人民共和国内水”是指中华人民共和国领海基线向陆一侧的所有海域。“中华人民共和国领海”是指邻接中华人民共和国陆地领土和内水，并处于中华人民共和国主权下的一定宽度的海域。中华人民共和国内水和领海是中华人民共和国领土的组成部分。“危险废物”是指列入国家危险废物名录或者根据国家规定的危险废物鉴别标准和鉴别方法认定的具有危险特性的废物。对于转移危险废物，本条规定“禁止经中华人民共和国内水、领海转移危险废物”与《中华人民共和国固体废物污染环境防治法》第五十八条规定“禁止经中华人民共和国过境转移危险废物”是一致的。

第二款是关于可以转移危险废物涉及海域的规定。"中华人民共和国管辖的其他海域"是指除中华人民共和国内水、领海以外，由中华人民共和国管辖的专属经济区等海域。"国务院环境保护主管部门"是指环境保护部。转移危险废物的船舶取得环境保护部书面同意后，向海事管理部门出示书面证明，并提交船舶资料。船舶要按海事部门指定航线航行，并遵守船舶报告制，定时报告船舶所处的位置，装有船舶自动识别系统（AIS）的还应启动系统保证海事机构随时可获得船舶动态。

2. 倾倒废弃物

条例第三十二条规定：使用船舶向海洋倾倒废弃物的，应当向驶出港所在地的海事管理机构提交海洋主管部门的批准文件，经核实方可办理船舶出港签证。

船舶在倾倒废弃物时，必须如实记录倾倒情况。返港后，应当向驶出港所在地的海事管理机构提交书面报告。

根据本条规定，使用船舶向海洋倾倒废弃物的单位，应当向驶出港所在地的海事管理机构提交海洋主管部门的批准文件，即倾废许可证。海事管理机构应当检查作业单位是否持有倾废许可证、是否符合倾废许可证的条件、实际装载的废弃物与许可证的记载是否一致、倾倒船舶是否符合要求等内容。经核实后，方可办理船舶出港签证。

船舶应当到指定的倾倒区进行倾倒作业。船舶应当在装载废弃物之后、到达指定倾倒区域进行倾倒之前，报告海事管理机关予以核实。在得到海事管理机构核实认可之后，船舶方可进行倾倒。进行倾倒作业的船舶应当在作业期间，按照相关主管部门制定的记录表如实完整填写倾倒作业情况，并在倾倒作业完成返港后向驶出港所在地的海事管理机构提交有关倾倒作业情况的书面报告。

（十二）船舶与污染清除作业单位签订污染清除作业协议及污染清除单位资质许可的规定

条例第三十三条规定："载运散装液体污染危害性货物的船舶和 1 万总吨以上的其他船舶，其经营人应当在作业前或者进出港口前与取得污染清除作业资质的单位签订污染清除作业协议，明确双方在发生船舶污染事故后污染清除的权利和义务。

与船舶经营人签订污染清除作业协议的污染清除作业单位应当在发生船舶污染事故后，按照污染清除作业协议及时进行污染清除作业。"

条例第三十四条规定："申请取得污染清除作业资质的单位应当向海事管理机构提出书面申请，并提交其符合下列条件的材料：

（一）配备的污染清除设施、设备、器材和作业人员符合国务院交通运输主管部门的规定；

（二）制定的污染清除作业方案符合防治船舶及其有关作业活动污染海洋环境的要求；

（三）污染物处理方案符合国家有关防治污染的规定。

海事管理机构应当自受理申请之日起 30 个工作日内完成审查，并对符合条件的单位颁发资质证书；对不符合条件的，书面通知申请单位并说明理由。"

目前，船舶污染清除协议制度已在美国、加拿大、日本等国家和地区普遍实施。这些国家除了要求进入该国水域的船舶应当与当地专业清污单位签订污染清除协议外，还根据清污单位作业海域和清污能力的不同，将清污单位分为不同等级，并对清污单位实施资质认可管理。条例第三十三条和第三十四条就是根据国际通行做法，结合我国实际情况，为提高我国船舶污染事故应急防备反应能力建立的一项新的船舶污染清除协议制度。

五、船舶污染事故的应急处置

条例对船舶污染事故的定义和分类进行了界定，并按照船舶污染事故的等级，对船舶污染事故应急指挥机构的成立、船舶污染事故的报告内容及程序等进行了规定。

(一) 船舶污染事故定义

按照条例第三十五条的规定，船舶污染事故系指油类、油性混合物和其他有毒有害物质泄漏造成的海洋环境污染损害事件。油类是指任何类型的油及其炼制品；油性混合物是指任何含有油类成份的混合物；其他有毒有害物质是指能对海洋环境或人类健康造成危害的、除油类和油性混合物以外的其他物质，主要包括《经 1978 年议定书修订的 1973 年国际防止船舶造成污染公约》附则Ⅱ所述的散装运输的有毒液体物质、《国际散装危险化学品运输船舶构造和设备规则》中所列的散装运输的危险液体物质、《国际海运危险品规则》所规定的包装形式的危险和有害物质及物品、《国际散装液化气体运输船舶构造和设备规则》中所列的液化气体、《固体散装货物安全操作规则》所规定的具有化学危害性的固体散装材料等。发生船舶污染事故的原因是多种多样的，船舶发生海损事故、船员的操作行为、船舶装卸货物、加装油料，以及船舶修造、拆解等有关作业活动过程中，都可能导致油类、油性混合物和其他有毒有害物质泄漏而引发船舶污染事故。

另外，船舶排放含有油类、油性混合物和其他有毒有害物质的垃圾、压载水等造成海洋环境污染损害的，也属于本条定义的船舶污染事故，海事管理机构将依据条例相关条款的规定予以处理。

(二) 船舶污染事故的等级

条例第三十六条将船舶污染事故分为特别重大船舶污染事故、重大船舶污染事故、较大船舶污染事故和一般船舶污染事故四个等级。考虑到船舶污染事故以油类污染事故为主，事故等级的划分采用了溢油量标准和经济损失标准二选一的确定方式，即两项指标只需满足其中一项即可确定其事故等级。具体等级标准见表 3-6。

表 3-6 船舶污染事故等级标准

事故等级	划分标准
特别重大船舶污染事故	船舶溢油 1 000 t 以上，或者造成直接经济损失 2 亿元以上
重大船舶污染事故	船舶溢油 500 t 以上不足 1 000 t，或者造成直接经济损失 1 亿元以上不足 2 亿元

续 表

事故等级	划分标准
较大船舶污染事故	船舶溢油 100 t 以上不足 500 t,或者造成直接经济损失 5 000 万元以上不足 1 亿元
一般船舶污染事故	船舶溢油不足 100 t,或者造成直接经济损失不足 5 000 万元

(三)船舶污染事故应急与报告

条例第三十七条规定:船舶在中华人民共和国管辖海域发生污染事故,或者在中华人民共和国管辖海域外发生污染事故造成或者可能造成中华人民共和国管辖海域污染的,应当立即启动相应的应急预案,采取措施控制和消除污染,并就近向有关海事管理机构报告。

发现船舶及其有关作业活动可能对海洋环境造成污染的,船舶、码头、装卸站应当立即采取相应的应急处置措施,并就近向有关海事管理机构报告。

接到报告的海事管理机构应当立即核实有关情况,并向上级海事管理机构或者国务院交通运输主管部门报告,同时报告有关沿海设区的市级以上地方人民政府。

本条第一款是对发生污染事故船舶采取应急措施和向海事管理机构报告的规定。船舶污染事故发生后,必须在尽可能短的时间内采取控制和消除污染的措施,以防止污染扩散,造成更严重的污染损害。根据本款的规定,船舶在我国管辖海域内发生污染事故,必须立即启动《船上油污应急计划》《船上有毒液体物质海洋污染应急计划》《船上海洋污染应急计划》等应急预案,并按照预案的要求,采取措施控制和消除污染。同时,要向就近的海事管理机构报告事故情况,以便启动相应的应急预案。此外,考虑到由于船舶污染事故的易扩散性,在我国管辖海域外发生的船舶污染事故也可能会因污染物的漂移、扩散而造成我国管辖海域污染,本款还规定,在中华人民共和国管辖海域外发生船舶污染事故造成或者可能造成中华人民共和国管辖海域污染的,发生污染事故的船舶也应立即启动《船上油污应急计划》等应急预案,按照预案的要求采取措施控制和消除污染,并向就近的海事管理机构报告。本款规定与我国加入的《1969 年国际干预公海油污事故公约》以及《1973 年国际干预公海非油类物质污染议定书》确立的原则一致。

本条第二款规定了码头、装卸站、船舶发现可能对海洋环境造成严重污染危害情况时的处置和报告义务。可能对海洋环境造成严重污染危害的情况,包括发生事故以及发生或存在可能导致污染事故的险情。船舶及其有关作业活动发生污染事故或出现污染险情,最先发现的除当事船舶本身外,还可能是其靠泊的码头、装卸站或者与其比邻的其他船舶。因此,码头、装卸站、当事船舶或者当事船舶周围的其他船舶在发现污染事故或污染险情后能否立即采取应急处置措施,对能否快速有效地控制污染是至关重要的。根据本款的规定,码头、装卸站、船舶发现船舶及其有关作业活动可能对海洋环境造成严重污染危害的,应当立即采取相应的应急处置措施,并向就近的海事管理机构报告。应急处置措施包括立即通知发生污染事故或污染险情的责任方控制污染,并启动条例第十六条规定的应急预案,按照应急预案采取应急行动。

本条第三款是对接到船舶污染事故报告的海事管理机构的要求,在此不加赘述。

(四) 船舶污染事故报告内容

事故报告应当包括：①船舶的名称、国籍、呼号或者编号；②船舶所有人、经营人或者管理人的名称、地址；③发生事故的时间、地点、气象和水文情况；④事故原因或者原因的初步判断；⑤船舶上污染物的种类、数量、装载位置等概况；⑥污染程度；⑦已经采取或者准备采取的污染控制、清除措施和污染控制情况以及救助要求；⑧国务院交通运输主管部门规定的应当报告的其他事项。

另外，事故报告后出现新情况的，船舶、有关单位应当及时补报。事故报告后出现的新情况包括污染损害进一步扩大、污染物泄漏数量继续增加、事故原因得到确认、事故引发其他新的险情、初始报告的情况有误等。

(五) 关于成立船舶污染事故应急指挥机构、开展应急处置工作的规定

条例第三十九条规定：发生特别重大船舶污染事故时，国务院或者国务院授权国务院交通运输主管部门成立事故应急指挥机构。

发生重大船舶污染事故时，有关省、自治区、直辖市人民政府应当会同海事管理机构成立事故应急指挥机构。

发生较大船舶污染事故和一般船舶污染事故时，有关设区的市级人民政府应当会同海事管理机构成立事故应急指挥机构。

有关部门、单位应当在事故应急指挥机构统一组织和指挥下，按照应急预案的分工，开展相应的应急处置工作。

(六) 对船舶沉没污染应急处置的规定

条例第四十条规定：船舶发生事故有沉没危险，船员离船前，应当尽可能关闭所有货舱(柜)、油舱(柜)管系的阀门，堵塞货舱(柜)、油舱(柜)通气孔。

船舶沉没的，船舶所有人、经营人或者管理人应当及时向海事管理机构报告船舶燃油、污染危害性货物以及其他污染物的性质、数量、种类、装载位置等情况，并及时采取措施予以清除。

本条第一款是关于船舶发生事故有沉没危险时，船员离船前应采取措施的规定。船舶一旦发生沉没事故，船舶装载或存储的油类及其他污染危害性物质将会从沉船泄漏入海，从而造成污染事故。因此，在船舶发生事故有沉没危险时，船员离船前积极采取防控溢油的措施，对于防止沉船发生污染事故具有十分重要的意义。故船员在离船前，应当尽可能采取关闭所有货(油)舱(柜)管系的阀门、堵塞货(油)舱(柜)通气孔等措施。“尽可能”意为船员有义务采取上述措施，并视船舶沉没的紧急程度，在保证人身安全的情况下，在离开船舶之前完成。“货舱(柜)”主要指装载污染危害性货物的船舱，如油船的货油舱、散装运输危险化学品或有毒有害液体物质船舶的液货舱(包括货泵舱及其他存有液体货物的舱室)等。“油舱(柜)”主要指船舶储存船用油料或者残余油类及污油水的舱室，包括各种重油舱、轻油舱、润滑油(液压油)舱、日用油柜、沉淀油柜、各类循环油柜、残油舱、污油水舱和油渣柜等。

本条第二款是对沉没船舶的所有人、经营人或者管理人报告船舶污染物存留情况并

限期清除的规定。准确掌握沉船污染物的存留情况，是沉船打捞、污染源调查等后续相关工作的客观要求。故船舶沉没的，船舶所有人或者经营人应当及时向海事管理机构报告船舶存油等污染物的性质、数量、种类、位置等情况。报告必须及时、准确，不得隐瞒任何情况。最初的报告可以是口头形式的，但必须及时补充书面报告，并附以相关的图纸等说明性材料，标明船舶的结构、污染物留存位置等情况，为海事管理机构调查、处置事故提供参考。需要报告的污染物除油类外，也包括污染危害性货物及其他污染物。油类除油船装载的货油外，还包括船舶携带的用以维持航行的各类燃料油、润滑油、液压油等。污染物的性质主要是指油类的黏度、倾点等参数，以及有毒有害物质的污染危害性等。位置是指船舶沉没前各种污染物存放的场所及其在船上的具体分布情况。另外，船舶所有人、经营人或者管理人还应当及时采取措施清除船舶污染物。

（七）发生或可能发生船舶污染事故时征用船舶和有关应急物资的规定

条例第四十一条规定：发生船舶污染事故或者船舶沉没，可能造成中华人民共和国管辖海域污染的，有关沿海设区的市级以上地方人民政府、海事管理机构根据应急处置的需要，可以征用有关单位或者个人的船舶和防治污染设施、设备、器材以及其他物资，有关单位和个人应当予以配合。

被征用的船舶和防治污染设施、设备、器材以及其他物资使用完毕或者应急处置工作结束，应当及时返还。船舶和防治污染设施、设备、器材以及其他物资被征用或者征用后毁损、灭失的，应当给予补偿。

（八）船舶污染事故中海事管理机构采取强制措施的规定

条例第四十二条规定：发生船舶污染事故，海事管理机构可以采取清除、打捞、拖航、引航、过驳等必要措施，减轻污染损害。相关费用由造成海洋环境污染的船舶、有关作业单位承担。

需要承担前款规定费用的船舶，应当在开航前缴清相关费用或者提供相应的财务担保。

（九）船舶污染事故应急处置中使用化学消油剂的规定

条例第四十三条规定：处置船舶污染事故使用的消油剂，应当符合国家有关标准。

海事管理机构应当及时将符合国家有关标准的消油剂名录向社会公布。

船舶、有关单位使用消油剂处置船舶污染事故时，应当依照《中华人民共和国海洋环境保护法》有关规定执行。

化学消油剂主要指溢油分散剂以及凝聚剂、沉降剂等化学处理剂，由多种表面活性剂和强渗透性的溶剂组成，主要用于处理海上溢油及清洗油污。其中，溢油分散剂的作用机理是将水面浮油乳化，形成细小粒子分散于水中，主要适用于开阔海域的溢油处理。化学消油剂使用不当会造成二次污染。在船舶污染事故应急处置过程中，过量或不当使用化学消油剂不但起不到消除污染的作用，而且会适得其反，对海洋环境造成更进一步的污染损害。因此，我国对化学消油剂在船舶污染事故中的使用采取了严格的管理措施。根据交通运输部发布的《消油剂产品检验发证管理办法》的规定，消油剂产品必须由经过认可的检验单位进行检验，并取得国家海事管理机构颁发的有效产品型式认可证书，才能在船舶污染事故应急处置中使用。根据本条第一款的规定，消油剂产品的检验和使用，应符合《溢油分散剂技术条件》(GB 18188.1—2000)和《溢油分散剂使用准则》(GB 18188.2—2000)等国家有关标准的相关要求。

本条第三款是关于消油剂使用管理的规定。按照《中华人民共和国海洋环境保护法》的规定，对在船舶污染事故应急处置中使用化学消油剂采取行政许可的管理方式。拟使用化学消油剂的单位或船舶应向海事管理机构提出申请，经批准后方可使用。海事管理机构在核准化学消油剂使用申请时，应按照《中华人民共和国海事行政许可条件规定》的要求进行审查，具备下列条件的，方可核准使用化学消油剂：

(1) 申请使用的化学消油剂已经过专业机构的型式认可；

(2) 符合规定的使用范围和规范的使用方法；

(3) 申请使用的剂量与消油的数量相当，与防止水域环境污染的要求相符；

(4) 有防止水域污染和保障安全的措施或应急预案。

六、船舶污染事故的调查处理

条例规定了船舶污染事故调查的组织部门、调查应遵循的原则以及调查机关的权力等。

(一) 关于船舶污染事故调查组织部门的规定

条例第四十四条规定："船舶污染事故的调查处理按照下列规定进行：

(一) 特别重大船舶污染事故由国务院或者国务院授权国务院交通运输主管部门等部门组织事故调查处理；

(二) 重大船舶污染事故由国家海事管理机构组织事故调查处理；

(三) 较大船舶污染事故和一般船舶污染事故由事故发生地的海事管理机构组织事故调查处理。

船舶污染事故给渔业造成损害的，应当吸收渔业主管部门参与调查处理。"

(二) 对船舶污染事故调查处理机构开展调查处理工作的规定

条例第四十五条规定：发生船舶污染事故，组织事故调查处理的机关或者海事管理机构应当及时、客观、公正地开展事故调查，勘验事故现场，检查相关船舶，询问相关人员，收集证据，查明事故原因。

根据本条规定，船舶污染事故调查处理人员在进行事故调查时，有权进行以下工作：

(1) 询问有关当事人，以及证人、目击者；

(2) 要求被调查人员提供书面材料和证明；

(3) 查阅航海日志、轮机日志、车钟记录、海图、船舶资料、设备仪器的性能资料及其他调查所必需的原始文书资料，复印或复制上述资料，并要求当事人签字确认；

(4) 检查船舶、设施及有关设备的证书、人员证书；

(5) 勘察事故现场，搜集有关物证；

(6) 可以使用录音、照相、录像等设备和其他法律允许的调查手段;

(7) 对水面溢油或其他污染物以及船舶相关处所,按照采样程序进行样品采集、封存,以备检验。

海事管理机构进行污染事故调查时,相关人员应当配合,协助海事管理机构调查。

(三) 对船舶污染事故调查机关行使调查权的规定

条例第四十六条规定:组织事故调查处理的机关或者海事管理机构根据事故调查处理的需要,可以暂扣相应的证书、文书、资料;必要时,可以禁止船舶驶离港口或者责令停航、改航、停止作业直至暂扣船舶。

(四) 对船舶污染事故调查处理中技术鉴定、检验及检测工作的规定

条例第四十七条规定:事故调查处理需要委托有关机构进行技术鉴定或者检验、检测的,应当委托国务院交通运输主管部门认定的机构进行。

(五) 船舶污染事故的当事人和其他有关人员在事故调查中应遵循的义务

条例第四十八条规定:组织事故调查处理的机关或者海事管理机构调查时,船舶污染事故的当事人和其他有关人员应当如实反映情况和提供资料,不得伪造、隐匿、毁灭证据或者以其他方式妨碍调查取证。

船舶污染事故的当事人和其他有关人员如实反映有关情况和提供资料,不伪造、隐匿或者毁灭证据,不妨碍调查取证,是船舶污染事故当事人和其他有关人员的法定义务,否则就要承担相应的法律责任。当事人包括肇事船舶的船长、轮机长、当班驾驶员、轮机员以及其他当班船员,也包括船舶所有人、经营人和管理人;其他有关人员包括肇事船舶的其他船员以及其他船舶或者岸上的目击者。如实反映有关情况和提供资料,包括如实提供调查人员需要的防污染证书、文书、日志、各种记录和污染事故现场资料,如实回答调查人员的询问等。

伪造、隐匿或者毁灭证据,以及阻挠污染事故调查人员调查取证或者恶意串通蒙骗调查人员的,都属于妨碍调查取证的行为,有关的责任人应当负法律责任,构成犯罪的,将依法追究刑事责任。

(六) 船舶污染事故认定书的制作和送达

条例第四十九条规定:组织事故调查处理的机关或者海事管理机构应当自事故调查结束之日起 20 个工作日内制作事故认定书,并送达当事人。

事故认定书应当载明事故基本情况、事故原因和事故责任。

事故认定书是组织事故调查的机构或者海事管理机构根据事故调查结果,做出的认定事故结论的文书。按照《政府信息公开条例》的要求,事故认定书可以依有关当事方申请而公开。

七、船舶污染事故损害赔偿

条例明确了船舶污染损害赔偿的原则以及相关免责条款。根据《中华人民共和国海洋

环境保护法》的相关规定，条例设定了船舶强制油污保险以及建立国内油污损害赔偿基金的条款，包括如何投保油污责任险、如何取得船舶油污损害民事责任保险证书或者财务保证证书以及基金管理机构的组成，从而形成一套有中国特色的船舶油污损害赔偿机制。

(一) 海洋环境污染损害的责任承担原则

1. 无过错责任原则

条例第五十条规定：造成海洋环境污染损害的责任者，应当排除危害，并赔偿损失；完全由于第三者的故意或者过失，造成海洋环境污染损害的，由第三者排除危害，并承担赔偿责任。

《中华人民共和国民法通则》第一百零六条第三款规定："没有过错，但法律规定应当承担民事责任的，应当承担民事责任。"第一百二十四条规定："违反国家保护环境防止污染的规定，污染环境造成他人损害的，应当依法承担民事责任。"因此，按照《中华人民共和国民法通则》和《中华人民共和国海洋环境保护法》的相关规定，条例对海洋环境污染损害赔偿采用无过错责任原则，即无论何种原因，只要造成了海洋环境污染损害，该责任者就应当承担赔偿责任。但本条对海洋环境污染损害的归责原则还规定了一种例外情况，即完全由于第三者的故意或过失造成海洋环境污染损害的，由第三者排除危害，并承担赔偿责任。但由于有"完全"二字的限制，此处不能简单理解为只要存在第三者的故意或过失，责任者就可以免除赔偿责任，责任者必须提供足够的证据来证明第三者的故意或过失是导致海洋环境污染损害的唯一原因。否则，不论责任者是否有过失，其都要承担赔偿责任。

2. 免责条款

条例第五十一条规定："完全属于下列情形之一，经过及时采取合理措施，仍然不能避免对海洋环境造成污染损害的，免予承担责任：

(一) 战争；

(二) 不可抗拒的自然灾害；

(三) 负责灯塔或者其他助航设备的主管部门，在执行职责时的疏忽，或者其他过失行为。"

根据本条规定，造成海洋环境污染损害的有关责任者免予承担责任必须具备两个先决条件：首先，必须是完全由本条规定的三种情形之一所引起的海洋环境污染损害；其次，必须是对海洋环境造成污染损害后及时采取合理措施仍然不能避免的海洋环境污染。

本条规定的三种情形可以分为两大类。一类是属于不可抗力的情形，包括战争和不可抗拒的自然灾害。其中，不可抗拒的自然灾害是指同时具备不能预见、不能避免、不能克服特性的自然现象，完全由其所引发的损害当事人不承担责任也是各国在法律实践上的共识。值得注意的是，随着科学技术的发展，目前已经可以对一些自然灾害进行一定程度的预测和预防，如台风。因此，如果当事人已经收到台风预报信息，在具备充足的时间采取措施避免受其影响的情况下，仍然因措施不当而遭受台风袭击，造成污染损害，此种情形则不能免除当事人的责任。另一类是属于完全由于第三方的原因而导致发生污染损害的情形，即负责灯塔或者其他助航设备的主管部门，在执行职责时的疏忽，或者其他过失行为。由于海洋具有不同于陆地的特性，船舶等在海上航行时必须要依靠灯塔等助航设备，如果负责灯塔或其他助航设备的主管部门在执行职责时疏忽大意，或者有其他过失行为，就有可能造成船舶碰撞等海难事故，而船舶本身并没有责任。所以，由此造成海洋环境污染损害的，船舶等有关责任者只要是及时采取了合理措施，就不应当承担责任。

（二）船舶发生污染事故后赔偿限额的确定

条例第五十二条规定：船舶污染事故的赔偿限额依照《中华人民共和国海商法》关于海事赔偿责任限制的规定执行。但是，船舶载运的散装持久性油类物质造成中华人民共和国管辖海域污染的，赔偿限额依照中华人民共和国缔结或者参加的有关国际条约的规定执行。

前款所称持久性油类物质，是指任何持久性烃类矿物油。

本条第一款明确了船舶污染事故的两种赔偿限额。一是依照《中华人民共和国海商法》规定的赔偿限额。《中华人民共和国海商法》第二百一十条规定的非人身伤亡赔偿请求的限额为：

（1）总吨位 300 t 至 500 t 的船舶，赔偿限额为 167 000 计算单位。

（2）超过 500 t 的船舶，500 t 以下部分适用本项第 1 目的规定。500 t 以上的部分，应当增加下列数额：501 t 至 30 000 t 的部分，每吨增加 167 计算单位；30 001 t 至70 000 t 的部分，每吨增加 125 计算单位；超过 70 000 t 的部分，每吨增加 83 计算单位。

需要注意的是，《中华人民共和国海商法》第二百一十条规定的非人身伤亡赔偿请求的限额，并不仅仅是油污损害赔偿限额，还包括《中华人民共和国海商法》第二百零七条规定的除人身伤亡以外的其他海事赔偿请求。

此外，《中华人民共和国海商法》第二百一十条第二款还规定："总吨位不满 300 总吨的船舶、从事中华人民共和国港口之间运输的船舶以及从事沿海作业的船舶，其赔偿限额由国务院交通主管部门报国务院批准后施行。"根据这一规定，原交通部于 1993 年制定并颁布了《关于不满 300 总吨船舶及沿海运输、沿海作业船舶海事赔偿限额的规定》。其第三条规定："除本规定第四条另有规定外，不满 300 总吨船舶的海事赔偿责任限制，依照下列规定计算赔偿限额：……（二）关于非人身伤亡的赔偿请求：1. 超过 20 总吨、21 总吨以下的船舶，赔偿限额为 27 500 计算单位；2. 超过 21 总吨的船舶，超过部分每吨增加 500 计算单位。"第四条："从事中华人民共和国港口之间货物运输或者沿海作业的船舶，不满 300 总吨的，其海事赔偿限额依照本规定第三条规定的赔偿限额的 50%计算；300 总吨以上的，其海事赔偿限额依照《中华人民共和国海商法》第二百一十条第一款规定的赔偿限额的 50%计算。"

二是依照国际公约规定的赔偿限额。《中华人民共和国海商法》第二百零八条规定："本章规定不适用于下列各项：……（二）中华人民共和国参加的国际油污损害民事责任公约规定的油污损害的赔偿请求……。"关于油污损害民事责任的国际公约，最重要的就是《1992 年国际油污损害民事责任公约》，我国是该公约的缔约国。该公约第五条对船舶污染事故的赔偿限额作了如下规定："船舶所有人有权按本公约将其赔偿责任限于按下列方法算出的总额：(a) 不超过 5 000 总吨的船舶为 451 万计算单位；(b) 5 000到 140 000 总吨的船舶，在 451 万计算单位的基础上，每增加 1 吨位单位，增加 631 计算单位；(c) 等于或超过 140 000 总吨的船舶，此总额在任何情况下不超过8 977 万计算单位。"该公约所称"船舶污染事故"包括：①实际载运作为货物的散装持久性油类的船舶发生的持久性货油或燃油泄漏事故；

②空载油船发生的持久性燃油泄漏事故；③虽然已卸载货油但船上仍有散装油类残余物的多用途船发生持久性货油或者燃油泄漏而造成的污染事故。

（三）关于在中华人民共和国管辖海域内航行的船舶强制投保船舶油污损害民事责任保险或者取得其他财务担保的规定

条例第五十三条规定：在中华人民共和国管辖海域内航行的船舶，其所有人应当按照国务院交通运输主管部门的规定，投保船舶油污损害民事责任保险或者取得相应的财务担保。但是，1 000 总吨以下载运非油类物质的船舶除外。

船舶所有人投保船舶油污损害民事责任保险或者取得的财务担保的额度应当不低于《中华人民共和国海商法》、中华人民共和国缔结或者参加的有关国际条约规定的油污赔偿限额。

承担船舶油污损害民事责任保险的商业性保险机构和互助性保险机构，由国家海事管理机构征求国务院保险监督管理机构意见后确定并公布。

（四）中国籍船舶所有人申请办理船舶油污损害民事责任保险或者其他财务保证证书的规定

条例第五十四条规定：已按照本条例第五十三条的规定投保船舶油污损害民事责任保险或者取得财务担保的中国籍船舶，其所有人应当持船舶国籍证书、船舶油污损害民事责任保险合同或者财务担保证明，向船籍港的海事管理机构申请办理船舶油污损害民事责任保险证书或者财务保证证书。

（五）由国家应急处置、清污费用优先受偿的规定

条例第五十五条规定：发生船舶油污事故，国家组织有关单位进行应急处置、清除污染所发生的必要费用，应当在船舶油污损害赔偿中优先受偿。

根据条例第四十二条“船舶发生污染事故后，海事管理机构可以采取清除、打捞、拖航、引航、过驳以及其他必要措施，减轻污染损害，相关费用由造成海洋环境污染的船舶、有关作业单位承担”，上述应急处置、清除污染行动的及时性、有效性直接关系到油污损害的大小，也关系到污染责任人和污染受损害方的切身利益。上述行动一般都由海事管理机构动员社会力量进行，如果行动费用得不到保障，将严重影响社会参与海洋环境防治的积极性和再次投入此类行动的能力，因此本条规定了国家动员、组织有关单位进行的应急及清污行动产生的费用作为油污损害的一部分，在油污损害总体受偿份额内予以优先赔付，即应优先于因同起油污事故造成的财产损害、环境损害、资源损害、间接损失等赔偿请求之前得到赔付，来确保从事应急处置、污染清除作业的单位能保持或提高其应急处置能力。应急处置、清除污染而发生的必要费用包括：与减少污染损害有关的应急救助费用、采取污染预防措施的费用、清除污染的费用以及与前述作业有关的专家评估费用等。

（六）明确船舶油污损害赔偿基金的来源及管理的规定

条例第五十六条规定：在中华人民共和国管辖水域接收海上运输的持久性油类物质货

物的货物所有人或者代理人应当缴纳船舶油污损害赔偿基金。

船舶油污损害赔偿基金征收、使用和管理的具体办法由国务院财政部门会同国务院交通运输主管部门制定。

国家设立船舶油污损害赔偿基金管理委员会，负责处理船舶油污损害赔偿基金的赔偿等事务。船舶油污损害赔偿基金管理委员会由有关行政机关和缴纳船舶油污损害赔偿基金的主要货主组成。

（七）船舶污染事故损害赔偿争议的法律途径

条例第五十七条规定：对船舶污染事故损害赔偿的争议，当事人可以请求海事管理机构调解，也可以向仲裁机构申请仲裁或者向人民法院提起民事诉讼。

根据本条规定，船舶污染事故损害赔偿争议的处理，一般有三种途径：一是由当事人依照条例规定向海事管理机构申请调解处理；二是由当事人直接就赔偿责任和赔偿金额向人民法院提起诉讼；三是在达成仲裁协议后，向仲裁机构申请仲裁。

海事管理机构就海洋环境污染损害赔偿纠纷所进行的调解的性质为行政调解，即以争议双方自愿为基础，由行政机关主持，以国家法律、法规及政策为依据，通过对争议双方的说服与劝导，促使双方当事人互让互谅、平等协商、达成协议。之所以要赋予海事管理机构调解的职能，主要因为海事管理机构作为船舶污染防治的主管机关，掌握有关船舶污染事故的第一手资料，能客观、公正、迅速地对船舶污染事故的原因、经过、损害情况作出判定，将其作为调解人，能给船舶污染事故损害赔偿争议的当事人提供一个较快解决争议的途径。如果达成调解协议后，争议一方不予执行或反悔，另一方可以向法院提起诉讼。本条一方面赋予了海事管理机构就船舶污染事故损害赔偿争议的调解权，另一方面进一步明确调解不是一个必经的程序，也不是诉讼的前置程序，争议当事人可直接向人民法院提起民事诉讼或向仲裁机构申请仲裁。

八、法律责任

条例对违反有关规定行为应追究的行政责任作出规定，明确了船舶及其有关作业活动的人员和单位不遵守条例规定所应当承担的法律后果。

（一）违反条例规定的行为时采取有关行政强制措施的规定

条例第五十八条规定：船舶、有关作业单位违反本条例规定的，海事管理机构应当责令改正；拒不改正的，海事管理机构可以责令停止作业、强制卸载，禁止船舶进出港口、靠泊、过境停留，或者责令停航、改航、离境、驶向指定地点。

（二）船舶结构不符合相关防治污染要求应当承担的法律责任

条例第五十九条规定：违反本条例的规定，船舶的结构不符合国家有关防治船舶污染海洋环境的技术规范或者有关国际条约要求的，由海事管理机构处 10 万元以上 30 万元以下的罚款。

本条规定是针对违反条例第十条第一款规定的行为作出的。根据条例第十条第一款规定，船舶的结构、设备、器材应当符合国家有关防治船舶污染海洋环境的船舶检验规范和规定的要求以及我国缔结或参加的国际条约的要求。目前我国已缔结或参加的关于防治船舶污染海洋环境的国际条约中对船舶结构有要求的，主要有《1974 年国际海上人命安全公约》《经 1978 年议定书修订的 1973 年国际防止船舶造成污染公约》。此外，在《国际海运危险货物规则》《国际散装运输危险化学品船舶构造和设备规则》《国际散装运输液化气体船舶构造和设备规则》中还对载运具有污染危害性货物的船舶的结构和设备作出了特殊要求。我国船舶检验规范、法规和有关公约对船舶防污结构的要求均属于强制性要求，对于结构不符合相关防污规定要求的船舶，应当按照本条的规定追究其法律责任。

(三) 关于《中华人民共和国海洋环境保护法》已规定行政处罚的违法行为的法律责任规定

条例第六十条规定：“违反本条例的规定，有下列情形之一的，由海事管理机构依照《中华人民共和国海洋环境保护法》有关规定予以处罚：(一) 船舶未取得并随船携带防治船舶污染海洋环境的证书、文书的；(二) 船舶、港口、码头、装卸站未配备防治污染设备、器材的；(三) 船舶向海域排放本条例禁止排放的污染物的；(四) 船舶未如实记录污染物处置情况的；(五) 船舶超过标准向海域排放污染物的；(六) 从事船舶水上拆解作业，造成海洋环境污染损害的。”

本条包含了对六种违法行为的制裁，具体如下：

(1) “未取得并随船携带防污证书、文书”主要是针对违反条例第十条第二款的行为作出的。根据第十条第二款规定，船舶应当取得并携带相应的防治船舶污染海洋环境的证书、文书。防治船舶污染海洋环境的证书、文书是由国家海事管理机构或其授权的组织，分别按照有关防治船舶污染海洋环境的国际公约及我国法规规定签发或认可的，主要包括船舶防污染结构证书、适装证书、污染损害赔偿责任证书及污染物排放、操作记录簿等文书。本条规定的“未取得并随船携带防污证书、文书”的违法行为包括两种情形：一是未取得相应防治船舶污染海洋环境的证书、文书；二是已取得但未随船携带相应防治船舶污染海洋环境的证书、文书。

(2) 未配备防污设备和器材。该款所指：一是船舶、港口、码头、装卸站未配备防污设备和器材；二是船舶、港口、码头、装卸站配备的防污设备和器材的种类和数量不满足有关规范和标准的要求；三是船舶、港口、码头、装卸站配备的防污设备和器材的质量不符合有关规范和标准的要求。一般来说，船舶防污染设备、器材包括但不局限于以下内容：排油监控系统和油水分离与过滤设备、国际标准排放接头、溢油围控与回收器材、船舶垃圾储存及处理设备、焚烧炉等。港口、码头、装卸站应当配备的防污设备和器材，至少应包括条例第十二条中规定的污染监视设施和污染物接收设施，以及第十三条中规定的防污应急设备和器材。

(3) 船舶向海域排放条例禁止排放的污染物。对于哪些属于禁止排放的污染物，条例没有重复《中华人民共和国海洋环境保护法》的规定，可以按照《中华人民共和国海洋环境保护法》第三十三条第一款的规定来判断，即禁止向海域排放的污染物包括以下五种：油类、酸液、碱液、剧毒废液和高、中水平放射性废水。这五种属于绝对禁止排放的污染物，违法排放就要承担相应的法律责任。

(4) 未如实记载污染物处置记录的。这是违反条例第十六条规定的行为。根据该规定,船舶处置污染物,应当在相应的记录簿内如实记录。船舶对污染物确实已合法处置,但由于未进行记录或者所记录的内容与实际处置内容不一致,均属于未如实记载污染物处置记录的行为,应当受到行政处罚。

(5) 船舶超过标准向海域排放污染物。这是违反条例第十五条第一款规定的行为。根据该规定,船舶在我国管辖海域向海洋排放船舶垃圾、生活污水、含油污水、含有毒有害物质污水、废气等污染物以及压载水,应当符合法律、行政法规、我国缔结或者参加的国际条约以及相关标准要求。

(6) 从事船舶水上拆解作业,造成海洋环境污染损害的。

(四) 船舶不按规定留存船舶污染物处置记录以及通过处置记录推定船舶非法排放船舶污染物的法律责任

条例第六十一条规定:违反本条例的规定,船舶未按照规定在船舶上留存船舶污染物处置记录,或者船舶污染物处置记录与船舶运行过程中产生的污染物数量不符合的,由海事管理机构处 2 万元以上 10 万元以下的罚款。

本条包含了两种违法行为:一是未按照规定在船上留存船舶污染物处置记录;二是船舶污染物处置记录与船舶运行过程中产生的污染物数量不符合。这时,船舶往往就存在违法排污嫌疑。

(五) 违反污染物接收作业许可有关规定应承担的行政法律责任

条例第六十二条规定:违反本条例的规定,船舶污染物接收单位未经海事管理机构批准,擅自从事船舶垃圾、残油、含油污水、含有毒有害物质污水接收作业的,由海事管理机构处 1 万元以上 5 万元以下的罚款;造成海洋环境污染的,处 5 万元以上 25 万元以下的罚款。

本条规定是针对违反条例第十七条规定的行为作出的。“未经海事管理机构批准,擅自从事船舶垃圾、残油、含油污水、含有毒有害物质污水接收作业”包含两层含义:一是船舶垃圾、残油、含油污水、含有毒有害物质污水接收作业未经海事管理机构批准;二是擅自变更海事管理机构批准的范围,如擅自变更海事管理机构批准的污染物接收作业的种类、数量等。

(六) 违反船舶污染物接收作业有关规定应承担的行政法律责任

条例第六十三条规定:违反本条例的规定,船舶未按照规定办理污染物接收证明,或者船舶污染物接收单位未按照规定将船舶污染物的接收和处理情况报海事管理机构备案的,由海事管理机构处 2 万元以下的罚款。

“船舶未按照规定办理污染物接收证明”是违反条例第十八条规定的行为。根据该规定,船舶凭污染物接收单证向海事管理机构办理污染物接收证明。未按照规定办理污染接收证明的,应当受到行政处罚。

“船舶污染物接收单位未按照规定将船舶污染物的接收和处理情况报海事管理机构备

案”是违反条例第十九条规定的行为。根据该规定，船舶污染物接收单位应当按月度将船舶污染物的接收和处理情况报海事管理机构备案。本条所提未按规定的情形包括：一是未按月度进行备案；二是备案不及时；三是备案内容不完整、不真实。以上行为都属于未按规定进行备案的行为，均应受到行政处罚。

（七）违反船舶污染物接收证明保存规定和燃油供受作业有关规定应承担的行政法律责任

条例第六十四条规定：“违反本条例的规定，有下列情形之一的，由海事管理机构处 2 000 元以上 1 万元以下的罚款：（一）船舶未按照规定保存污染物接收证明的；（二）船舶燃油供给单位未如实填写燃油供受单证的；（三）船舶燃油供给单位未按照规定向船舶提供燃油供受单证和燃油样品的；（四）船舶和船舶燃油供给单位未按照规定保存燃油供受单证和燃油样品的。”

“船舶未按照规定保存污染物接收证明”是违反条例第十八条第二款的规定。“船舶燃油供给单位未如实填写燃油供受单证”和“未按照规定向船舶提供燃油供受单证和燃油样品”属于违反条例第二十八条第一款规定的行为。“船舶和船舶燃油供给单位未按照规定保存燃油供受单证和燃油样品”是违反条例第二十八条第二款规定的行为。

（八）违反船舶载运污染危害性货物有关规定应承担的行政法律责任

条例第六十五条规定：“违反本条例的规定，有下列情形之一的，由海事管理机构处 2 万元以上 10 万元以下的罚款：（一）载运污染危害性货物的船舶不符合污染危害性货物适载要求的；（二）载运污染危害性货物的船舶未在具有相应安全装卸和污染物处理能力的码头、装卸站进行装卸作业的；（三）货物所有人或者代理人未按照规定对污染危害性不明的货物进行危害性评估的。”

“载运污染危害性货物的船舶不符合污染危害性货物适载要求”是违反条例第二十一条规定的行为。“船舶未在海事管理机构公布的码头、装卸站进行污染危害性货物装卸作业”是违反条例第二十三条规定的行为。“载运危害性不明的货物未按照规定申请危害性评估”是违反条例第二十四条第二款规定的行为。

（九）船舶载运污染危害性货物进出港口、过境停留、进行装卸或者过驳作业未取得海事管理机构批准应承担的法律责任

条例第六十六条规定：违反本条例的规定，未经海事管理机构批准，船舶载运污染危害性货物进出港口、过境停留、进行装卸或者过驳作业的，由海事管理机构处 1 万元以上 5 万元以下的罚款。

本条规定的违法行为主要包括以下两种：

(1) 未经许可船舶载运污染危害性货物擅自进出港口、过境停留或装卸作业。这是违反条例第二十二条规定的行为。未经许可船舶载运污染危害性货物擅自进出港口、过境停留或装卸作业，主要适用以下三种情形：一是未按规定办理船舶适载申报或者货物适运申报；二是船舶适载申报或者货物适运申报未得到海事管理机构的批准；三是申报的内容与实

际载运的情况不符。

(2)未经许可擅自进行散装液体污染危害性货物过驳作业。这是违反条例第二十六条规定的行为。未经许可擅自进行散装液体污染危害性货物过驳作业指：一是散装液体污染危害性货物过驳作业未经海事管理机构批准；二是擅自变更海事管理机构批准的范围，如擅自变更海事管理机构批准的散装液体污染危害性货物过驳作业的种类、数量等。

(十) 船舶沉没后其所有人或者经营人未遵守条例规定应承担的法律责任

条例第六十七条规定："违反本条例的规定，有下列情形之一的，由海事管理机构处 2 万元以上 10 万元以下的罚款：(一) 船舶发生事故沉没，船舶所有人或者经营人未及时向海事管理机构报告船舶燃油、污染危害性货物以及其他污染物的性质、数量、种类、装载位置等情况的；(二) 船舶发生事故沉没，船舶所有人或者经营人未及时采取措施清除船舶燃油、污染危害性货物以及其他污染物的。"

本条规定是针对违反条例第四十条第二款规定的行为作出的。罚款对象应当是船舶所有人或者经营人，在此不加赘述。

(十一) 违反污染清除作业协议有关规定和污染清除作业单位资质规定应承担的法律责任

条例第六十八条规定："违反本条例的规定，有下列情形之一的，由海事管理机构处 1 万元以上 5 万元以下的罚款：(一) 载运散装液体污染危害性货物的船舶和 1 万总吨以上的其他船舶，其经营人未按照规定签订污染清除作业协议的；(二) 未取得污染清除作业资质的单位擅自签订污染清除作业协议并从事污染清除作业的。"

本条规定具体包括两种违法行为："船舶经营人应当签订污染清除作业协议而未签订的行为"是根据条例第三十三条第一款的规定作出的，责任主体是经营人；"未取得污染清除作业资质的单位擅自签订污染清除作业协议并从事污染清除作业的行为"是根据条例三十三条的规定作出的，责任主体是未取得污染清除作业资质的单位。

(十二) 违反启动应急预案有关规定应承担的法律责任

条例第六十九条规定：违反本条例的规定，发生船舶污染事故，船舶、有关作业单位未立即启动应急预案的，对船舶、有关作业单位，由海事管理机构处 2 万元以上 10 万元以下的罚款；对直接负责的主管人员和其他直接责任人员，由海事管理机构处 1 万元以上 2 万元以下的罚款。直接负责的主管人员和其他直接责任人员属于船员的，并处给予暂扣适任证书或者其他有关证件 1 个月至 3 个月的处罚。

本条规定是针对违反条例第三十七条规定的船舶污染事故应急预案义务行为作出的。法律责任承担主体包括：船舶、有关作业单位、直接负责的主管人员和其他直接责任人员。法律责任的承担方式为行政处罚，处罚种类包括罚款和扣留船员适任证书两种。对于法律责任的各承担主体，根据本条规定，应当采取并罚的方式，对于直接负责的主管人员追究其领导责任，对其他直接责任人员追究其直接责任。如果直接负责的主管人员和其他直接责任人员的身份为船员，应当在罚款同时扣留其船员适任证书。

（十三）违反事故报告有关规定应承担的法律责任

条例第七十条规定：违反本条例的规定，发生船舶污染事故，船舶、有关作业单位迟报、漏报事故的，对船舶、有关作业单位，由海事管理机构处5万元以上25万元以下的罚款；对直接负责的主管人员和其他直接责任人员，由海事管理机构处1万元以上5万元以下的罚款。直接负责的主管人员和其他直接责任人员属于船员的，并处给予暂扣适任证书或者其他有关证件3个月至6个月的处罚。瞒报、谎报事故的，对船舶、有关作业单位，由海事管理机构处25万元以上50万元以下的罚款；对直接负责的主管人员和其他直接责任人员，由海事管理机构处5万元以上10万元以下的罚款。直接负责的主管人员和其他直接责任人员属于船员的，并处给予吊销适任证书或者其他有关证件的处罚。

本条规定中的违法行为包括以下两类情形。第一，迟报、漏报船舶污染事故。这是违反条例第三十七条第一款规定的船舶污染事故报告义务的行为。该款规定，在中华人民共和国管辖海域内发生船舶污染事故，或者在中华人民共和国管辖海域外发生船舶污染事故造成或者可能造成中华人民共和国管辖海域污染的，应当立即向就近的海事管理机构报告。条例虽然未对报告方式作出明确规定，但参照《海上交通事故调查处理条例》的规定，报告应当采用甚高频电话、无线电报或其他有效手段。这些报告手段都能实现在事故发生后第一时间的即时报告。如果船舶在允许的正常报告时间范围内没有报告，且没有迟报和漏报的合理理由，即可视为迟报、漏报，均属于违反第三十七条第一款的行为，应当追究相应的法律责任。第二，瞒报、谎报船舶污染事故。这是违反条例第三十八条规定的行为。该条对船舶污染事故报告的内容作出了详细、明确规定，并规定事故报告后出现新情况的，应当及时补报。如果船舶、有关作业单位提交的事故报告有意隐瞒相关情况或出现新情况后，故意不进行补报，即构成瞒报船舶污染事故行为；如果船舶、有关作业单位提交的事故报告故意歪曲事实，导致报告内容不正确、不真实，即构成谎报船舶污染事故行为。瞒报、谎报船舶污染事故，均违反了第三十八条的义务规定，应当追究相应的法律责任。

另外，本条规定的法律责任承担主体包括：船舶、有关作业单位、直接负责的主管人员和其他直接责任人员。法律责任的承担方式为行政处罚，处罚种类包括罚款、扣留船员适任证书、吊销船员适任证书三种。其中罚款的处罚种类是对各责任承担主体普遍适用的，扣留船员适任证书、吊销船员适任证书的处罚种类是专门针对船员适用的。

（十四）关于违反使用化学消油剂有关规定应承担的法律责任

条例第七十一条规定：违反本条例的规定，未经海事管理机构批准使用消油剂的，由海事管理机构对船舶或者使用单位处1万元以上5万元以下的罚款。这是针对条例第四十三条第三款作出的规定，责任主体是船舶或者使用单位。

（十五）违反船舶污染事故调查有关规定应承担的法律责任

条例第七十二条规定：违反本条例的规定，船舶污染事故的当事人和其他有关人员，未如实向组织事故调查处理的机关或者海事管理机构反映情况和提供资料，伪造、隐匿、毁灭证据或者以其他方式妨碍调查取证的，由海事管理机构处1万元以上5万元以下的罚款。

本条规定主要针对违反条例第四十八条规定的行为，包括以下三种行为：①未如实提供事故有关情况和资料。②伪造、隐匿或者毁灭证据。此处的证据，是指能够直接或间接证明船舶污染事故发生原因、经过及后果的文字、物品及其痕迹等，包括书证、物证、鉴定结论等多种形式。③其他妨碍调查取证的行为。例如拒绝调查、采取暴力方式等阻止或者干扰调查等。

本条规定的法律责任为行政处罚，处罚种类为罚款，罚款对象为船舶污染事故的当事人和其他有关人员。船舶污染事故的当事人是指发生船舶污染事故的当事船舶，以及因碰撞而引发污染事故时，发生污染事故当事船舶以外的另一方碰撞船舶。其他有关人员是指对船舶污染事故发生负有直接或间接责任的人员、污染事故当事船舶上的其他人员以及受到污染事故损害的其他人员等。

（十六）违反投保船舶油污损害民事责任保险或者取得其他财务担保有关规定应承担的法律责任

条例第七十三条规定："违反本条例的规定，船舶所有人有下列情形之一的，由海事管理机构责令改正，可以处 5 万元以下的罚款；拒不改正的，处 5 万元以上 25 万元以下的罚款：（一）在中华人民共和国管辖海域内航行的船舶，其所有人未按照规定投保船舶油污损害民事责任保险或者取得相应的财务担保的；（二）船舶所有人投保船舶油污损害民事责任保险或者取得的财务担保的额度低于《中华人民共和国海商法》、中华人民共和国缔结或者参加的有关国际条约规定的油污赔偿限额的。"

本条规定的违法行为主要包括以下两种：①未按照规定投保船舶油污损害民事责任险或者取得其他财务担保；②投保船舶油污损害民事责任险或者取得担保的额度低于有关规定的油污赔偿限额。这是违反条例第五十三条第二款规定的行为。

（十七）违反缴纳船舶油污损害赔偿基金有关规定应承担的法律责任

条例第七十四条规定：违反本条例的规定，在中华人民共和国管辖水域接收海上运输的持久性油类物质货物的货物所有人或者代理人，未按照规定缴纳船舶油污损害赔偿基金的，由海事管理机构责令改正；拒不改正的，可以停止其接收的持久性油类物质货物在中华人民共和国管辖水域进行装卸、过驳作业。

货物所有人或者代理人逾期未缴纳船舶油污损害赔偿基金的，应当自应缴之日起按日加缴未缴额的万分之五的滞纳金。

九、附则

附则是关于条例与国际条约关系、渔业主管部门和军队环境保护部门在海洋环境保护方面的职责以及条例生效日期的规定。

（一）条例与国际条约的关系

条例第七十五条规定：中华人民共和国缔结或者参加的国际条约对防治船舶及其有关

作业活动污染海洋环境有规定的，适用国际条约的规定。但是，中华人民共和国声明保留的条款除外。

本条采用的是国际法优于国内法的原则。一方面我国要严格履行与海洋环境保护有关的国际条约的义务，另一方面可以不受我国声明保留的条款的约束。

（二）县级以上人民政府渔业主管部门在海洋环境保护方面的职责

条例第七十六条规定：县级以上人民政府渔业主管部门负责渔港水域内非军事船舶和渔港水域外渔业船舶污染海洋环境的监督管理，负责保护渔业水域生态环境工作，负责调查处理《中华人民共和国海洋环境保护法》第五条第四款规定的渔业污染事故。

（三）军队环境保护部门在海洋环境保护方面的职责

条例第七十七条规定：军队环境保护部门负责军事船舶污染海洋环境的监督管理及污染事故的调查处理。

第十一节 中华人民共和国船舶及其有关作业活动污染海洋环境防治管理规定

随着我国国民经济和航运业的快速发展，海上污染危害性货物运输量持续增长，船舶装卸、过驳、油料供受等有关作业活动日益频繁，船舶及有关作业活动对海洋环境造成的污染风险也越来越大，尤其是船舶溢油事故对自然环境、水产养殖和旅游资源等造成的损害更是难以弥补。据统计，1973—2009 年，我国沿海共发生船舶溢油事故 2 821 起，平均每四到五天发生一起，近几年我国船舶溢油事故进入高发期，给海洋环境造成了严重威胁。而我国过去一直以来尚未针对船舶污染防治工作制定一部系统的规章。

《中华人民共和国防治船舶污染海洋环境管理条例》（以下简称《防污条例》）已于 2010 年 3 月 1 日生效。《防污条例》第二章、第三章、第四章分别对防治船舶及其有关作业活动污染海洋环境的一般规定、船舶污染物的排放和接收、船舶有关作业活动的污染防治作了明确规定，这些规定为制定船舶及其有关作业活动污染海洋环境防治管理规定提供了立法依据。《防污条例》的规定较为原则化，设定了防治船舶污染的相关制度，但是没有明确在制度执行过程中所必需的操作性规定，因此需要在上位法原则性规定的基础上，制定相应的配套规章对其予以细化和明确。

国际海事组织先后通过了 MARPOL 73/78 公约及其 6 个附则，对船舶油类、有毒液体物质、包装有害物质、生活污水、船舶垃圾和大气污染的预控作了系统而详细的规定，包括船舶防污证书文书的配备、防污染结构、防污染设备配备、污染物排放控制等各方面要求。作为 MARPOL 73/78 公约的缔约国，我国必须全面履行公约及其附则各项要求，包括制定相应的国内法规，确保公约各项要求得以严格执行。

在上述背景下，根据《中华人民共和国海洋环境保护法》《防污条例》和中华人民共和国缔结或者加入的国际条约，交通运输部制定《中华人民共和国船舶及其有关作业活动污染海洋环境防治管理规定》（本节简称本规定），于 2010 年 10 月 8 日经第 9 次部务会议通过，自 2011 年 2 月 1 日起施行。

一、概述

（一）适用范围

防治船舶及其有关作业活动污染中华人民共和国管辖海域适用本规定。

本规定所称有关作业活动，是指船舶装卸、过驳、清舱、洗舱、油料供受、修造、打捞、拆解、污染危害性货物装箱、充罐、污染清除及其他水上水下船舶施工作业等活动。

（二）主管机关

国务院交通运输主管部门主管全国船舶及其有关作业活动污染海洋环境的防治工作。

国家海事管理机构负责监督管理全国船舶及其有关作业活动污染海洋环境的防治工作。各级海事管理机构根据职责权限，具体负责监督管理本辖区内船舶及其有关作业活动污染海洋环境的防治工作。

（三）重要意义

本规定颁布实施的重要意义主要体现在：

(1) 建立了完善的船舶污染预防制度体系，不仅从制度建设上满足了依法行政的要求，为防治船舶污染海洋环境提供了法制保障；同时也将进一步引导和规范主管机关和行政相对人的行为，使船舶及相关作业的行为更为有序、更为规范，使主管机关管理公共事务、提供公共服务的职责更加明确。

(2) 树立了环保与安全并重、责任共担的理念，对提高个人、企业与政府的海洋环境保护责任意识具有积极的意义。

(3) 有助于提高船舶及有关作业活动的安全与污染防治水平，从保护海洋环境、发展海洋经济、实现海运业可持续发展的角度，引导海运业的良性发展，促进海运业结构的调整，为我国从航运大国迈向航运强国提供制度性保障。

二、相关作业的证书、资质和许可

人员关、船舶关、作业单位关是船舶防治污染中必须把好的三个关口。本规定对船舶、船员及作业人员、作业单位提出证书和资格要求。本规定第四条要求船舶的结构、设备、器材应当符合国家有关防治船舶污染海洋环境的船舶检验规范以及中华人民共和国缔结或者加入的国际条约的要求，并按照国家规定取得相应的合格证书。第五条要求船舶应当依照法律、行政法规、国务院交通运输主管部门的规定以及中华人民共和国缔结或者加入的国际条约的要求，取得并随船携带相应的防治船舶污染海洋环境的证书、文书。第六条要求中国籍船舶持有的防治船舶污染海洋环境的证书、文书由国家海事管理机构或者其认可的机构签发；外国籍船舶持有的防治船舶污染海洋环境的证书、文书应当符合中华人民共和国缔结或者加入的国际条约的要求。第七条要求船员应当具有相应的防治船舶污染海洋环境的专业知识和技能，并按照有关法律、行政法规、规章的规定参加相应的培训、考试，持有有效的适任证书或者相应的培训合格证明，从事有关作业活动的单位应当组织本单位作业人员进行操作技能、设备使用、作业程序、安全防护和应急反应等专业培训，确保作业人员具备相关安全和防治污染的专业知识和技能。第八条规定港口、码头、装卸站和从事船舶修造作业的单位应当按照国家有关标准配备相应的污染监视设施和污染物接收设施，港口、码头、装卸站以及从事船舶修造、打捞、拆解等有关作业活动的其他单位应当按照国家有关标准配备相应的防治污染设备和器材。

本规定第九条设定行政许可："船舶从事下列作业活动，应当按照《中华人民共和国海事行政许可条件规定》的规定，取得海事管理机构的许可，并遵守相关操作规程，落实安全和防治污染措施：

（一）在沿海港口进行舷外拷铲、油漆作业或者使用焚烧炉的；

（二）在港区水域内洗舱、清舱、驱气以及排放压载水的；

（三）冲洗沾有污染物、有毒有害物质的甲板的；

（四）进行船舶水上拆解、打捞、修造和其他水上、水下船舶施工作业的。"

三、船舶污染物的排放与接收管理

本规定第十二至二十三条对船舶、船舶污染物接收单位的排放和接收作业提出明确的管理要求，明确提出三大制度：禁排区制度、污染物接收作业许可制度、对二次污染的预防制度。

船舶各类排放需遵守法律、行政法规、有关标准以及中华人民共和国缔结或者加入的国际条约的规定；船舶不得向依法划定的海洋自然保护区、海洋特别保护区、海滨风景名胜区、重要渔业水域以及其他需要特别保护的海域排放污染物；船舶应当将不符合排放要求以及依法禁止向海域排放的污染物，排入具备相应接收能力的港口接收设施或者委托具备相应接收能力的船舶污染物接收单位接收；船舶将含有有毒有害物质或者其他危险成分的垃圾排入港口接收设施或者委托船舶污染物接收单位接收的，应当向对方说明此类垃圾所含物质的名称、性质和数量等情况；船舶应当携带相应的记录簿和船舶污染物接收单证到海事管理机构办理船舶污染物接收证明，并将船舶污染物接收证明保存在相应的记录簿中；国际航行船舶在驶离国内港口前应当将船上污染物清理干净，并在办理出口岸手续时向海事管理机构出示有效的污染物接收证明；船舶进行涉及污染物处置的作业，应当在相应的记录簿内规范填写、如实记录，真实反映船舶运行过程中产生的污染物数量、处置过程和去向。按照法律、行政法规、国务院交通运输主管部门的规定以及中华人民共和国缔结或者加入的国际条约的要求，不需要配备记录簿的，应当将有关情况在作业当日的航海日志或者轮机日志中如实记载。船舶应当将使用完毕的船舶垃圾记录簿在船舶上保留 2 年；将使用完毕的含油污水、含有毒有害物质污水记录簿在船舶上保留 3 年。

船舶污染物接收单位应当在污染物接收作业完毕后，向船舶出具污染物接收单证，如实填写所接收的污染物种类和数量，并由船长签字确认。船舶污染物接收单证上应当注明作业单位名称，作业双方船名，作业开始和结束的时间、地点，以及污染物种类、数量等内容。船舶污染物接收单位进行接收作业，应当具有与其作业风险相适应的预防和清除污染的能力，落实安全与防污染管理制度，遵守国家有关标准、规程并采取有效的防污染措施；船舶污染物接收单位应当将接收的污染物交由具有国家规定资质的污染物处理单位进行处理，并每月将船舶污染物的接收和处理情况报海事管理机构备案；接收处理含有有毒有害物质或者其他危险成分的船舶污染物的，应当符合国家有关危险废物的管理规定。来自疫区船舶产生的污染物，应当经有关检疫部门检疫处理后方可进行接收和处理。

四、作业单位备案、作业申报审批和作业现场监督

（1）作业单位备案管理要求：船舶污染物接收单位每月应将船舶污染物接收和处理情况报海事管理机构备案；从事污染危害性货物装卸作业的码头、装卸站应具有相应的安全装卸和污染物处理能力并经海事管理机构公布；从事船舶油料供受作业的单位应当向海事管理机构备案；船舶修造、水上拆解作业地点应经海事管理机构确定并公布等。通过对作业单位实施备案管理，可以掌握作业单位的作业安全与污染防治能力和作业情况，有效实现对船舶有关作业活动污染防治的源头管理。

（2）作业申报审批管理要求：第九条规定船舶从事相关作业活动应取得海事管理机构的许可；第十五条规定船舶污染物接收单位进行船舶垃圾、残油、含油污水、含有毒有害物质污水接收作业，应经海事管理机构批准；第二十五条明确了污染危害性货物适运申报和船舶适载申报制度；第三十六条明确了散装液体污染危害性货物过驳作业申报审批要求。通过实施作业申报审批管理，提高了船舶有关作业活动的准入门槛，明确了作业安全与污染防治要求，使船舶有关作业更为规范有序。

（3）作业现场监督检查要求：第三十三条规定了污染危害性货物集装箱开箱查验制度；第三十九条确立了供受油作业监督检查制度；第四十九条规定了海事管理机构可以采取的行政强制措施。对船舶有关作业实施现场监督检查，有助于督促船舶和作业单位落实作业安全与污染防治要求，查处违法、违规行为，保障船舶有关作业安全与海洋清洁。

五、船舶载运污染危害性货物管理

本规定的第二十四至三十七条细化了污染危害性货物适运申报、船舶适载申报和散装液体污染危害性货物过驳作业申报要求，确立了货物污染危害性质评估单位的认定标准，明确了散装有毒液体物质装卸、过驳作业的布设围油栏要求，规定了船舶载运污染危害性货物进出港口和特定区域应采取的安全和污染防治保障措施。

六、船舶油料供受作业管理

本规定的第三十八至四十一条细化了从事船舶油料供受作业单位的备案要求，对作业

双方应当采取的安全和防治污染措施、燃油质量控制、燃料供受单证、燃油样品的提供和保存等都作了详细的规定。

七、船舶拆解、打捞、修造等水上水下施工作业的污染防治管理

本规定设立单独一章，对船舶修造和水上拆解作业的地点、作业前的污染物处置和油舱测爆工作、船舶油舱存油的过驳作业、船坞内船舶修造作业前的污染防治措施、作业结束后污染物的清除处理等都提出了详细要求。

八、监督管理和法律责任

本规定第六章明确了海事管理机构对违反本规定行为的船舶和有关作业单位可以采取责令改正、责令停止作业、强制卸载等强制措施，细化和充实了《防污条例》对船舶和有关作业单位的处罚条款。

第十二节　中华人民共和国海上海事行政处罚规定

《中华人民共和国海上海事行政处罚规定》(本节简称本规定)于 2003 年 6 月 25 日经原交通部第九次部务会议通过，自 2003 年 9 月 1 日起施行。本规定实施 8 年多来，对保障我国水上交通安全起到了良好的作用。

一、概述

(一) 适用范围

在中华人民共和国管辖沿海水域及相关陆域发生的违反海上海事行政管理秩序的行为，适用我国有关法律、行政法规和本规定实施海事行政处罚。

在我国管辖沿海水域及相关陆域外但属于中国籍的海船内发生的违反海上海事行政管理秩序的行为，也适用我国有关法律、行政法规和本规定实施海事行政处罚。

中国籍船员在我国管辖沿海水域及相关陆域外违反海上海事行政管理秩序，并且按照我国有关法律、行政法规应当处以行政处罚的行为，也适用我国有关法律、行政法规和本规定实施海事行政处罚。

本规定采取的是属地管辖与属人管辖相结合的方式。属地管辖是指第一款规定的在中华人民共和国管辖沿海水域及相关陆域发生的违法行为适用本规定；同时，根据第二款的规定，在我国管辖沿海水域及相关陆域外但属于中国籍的海船内发生的违法行为也适用本规定，这里将中国籍海船也认定为我国管辖区域也适用属地管辖。属人管辖是指第三款规定

的我国籍船员在我国管辖沿海水域及相关陆域外实施的违法行为适用本规定。

（二）主要特点

本规定共5章136条，具有以下几个特点。

1. 覆盖海事监管各方面，具有综合性

本规定主要根据《中华人民共和国海上交通安全法》和《中华人民共和国海洋环境保护法》这两部海事监管最重要的母法制定，其援引的法律法规还涉及《中华人民共和国国旗法》《中华人民共和国公民出境入境管理法》《中华人民共和国船舶登记条例》等13部。其规定的违法行为涉及船舶所有人、经营人和船舶安全营运管理秩序，船舶、海上设施检验管理秩序，海上船舶登记管理秩序，海上船员管理秩序，海上航行、停泊和作业管理秩序，海上通航安全保障管理秩序，海上危险货物载运安全监督管理秩序，海难救助管理秩序，海上打捞管理秩序，海上船舶污染沿海水域监督管理秩序和海上交通事故调查处理秩序等11个方面。

2. 集实体规定与程序性规定为一体

本规定一方面在上位法的的种类、幅度和范围内设定了大量的违法行为及相应罚则；另一方面还根据行政处罚法对海事管理机构实施海事行政处罚设定了十分具体完备的程序。本规定设定的程序性规定多达49条，包括管辖、简易程序、一般程序、听证程序、执行程序和监督程序等6个方面。

3. 罚则设定和处罚对象有区分

本规定的处罚条款针对经营活动中的违法行为和非经营中的违法行为设定了不同的处罚幅度，且考虑到经营活动中违法行为情节和后果的严重性，对经营活动中违法行为的处罚要重于对非经营活动中违法行为的处罚。

本规定主要将船舶所有人和经营人作为处罚的对象，这是本规定的一大特点，正如《中华人民共和国海洋环境保护法》主要将船舶作为处罚对象一样；但同时本规定也设定了很多并罚条款，即在将船舶所有人和经营人作为处罚对象的同时，将船长或相关责任船员作为并罚对象。

二、海上海事行政处罚的种类和适用

本规定第二章对海事行政处罚的种类、处罚的合并执行、一事不再罚原则、罚过相当原则、不予行政处罚、从轻和减轻行政处罚情形、从重处罚情形等进行了规定，主要是对《中华人民共和国行政处罚法》相关条款进行了细化。

第八条规定的海事行政处罚的种类如下：

（1）警告；

（2）罚款；

（3）撤销船舶检验资格；

（4）吊销船舶国籍证书或临时船舶国籍证书；

（5）没收船舶登记证书；

（6）扣留船员职务证书；

（7）吊销船员职务证书；

(8) 吊销海员出境入境证件;

(9) 没收违法所得;

(10) 没收船舶;

(11) 法律、行政法规规定的其他海事行政处罚。

船员职务证书,包括船员培训合格证、船员服务簿、船员适任证书及其他适任证件。船舶登记证书,包括船舶国籍证书、船舶所有权登记证书、船舶抵押权登记证书和光船租赁登记证书。

本规定第十二条规定了应当从重处罚的 6 种情形:①造成较为严重后果或情节恶劣;②一年内因同一海事行政违法行为受过海事行政处罚;③胁迫、诱骗他人实施海事行政违法行为;④伪造、隐匿、销毁海事行政违法行为证据;⑤拒绝接受或阻挠海事管理机构实施监督管理;⑥法律、行政法规规定应当从重处以海事行政处罚的其他情形。

三、海上海事行政违法行为和行政处罚

本规定第三章共 11 节,主要对违反船舶所有人、经营人和船舶安全营运管理秩序,违反船舶、海上设施检验管理秩序,违反海上船舶登记管理秩序等 11 类违法行为进行了规定。

(一) 违反船舶所有人、经营人和船舶安全营运管理秩序

本节主要针对船舶安全营运管理秩序。

(二) 违反船舶、海上设施检验管理秩序

本节中常见的违法行为主要有以下 2 种:

一是第十六条规定的:"违反《海上交通安全法》第四条的规定,船舶和船舶上有关航行安全、防治污染等重要设备无相应的有效的检验证书的,依照《海上交通安全法》第四十四条的规定,处以下列行政处罚:……本条前款所称船舶和船舶上有关重要设备无相应的有效的检验证书,包括下列情形:(一)无相应的检验证书……"

二是第二十条规定的:"违反《船舶和海上设施检验条例》的规定,伪造船舶检验证书,或擅自更改船舶载重线,依照《船舶和海上设施检验条例》第二十七条的规定,处以通报批评,并可以处以相当于相应的检验费 1 倍至 5 倍的罚款。本条前款所称伪造,包括变造、涂改。"

(三) 违反海上船舶登记管理秩序

本节中常见的违法行为主要是第二十三条规定的:"违反《海上交通安全法》第五条的规定,船舶无船舶国籍证书或使用虚假的船舶国籍证书航行的,依照《海上交通安全法》第四十四条的规定,处以下列行政处罚……"

(四) 违反海上船员管理秩序

本节中常见的违法行为主要是第三十一条规定的:"违反《海上交通安全法》第七条的规定,未取得合格的船员职务证书或未通过船员培训,擅自上船服务的,依照《海上交通安全

法》第四十四条的规定，处以下列数额的罚款 ……”

本条前款所称未取得合格的船员职务证书，包括下列情形：

(1) 无船员职务证书；

(2) 持采取弄虚作假的方式取得的船员职务证书；

(3) 持伪造、变造的船员职务证书；

(4) 持转让、买卖或租借的船员职务证书；

(5) 所服务的船舶的航区、种类和等级以及所任职务超越所持船员职务证书限定的范围；

(6) 持已经超过有效期限的船员职务证书；

(7) 其他不符合法律、行政法规和规章规定情形的船员职务证书。

对本条第二款第(2)项、第(4)项规定的违法行为，除处以罚款外，并处吊销船员职务证书。

对本条第二款第(5)项规定的违法行为，除处以罚款外，并处扣留船员职务证书 3 个月至 12 个月。

(五) 违反海上航行、停泊和作业管理秩序

本节中的违法行为系船舶在航行、停泊和作业中的违法行为，均较常见，主要有配员不足、不按规定航路航行、不按规定停泊、不遵守避碰规则、发生海上交通事故、未按规定办理进出港签证等，在此不一一列举。此处主要介绍第三十六条：“违反《海上交通安全法》第九条的规定，船舶、设施上的人员不遵守有关海上交通安全的规章制度和操作规程，影响船舶、设施航行、停泊和作业的安全，造成海上交通事故的，还应依照《海上交通安全法》第四十四条的规定，处以下列行政处罚：

(一) 造成特别重大事故的，对全部责任者、主要责任者吊销船员职务证书，对次要责任者扣留船员职务证书 12 个月直至吊销船员职务证书；对相当责任者，扣留船员职务证书 24 个月或吊销船员职务证书。

(二) 造成重大事故的，对全部责任者、主要责任者吊销船员职务证书，对次要责任者扣留船员职务证书 12 个月至 24 个月；对相当责任者，扣留船员职务证书 18 个月或吊销船员职务证书。

(三) 造成大事故的，对全部责任者、主要责任者扣留船员职务证书 24 个月或吊销船员职务证书，对次要责任者扣留船员职务证书 6 个月；对相当责任者，扣留船员职务证书 12 个月。

(四) 造成一般事故的，对全部责任者、主要责任者扣留船员职务证书 12 个月至 24 个月，对次要责任者扣留船员职务证书 3 个月至 6 个月；对相当责任者，扣留船员职务证书 6 个月至 12 个月。

(五) 造成小事故的，对全部责任者、主要责任者扣留船员职务证书 6 个月至 12 月，对次要责任者扣留船员职务证书 3 个月；对相当责任者，扣留船员职务证书 3 个月至 6 个月。”

(六) 违反海上通航安全保障管理秩序

本节中规定的违法行为在实践中发生的数量相对较少，在此不加赘述。

（七）违反海上危险货物载运安全监督管理秩序

本节中设定的违法行为发生的数量相对较少，发生较多的系《危险化学品安全管理条例》中设定的违法行为。

（八）违反海难救助管理秩序

（略）

（九）违反海上打捞管理秩序

（略）

（十）违反海上船舶污染沿海水域环境监督管理秩序

此处主要介绍第七十四条："违反《海洋环境保护法》有关规定，船舶有下列行为之一的，依照《海洋环境保护法》第七十三条的规定，责令限期改正，并处以罚款：（一）向沿海水域排放《海洋环境保护法》禁止排放的污染物或其他物质的；（二）不按照《海洋环境保护法》规定向海洋排放污染物，或超过标准排放污染物的；（三）未取得海洋倾倒许可证，向海洋倾倒废弃物的；（四）因发生事故或其他突发性事件，造成海洋环境污染事故，不立即采取处理措施的。"以及第七十五条："违反《海洋环境保护法》有关规定，船舶有下列行为之一的，依照《海洋环境保护法》第七十四条的规定，予以警告，或处以罚款：（一）不按照规定申报，甚至拒报污染物排放有关事项，或在申报时弄虚作假的；（二）发生事故或其他突发性事件不按照规定报告的；（三）不按照规定记录倾倒情况，或不按照规定提交倾倒报告的；（四）拒报或谎报船舶载运污染危害性货物申报事项的。"

（十一）违反海上交通事故调查处理秩序

此处主要介绍第八十三条："违反《海上交通事故调查处理条例》规定，有下列行为之一的，依照《海上交通事故调查处理条例》第二十九条的规定，对船员处以警告或200元以下罚款；对船舶所有人或经营人处以警告或5 000元以下罚款：

（一）发生海上交通事故，未按规定的时间向海事管理机构报告或提交《海上交通事故报告书》；

（二）发生海上交通事故，在国外进行诉讼、仲裁或调解，船舶所有人或经营人未按《海上交通事故调查处理条例》第三十二条规定的时间将判决书、裁决书或调解书的副本或影印件报船籍港的海事管理机构备案；

（三）发生海上交通事故，未按海事管理机构的要求驶往指定地点，或在未发现危及船舶安全的情况下未经海事管理机构同意擅自驶离指定地点；

（四）发生海上交通事故，报告或《海上交通事故报告书》的内容不符合《海上交通事故调查处理条例》第五条、第七条规定的要求，或不真实，影响事故调查或给有关部门造成损失；

（五）发生海上交通事故，不按《海上交通事故调查处理条例》第九条的规定，向当地或船舶第一到达港地的船舶检验机构、公安消防监督机关申请检验、鉴定，并将检验报告副本送交海事管理机构备案，影响事故调查；

（六）拒绝接受事故调查或无理阻挠、干扰海事管理机构进行事故调查的；

（七）在接受事故调查时故意隐瞒事实或提供虚假证明。”

四、海上海事行政处罚程序

第四章共 6 节，包括管辖、简易程序、一般程序、听证程序、执行程序和监督程序等 6 方面。主要对海事管理机构实施行政处罚需遵循的相关程序进行规定。在此重点介绍第一百零八条：“当事人提出陈述和申辩的，海事管理机构应当充分听取，并对当事人提出的事实、理由和证据进行复核；当事人提出的事实、理由或证据成立的，海事管理机构应当采纳。当事人要求组织听证的，海事管理机构应当按本章第四节的规定组织听证。当事人逾期未提出陈述、申辩或逾期未要求组织听证的，视为放弃有关权利。”

根据本条的规定，行政处罚的当事人有提出陈述申辩和要求听证的权利。这是行政处罚法赋予行政处罚当事人的权利。当事人需行使该两项权利时，应主动向海事管理机构提出。

第十三节　国内海事法律法规框架及发展趋势

2000 年原交通部发布了《公路、水路交通法规体系框架和实施意见》（本节简称《意见》）。《意见》是交通运输部加强行业管理和交通立法工作的指导性文件。

根据《意见》，2001 年经第 18 次局长办公会议审定，中华人民共和国海事局发布《海事法规体系框架》（本节简称《框架》）。《框架》中涉及的法律法规，部分为现有的法律法规规章，部分为正在制定尚未公布的法律法规规章，还有部分为尚未制定的法律法规规章。故《框架》是对国内海事法律法规框架体系化的归纳与设想。但由于海事法律法规对海上安全管理、船舶防污染具有基础地位与作用，《框架》也在一定程度上预示并影响了海事管理的发展态势。

《框架》共分为 5 个方面的法规子系统，以相对比较理想的结构和分类设定了海事法规体系，即水路交通安全法规系统、船舶法规系统、船员法规系统、防止船舶污染环境法规系统、海事综合法规系统。该法规体系中，每个子系统都对应一部或若干部法律；在法律之下，按照主要管理事项或者相对比较独立的事项，提出相应的配套行政法规；在行政法规之下，按照主要业务分类、重要事项或相对比较独立的事项，提出相应的配套部门规章。下面对《框架》的内容进行简单介绍。

一、水路交通安全法规系统

1. 法律

水上交通安全法

2. 配套的行政法规

（1）海上交通安全管理条例

（2）内河交通安全管理条例

(3) 海上搜寻救助条例
(4) 沉船沉物打捞条例
(5) 水上交通事故调查处理条例
(6) 船舶引航条例
(7) 通航水域测绘条例
(8) 航标条例
3. 配套的部门规章
(1) 海上通航水域安全监督管理规定;
(2) 内河通航水域安全监督管理规定;
(3) 海上避碰规则;
(4) 内河避碰规则;
(5) 船舶交通管理系统实施规定;
(6) 船舶报告制实施规定;
(7) 通航水域水上水下施工与作业安全监督管理规定;
(8) 沉船沉物打捞管理规定;
(9) 船闸通航安全管理规定;
(10) 水上航行警告和航行通告管理规定;
(11) 水上遇险与安全通信管理规定;
(12) 非机动船舶航行规则;
(13) 水上交通事故调查处理规则;
(14) 水上交通事故统计规则;
(15) 海上搜寻救助实施规定;
(16) 船舶引航安全监督管理规定;
(17) 通航水域测绘管理规定;
(18) 海区航标管理规定;
(19) 内河航标管理规定。

二、船舶法规系统

1. 法律
船舶法
2. 配套的行政法规
(1) 船舶登记条例
(2) 船舶和水上设施检验条例
(3) 船舶安全检查条例
(4) 小型船舶管理条例
3. 配套的部门规章
(1) 船舶登记管理办法;

(2) 船舶升挂国旗管理规定；
(3) 船舶签证管理规则；
(4) 船舶安全检查规则；
(5) 船舶最低安全配员规则；
(6) 船舶日志管理规定；
(7) 客船安全监督管理规则；
(8) 船舶载运危险货物安全监督管理规则；
(9) 公务船管理规定；
(10) 小型船舶管理规定；
(11) 船舶水上过驳作业安全监督管理规定；
(12) 公司船舶安全与防污染资质管理办法；
(13) 船舶检验管理办法；
(14) 船舶检验机构资质管理规定；
(15) 船舶检验人员资格管理规定。

三、船员法规系统

1. 法律
船员法
2. 配套的行政法规
船员管理条例
3. 配套的行政规章
(1) 船员注册管理办法；
(2) 海员出入境证件管理办法；
(3) 船员公司管理规定；
(4) 海船船员值班规则；
(5) 内河船舶船员值班规则；
(6) 海船船员任职资格管理办法；
(7) 内河船舶船员任职资格管理办法；
(8) 船舶引航员资格管理规定；
(9) 磁罗经校正人员资格管理规定；
(10) 船员培训考试、评估和发证管理办法；
(11) 船员教育和培训机构资质管理办法。

四、防治船舶污染环境法规系统

1. 法律
(1) 海洋环境保护法

(2) 水污染防治法
(3) 大气污染防治法
(4) 固体废物污染环境防治法
(5) 环境噪声污染防治法
2. 配套的行政法规
(1) 防治船舶污染海洋环境管理条例
(2) 防治船舶污染内河环境管理条例
3. 配套的部门规章
(1) 防治船舶液体货物污染水域管理规定;
(2) 防治船舶压载水污染水域管理规定;
(3) 防治船舶废水污染水域管理规定;
(4) 防治船舶垃圾污染水域管理规定;
(5) 防治船舶废气与噪声污染环境管理规定;
(6) 防治船舶防污底系统污染水域管理规定;
(7) 防治船舶污染环境监测与评估管理办法。

五、海事综合法律系统

1. 法律
(1) 立法法
(2) 行政许可法
(3) 行政强制法
(4) 行政处罚法
(5) 行政复议法
(6) 行政诉讼法
(7) 国家赔偿法
2. 配套的行政法规
国务院已经制定、发布了一系列行政管理的法规。
3. 配套的部门规章
按照全国人大和国务院制定发布的行政法律、法规,制定相应的海事行政执法方面的管理规章,主要包括:
(1) 海事行政处罚规定;
(2) 海事行政强制程序规定;
(3) 海事行政复议规定;
(4) 海事行政执法责任追究规定;
(5) 辖区海事行政管理规定制定办法。

第四章

航海新技术的发展和应用

第一节 综合船桥系统

一、IBS 概述

随着世界航运事业的发展，船舶数量越来越多，船舶朝大型化、高速化方向发展，船舶的航行安全显得越来越重要，客观上推动着船舶导航与自动化驾驶技术的发展。综合船桥系统（Integrated Bridge System，IBS）是在船舶驾驶台构建的一个集导航、驾控、雷达避碰和航行管理于一体的高度信息化、自动化的集成系统，它利用计算机、自动控制、网络和信息融合等多学科现代技术，集中获取传感器信息、对信息集中监视、对事件灵敏检测和快速响应，及时发出各种控制命令，实施有效导航和控制，是全船的信息中心和指挥控制中心。根据国际海事组织制定的 IBS 性能标准，IBS 定义为：IBS 是一个集成系统，系统的各个部分相互连接以便于能够集中使用来自传感器的信息或各工作站的命令、控制信息，其目的是通过专业人员操控提高船舶管理的安全性和效率。

20 世纪 70 年代初，在综合导航系统（Intergrated Navigation System，INS）的基础上，挪威 Norcontrol 公司第一次应用计算机技术实现定位、雷达、航行、操舵的系统集成，推出一种船舶自动航行系统，命名为数据桥（Data Bridge），这是第一代 IBS，如图 4－1 所示，实际上是一种计算机化的避碰辅助和综合导航系统，综合程度较低，功能主要限于导航。

20 世纪 70 年代后期，由于燃油价格上涨，促使航运界通过研究新技术来降低航行成本。自适应操舵仪的成功研制，促成了第二代 IBS 的产生。在这期间，随着计算机技术的发展和自动控制理论的深入应用，IBS 的功能不断升级，自动化程度显著提高，出现了很多 IBS 产品。挪威 Norcontrol 公司于 1975 年开发了 DB 2 型数据桥，20 世纪 80 年代初又开发了 DB 4和 DB 7。日本石川岛播磨重工业公司在 1975 年开发出 IHI 数据桥；三菱重工在 1976 年开发出 TONACMARAC；日立造船在 1980 年推出 TRANSLINE；日本 JRC 公司在 1981 年推出 SNA 型船桥系统。美国 Sperry 公司生产的 IBS 综合船桥、苏联的“轻风 21”型自动航行系统和德国 Atlas 公司的 NACOS 20 也相继推向市场。第二代 IBS 一般由船舶定位、

图 4-1　第一代综合船桥系统 DB 1

航行计划、避碰和自动操舵等子系统构成。与初期的 IBS 相比，第二代 IBS 增加了航行计划和自动操舵两个子系统，功能上从原来的导航功能扩展到控制功能，成为船舶综合导航和控制系统，可以实现船舶按计划航线自动航行，基本上实现了船舶自动化航行。

20 世纪 80 年代后期开始，世界各国生产的 IBS 系统在功能上逐步完善，技术上逐步成熟，发展出第三代 IBS。德国 Atlas 公司推出 NACOS 25/35 2 型 IBS；日本 JRC 公司开发了第 3 代产品 SNA - 90/91；日本古野电气公司（FURUNO）开发了 Voyager IBS；英国 RACAL 公司推出 MIRAN 3000。第三代 IBS 在继承以往 IBS 功能的基础上，增加了航行控制显示、监视、通信和管理功能，特别是电子海图的出现使 IBS 取得飞跃式的发展，许多大型航海仪器公司纷纷投入基于电子海图的 IBS 的研制开发，开始研制基于电子海图的一人船桥系统（One Man Bridge）和航行管理系统（Voyage Management System，VMS）等。基于电子海图的 IBS 组合了 ARPA 雷达，ECDIS，航线设计，航迹保持及航线和船舶性能监视等功能，将 ECDIS，ARPA 雷达，GPS 等组成一个集成系统，将导航设备提供的信息以及一些机舱的数据经处理后显示在几个综合显示器上，从而更便于驾驶员观测、决策和操作，并增加了航行规划等功能。图 4-2 为 Atlas 公司的 NACOS-25。

20 世纪 90 年代中期至今，船桥系统进一步发展，其配套设备实现了模块化、标准化和智能化，形成第四代 IBS。挪威 Norcontrol 公司推出了第四代产品 DB 2000；德国 Atlas 公司系列产品之 NACOS 45/55，如图 4-3 所示；英国船商公司的 NaviBridge 3000；美国 Sperry 公司的 VT 2100 综合船桥系统。第四代 IBS 基于现场总线和局域网络技术，ARPA 雷达、电子海图、AIS 及 CONNING 工作站通过网络相互融合，系统自动化程度进一步提高，出现了以海图雷达为核心的多功能航行工作站，船舶航行的安全性、可靠性与经济性都得到提高。驾驶台设备的集成化与网络通信功能的增强是这一阶段 IBS 的突出特点。

目前，IBS 不仅具有电子海图、导航定位、自动操舵功能，还能实现自动避碰、自动报警和主机遥控等功能，真正实现了“一人船桥”的自动化航行。IBS 已经成为舰船自动化的核心装备，得到了普遍应用。充分利用计算机、现代控制、网络和信息融合等技术，将船舶导航技术与船舶信息化技术、船舶自动操控技术等有机结合起来，把导航、自动航行、雷达避碰、机舱遥控以及船舶安全消防报警等功能模块集成于一个整体，构建高度信息化、自动化的船舶统一操控和管理平台。在这个平台上集成全部综合导航，实现各种导航信息测量、采集、

图 4-2　NACOS-25

图 4-3　NACOS 45/55

优化处理和综合使用以及航行状态监视、预报、航线设计、海图作业管理、综合船舶管理，能集成船舶操纵驾驶、机舱监测和遥控、自动避碰、航行控制、综合通信管理以及舰船安全、消防、自动监测和报警等众多功能，提供多样化的导航模式和航海控制功能，以丰富图形、图像和文字界面直观地实施对船舶信息和船舶状态的管理和控制，达到以最少的人力、最低的燃料消耗实施高效完善的航海导航技术服务的目的，最高程度地提高船舶航行的安全性和经济性。

未来的集成驾驶台系统中更加强调认知集成(Cognitive Integration)，不仅仅是设备的集成,集成驾驶台系统中将包括更多的传感器,数据融合技术(Data Fusion)将对综合处理来自众多的传感器的测量数据有很大帮助。专家系统(Expert System)为自动航行和自动避让提供了有力的手段。人工神经网络(Artificial Neural Network,ANN)、遗传算法(Genetic Algorithm, GA)以及模糊控制理论的不断发展和成熟,也将为集成驾驶台系统提供更多的理论工具和控制算法。集成驾驶台系统将更加强调信息的深层次处理,充分发挥计算机的快速计算和推理能力,起到态势分析、危险评估、决策支持、智能导航和自动驾驶的作用。总之,未来的集成驾驶台系统成为集导航(定位、避碰)、控制、监视、通信和货物管理于一体的船舶综合管理系统,更加重视信息的集成,如 Littion Marine Systems 将其下一代集成驾驶台系统命名为综合船舶信息系统(Integrated Ship Information System,ISIS),并逐步朝着船舶自动驾驶、自动避让以及自动靠离码头的智能化和全自动化方向发展。

二、IBS 的设计特点、分类与等级、组成与功能

(一) 基本设计特点

未来船舶、智能化船舶的研究促使了集成驾驶台概念的形成。挪威 DNV 的“一人船桥”理念促进真正意义上 IBS 的形成。可以说集成驾驶台已成为船舶自动化的必然趋势,是航海自动化的研究方向。IBS 的特点是直观和集成控制,具体有以下几方面。

(1) 集中集成控制:IBS 的基本思想就是集成控制,它将传播所有的导航、航行监视、报警和机舱控制功能集中到驾驶台,将所有导航设备通过网络连接实现集成管理。IBS 是自动化管理的必然结果,能够满足一人值班的理念,在减轻值班驾驶员的劳动强度和确保航行安全的前提下,也考虑航行的经济性。

(2) 模块化设计:IBS 的模块化设计思想已成为集成驾驶台的规范,各种功能部件经模块化设计集成,每个模块的功能相对独立且易于组合集成,可以根据需要把某个模块脱开或接入集成系统,一旦某个模块发生故障时,只要把这个模块脱离,就不会影响系统中任何其他部件的操作和运行。

(3) 屏幕式显示:IBS 采用直观的屏幕信息显示,这种方法能够最大限度使用视觉信息,直接醒目地提供船舶航行中各种相关的信息,适合驾驶员值班人员快速观测、判断和操作。这种显示方式已成为集成驾驶台的主流显示方式和发展方向。

(4) 工作台式布局:集成控制台多采用工作台式布局,便于监视、操作和适应一人值班的要求,工作台式的集成驾驶台布局已成为 IBS 的主流方向。考虑到驾驶台的自然格局,目前 IBS 的工作台有办公桌式组合结构、线性阵列式结构、圈椅式结构、航天控制中心式配置等布局。

(5) 电子海图作为航行系统的核心:电子海图对航行安全的重要性日渐突显,电子海图能直观地显示安全水域和危险水域,是 IBS 的核心设备航行工作站的基础显示平台。船舶在海上航行可以直接映像成船舶在海图上航行,不仅可以显示实时船位,而且还可以设计航线和航行监视。防搁浅功能是电子海图的主要功能之一。因此,电子海图作为集成驾驶台的核心内容,不仅是航海人员的主观愿望,而且是由其所提供的功能所形成的一种客观

趋势。

（二）IBS的分类与等级

IBS是一个集成船舶信息探测和信息操作并能进行集中控制的综合系统，包括航线设计、航路监视、航行安全、通信、机舱控制和保安信息等。目前还没有专门的IBS设计标准，而且IBS对船舶来说也非强制。各船级社为船舶提供选择性的船级符号，如："NAV1"是英国LR的船级符号，"W1-OC"是挪威船级社DNV的，"NAV-OC"是德国劳氏GL的，而美国船级社ABS的是"OMBO"。这些船级符号的意思是船舶配备了支持一人操纵的IBS。影响IBS自动化程度的因素很多，主要包括驾驶台本身的设计、驾驶台设备的布置和设备的型号等。

IMO关于IBS的组成和定义如图4-4所示。IMO定义的IBS是一个完整复杂的系统，不仅包括了航行执行单元，还包括通信、装卸货系统、安保系统、船舶管理系统和机舱控制系统。IBS与INS之间的关系可以从图4-4所示的国际海事组织定义的IBS和INS看出。不难发现，IBS的主要功能体现在对舰船的检测和控制以及辅助其实现的通信功能上。INS是IBS完成检测和控制舰船的信息来源。

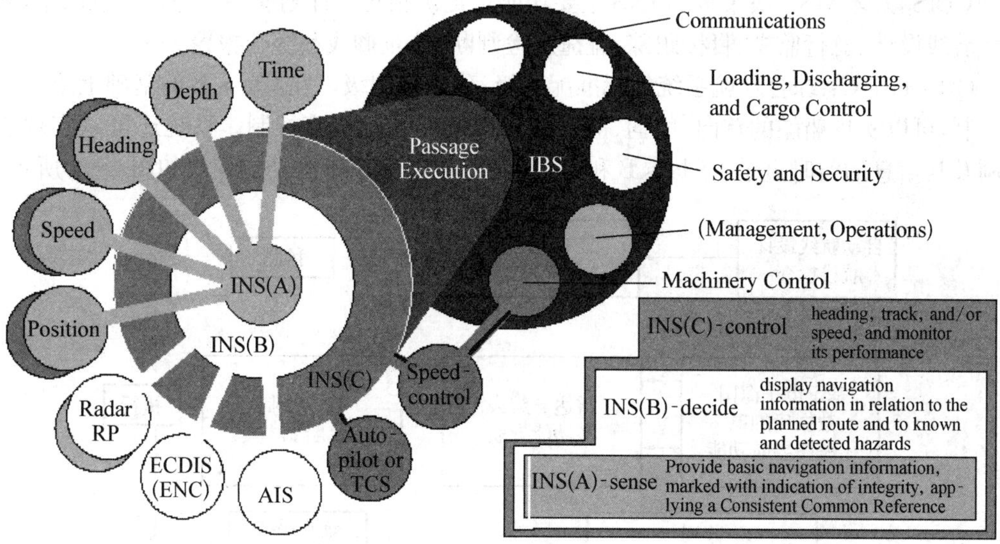

图4-4　IMO关于IBS的组成

目前的技术还很难实现IMO定义的IBS系统，船舶装备的IBS大多以DNV的"一人船桥"来配置，主要由航行执行单元、机舱控制、通信、安保和报警系统组成。IBS实际上是INS的升级。按照IMO的标准，INS分为三个等级。

（1）Class A：INS的简单配置，称为传感器级。主要包括时间、水深、航向、速度和船位等传感器，可以提供基本的航行信息，实现在同一参考坐标系下的导航信息的综合显示。A级INS实际上就是各种导航传感器的信息融合。A级INS的可能配置如图4-5所示。

（2）Class B：INS的基本配置，称为决策级。在Class A级的基础上增加了ARPA雷

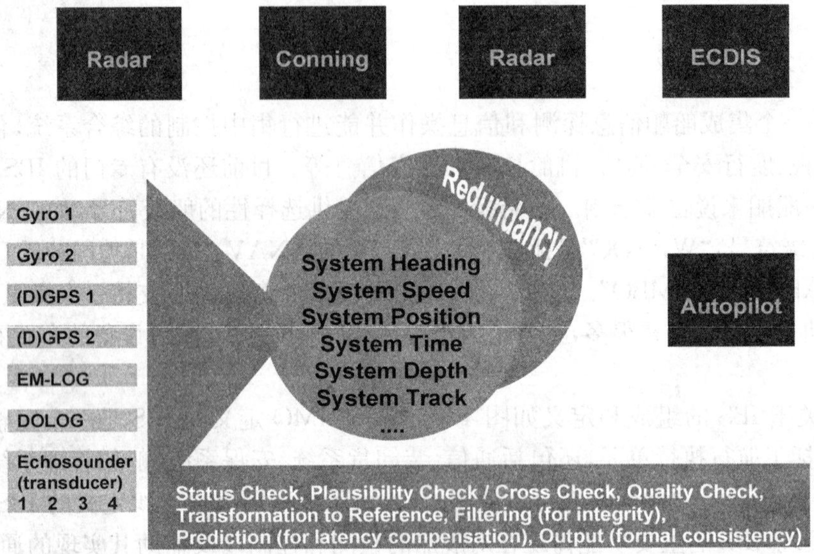

图 4－5　Class A 综合导航系统的可能配置

达、ECDIS 以及 AIS。决策级的 INS 主要功能是提供相对于计划航线的综合导航信息，可以进行航线设计、航行监视、目标跟踪、碰撞危险判断、防止搁浅和综合报警。

（3）Class C：综合导航系统的标准配置级，称为控制级。在 Class B 的基础上集成了机舱控制，可以实现船舶的首向、航向、航迹控制以及船舶的速度控制。系统还可以实现船舶控制及其信息的实时显示。Class B 和 Class C 综合导航系统的功能模块如图 4－6 所示。

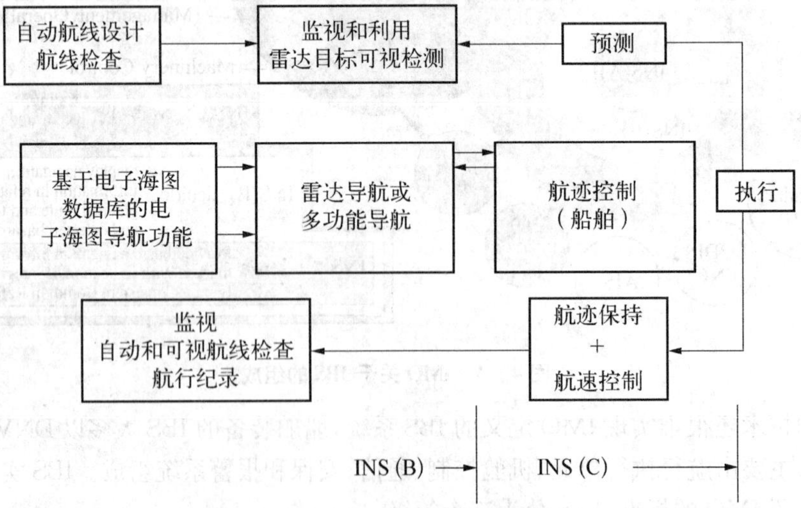

图 4－6　Class B 和 C 的配置和功能

（三）IBS 的组成与功能

IBS 的构成主要包括：航行工作站、海图雷达、驾驶台航行状态和信息显示系统、电子海图显示与信息系统、主机监视控制显示系统、航行监测装置、船舶状态监控工作台、通信系统、报警系统等。IBS的集成化与智能化是不可分割的，构成与功能又是有机的整体。IBS的智能配置主要应包括如下系统。

1. 航行工作站

为了实现航行安全与效益的船舶营运目标，船舶的航行控制被放在首位。航行工作站主要包括以下功能：航路与航线的设计与优化；航向跟踪与修正；避碰；防搁浅；与岸站支持系统的通信；船舶内外的数据通信；各种船舶设备的组合操作；值班瞭望以及船舶状态的评价与控制，如图4-7所示。

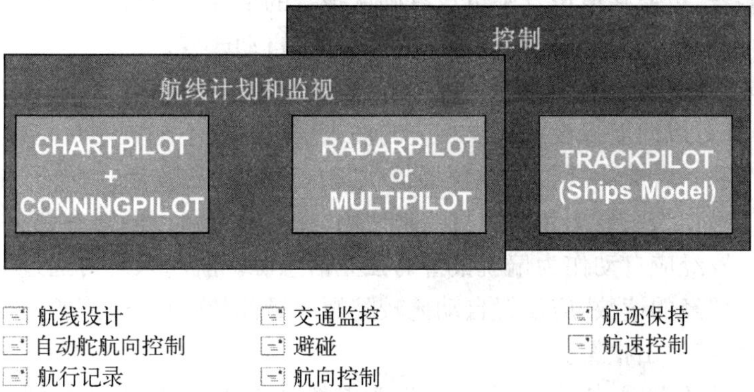

图4-7 航行工作站的功能

航行工作站应配备下列设备：

(1) 雷达/ARPA；

(2) 定位系统的显示器；

(3) 测深仪的显示器；

(4) 航速和计程仪的显示器；

(5) 罗经的显示器；

(6) 风速和风向指示器；

(7) 操舵装置及舵角指示器；

(8) 回转速率指示器；

(9) 航向和航迹监视系统；

(10) 主推进和侧推的控制器和指示器；

(11) 值班安全系统的确认装置和人工启动装置；

(12) 内部通信系统；

(13) 甚高频无线电话；

(14) 时间指示器；

(15) 窗户清洗控制器；

(16) 航行灯控制器；

(17) 汽笛控制器；

(18) 莫氏灯控制器；

(19) 驾驶室和设备的照明控制。

IBS应配置两台性能相互独立的雷达，其中至少一台是海图雷达，并且有至少一台工作在X波段，当任何输入信号丢失时，雷达应能自动检测并能清楚指示。IBS应配备一台ARPA，ARPA的功能可以是独立或包含在一台雷达中。系统应至少配置两套能连续显示经纬度的定位系统，其中之一应是全球定位系统或等效系统，另一套为罗兰或GPS。

IBS应设置与自动舵系统独立的偏航报警，如已配备自动航迹跟踪装置，当船舶的位置偏离计划航线超过设定的报警值时，可由定位系统发出偏航报警。当船舶到达航路点时应能发出足够的警告，以便在值班驾驶员没有确认报警的情况下，有足够的时间到达驾驶台并对航向改变进行确认。如不预先确认，船舶航向不应自动改变。

IBS的航向系统应配置两台能提供首向信息的陀螺罗经，每一台陀螺罗经的首向信号应能连续显示，并可以向航行设备提供相应的输入信息。如不配置两台陀螺罗经，也可以配置一台陀螺罗经和一台能向其他导航仪器提供首向信息的磁罗经。在任何时候，只能选用其中一台罗经信号作为主显示和控制目的来使用，在IBS上可以随时在两台罗经之间转换，并且未被选中的罗经应自动作为偏航报警的独立信息源。航向系统可通过航行工作站的显示器比较每一台罗经的读数，应设置自动比较陀螺罗经读数的设备，当首向信号的差值超过某一设定值时，系统发出报警。

IBS可以使用ECDIS或Chart Radar作为航线计划工作站，航线计划工作站应能完成下列工作：

(1) 确定船位；

(2) 计划航线，计算到各航路点的时间；

(3) 指示时间。

航线计划工作站指示的时间应与航行工作站上指示的时间来自同一系统。

IBS应配置独立的报警系统，航行设备的报警应为视觉和听觉报警，并应集中以便有效识别，至少应设置下列报警：

(1) 最近会遇点；

(2) 浅水；

(3) 到达航路点；

(4) 偏航；

(5) 偏离航迹；

(6) 舵机故障；

(7) 航行灯故障；

(8) 陀螺罗经故障；

(9) 值班安全系统故障。

IBS应配备值班安全系统，用来显示当班驾驶员在驾驶台正常值班，值班安全系统应不影响驾驶功能的实施，应具有下列功能：

(1) 设计和布置应尽量防止非授权人员使其动作；

(2) 应定期检查1次，间隔时间最长为12 min，其结构、安装和布置应保证只有船长才能接近并设置适当的时间间隔；

(3) 在驾驶台提供值班驾驶员进行应答的设施；

(4) 值班安全系统失灵时，应在驾驶台发出报警；

(5) 当驾驶员在 30 s 内没有对报警进行反应或确认，值班安全系统应通过一固定的装置立即发出值班报警给船长、指定的后备驾驶员和公众场所，在驾驶台可随时人工启动值班报警；

(6) 对值班报警的应答只能在驾驶台进行；

(7) 任何时候，包括断电期间，值班驾驶员应能通过双向通信设备与另一个合格驾驶员通话；

(8) 应配备一便携式能够传递报警和双向通话的设备。

2. 岸站支持系统

IBS 又称"一人船桥"，船上配员日趋减少，船上设备自动化程度越来越高，船舶对岸站的信息需求就显得更加强烈。这些信息包括：船舶动态信息，如船位、目的港及变更信息等；气象与海洋信息；货物信息；给养信息，如燃油；港口信息，如泊位、引水；维修保养信息，如主机、航海设备维修厂站等；入行信息，如最佳航线和危险区域；与船员生活相关的信息，如新闻、工资、消遣等。

3. 船舶综合数据库

实现全船的集成管理，除必要的执行系统、支持系统外，还必须拥有一定规模的数据库，至少应包括操船经验与知识、与本船相关的各种数据。

4. 恶劣天气航行系统

在恶劣海况中航行是最艰难的，也是时常发生的。恶劣海况中的航行没有可以遵循的规章而全凭操船者的知识、经验以及应变能力。可以通过征询众多的船长和船员，集他们的经验，形成一种恶劣天气航行系统，以供需要时调用参考。

5. 应急系统

航行中，可能发生各种应急状态，如火灾、碰撞、搁浅、船员生病等。可以将各种应急情况及其各自的解决程序存入计算机以供应急时调用。

IBS 的最低配置如图 4－8 所示。

满足 DNV－W1 的 IBS 配置如图 4－9 所示。

美国斯伯利(Sperry)航海公司生产的 IBS 如图 4－10 所示。该系统主要由航行管理站(VMS)、海上网络(Seanet)、位置滤波组件(PFM)和航行工作站(NWS)等组成，其主要功能由 VMS 和 NWS 完成。NWS 是航行计划和数据输入站，其功能包括海图数字化、航行计划制订和储存以及船舶稳定性计算等。VMS 则是 IBS 的中心指令和显示装置，其功能包括显示航线、电子海图和指令信息。VMS 主要由航线控制组件(RCM)和指挥控制信息组件(CIM)等部分组成。RCM 组件结合 Sperry 的 ADG 自动舵，可进行精确且可靠的自适应自动航线控制，与航迹控制器连用，可向自动舵发送转向和转头速率指令；而 CIM 组件则采用直观易读的数字字母和图像形式向指挥驾驶人员提供完整的中心指令信息，使其能搜集并处理所需要的信息。

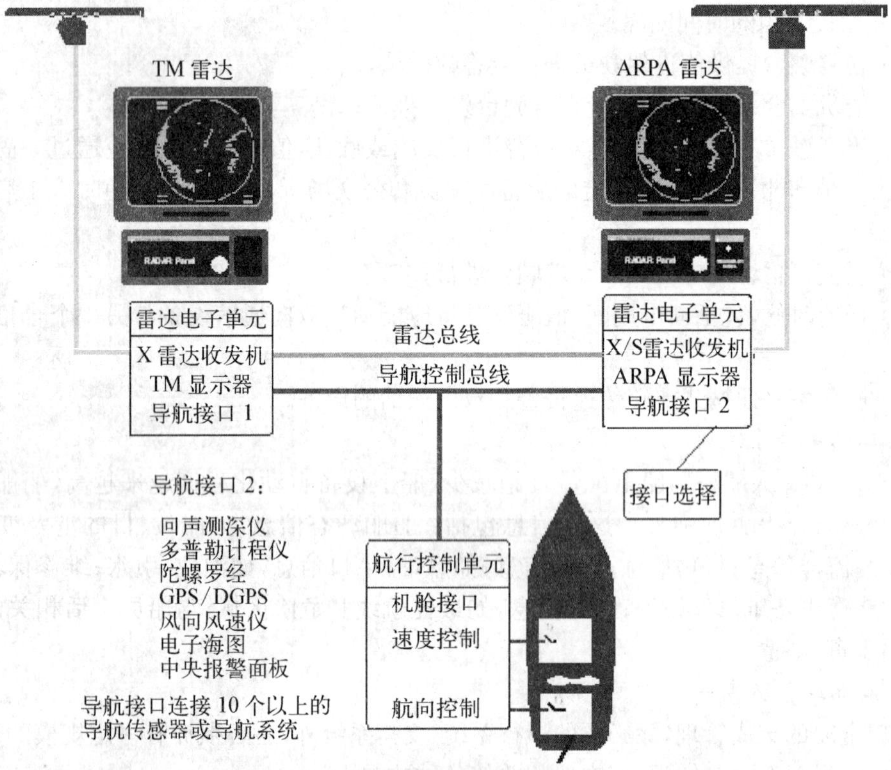

图 4-8 IBS 的最低配置

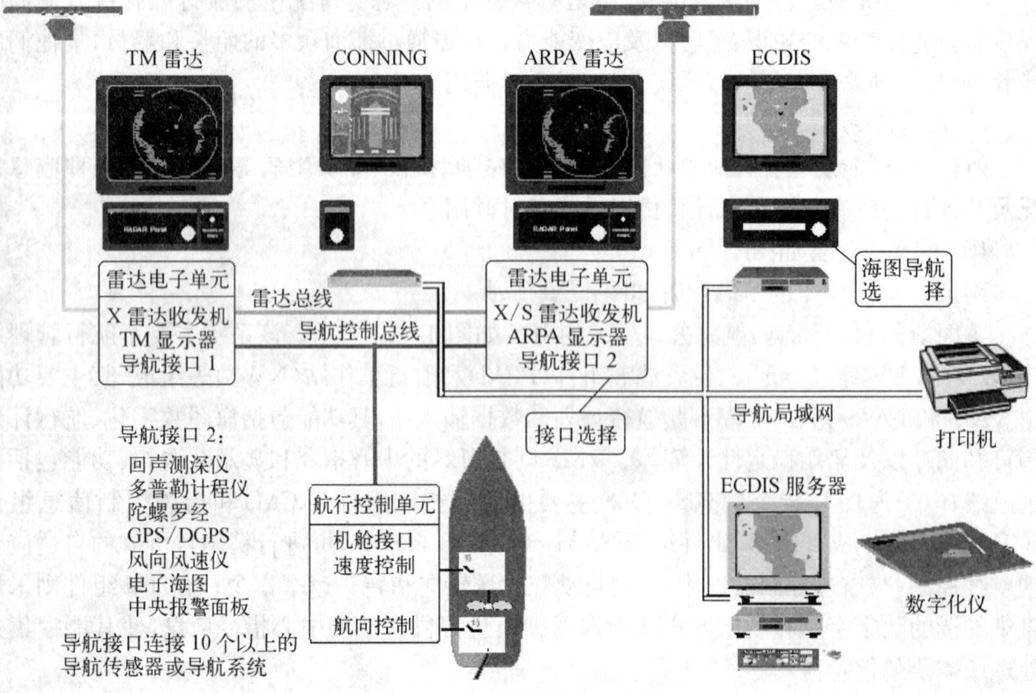

图 4-9 DNV-W1 的 IBS 配置

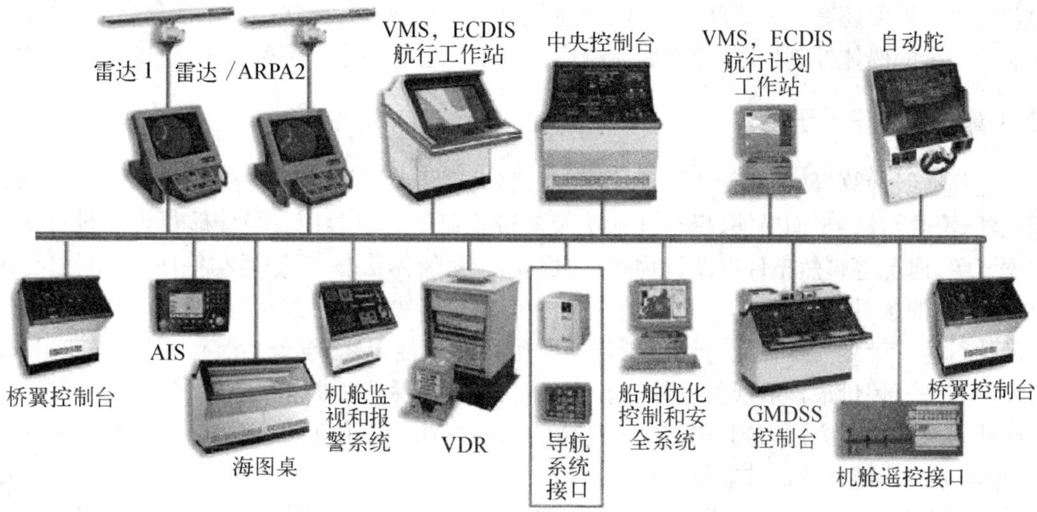

图 4－10　Sperry 的 VT 2100 型 IBS 配置

三、综合船桥系统的发展

近年来 IBS 在国外得到广泛而深入的研究，并且应用较普遍，国内对 IBS 进行系统研究也是近几年才开始，其研究内容及方法主要表现在以下几个方面。

(一) 状态监测研究

状态监测主要包括气象、海况状态监测和船体状态监测。气象、海况状态监测的数据有风向、风速、水温、气压、气温、波高、波长、海流及潮流的有关参数等。采用的设备包括风向、风速仪，水温、气温传感器，海流计及雷达等。为了预报未来的气象、海况，还必须由通信系统从地面气象中心获得大范围内的气象、海况数据，如波浪预报图、天气图等。该子系统硬件设备存在的问题是如何改进现有的设备以满足自动化航行对这些设备的高自动化、高可靠性的要求。此外，该系统的研究还包括波浪观测方法、预报方法及如何提高气象中、长期预报的准确性。提高预报的准确性又是预测船舶状态、设计未来航线的关键，因此需要找到解决中、长期天气和海况预报准确性问题的方法。

船体状态监测根据船舶航行状态的不同而具有不同的工作状态，如有进出港工作状态、沿岸航行工作状态、大洋航行工作状态等。停泊装卸时由货物装卸管理系统完成。该子系统需要的数据来源有两个：一是由传感器测取的船体各部分应力、波浪冲击力、船体倾斜角度、船舶运动参数等；二是由其他系统输入的有关气象预报、海况预报数据，潮流、海流信息等。此外还有一些基本数据如船舶参数、船舶在各种波浪状态下的响应特性等。目前该子系统所使用的传感设备在船舶上尚未真正使用，主要研究的是根据自动化航行的要求确定船体安全的关键部位，应测取哪些数据，开发数据处理和船体状态评价的软件程序。监测硬件设备可根据现有技术开发船用硅备。目前，某种风、浪的条件下，处于某一装载状态的某种类型船舶的运动特性、船体状态响应特性的表述正逐步趋于定量化，但要想得到非常完善的理论数学模型还有一定难度。要准确预测未来某种气象、海况状态下的船体状态，确定保证船舶安全的船体控制措施，建立船体响应预测软件还需要进一步深入研究。

(二) 最佳航线设计研究

包括航线计算、最佳航行计划设计两大内容。航线计算是进行一般的航行计算，包括大圆航法、混合航法、平面航法、墨卡托航法及航迹推算等计算程序。最佳航行计划设计是指根据气象、海况等自然条件以及货物状态、积载状态、船体状态、船舶运动特性、主机性能（输出功率、耗油量、推进效率等），并基于一定的评价标准，决定船舶航行的最佳航行计划，并能自动执行这一计划。最佳航行计划既包括所确定的最佳航线，也包括航行于这一航线的最佳航行方法。评价最佳航线的参数有航行时间、燃油消耗及货损、船损等。航行方法主要是指航线上船舶航行方法、最佳航速、偏航时的归航方法。最佳航行计划设计一般包括大海域、小海域和局部海域最佳航行计划设计。

该子系统的研究关键在于软件开发。到目前为止，关于最佳航线的研究主要是围绕气象最佳航线设计展开的。研究内容有：最佳航线设计的数学方法；各种气象、海况条件下船体状态、船舶运动特性；预报气象、海况数据的精度等。目前，用于评价最佳航线的算法有最小剩余航程法、变分法、极大值原理法和动态规划法。气象、海况的中、长期预报精度仍然是影响最佳航线设计的主要因素。

(三) 基于计算机网络技术的 IBS 信息传输研究

IBS 各子系统间要不断地进行数据交换，信息的传输途径非常重要。目前主要有局域网(LAN)和利用船舶电子设备的现有接口设备两种方式。由于网络技术先进、使用方便，是目前的主要研究方向。通过网络可增加扩充系统的数据处理及数据通信功能，它将整个系统各传感器和子系统有机地联接起来，实现导航、操控、避碰、监视和通信的整体组合，从而提高系统的自动化程度、有效性和可靠性。美国 Sperry 公司生产的 IBS 采用令牌环形局域网，经过网络接口单元各传感器和导航设备与网络进行通信，网络管理是分布式的。该系统已安装在“林肯”号航空母舰、巡洋舰和其他大中型舰船上。

网络化是未来舰船的发展方向，建设舰船网络、进行网络拓扑结构分析相当重要。可把整个舰船的网络结构分为主干网和子网两个层次。IBS 采用局域网方式，可选用符合实时要求的令牌环网等。IBS 的局域网作为舰船网络的一个子网。根据舰船的实际需要、信息流量、访问主服务器的频繁程度、工作站数及微机数等因素综合考虑配置。该子网应有安全保密措施、很强的抗干扰能力和设备冗余等高可靠性。令牌环网采用分布式管理，网络连接器具有旁路电路，保证了网络上任何节点失效不影响环网的运行，便于传感器和导航等设备的改变和扩充，适于在舰船环境中使用。令牌环网在 IBS 中的应用具有广阔的前景。

(四) IBS 信息的综合处理研究

IBS 中包括各种信息，如来自雷达、平台罗经、惯性导航系统、测深仪、计程仪和 GPS 等设备的导航信息，来自其他传感器的风速、风向、浪高等环境信息，航迹、航向、航速、舵角、主机转速等状态信息，气象、海况预报信息以及各种静态信息。如不对这些信息进行综合处理而直接提供给操船人员，只会造成“信息过载”而有悖于减轻驾驶员负担的初衷，因此必须进行信息集成，即对来自多传感器的原始信息进行加工、处理，把更有用的综合信息提供给驾驶员。针对众多的传感器，可采用目前研究较热门的数据融合技术对来自各信息源的数据进行总体而全面的相关、估计和综合处理，从而得到精确、完整的综合信息，比单个传感器的信息更精确、简洁、可靠。数据融合也称信息融合，它是利用计算机技术对来自多传感器的信息按时序和一定准则加以自动分析和综合的信息处理过程，最终得出一个全面的、精确的目标态势。针对数据融合的关键技术（信息转换、相关技术、态势数据库、融合推理等）可结合人工智能技术展开研究。

（五）IBS信息的综合显示研究

目前，针对IBS信息显示，主要研究的是电子海图技术。电子海图不仅具有海图信息的显示功能，同时也是整个IBS人机接口的图形界面。电子海图技术极大地增强了IBS的功能，它可将海图资料、导航定位信息、雷达目标信息和航行计划编制与实时航迹再现于高分辨率的彩色大屏幕显示器上，安全而经济地辅助航行。在军舰上还可设置专用海图模块向作战指挥系统提供电子海图信息。

此外，为了显示更多的信息，研究人员开展了雷达图像、ARPA数据与ECDIS的叠加显示关键技术研究。叠加雷达图像会覆盖一些海图信息，并且雷达图像数据量大，采集、处理和显示较复杂，可采用图像处理和图形识别技术来解决。雷达是IBS采集目标信息的主要设备，船用雷达（ARPA）需要提高抗杂波干扰能力，增强目标识别能力，以提高测量精度和数据更新率。

（六）精确定位系统研究

在IBS中精确地确定本船的位置信息是相当重要的。目前的船舶定位手段主要有无线电导航系统、惯性导航系统和卫星导航系统等。卫星导航系统的GPS是当今最先进的定位系统，其精密定位服务（PPS GPS）可以提供高精度定位，但一般用户只能使用其标准定位服务（SPS GPS），加之SA政策的限制，使二维定位精度降到100 m。为满足自动化航行和自动避让的需要，必须提高SPS GPS的定位精度。在近海水域可利用护向标差分台链进行差分，在大洋中则可利用INMARSAT C和广域差分技术实现差分。

（七）航行专家系统研究

随着计算机技术的发展，利用人工智能的航行专家系统在IBS中有着广阔的应用前景。船舶航行操纵是一个在复杂环境条件下的人机过程，要求航海者具有丰富的经验、准确的判定能力和渊博的知识。然而这并不是每个航海者都能具备的。智能专家系统则汇集了诸多专家的经验知识，借助计算机的快速处理和专家智能软件，迅速准确地解决自动航行中的某些特定“项目”，起到参谋和咨询作用。随着航行设备精度与可靠性的提高以及专家系统理论与技术的日臻成熟，航行专家系统将成为IBS的重要组成部分。目前，针对航行专家系统国内外研究较多的是导航专家系统和避碰专家系统等。导航专家系统是一种基于知识库的实时决策支持系统，其主要功能是根据选定的航线信息、ECDIS信息、船位信息、气象信息、海况以及港口VTS信息等提供有关船舶当前状态的信息，通过自动舵系统及主机遥控系统实现自适应航道保持和到达时间的自动控制,对潜在的危险(碰撞、搁浅)等进行报警,以及对船舶的航行方案提供修改建议。该系统在掌握足够信息的前提下,进行推理、评估和决策,不仅具有报警、提示和建议功能,而且具有实时决策支持功能。

安全避让是保障船舶航行安全最重要也是最复杂的一个问题。据可靠的数据统计,在船舶的航行事故中,碰撞事故约占全部事故的60%以上。广为所知的是,80%以上的海上交通事故与人为失误有关。因此,减少人为失误是减少海上交通事故、提高船舶航行安全性的关键环节,必须研究和开发避碰专家系统。避碰专家系统可以在掌握足够信息的前提下,及时、正确地判断会遇态势,进行危险评估,并确定最佳避让措施,从而有效地弥补和避免人在观测、判断和决策过程中的失误。现代船舶避碰的专用设备是 ARPA,其性能至关重要,而电子海图应用系统与避碰系统相结合是其重要的发展趋势之一,其实现思路是:先把国际避碰规则和各类航海专家的经验表示为计算机能运行的知识库和数据库,然后让计算机根据 ARPA 输入系统的避碰数据和电子海图数据库的数据,通过推理机的判断,最终得出正确可靠的避碰方案。目前避碰、避险方法还采用了模糊逻辑与神经网络等人工智能方法,但所有这些人工智能方法的实际应用还需要进一步研究与实践。此外,知识库的建立对专家系统的正常工作至关重要。知识库不同于普通数据库,知识库不仅记录数据,更重要的是根据以前的数据建立数学模型,总结出规律和经验。

(八) 航行综合控制研究

在 IBS 中,导航设备和其他设备提供关键信息,通过航行综合控制来操纵船舶按要求航行,因此航行综合控制是其关键组成部分之一。目前针对航行综合控制的研究,国内外主要集中在航向、航速、航态控制等方面。近年来,智能控制特别是专家系统、模糊逻辑和神经网络在航行综合控制中的应用研究受到重视。由于船舶运动存在非线性、时变等特性,传统的控制方法很难取得良好的控制效果,采用智能控制方法可望解决这些问题。

(九) IBS 智能故障诊断和容错控制研究

IBS 是一个复杂的系统,包含很多子系统和各种设备,因此保证整个系统的可靠运行就显得相当重要。故障的自动诊断、自动报警、自动处理等技术的运用将大大提高 IBS 的可靠性。故障诊断目前正朝着智能化发展,特别是计算智能和神经网络技术在故障诊断中的应用。容错控制是 20 世纪 80 年代发展起来的一种提高控制系统可靠性的技术。容错控制系统设计主要包含两个问题:故障诊断和容错控制器设计。故障诊断是容错控制的基础,容错控制为故障诊断研究带来活力。

第二节 INMARSAT - F 系统

一、INMARSAT - F 系统简介

随着陆上 Internet 日益普及和业务需求的急剧增长以及海事用户对大信息(如图片、图

像等)数据传输需求的增加,除传统的电话、传真及电传通信业务外,都要求 INMARSAT 发展宽带卫星通信系统,以适应多媒体业务和 Internet 业务发展的需要,使 INMARSAT MES 与陆上用户一样享用综合业务数据网(Integrated Service Data Network,ISDN)的速度、便利和提供综合通信业务。

INMARSAT 将移动 ISDN 和移动分组数据业务(Mobile Packet Data Service,MPDS)技术用于 INMARSAT-F,使得 INMARSAT-F MES 通过移动 ISDN,能同时进行话音、传真和数据通信,利用 MPDS,可在线、实时连接到 Internet,与 LAN 或 WAN 直接互连。

IMO 关于卫星通信的新决议(话音通信的优先控制功能)要求用 GMDSS 通信的系统,能在船到岸和岸到船两个方向上区分四个(遇险、紧急、安全、日常)等级的通信,以改善搜救通信,保证海上安全。基于 INMARSAT 第三代卫星(INMARSAT-3)并兼容 INMARSAT-4 而开发的 INMARSAT-F 通信系统是目前唯一能满足 IMO 新决议的卫星通信系统,船到岸、岸到船两个方向上能按四个优先等级对话音通信实现控制,使海上搜救协调中心(MRCC)或其他机构发出的 P=3,2,1 的通信可以优先中断正在进行的、较低等级的影响搜救的通信,将占用的信道让给较高等级的通信使用。

二、INMARSAT-F 的通信业务和系统组成

INMARSAT-F 与其他 INMARSAT 通信系统共享 INMARSAT 卫星,各卫星覆盖区 NCS 的位置与 INMARSAT-B 相同,分别是 AOR-E 和 AOR-W 的位于英国的 Goohilly,备用的挪威 Eik,以及 POR 和 IOR 的位于日本的 Yamaguchi,备用的新加坡 Sentosa。移动站 MES 通过卫星、地面站可以与陆上的电话网、数据网用户进行电话、传真和数据通信。

(一) INMARSAT-F 的通信业务

INMARSAT-F 通过具有点波束功能的 INMARSAT 第三、第四代卫星为海事用户提供话音、传真和数据通信业务,如表 4-1 所示。

表 4-1 INMARSAT-F 业务

业　务	F77	F55	F33
4.8 K 话音	是	是	是
2.4 K FAX	OPTION	否	否
9.6 K FAX	OPTION	OPTION(点波束)	是(点波束)
9.6 K 数据	OPTION	OPTION(点波束)	是(点波束)
64 K ISDN 数据(UDI)	是	是(点波束)	否
64 K ISDN 话音	是	是(点波束)	否
64 K ISDN FAX(3.1 K 音频)	是	是(点波束)	否
MPDS	是	是(点波束)	是(点波束)

INMARSAT－F MES 按天线直径的大约尺寸，有 F77(80 cm)、F55(50 cm)和 F33(30 cm)三种型式。F77 为用户提供全球波束和点波束的话音、不受限数据信息(Unrestricted Digital Information，UDI)即高速 ISDN 数据、INMARSAT IMPDS。F55 为用户提供与 F77 相同的话音通信，但仅在 INMARSAT 卫星的点波束覆盖区内提供与 F77 相同的数据通信业务。F33 为用户提供的话音业务与 F77 相同，还提供 INMARSAT 卫星点波束覆盖区内的中速传真和数据通信业务。

三种型式 INMARSAT－F MES 机内均装有 GPS 接收机，利用其提高的位置信息和卫星点波束图，MES 可以确定是否位于卫星的点波束覆盖区以及确定最好的点波束。MES 位于卫星点波束区域时的工作性能优于位于全球波束时的工作性能。MES 更小、更轻，EIRP 更小；提高(相同洋区的)频率的使用率；节省卫星功率。INMARSAT－3 提供 7 个点波束，而 INMARSAT－4 则提供多达 229 个点波束。INMARSAT－F 的特性如表 4－2 所示。

表 4－2　INMARSAT－F 特性表

特　　性	F77	F55	F33
天线尺寸/cm	80	50	30
天线 G/T/(dB/K)	−4	−7	−12.5
1—4 卫星兼容	是	是	是
(全球波束)EIRP：4.8 K 话音/dBW	22	20	20
(最大) EIRP/dBW	32	25	20
频率范围/MHz	1 525～1 559(接收)/1 626.5～1 660.5(发射)		
调制：4.8 K 话音/2.4 K Fax	O－QPSK		
调制：64 K ISDN/MPDS	16QAM	16QAM	16QAM(接收)、π/4QPSK(发射)
符合 GMDSS	是	是	否

在 INMARSAT－F MES 中只有 F77 符合 IMO 的 GMDSS 要求。

(二) INMARSAT－F77 的通信业务

INMARSAT－F77 提供电话、传真和数据通信。

1. 电话

F－77 提供两种电话通信服务：一种是基于先进的多带激励(Advanced Multi-Band Excitation Speech Model，AMBE)算法语音压缩编码技术的语音编码器将话音转换为数字信号的 4.8 kbps 电话(简称 4.8 K 电话或 AMBE 电话)，是话音质量较低但经济的 F77 默认电话服务；另一种则是使用 PCM 语音编码(话音带宽 4 kHz，采样频率 8 kHz，8 bit 量化)的 64 kbps ISDN 高质量电话。

2. 传真

F77 提供 3 类传真通信服务。

(1) 由 ISDN 提供的使用 G3 类模拟传真机的传真通信，其最大速率达到14.4 kbps。由于使用 PCM，将 3.1 kHz 声音信号转换为 64 kbps 的数字信号，得名3.1 K (声音) FAX。

(2) 使用 ISDN 协议的 G4 类传真：G4 类传真的速度约是 G3 类的 6 倍，G4 与 G3 相"兼容"，即 G4 可以作 G3 类使用(G4 可以接收来自 G3 和 G4 的传真，但 G4 不能向 G3 发传真)。

(3) 9.6 kbps 传真：INMARSAT－F 的 9.6 kbps 传真与 INMARSAT－B 的传真相同，是基于 9.6 kbps 的异步数据传输。9.6 kbps 传真除速率高于 6.4 kbps 传真外，在性能要求、业务特性方面没有大的区别。

3. 数据

F77 提供 2 类数据通信服务。

(1) UDI　F77 UDI 的速率是 64 kbps，其 ISDN 信道的使用与陆上 ISDN 相仿，以分钟为单位来收取费用。由于 ISDN 采用电路交换，有效地减少了线路连接时间、降低了费用，特别适用于要求充分使用数据通信信道的应用，如实时传输数据最大的文件、图片、图像等。

(2) MPDS　F77 MPDS 的速率也是 64 kbps，MPDS 信道提供与采用 TCP/IP 协议的分组数据网的连接，是 INMARSAT－F 为海上用户提供的一种新的业务、另一种 ISDN 信道。MPDS 信道的收费与 UDI 的电路交换信道不同，是按发送或接收的数据量而不是按时间进行收费的，适用于交互式的信息传输，如 WEB 浏览、E-mail 和访问企业内部互联网等。

图 4－11 和图 4－12 给出了 INMARSAT－F 的两种数据通信费用的比较。

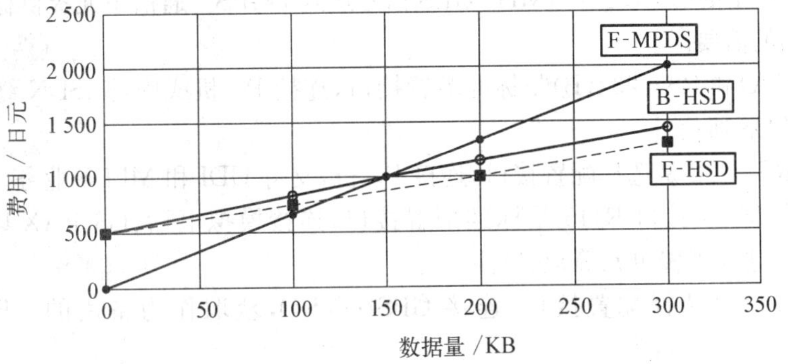

图 4－11　HSD 与 MPDS 费用比较

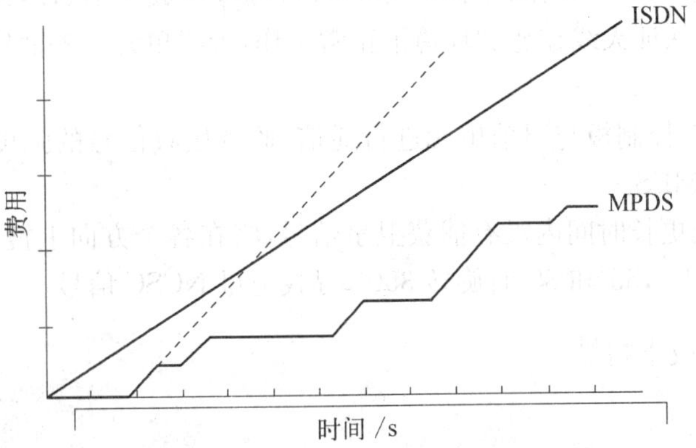

图 4－12　ISDN 和 MPDS 费用与通信时间的比较

由于 UDI 采用电路交换，建立线路连接约需 30 s，所以图中直线(F－HSD，B－HSD)的起始点不在原点。当数据量小于 120 KB 时，MPDS 比 UDI 经济。

使用 64 kbps 的数据通信，每 1 MB 约需 2.5～3 min。

(三) INMARSAT-F 的组成

船上使用的 INMARSAT-F 设备由 MES 和外接的终端设备构成，外接设备标准型的基本配置为：

(1) ISDN 电话机，连接到 ISDN 总线，由电话机可以进行电话通信业务 4.8 K 或 64 K 的选择、(由菜单作)电话通信连接、端口等；

(2) 遇险报警单元，用于电话遇险呼叫(遇险时，按 Distress 按钮至少 6 s，再按电话机上"#"键或等待 15 s 自动启动)，最多可连接两个报警单元。

供选择的配置为：G3 传真机；模拟电话机；终端适配器(Terminal Adapter，TA)，用于将(两个)模拟设备(电话或 G3 FAX)连接到 ISDN 端口；PC 机，用于 UDI/MPDS 通信。

MES 由甲板上设备(天线单元)和甲板下设备(通信单元)两大部分组成，它们通过 50 Ω 同轴电缆相连接。

通信单元由 Modem (调制解调器)单元、电源单元和接口单元组成，电源输入为 AC 100～240 V，电流为 0.89～1.47 A。Modem 单元含有终端适配器板及带有 SIM 卡插口的 Modem 板，它输出的(1 542±17)MHz GPS 信号送到 DGPS。通信单元提供标准数据接口，便于各种应用的需要。

RS－232(A)和 RS－232(B)是标准配置接口，连接 PC 机或内部 ISDN 终端适配器，用于 UDI 和 MPDS 通信。

USB 和 RS－422 是选择配置接口，连接 PC 机，支持 UDI 和 MPDS 业务。

标准电话、ISDN 接口 RJ45 是标准配置接口，连接模拟电话、G3 FAX 以及多达 8 个 ISDN(电话机、遇险报警单元等)端口。

NMEA 接口是选择配置接口，连接 GPS/GYRO，获取作为备用的 GPS 数据/航向数据。

天线单元由稳定的天线支架(Pedestal)、螺旋阵列(Helical-array) 天线、支架控制单元(PCU)、高功率放大器(HPA)、双工器(Diplexer)、低噪声放大器(LNA)、GPS 接收机及跟踪接收机组成，为了保证天线在恶劣环境下正常工作，天线单元的外面罩有用强化塑料制成的钟形外罩。

PCU 经由 HPA 控制板与通信单元进行通信、监视接收信号的强度、使天线指向卫星，并能自动跟踪卫星 MES。

当天线在 4 s 或更长时间内没有捕获卫星信号，将在各个方向上搜寻卫星，天线将在俯仰角分别为 5°，25°，45°，55°和 85°时旋转 350°，寻找卫星 NCSC 信号。

(四) INMRSAT－F 技术特性

1. 通信单元

发射频率　　　　1 525.5～1 650.5 MHz

接收频率	1 525.0～1 559.0 MHz
调谐步进	5 kHz (电传、电话)、40 kHz (UDI/MPDS)
接收灵敏度	大于－4 dB/K
EIRP	32 dBW (UDI/MPDS),20 dBW (BPSK/O－QPSK)
调制	话音O－QPSK/4.8 kbps
MES 信令	BPSK/3 kbps
HSD/FAX	16QAM/64 kbps
MPDS	16QAM/64 kbps
接续方式	SCPC/FDMA (语音、传真、UDI)

2. 天线单元

增益	20.3 dB
极化	右旋园极化
轴比	2.0 dB
指向范围	AZ：360°,无回绕　　EL：5°～90°
指向精度	<3°(EL/AZ)
跟踪	圆跟踪系统

3. 电源

100～240 V,单相,50～60 Hz,1.47～0.89 A

第三节　AIS,LRIT 和 VDR

一、船舶自动识别系统

(一) 概述

随着世界船舶数量的不断增加以及船舶向大型化和高速化方向不断发展,世界重要水道越来越拥挤,海损事故频繁发生,这给船舶航行安全和海洋环境造成了巨大的威胁。为了保证船舶航行安全及保护海洋环境,海事部门加强了海上交通管制,这使得船舶间以及船岸间的信息交换与日俱增,船舶识别也备受重视。

在 1995 年 IMO 的航行安全分委会(NAV)第 41 次会议上,瑞典和芬兰首次联合提出了一个名为"将自组织时分多址技术应用于船舶间和船岸间的海上转发器系统的建议草案"的提案。该转发器系统利用了由瑞典民航局提出的新概念 GP&C(全球定位与通信和 SOTDMA(自组织时分多址接入技术)。GP&C 的特征是利用 VHF 无线数据链路和自组织时分多址技术实现航空、航海以及陆路运输领域的导航、识别、监视、状态报告和通信功能。以 GP&C 概念构成的监视系统与当今的雷达系统相比具有信息量大、可靠性高、功能多、经济性好、作用范围广和易于组网等优点,具有广泛的应用前景。在 1996 年 IMO 的第 42 次航行安全分委会会议上,各成员国就确定未来船舶自动识别系统是利用新提出的

SOTDMA 技术还是利用过去 GMDSS 系统中提出的 DSC 技术这一问题，进行了广泛的讨论。最后达成的共识是：未来的船舶自动识别系统必须能够满足船舶间以及船岸间不断增长的信息交换的需要。IMO 成员在 1997 年第 43 次航行安全分委会会议上基本达成了一致的意见，确定以 SOTDMA 技术为基础的"通用船载自动识别系统（Automatic Identification System，AIS）"作为未来的全球海上实施系统。该系统不仅考虑了最初提出的船舶交管系统（VTS）对船舶识别的需要，同时也应满足海上船舶避碰的需要。

在 AIS 标准草案的讨论过程中，国际灯塔协会（International Association of Light House Authorities，IALA）和国际电信联盟（International Telecommunication Union，ITU）给予了极大的关注和支持，成立了专门的工作组（8C/XA）来制定相应的技术标准，并在 1997 年世界无线电大会上为 AIS 预先分配了全球通信频率（海上 VHF 87，88 信道）。1998 年 11 月，国际电信联盟正式通过了 AIS 的技术性能标准 ITU－RM. 1371 建议"在海上 VHF 移动频段利用时分多址技术的通用船载自动识别系统的技术特性"。同年，IMO 69 届海安会也批准了"关于通用船载 AIS 性能标准"的建议案。可以说，1998 年基本上奠定了 AIS 的实施基础。到 2000 年，海安会最终批准了 1999 年第 45 次航行分委会会议上通过的对 SOLAS 公约第五章有关强制装载 AIS 内容的修订，规定航行于国际航线的 300 总吨及其以上船舶和公约国航行于国内航线的 500 总吨及其以上船舶必须从 2002 年 7 月 1 日起到 2008 年 7 月 1 日止分阶段强制装载 AIS 系统。

AIS 是一种自主改善船舶避碰，而不依赖雷达自动获取航行信息、发送船舶数据的一种新型的船用助航设备。从表面上看强制装载 AIS 系统仅仅是实现了 VTS 中船舶自动识别的功能，但实质上它给海上监视技术带来了一个全新的概念。以此为基础，还能实现诸如导航、监视、通信、控制、状态报告等其他多项功能，并能进一步推广出更多的实际应用，因此给海上现代信息技术领域带来革命性的进步。

（二）AIS 的基本技术原理

通用船载自动识别系统的主要功能是将船舶的标识信息、位置信息、运动参数和航行状态等与船舶航行安全有关的重要数据，通过 VHF 数据链路，广播给周围的船舶，以实现对本海区船舶的识别和监视。因此，为了支持上述功能的实现，通用船载自动识别系统的基本组成包括：内置的卫星定位传感器、VHF 数据通信机、通信控制器、船舶运动参数传感器接口和显示接口；其外围设备主要有提供船舶航向的电罗经，提供船舶位置以及对地运动参数的船舶主卫星导航定位仪器，提供船舶转向速率的传感器和显示操作终端（如 ECDIS）。

AIS 采用的核心技术是 SOTDMA 技术。系统实时动态地调整信道分配，船舶自主选择空闲时隙发送信息而不干扰其他船舶的信息，从而实现了多船舶自主连续地进行动态信息交换，不需要人为的干预。

SOTDMA 技术是通过数据打包链接技术。AIS 技术标准规定：把每个 VHF 信道的时间划分成固定长度的时隙，每分钟为 1 帧，1 帧分为 2 250 个时隙，1 个时隙长26.7 ms（AIS 数据传播速率为 9 600 B），1 个时隙可传输 256 bit 的信息。长于 256 bit 的信息，则要占用多个时隙。AIS 系统的理论容量是 2 000，即在 VHF 通信覆盖范围内可以同时有 2 000 条船舶进行相互间的信息交换。

装有AIS设备的船舶，在规定的AIS频道上，根据传输信息量，自动选择一个或多个空闲时隙，主动、实时地在选定的时隙内向外发送本船的动态、静态、航行信息及其他航行安全相关信息，且同时接收周围装有AIS设备的岸站、船站发出的同类信息。

时隙分配根据通信链路的工作状态进行动态调整。在统一的VHF频道上，AIS范围内的任何船舶都能自主互不干扰地发送和接收全部(岸站)的AIS信息。因而实行了多船舶间及船岸间高速实时地交换船舶航行信息，从而为船舶驾驶员航路监视、避碰及恶劣天气海况下的安全航行提供了连续准确的信息和可靠的通信手段，也为港口管理部门、船舶上级管理部门等各相关部门进行船舶信息管理提供了方便可靠的手段。

AIS核心技术工作原理如图4－13所示。由图4－13可见，在每一个AIS信道上，规定1 min为1帧，每帧分为2 250个时隙，时隙号为0～2 249。每一个AIS设备，根据信息量，自主选择1～3个空闲时隙，分1帧或数帧发射或接收AIS信息。

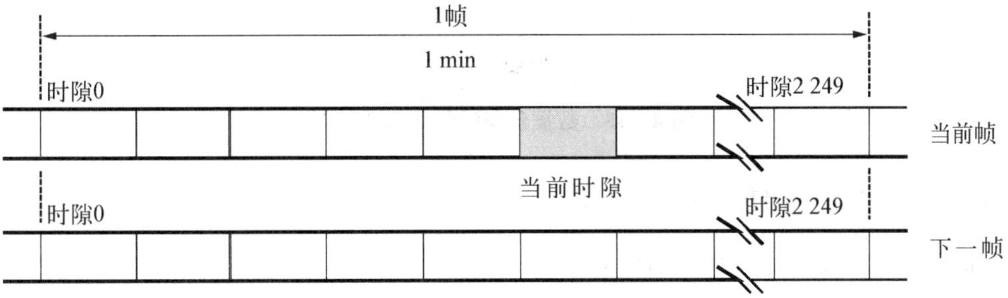

图4－13　AIS核心技术工作原理示意图

船舶申请时隙的关系如图4－14所示，例：A船选择10号时隙发送信息；B船选择2 245和2 246号时隙发送信息；C船选择2 249号时隙发送信息。如1帧信息未发送完，可在第2帧、第3帧中该时隙内发送，直到信息发送完毕。

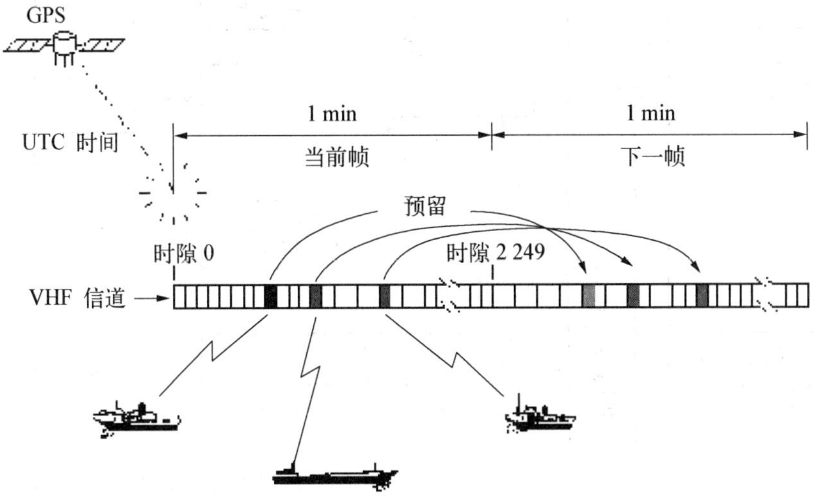

图4－14　船舶申请时隙关系图

通用船载自动识别系统的数据链路采用高级数据链路控制(HDLC)协议,报文的结构、时序以及数据包与时隙之间的关系如图 4-15 所示。

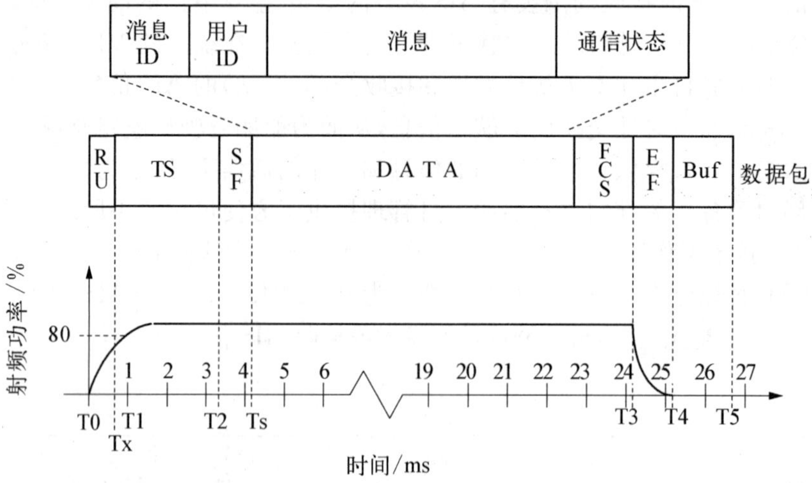

图 4-15　数据包与时隙之间的关系

(三) AIS 的组成与主要技术指标

AIS 设备组成如图 4-16 所示。

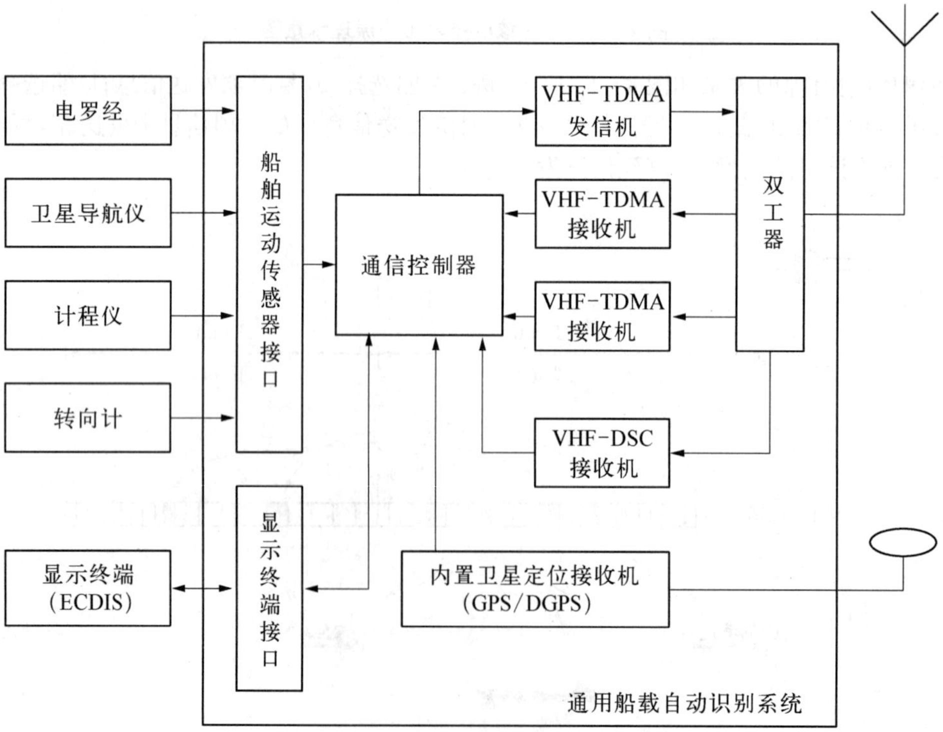

图 4-16　AIS 系统设备组成

由图 4－16 可见，船舶 AIS 由 GPS 接收机、AIS 信息处理器、VHF 收发机、船用外围设备、电源 5 部分组成。

(1) GPS 接收机：接收 GPS 卫星信号，确定本船船位。同时接收 GPS 卫星时钟信号，而使每个 AIS 设备的时间一致，实现帧同步。

(2) VHF 收发机：内设一个 VHF 发射机、两台 VHF－TDMA 接收机和一台 VHF－DSC 接收机，工作在 VHF 87B 频道(161.975 MHz)和 VHF 88B 频道(162.025 MHz)。设置 VHF－DSC 接收机的目的是为用于守听岸站发送的频率切换信息，实现 AIS 工作频率在不同区域间的自动切换。如果收到岸站的频率信息，则自动或手动将 AIS 的工作频率切换到岸站指定的频率上，如美国为 28B 频道。

(3) AIS 信息处理器：信息处理器 CPU，用于数据处理和信息处理控制。

(4) 船用外围设备接口：连接各种外围设备。通过外围设备接口单元与 AIS 主机连接的基本设备有电罗经、计程仪、GPS 和 DGPS，用于取得航向(COURSE)、航速(SPEED)、船艏转向速率(ROTATION)等数据。通过外围设备接口单元与 AIS 主机连接的供选择扩充设备可以有：电子海图 ECDIS，外接计算机(供引水员使用)，远距离识别和跟踪用设备，声光报警系统。

(5) 电源：由备用电源蓄电池供电，为 DC 24 V，3 A。

以下为 AIS 的主要技术指标。

频率范围：162.025 MHz～1 560.025 MHz

AIS 专用频道：

国际 AIS 频道：CH 87B(161.975/161.975)

CH 88B(162.025/162.025)

美国 AIS 频道：CH 28B(162.000/157.400)

日本 AIS 频道：CH 2079(161.575/156.975)(即 CH 79)

CH 2081(161.675/157.075)(即 CH 81)

信道间隔：25 kHz/12.5 kHz

发射功率：12.5 W/2 W

数据传输速率：9 600 bps

调制方式：GMSK

工作方式：SOTDMA 方式

时隙：2 250 个/每信道

每分钟为 1 帧

每帧分为 2 250 个时隙

(四) AIS 的工作模式

AIS 系统工作有三种模式：自组织、分配、询呼。

自组织模式是 AIS 的基本工作模式，在公海和没有特殊通信要求的海域内均采用该种工作模式。

分配模式主要是由各个国家交管监视中心指配工作模式，以便于监管中心控制数据传输的间隔和时隙。

询呼模式指船舶 AIS 自动响应来自于其他船舶或交管部门的问询，传输相关信息内容。

(五) 主要功能

安装了 AIS 的船舶不仅可以互相通信，而且还可以与主管当局交换信息，这对船舶安全航行无疑带来了更多的方便。

(1) 系统可在无须人工介入的情况下，主动连续地向同样配备 AIS 的主管当局的岸台和其他船舶提供信息，包括船舶识别码、船型、船位、航向、航速、航行状态和其他与安全相关的信息。

(2) 系统能接收并处理船位、航向、航速等传感信息，自动接收来自具有相同配备 AIS 的船舶、管理当局及其他来源的上述信息。

(3) 以适当的更新速率提供船位和操纵信息以便于管理当局和其他船舶精确跟踪和监视船舶动态。自主模式下的信息更新率因船舶类型不同而不同。对高优先级以及有关安全的呼叫以最快的速率确定。

(4) 与 AIS 岸台交换数据，以使主管部门指配工作模式、控制数据传输的时间和时隙，指配工作模式使用广播式或受控应答式。

(六) AIS 设备操作

1. AIS 交换的信息内容

用 AIS 高速实时地交换的信息包括四个方面内容。

(1) 静态数据：船舶识别号 MMSI，船名，呼号，IMO 编号，船舶类型，定位用的 GPS 天线位置。该数据在 AIS 安装时就已输入，平时不能更改。

(2) 动态数据：船位(GPS 测定的经度和纬度)、航速(计程仪测定的对地航速)、航向(对地航向)、罗经航向、转向速率、UTC 时间、航行状态(航行、抛锚、未受指令、灵活性受限制等)。该数据为 AIS 外接设备自动实时输入。

(3) 航次数据：计划航线、货物类型、目的港、预计到达时间和实际吃水。该数据为每个航次前由船长或船长委托授权者操作输入。

(4) 航行相关文本短信息或二进制信息：AIS 二进制信息是预先定义的信息包，用于船对船和船对岸交换标准信息，如引航员请求、当前水位等。该数据由驾驶员在航行中操作输入。

2. AIS 的信息显示

AIS 获得的信息显示有以下方法。

(1) LCD 显示：AIS 获得的信息用 LCD 显示器显示，是 AIS 必有的基本显示方法，要求显示内容不得少于三行。

(2) 电子海图 ECDIS 显示：是可选项，使相关信息能直接标记到外接的电子海图 ECDIS 上显示。

(3) 计算机显示：是可选项，提供外接计算机接口，供引水员接上外接计算机，显示有关数据。

3. AIS 数据的查看与设置

(1) 查看本船静态数据：船名、呼号、IMO 和 MMSI，该数据在安装时由管理级人员输入专用密码后输入，不能任意改动；船员人数、船舶类型、GPS 天线位置，该数据在安装时由管理级人员输入，一般不需变动，如有变化，可由船长或船长授权的驾驶员更改。

(2) 数据：LAT，LON，SOG，COG，ROT 和 HDG，以上数据由与 AIS 相接的船舶助航仪器自动输入。

(3) 本船航行数据：航行状态、目的港名称、到达日期时间和船舶吃水深度。

(4) 设置 CPA 和 DCPA 值。

(5) 查看目标参数。

(6) 查看本船收发信息记录。

4. AIS 信息的发射

AIS 发射信息的时间间隔如表 4-3 所示，有如下具体规定。

(1) 自动定时发射本船数据。接通电源，AIS 设备按以下程序自动发射。①发射本船静态数据。接通电源 2 min 内，设备自动发射本船静态数据：MMSI，IMO 编号，船名，呼号，船舶长度，宽度，船舶类型，GPS 天线位置。②以后每 6 min 发射一次。③发射本船动态数据。每 2～3 min 发射一次。动态数据为：船位，对地航向 COG，对地速度 SOG，转向速率，船艏向等。AIS 发射本船动态数据的时间间隔如表 4-4 所示。④发射本船航行数据。每 6 min 发射一次。航行数据为：船舶移动、危险品、目的港、CPA 和 TCPA。

表 4-3 AIS 信息发射的时间间隔

静态信息	每 6 min 广播一次，或根据要求
动态信息	2 s～3 min 之内广播一次，取决于船速和航向变化率
与航次有关的信息	每 6 min 广播一次，或根据要求
与安全有关的短消息	根据要求

表 4-4 AIS 发射本船动态数据的时间间隔

船舶类型	报告间隔
锚泊	3 min
船速 0～14 kn	12 s
船速 0～14 kn，并转向	4 s
船速 14～23 kn	6 s
船速 14～23 kn，并转向	2 s
船速大于 23 kn	3 s
船速大于 23 kn，并转向	2 s

(2) 手动发射编辑的短信息。船载 AIS 设备可经过 VHF 链路向一指定的船舶(MMSI)或海域中所有的船舶发射和接收信息。除发射常规信息外，还可发射编辑的短信息。短信息是指与航行相关的文本短信息或二进制信息，可使船对船和船对岸能够交换标准信息，如引航员请求、当前水位等。

5. AIS 信息接收

当 AIS 设备接收到其他 AIS 设备的信息信息时，显示器窗口显示：

MESSAGE!
ESC:[ENT]

可读取收到的信息。

6. AIS 使用及操作要求

一般 AIS 设备的操作方法均为菜单选择方式。其主菜单的内容如图 4-17 所示。

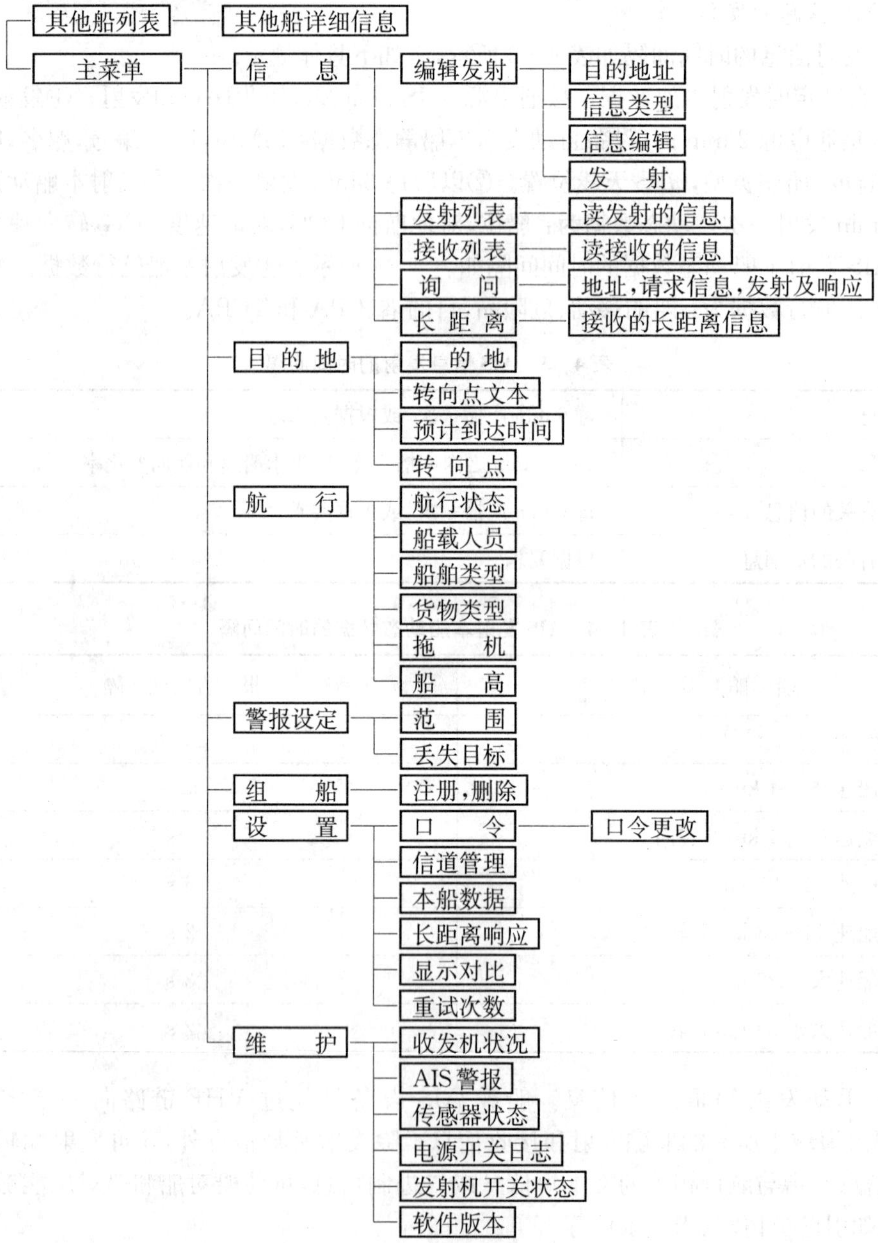

图 4-17　AIS 主菜单的内容

(七) AIS 设备使用中存在的问题和注意事项

1. 船舶信息的问题

目前船载 AIS 设备的信息内容主要存在以下几个问题。

(1) 静态信息不全或错误。AIS 静态数据主要包括本船船名、呼号、海上移动识别码(简称 MMSI)、国际海事组织号码(简称 IMO 号码)、AIS 天线的位置(可知船长和船宽)、船舶种类等。这些相对固定的数据一般在安装 AIS 设备时输入,且不能随意更改。静态信息不全或输入错误是比较常见的现象,主要有:①船名输入不正确或随意添加符号;②船舶呼号没有输入或输入不正确;③海上移动识别码没有输入或输入不正确;④IMO 号码输入不正确或没有输入。

(2) 动态信息误差较大或没有接入。动态数据主要有航行状态、吃水、本航次目的港、预计抵达时间、设置报警的 CPA/TCPA 值、海员数等。这些信息是通过导航传感器自动获得或航次计划时输入的。目前动态信息输入方面存在的主要问题有:①没有连接 GPS 定位数据,位置为地理坐标系原点;②航向误差较大或没有连接罗经;③没有输入或错误输入船舶种类和航行状态;④目的港输入不正确或没有输入;⑤船舶长度和吃水没有输入或输入不正确。

2. 安装使用的问题

(1) 安装 AIS 设备时要正确输入船名(顶格输入,每两个字之间要有空格)、船舶呼号(顶格输入,字母和数字之间不需要空格和加标点符号)、MMSI、IMO 号码、船舶种类、AIS 天线到船艏尾和左右舷的距离等;

(2) 在开航前,要正确输入本船的吃水、航行状态、目的港、预计抵达时间、本航次船员数等,这些数据的输入需要授权;

(3) 用拼音输入时,要尽可能让外国人能正确读出,以免误读;

(4) 需要经常查看本船输入的信息是否正确,特别是 MMSI 是否正确。

3. AIS 使用中的注意事项

AIS 使用中必须注意如下操作要求:

(1) AIS 应始终保持开机工作状态,不论是航行、抛锚、靠码头;

(2) 不能随意改变已输入的船舶静态数据;

(3) 每个新航次要及时输入新的航次数据;

(4) 必须注意未装 AIS 的船,这类船的数据不会显示在 AIS 的信息中。

二、船舶远程识别和跟踪系统

(一) 概述

船舶远程识别和跟踪(Long Range Identification and Tracking, LRIT)系统,由国际海事组织提出并强制实施,是海上保安的重要措施。自“9·11 事件”以后,保安问题成了国际政治的主要话题。在美国的提议下,IMO 通过了《国际船舶和港口设施保安国规则》,并将 AIS 的配备提前。然而,由于 AIS 系统受通信距离的限制只能跟踪近岸船舶,而船舶报告系统虽能覆盖全球，但因报文为人工编制可能影响跟踪精度。为解决船舶远距离的跟踪问题，美国等国提出了建立 LRIT 的设想。

2002 年 12 月，国际海事组织海上安全委员会（MSC）第 76 届会议审议并在 IMO 海上保安外交大会通过了 SOLAS 公约修正案，将《国际保安规则》纳入 SOLAS 公约。在这次大会上，LRIT 作为海上保安的特别措施被提交给航行安全分委会和通信及搜救分委会（COMSAR）研究。2006 年 5 月，国际海事组织海上安全委员会（MSC）第 81 次会议通过经修订的 1974 年 SOLAS 国际公约修正案，增加了强制实施 LRIT 系统的相关内容。该修正案已于 2008 年 12 月 31 日起开始实施。LRIT 系统能在全球范围内识别和跟踪船舶，相关信息可用于反恐、环保搜救和航行安全等领域。

LRIT 系统主要由以下几部分组成：船载 LRIT 信息发送设备、通信服务提供商（CSP）、应用服务提供商（ASP）、LRIT 数据中心（包括相关船舶管理系统）、LRIT 数据分发方案（DDP）、国际 LRIT 数据交换中心（IDE）以及 LRIT 数据用户。系统的框架如图 4－18 所示。LRIT 的船舶识别跟踪信息包括：船舶身份、船舶位置（经度和纬度）及所提供位置的日期和时间（UTC）。

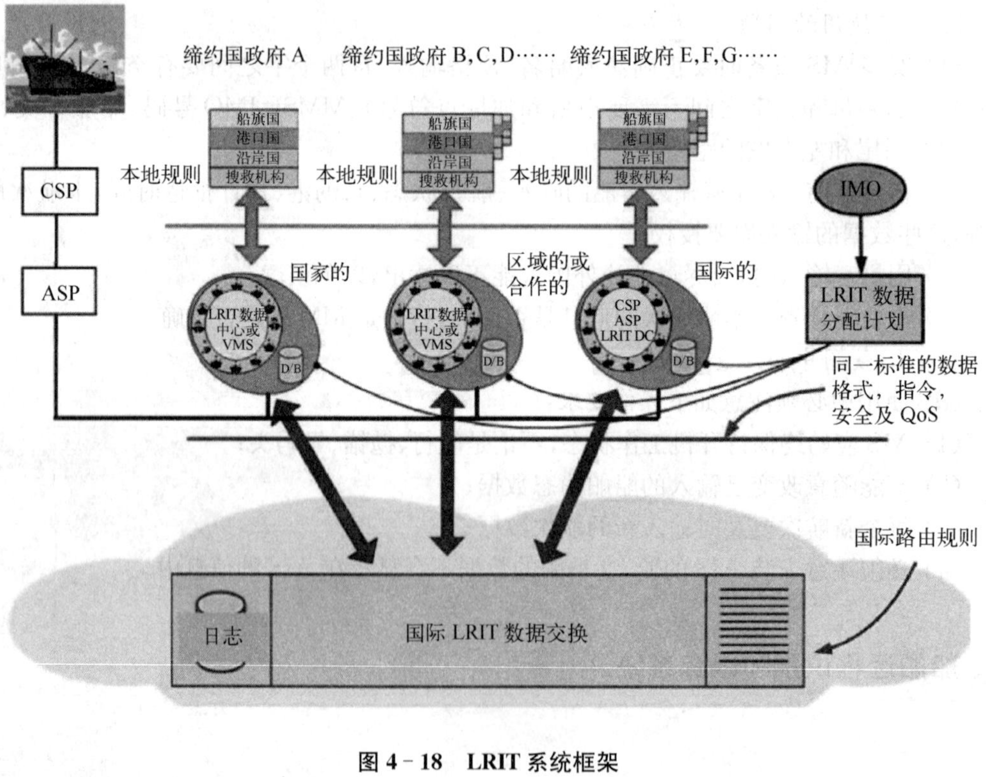

图 4－18　LRIT 系统框架

（二）LRIT 系统的组成和功能

1. LRIT 的基本构成

LRIT 系统结构如图 4－19 所示。

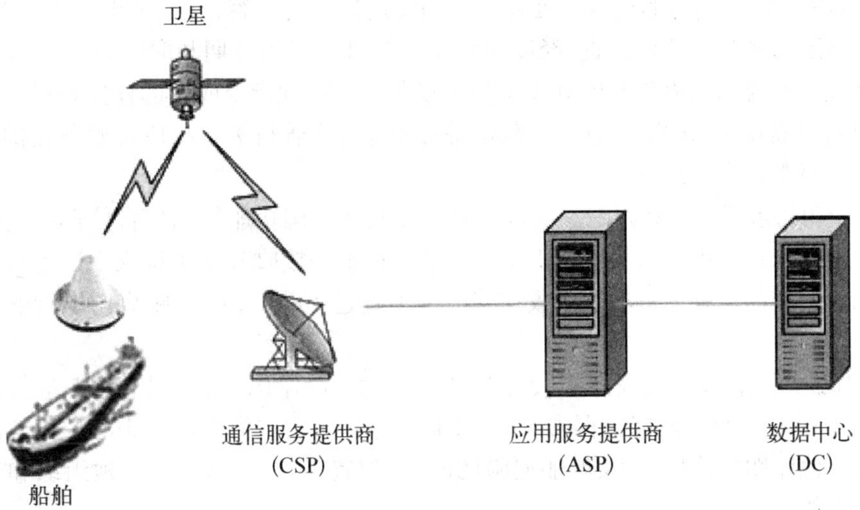

图 4-19　LRIT 的系统结构

LRIT 系统由船载设备、通信服务提供商(CSP)、应用服务提供商(ASP) 和数据中心(DC)构成,其中船载设备自动且无人工干预的每隔 6 h 或以不同时间间隔向 LRIT 数据中心发送 LRIT 信息。船载设备收到问询指令后亦需要发送 LRIT 信息;通信服务提供商(CSP)使用通信协议提供连接 LRIT 系统各个部分的服务,以确保各终端安全传输 LRIT 信息;应用服务提供商 (ASP) 提供通信服务提供者和 LRIT 数据中心之间的通信协议接口,提供集成交互管理系统以监控 LRIT 信息的数据流和路由确保以安全可靠的方式收集、保存和传送 LRIT 信息。

2. 我国 LRIT 系统的构成

我国是世界上最重要的航运大国之一。按照公约规定,若缔约国不建设本国的 LRIT 数据中心,就必须为本国籍船舶指定接收该系统信息的数据中心,即本国所有远洋船舶的船位信息将被他国数据中心接收和管理。为按时履行国际公约,加强我国海上保安、海上搜救、环保以及促进我国航运事业的发展,切实保护我国船队利益,交通运输部批准建设中国船舶远程识别与跟踪系统。

我国 LRIT 系统的建设实现了我国水上交通各级主管部门对船舶的远程监视和跟踪,通过对船舶进行远程识别与跟踪来加强海上保安,提高海上搜寻与救助能力,为调查海上非法排放、溢油事故等方面提供信息支持,为海事管理部门及其他政府和行业部门提供数据应用及决策参考。对于航运企业来说,这些信息可以应用于航运企业的日常生产和管理等。

我国船舶远程识别与跟踪系统工程的建设内容主要包括:

(1) 中国 LRIT 数据中心。中国 LRIT 数据中心的 LRIT 信息包括中国香港和中国澳门船舶信息。除装有 AIS 设备和航行于 A1 海区的船舶外,从事国际航行的客船、300 总吨及以上的货船和海上移动钻井平台须按规定配备自动发送信息的系统自动发送远程识别与跟踪信息。目前符合我国 LRIT 要求的国际航行船舶约2 000 余艘,中国香港特区注册约有1 000 余艘,总计约 3 000 余艘船舶。

(2) 船舶 LRIT 信息的接收和处理。船舶发送信息的内容包括：船舶身份(IMO 编号、MMSI 码、船名、呼号)、船舶位置(经度和纬度)、提供位置的日期和时间(UTC)。正常情况下每两次发送的时间间隔为 6 h，并要求船舶设备收到轮询指令或者远程控制指令后能够以其他的时间间隔发送 LRIT 信息。船载设备必须通过主管机关授权应用服务提供商对船载设备进行的终端符合性测试。

(3) 船舶的远程监视和跟踪。实现船旗国接收所属国籍船舶的位置信息根据规则判定是否向其他国家提供中国籍船舶的 LRIT 信息。请求并接收有意图进入中国港口设施或地点的外国籍船舶的信息。请求并接收在其沿岸不超过 1 000 n mile 距离内航行的外国籍船舶信息。

(4) 加强海上保安和提高海上搜寻与救助能力。沿岸国、港口国对船舶进行远程识别与跟踪，可采取预控措施，降低保安风险。LRIT 系统可以向海上搜救中心提供遇险船舶附近水域的其他船舶的信息，以及船舶遇险的时间、位置等信息，以便更好地组织和开展海上搜寻救助工作。

(5) 环境保护和船舶航路及事故分析。为调查海上非法排放、溢油事故等方面提供信息支持。在事故分析中可以通过对船舶航迹的分析找出船舶航路规律，为海事局及其他部门提供决策参考。

中国 LRIT 系统的组成如图 4－20 所示，包括：数据中心、数据备份中心、数据用户、应用服务提供方、海事卫星网关、船载终端等。

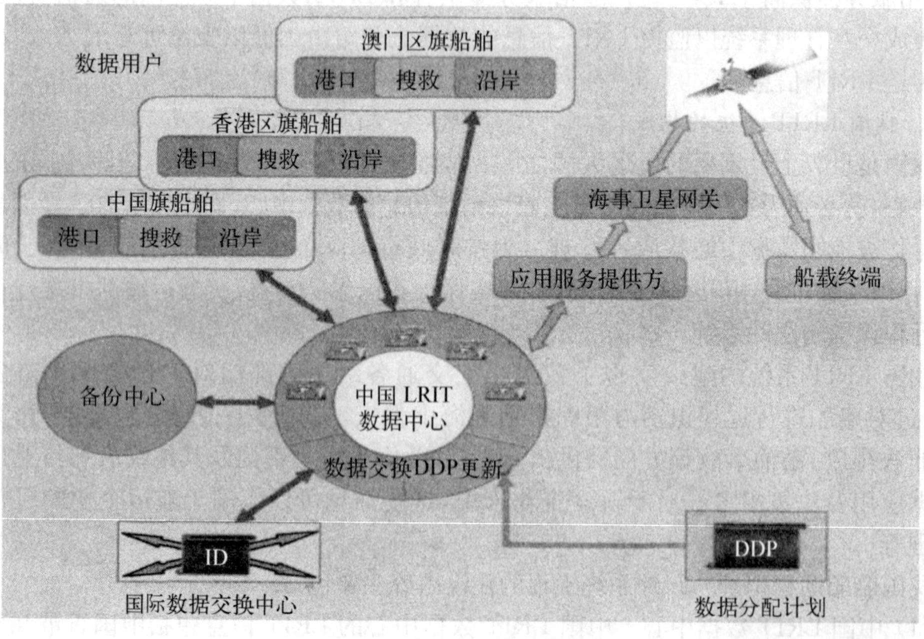

图 4－20　中国 LRIT 系统组成

(1) 中国 LRIT 数据中心，是中国 LRIT 系统建设的核心部分，负责 LRIT 信息的存储、数据的维护，为航运企业应用提供多种访问接口，为本地或远程数据应用功能的调用提供支持。同时可以按照 LRIT 相关技术规范和国际公约，完成和国际数据交换中心的数据交换，实时更新并下载数据分配计划的最新内容、更新数据交换的规则，保证 LRIT 系统数据交换流程正常运转。

(2) 数据备份中心可以远程实时备份国家 LRIT 数据中心的 LRIT 信息，实现灾难数据恢复和网络故障恢复后数据同步。

(3) 数据用户(Data User)是实现对 LRIT 数据中心访问的应用系统。数据用户实现 LRIT 技术规范中定义的港口、沿岸和搜救等功能，并将其以图形化、易于理解和操作的方式展示出来。数据用户也同时为中国、中国香港和中国澳门特别行政区政府船舶管理单位提供港口、沿岸和搜救的相关功能和服务。

(4) 应用服务方(ASP)和通信服务方是 LRIT 系统实现船—岸卫星通信的组成部分。INMARSAT-C 船站是远洋船舶强制配备的 GMDSS 设备，根据 LRIT 相关技术要求和目前我国船舶设备配备情况，采用 INMARSAT-C 进行 LRIT 的船岸通信是比较适宜的，具有较高的性价比。船载设备应该能够按照 LRIT 对船舶终端设备的性能标准和功能需求装备符合 LRIT 的 INMARSAT-C 通信软件，具备发送 LRIT 报告和响应 LRIT 请求的能力。中国 LRIT 系统要求所有加入系统的船载终端进行符合性测试，并获得主管机关授权的测试机构签发的有效测试报告和证书。

3. LRIT 系统的功能

LRIT 系统的主要功能是实现船舶的远程跟踪和识别、船舶信息管理、海上搜寻和救助以及海事分析等。

(1) 船舶的识别和远程跟踪　LRIT 系统中的船舶默认以 6 h 的时间间隔向船旗国的 LRIT 数据中心发送 LRIT 信息，包括船舶信息、经纬度和定位时间。船旗国管理当局可以实时查看管辖船舶的位置信息，并将这些信息显示在电子海图平台上，可以进行相关的统计查询工作。中国 LRIT 系统是一个独立的船舶监控和跟踪系统，可以为中国、中国香港和中国澳门特别行政区政府提供船舶报告，实现对中国管辖船舶在全球范围内的监控和管理，可以用于船舶安全管理、海上事故应急处理和海上搜寻救助指挥决策等。图 4-21 显示的是根据 LRIT 报告的船位显示的船舶实时位置。

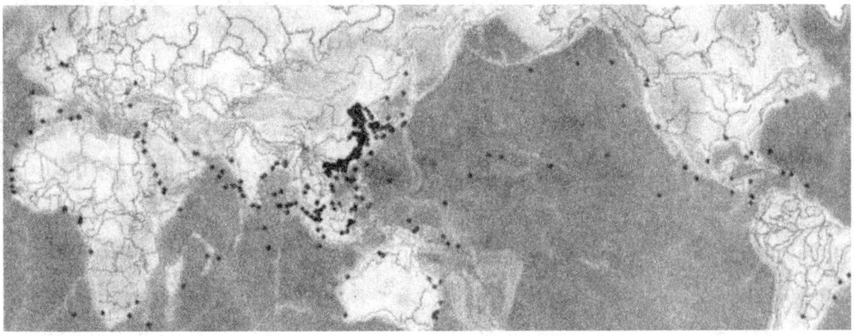

图 4-21　LRIT 实时船位

(2) 船舶信息管理　LRIT 系统的主要功能是请求并接收意图进入该国港口设施或水域的外国籍船舶的信息，同时还可以请求并接收在其沿岸不超过 1 000 n mile 距离内航行的外国籍船舶信息。假如某外国籍船舶的目的港是我国的某个港口，中国 LRIT 数据中心在收到船舶抵港通知(NOV)后即可以向国际数据交换中心(IDE)请求 LRIT 信息。IDE 接到请求后,就将请求转发给该船舶的入籍国数据中心,入籍国数据中心检查 DDP,若符合要求,则发送 LRIT 位置报告到 IDE,IDE 再将消息转发给中国 LRIT 数据中心,同时保存日志数据,工作流程如图 4-22 所示。

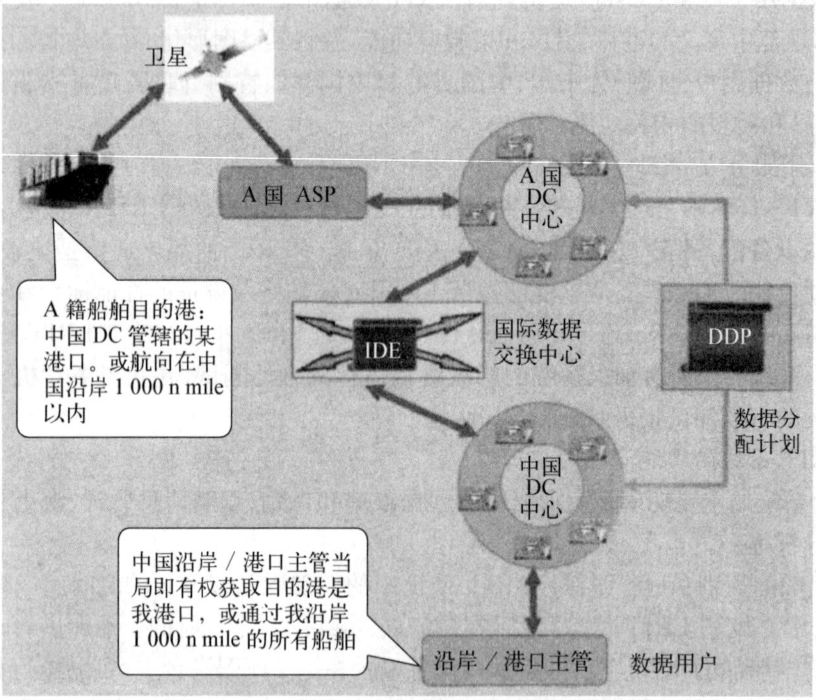

图 4-22 LRIT 数据交换流程

(3) 海上搜寻和救助　LRIT 的另一项重要功能是海上搜寻救助的组织和服务。有搜救服务机构身份的缔约国政府可以不受船旗、港口和沿岸等条件的限制发起搜救请求,获得附近水域的其他船舶的 LRIT 信息,以便更好地组织和开展搜寻救助工作。图 4-23 显示了中国 LRIT 搜救用户发送请求和交换 LRIT 信息的工作流程。一旦有海上事故发生,搜救机构将事故海域的相关信息组织成 SAR SURPIC 指令发送到国际数据交换中心,再转发到所有的数据中心。各数据中心检查当前所有船舶,符合 SAR SURPIC 条件的船舶信息通过 IDE 转发回搜救请求者。通过各国数据中心返回的信息,搜救机构就可以了解事故海域的船舶分布情况,从而可以帮助确定需要提供救助的船舶。同时通过发送 SAR POLL 指令,可以提高救助船舶的报告船位的频率,最快可以达到 15 min 一次船位的频率,这样有利于迅速开展搜救行动。

(4) 船舶航迹应用　根据 LRIT 性能指标的要求,船舶的 LRIT 信息至少 6 h 报告一次,最快可以到达 15 min 一次,实时的 LRIT 信息对政府和企业的安全生产管理都能起到较好的作用。这些航迹数据也可以用于海上事故分析。大量的历史船位数据还可以用来查询和分析船舶航行的航迹、信息统计、水域时间过往船舶检索、水域使用分析和周围船舶检索等。图 4-24 显示船舶的历史航迹数据。

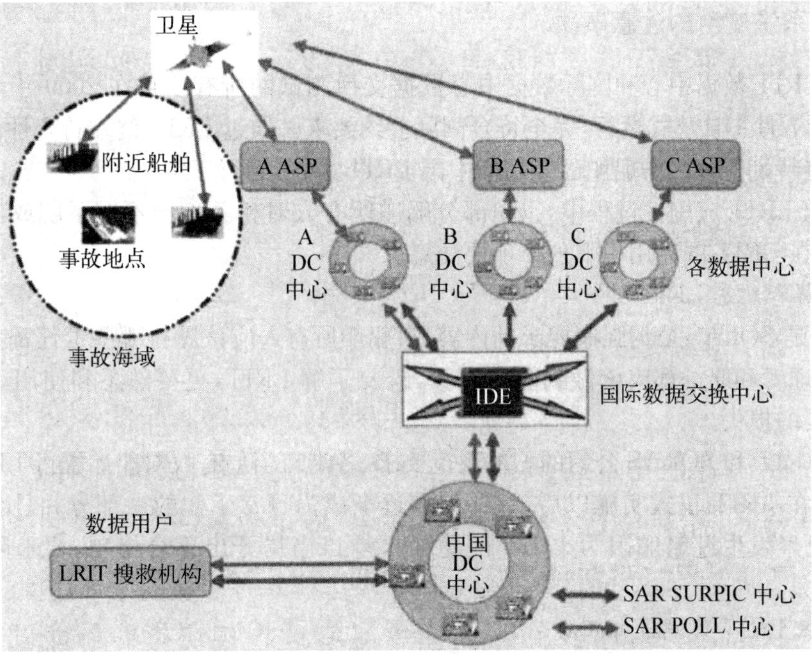

图 4-23　海上搜救 LRIT 信息交换流程

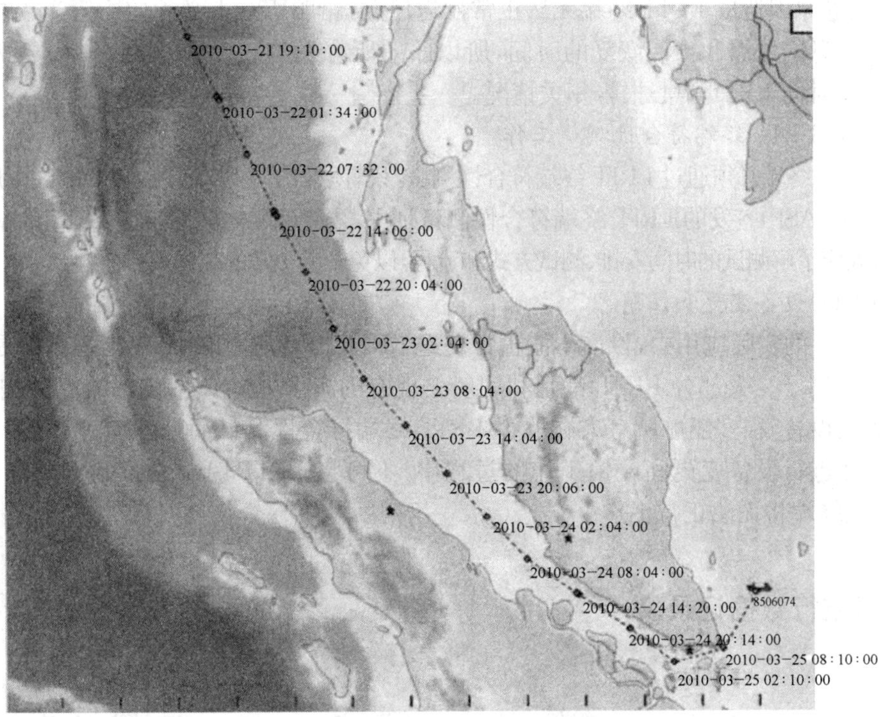

图 4-24　船舶的历史航迹

（三）LRIT系统应用的注意事项

我国LRIT数据中心和国际数据中心数据交换测试的所有项目在2009年6月顺利通过，2009年7月1日正式运行，完全符合国际公约要求。通过LRIT终端符合性测试的中国和中国香港特别行政区的船舶已经加入中国LRIT系统，运行正常。

在我国LRIT应用的过程中，出现部分船舶所有人对相关工作不够了解或没有给予应有的重视，在LRIT的应用中下列事项要注意。

1. 了解和熟悉LRIT

LRIT是SOLAS公约强制要求的内容，对船舶所有人应该履行哪些责任都有明确的要求，公司管理者和船员都应该做到心中有数，既要了解LRIT，更要熟悉和使用LRIT，避免造成不必要的损失。

按照LRIT和SOLAS公约的相关规范要求，各港口当局有权对船舶履行LRIT的情况进行检查，在LRIT正式实施以后，这些检查逐渐成为日常工作的一部分并且会越来越严格。目前已经发生过船舶因为LRIT问题而被港口当局开出不合格项，要求限期整改的案例。

2. 确保LRIT终端设备正常

LRIT系统能正常运行的前提是船载LRIT终端能正常工作。从目前运行的情况来看，有部分LRIT终端设备还不能正常工作或工作不规范。按照LRIT相关规范，若船舶因为维修、进港等原因造成LRIT终端无法正常发送信息，船舶所有人必须向主管当局报告终端不能报告信息的原因和预计恢复的时间，所以船舶所有人若发现LRIT终端设备无法正常工作应该及时向LRIT中心报告相关情况。

3. 做好LRIT终端符合性测试工作

船载卫星终端必须通过LRIT终端符合性测试，只有取得了主管当局授权的测试应用服务提供商(Testing ASP)签发的LRIT终端符合性测试证书，才能证明船舶满足了LRIT的基本要求。船舶所有人应了解测试的时间安排、测试方式和流程，以免影响正常的工作安排。

4. LRIT设备变更和注销

在LRIT的实际应用中，目前不能正常发送LRIT信息的船舶中，相当一部分是因为终端号码被注销了。大部分LRIT都是利用船上现有的海事卫星C站实现的，无须船舶所有人重新购买设备，很多船舶所有人在取得LRIT终端符合性测试后还没有意识到其双重作用。因此在进行设备变更和注销工作的过程中，不可将LRIT船载设备的号码注销，否则LRIT船载终端将无法正常工作。

三、船载航行数据记录仪

（一）概述

船载航行数据记录仪(Voyage Data Recorder，VDR)俗称海上“黑匣子”，是专门用于记录船舶航行数据的仪器，当船舶发生事故时，该数据在分析事故时起到不可替代的作用。

1997年11月27日，IMO第20届大会通过了VDR的一般性能标准(IMO决议A.861)，并将要求安装VDR的有关项目列入SOLAS公约第Ⅴ章修正案中。第73届海安会审议并通过了《1974年国际海上人命安全公约》修正案。经修正的《1974年国际海上人命安全公约》第Ⅴ章第20条规定，满足下述条件的国际航行船舶将强制配备VDR：

(1) 2002年7月1日及以后建造的所有客船；

(2) 2002年7月1日以前建造的客滚船，不应晚于2002年7月1日后的第一次年度检验；

(3) 除客滚船以外，所有2002年7月1日以前建造的客船，不应晚于2004年1月1日；

(4) 除客船以外，所有2002年7月1日及以后建造的3 000总吨及以上的船舶。

(二) VDR的功能

1. 为海难事故调查提供原始数据

VDR的功能和作用与飞机上的黑匣子完全相同，但由于二者航行的环境不同，所以二者也有所区别。飞机上的黑匣子需要具备如下功能：能记录飞行有关的数据；在机毁人亡的瞬间记录并保存这些飞行有关的数据；在机毁人亡后，能帮助人们尽快地找到黑匣子，并回放这些数据。

VDR完全具备以上几个方面的功能。VDR以一种安全和恢复的方式存储船舶发生事故前后一段时间的船舶位置、动态、物理状况、命令和操纵的信息。主管机关通过VDR进行海难调查，从失事的船舶中分析失事前后的各种状态和数据，找出失事的真正原因，从而查找和锁定船员的责任；从失事的原因中进行研究，归纳总结，不断完善现有的国际公约、规则和规范。

与飞机上的黑匣子不同的是，船舶发生海难事故很少像飞机空难那样"瞬间毁灭"，而是从事故发生到船毁往往有比较长的时间，甚至海难事故发生而船不一定沉没或全毁。为此，船用黑匣子要求记录的时间相对来说较长，存储容量较大。可供海难事故分析用的航行及有关数据可以提取并作为备份随身带走，而不中止或影响VDR系统的继续工作。

2. 为改善船舶管理、使船舶操作规范化提供事件的整体记录

发展VDR不仅仅是技术上的一大进步，而且是管理上的一大进步。VDR可为航海者和船舶所有人提供改善管理和船舶操作状况方面的信息，既提供改良航线规划、控制船体应力、优化燃料配置的相关信息，日益提高船舶航行的可靠性和安全性，还能为船舶所有人及航海者提供事件的整体记录。

(三) VDR设备及操作

1. VDR设备组成

一个完整的VDR系统通常分为数据采集单元(Data Collection Unit，DCU)、保护存储单元(Protected Storage Unit，PSU)以及回放评价单元(Replay and Evaluation Unit，REU)三大部分。DCU通过专用的接口与船舶的各种设备相关连接，用于采集、处理和存储船舶静态数据、状态信息以及操作信息。PSU就是"黑匣子"，一般安装在船舶顶甲板上，外部显橙色，用于永久地备份DCU传送的船舶数据，在船舶发生事故后，供有关人员进行打捞。

REU是一种专门用于下载和回放DCU或PSU中所存储的船舶一段时间内数据的设备，供有关人员评价船舶的运行状况或分析船舶发生事故的原因。

(1) VDR的逻辑结构如图4－25所示。

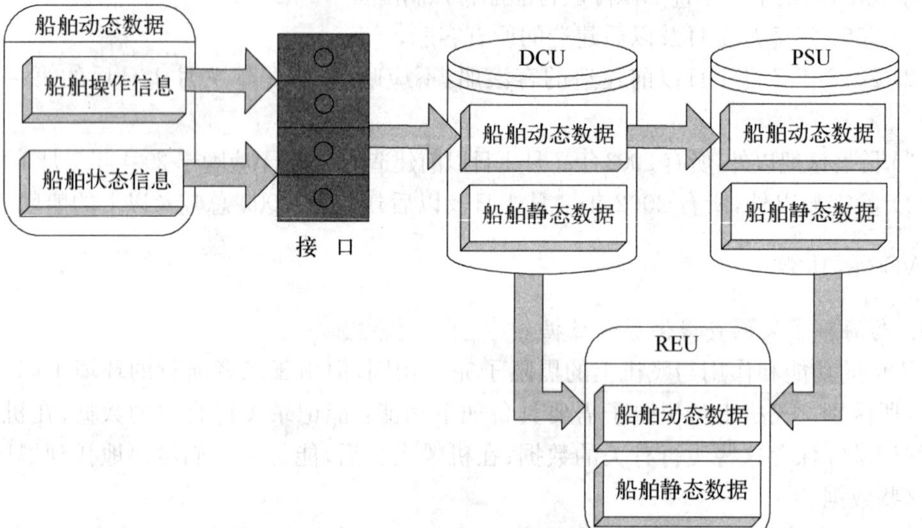

图4－25 VDR设备逻辑结构

(2) VDR的物理结构如图4－26所示。

(3) DCU包括主机、船舶动态数据采集模块、信号处理模块、语音模块、雷达图像处理模块、存储模块等。

主机：负责与各模块的通信、整个VDR系统的协调与管理、数据流分析与报警、数据存储等。

船舶动态数据采集模块：用于采集船舶状态信息和船舶操作信息。

信号处理模块：将各种船舶状态信号和操作信号转换为统一规范的模拟量信号、开关信号、数字通信信号。

语音模块：用于采集驾驶室和VHF通信的语音信号，并对语音信号进行压缩处理。

雷达图像采集模块：采集船舶雷达的图像信号。

主存储器：附属于主机的存储单元，俗称“白匣子”。发生事故时可以方便地拿走。

PSU：可以保存最新的12 h，24 h，48 h的船舶状态和操作信息、语音数据、内部图像数据及船舶固定数据，分为上浮式和下沉式。

备用电源：为蓄电池，并带有自动充电装置。

REU：由一台PC机、专用通信接口和专用的监视、回放软件构成。只有输入准确的密码方可启动进入回放系统。

(4) VDR所记录数据的存储容量。VDR在其最终记录介质中所记录的信息数据的存储容量应大于24 h，即其至少应能保存距最后一次记录之前24 h内的所有信息数据。VDR所记录的信息数据处在不断更新中，超过保留时间的项目信息数据将由新的信息数据滚动

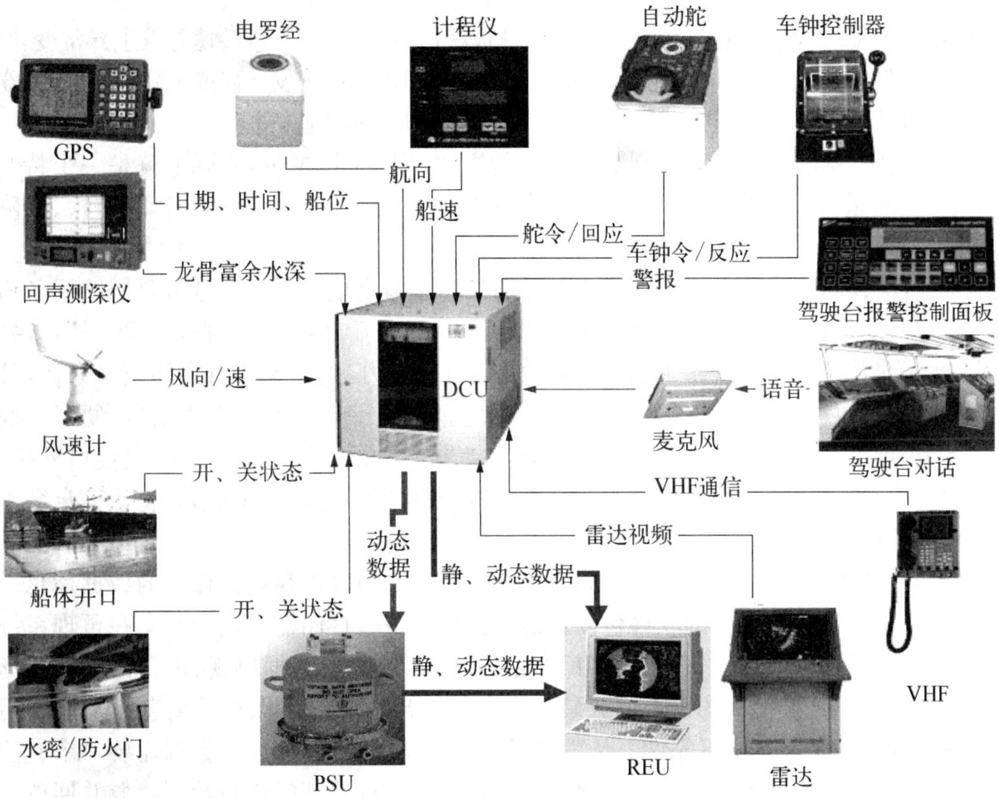

图 4-26　VDR 设备物理结构

覆盖。

2. VDR 设备简单工作程序

VDR 设备的工作方式为：主要利用船上传统的设备，加上若干个传感器（例如麦克风），取得有关信息数据；再通过若干个接口电路单元和数据预处理单元将这些有关信息数据输入 VDR 主机；在 VDR 主机中对这些数据进行变换、压缩、编码等处理，然后输入存储器和最终介质，记录存储，并不断滚动覆盖刷新。在 VDR 主机中，系统自检测，发现问题即产生报警信号，送至报警单元报警。

(1) 信息数据的采集有以下三种：

(i) 正常状态下的数据采集。当船舶正常运行，且没有车钟操作指令或设备状态变化时，系统按设计的周期定时采集各传感器的信号。把船上的 GPS，电罗经，计程仪，雷达等设备通过接口电路连接到 VDR 主机就可获得 VDR 需要的相关信息数据。不同厂家、不同型号的设备，其提供的信号类型不同，因此其接口电路也不同，特别是雷达接口。雷达信号是射频信号，为减少信号传送途中的损耗，必须采用高频屏蔽电缆，且电缆越短越好。为此在一些厂家的产品中，雷达信号采集和预处理单元不装在主机中，而是作为独立单元，紧靠雷达安装，甚至就安装在雷达的柜体内。

(ii) 操作时的数据采集。当车钟发出操作指令时，系统立即采集车钟指令并跟踪监测和记录油门、主机转速、舵角等状态信息。对于手动操作状态，系统将实时跟踪采集和记录应急车钟指令和相应的设备状态信息。

(iii) 特殊状态下的数据采集。当设备出现报警信号或舵角、主机转速等发生异常变化时，程序立即跟踪采集和记录相关的信息数据。例如，当 ARPA 系统发出碰撞危险警告时，系统将监测操舵信号，并跟踪监测记录相应的舵角、油门位置和主机转速等信息。

(2) 信息数据的处理　主控制器是系统的主体，即 VDR 主机，实际上就是一个特制的计算机。控制系统采集数据、分析处理数据、保存和备份数据以及显示、打印、自检、故障报警等。

(3) 信息数据的记录存储　信息数据记录存储在两个地方。一个地方是黑匣子备份存储器，即黑匣子罐体，它固定在船的驾驶室的顶部。海难后从沉船上“打捞黑匣子”，打捞的就是黑匣子罐体。它是一个罐形容器，有一定的耐火能力，里面保存有最终记录介质，外壳为橙色，这是一种醒目而易被寻找发现的颜色，它还能在一定时间内发出信号，便于海底寻找。另一个地方是在主机中的主存储器。该存储器可通过主机上的一个输出接口外接 PC 机，使用密码，揿下专用按钮，可将记录存储在存储器里的信息数据下载，并将该信息数据随身带走，而不中止原系统的工作。

(4) 信息数据的再现回放　再现系统的功能是回放和再现存储器保存的数据信息。系统包括信息读取设备和相应的软件包以及信息再现设备。存储器的内容只有在再现系统的硬件和软件的条件下才能被正确读取和再现。再现系统具有数据再现、声音再现和图形再现的功能。同时，系统提供的再现回放装置也只能读出存储介质保存的信息而不能改写信息，因此使数据信息更具有可靠性。从黑匣子罐体中将记录回放，读取数据需要一个专门的回放设备。该设备船上不配备，需将黑匣子带回，由陆上有关部门进行数据读取并回放。主存储器“白匣子”里记录的信息可下载，可使用专用软件在电脑中回放。

(5) 系统自检报警　系统具有自检功能。主要检测重要硬件的工作状态。当系统出现故障时，输出报警信号。

(6) 电源　VDR 由船电和蓄电池供电，同时装有不间断电源 UPS。平时靠船电工作，蓄电池平时处于浮充状态。当船电中断后，自动由蓄电池供电。蓄电池容量可保证 VDR 连续工作 2 h，2 h 后所有记录自动中断。

3. VDR 要求记录的数据

根据 IMO 和 SOLAS 有关决议的规定，VDR 必须记录和存储以下几个方面的数据。

(1) 船舶固定数据：船舶名称；船舶呼号；船舶国际编码；登记号码；船舶种类；船籍港；船舶建造日期；船舶长、宽、总高度、深；船舶总吨位、船舶净吨；主机种类、主机功率、主机数目、主机额定转速、推进器种类；船舶所有人名称和地址。以上数据，可在专用再现设备上读出，但不得随意变更和改动。

(2) 船舶状态信息数据：日期和时间；船位(经度和纬度)；船速；航向；自动操舵信息；实际舵角；主机转速；螺旋桨轴转速；测深仪数据；雷达数据及选择的图像；风速及风向测量仪的信息；船舶载况(包括压载)；船舶俯仰倾斜角度；主报警信号；水密门及防火门状态；加速度及船体应力；船体开口状况。

(3) 船舶操作信息数据：船舶车钟指令和响应；机舱车钟指令和响应；主机油门操作；转舵操作；变螺距桨的变距操作；驾驶室声音信息；驾驶室 VHF 通信声音信息；驾驶室内报警

信号；侧推器的相关数据；信号灯的动态。

4. S－VDR

2004 年 12 月，IMO MSC 第 79 次会议正式通过了 SOLAS 公约第Ⅴ章的修正案，强制要求对 2002 年 7 月 1 日之前建造 3 000 总吨及以上的货船在 2010 年 7 月 1 日前必须安装 VDR 或 S－VDR(Simplified－VDR，简型 VDR)。S－VDR 是一种简易的 VDR，造价低，安装也相对容易，更适合于旧船的改造安装，船公司更易接受。VDR 和 S－VDR 记录的数据对比如表 4－5 所示。

表 4－5　VDR 和 S－VDR 记录的数据对比

船舶黑匣子	日期时间	船位	船速	艏向	驾驶台声音	通信	雷达数据	回声测深仪	报警	舵令和响应	车钟令和响应	船体开口状况	水密和防火门状况	加速度和船体应力	风速风向	AIS 数据
VDR	√	√	√	√	√	√	√	√	√	√	√	√	√	√	√	
S－VDR	√	√	√	√	√	√	√									√

(四) VDR 与 AIS 的关系

VDR 和 AIS 系统是各自独立的系统。VDR 和 AIS 都是与航行信息紧密相关的设备。

AIS 的数据好比是“电视实况转播”。不管是航行还是停泊，都在不停地自动向外发送本船的航行信息，同时又在接收其他岸台和船台的航行信息，进行航行信息交换。驾驶员利用这些信息可以在操船中大大提高避碰能力。有关当局和船公司则可利用这些信息加强船舶的管理。

VDR 的数据好比是“电视实况录像”。不能实时观看，但能准确地、大容量地进行实况记录，并能在事故中保存这些记录，在事后恢复再现这些记录，为事故的分析提供丰富的、可靠的原始数据信息。

AIS 与 VDR 在船上连结在一起，使二者提供的数据信息能相互映证。

第四节　电子海图显示与信息系统

一、电子海图的发展概况

自 20 世纪 70 年代以来，电子技术和计算机技术日新月异，促进了航海技术的发展。航海技术研究人员从航行安全和经济的角度出发，设想将纸海图电子化，与各种导航传感信息和雷达信息集成在一个系统内。不久，美国、挪威、日本和加拿大等国都开始研制这种集成系统，后来称为电子海图显示与信息系统(ECDIS)。电子海图的内容以海域要素为主，详细表示航行障碍物、助航标志、港口设施、潮流、海流等要素，陆地着重表示沿海的航行目标和主要地貌。采用最新的编图资料，并对已出版的电子海图根据航行要素的变化情况及时进行补充和改正，以保持电子海图的现势性，平面坐标采用 WGS-84 坐标系。典型电子海图显示与信息系统的图像界面如图 4-27 所示。

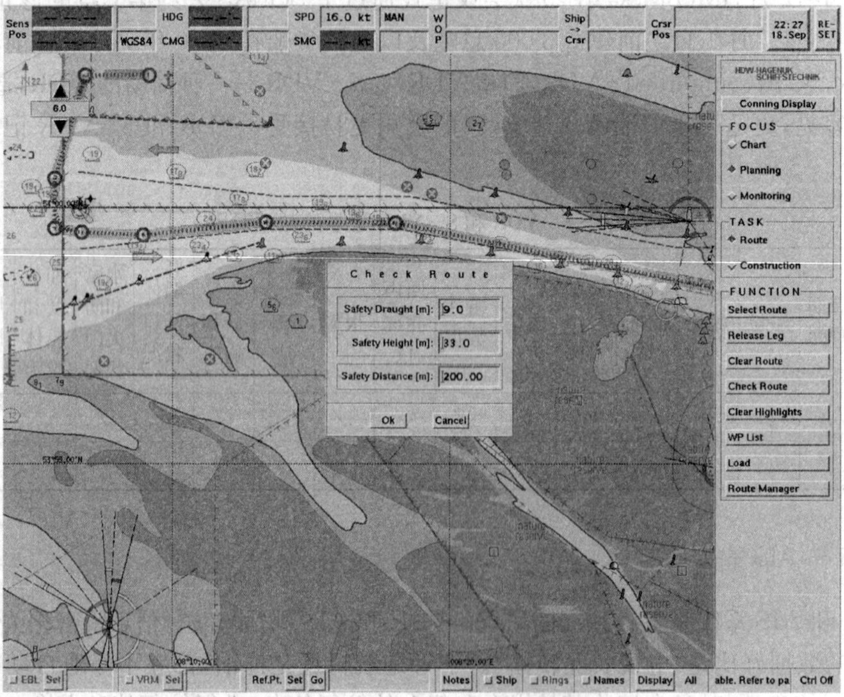

图 4-27　ECDIS 图像界面

在电子海图及电子海图显示与信息系统研发之初，有关国际组织，特别是国际海道测量组织(IHO)和国际海事组织(IMO)成立了相关的工作组和专家小组，对有关的技术、格式性能标准、覆盖全球的电子海图的分发和改正等问题开展研究，并制定了电子海图、电子海图显示与信息系统标准，但限于当时的计算机应用平台，计算机的内存、运算速度，图形与图像处理能力等诸多技术瓶颈，虽然不断制定相关标准，但都不够成熟，实用性比较差，例如按照 1992 年出版的电子海图数据交换标准制作电子海图，两家不同海道测量机构由于对标准理解不一致，数据互不相容。

1995 年 8 月，国际海道测量组织发布电子海图显示与信息系统标准(S-52 第 5 版)。1995 年 11 月，第 19 届国际海事组织大会通过并确认了电子海图等效于纸海图的决议，即 IMO 第 A. 817(19)号公约。该公约确认了电子海图(ENC)及电子海图显示与信息系统(ECDIS)配合使用，可以合法取代传统的纸质海图，电子海图的法律地位得到了确认。

1996 年 11 月，国际海道测量组织发布国际电子海图的标准(S-57 第 3 版)。随后，加拿大、挪威、日本、澳大利亚、新加坡等国制作出了符合该标准的电子海图，经过测试，这些不同海道测量机关制作的电子海图兼容性好，表明标准已经基本成熟。由于基于 S-57 第 3 版的电子海图制作较为耗时，因此，在 1998 年底，国际海事组织航行安全分委会同意在缺乏 S-57 第 3 版电子海图的水域，可以采用光栅海图作为过渡时期的电子海图替代物。IHO 也同时发布了光栅海图标准。目前，美国、英国、法国、德国、日本、韩国、印度、新加坡、智利等世界大多数海洋国家均制作了基于S－57第3版的电子海图，有些国家已经完成了覆盖本国管辖水域的电子海图。如果算上美国VPF格式的电子海图和英国的光栅海图，则全世界的海洋均已实现了无缝覆盖。

1996年国际海道测量组织发布最新的有实用价值的电子海图标准(S－57第3版)以来，在短短的8年时间里，电子海图以其强大的生命力，迅速走过了从推出概念到软件产品开发，再到实用推广应用之路，已经深入到了与航运相关的每一个角落。

国际海事组织航行安全分委会第54次会议(NAV54)于2008年6月30日至7月4日在伦敦召开。本次会议通过了船载驾驶台航行值班警报系统及电子海图显示信息系统配备要求的草案。2009年6月5日国际海事组织海上安全委员会第86次会议通过了第282号关于SOLAS公约修正案的决议。该决议附件包括了对Ⅱ－1，Ⅴ和Ⅵ章以及附录对证书的修订内容，自2011年1月1日生效。其中关于电子海图显示与信息系统(ECDIS)安装要求，新增第Ⅴ/19－2.10条规定从事国际航行的船舶按下列要求安装ECDIS：

(1) 在2012年7月1日或以后建造的500总吨及以上的客船；

(2) 在2012年7月1日或以后建造的3 000总吨及以上的液货船；

(3) 在2013年7月1日或以后建造的10 000总吨及以上的液货船以外的货船；

(4) 除液货船外，在2014年7月1日或以后建造的3 000总吨及以上但小于10 000总吨的货船；

(5) 在2012年7月1日以前建造的500总吨及以上的客船，不迟于2014年7月1日或以后的第一次检验；

(6) 在2012年7月1日以前建造的3 000总吨及以上的液货船，不迟于2015年7月1日或以后的第一次检验；

(7) 除液货船外，在2013年7月1日以前建造的50 000总吨及以上的货船不迟于2016年7月1日或以后的第一次检验；

(8) 除液货船外，在2013年7月1日以前建造的20 000总吨及以上但小于50 000总吨的货船不迟于2017年7月1日或以后的第一次检验；

(9) 除液货船外，在2013年7月1日以前建造的10 000总吨及以上但小于20 000总吨的货船不迟于2018年7月1日或以后的第一次检验。

新增第Ⅴ/19－2.11条，要求上述船舶若在规定的实施日期以后两年内永久退役，主管机关可免除ECDIS配备要求。2011年1月1日起，船舶应按上述修订内容的要求配备ECDIS。ECDIS应满足MSC.232(82)要求并经型式认可。审图和检验部门应依据新增的Reg. Ⅴ/19－2.10条要求进行审图和检验。若上述船舶在规定的实施日期以后两年内永久退役，经主管机关同意，可免除ECDIS强制配备要求。

二、电子海图信息显示系统海图简介

(一) 电子海图组成

简单地说电子海图可分为两个部分：一部分是电子海图数据(Electronic Navigational

Chart,ENC);另一部分是各种基于电子海图数据的应用系统,其中最为主要的就是电子海图显示与信息系统(Electronic Chart Display and Information System,ECDIS)。典型的电子海图结构如图 4-28 所示。

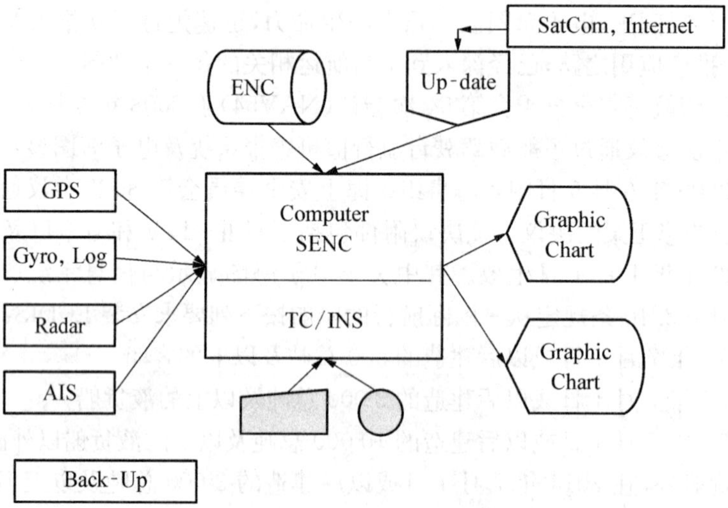

图 4-28 ECDIS 的结构

电子海图数据具有两种形式,即基础数据和更新数据。基础数据和更新数据都被电子海图显示与信息系统所接收,形成反映海域内最新信息的系统电子海图(SENC),供 ECDIS 显示和作相应的处理。无论是基础数据还是更新数据,均以标准的格式进行数据的组织和封装,从而不同国家的海道测量机构制作的电子海图可以在不同的 ECDIS 上准确地使用。

电子海图和电子海图显示与信息系统一起为航海人员提供一个海图信息平台,使使用者能够非常直观、方便地了解到所处海域的状况。同时在这个平台上还集成有多种航海设备的信息(如 GPS 和雷达等),最终为船舶的航行安全带来更好的保障。

(二) 有关国际标准

电子海图(ENC)是智能化航海的信息基础。船舶航行于世界各国,需要使用各国生产的电子海图,因此需要各国制作相同格式的电子海图。为此,国际海道测量组织(IHO)和国际海事组织(IMO)制定了一系列电子海图法规、标准。

1995 年 11 月,第 19 届国际海事组织大会通过了电子海图等效于纸海图的决议,确立了电子海图的法律地位。1996 年 11 月,IHO 发布了详致实用的电子海图数据交换标准(Special Publication No. 57,简称 S-57 3.0)。1996 年 12 月,又发布了 ECDIS 海图内容与显示规范(S-52 5.0)。2000 年 11 月,IHO 发布了电子海图数据交换标准的升级版(S-57 3.1)。这些标准的发布,为电子海图的制作生产及其应用提供了依据。

(三) S-57 标准简介

S-57 标准是数字海道测量数据传输标准,是电子海图数据制作的依据,任何一家 HO

所生产的电子海图均应符合该标准。该标准主要包含了以下几个方面的内容。

1. 数据结构

S-57标准建立了数据模型，定义了数据结构，提供了描述客观世界实体的方法，最终将真实世界的实体反映到电子海图中。任何一个实体具有空间信息和特征信息。在空间信息方面，S-57标准详细定义了点、线、面三种空间几何图元的表示方式；在特征信息方面，S-57标准通过物标、属性和属性值的层次结构来表示。

2. 数据封装标准

数据结构本身并不能从一个计算机系统直接转换到另一个计算机系统，要做到这一点，就必须把数据结构封装在物理传输标准中，S-57使用ISO/IEC 8211作为其封装标准。

3. 电子海图产品规范

电子海图产品规范是一组产品规范，旨在使海道测量机构制作统一电子海图(ENC)，并在电子海图显示与信息系统(ECDIS)中有效地应用这些数据以满足IMO的ECDIS性能标准。

电子海图作为数字海图的一种，具有数字海图的基本特点，但也具有独特的特点。以数字形式存储的海图被称为数字海图(Digital Chart)，将由各个国家官方海道测量机构制作并发布；符合IHO S-57标准的数字海图属于矢量海图。矢量电子海图(见图4-29)具有以

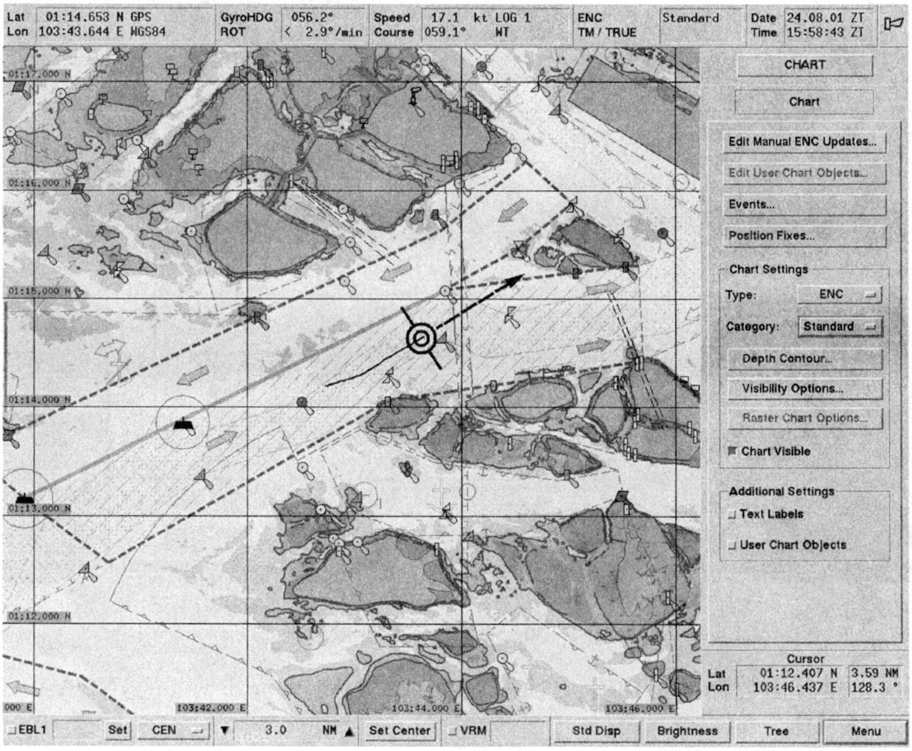

图4-29 矢量电子海图

下一些特点：①电子海图的特征物标编码、几何图形制作，有S－57标准作为依据，有效地保证了数据从生产者传递到使用者的过程中的正确性；②电子海图具有标准的数据封装形式，保证了数据在不同操作系统的计算机之间传输的正确性；③电子海图在显示时，有S－52标准作为其显示依据，保证了数据显示的一致性。

（四）光栅电子海图(RCDS)

光栅电子海图是由纸海图扫描产生的，仅提供像素信息（颜色），不像矢量海图那样可以提供对象信息，光栅海图无对象信息。如 0Oo •o°©Θ等不代表任何意义，仅仅是图像信息。系统无对象的知识，无法定义对象，数据无“智能”，功能也有限（无法读取数据，无法预测模拟等）。

光栅电子海图（见图 4－30）的特点：①官方海图；②覆盖全球；③“Dual fuel” 模式（具有矢量与光栅两种模式）；④海图编号载入海图；⑤实时船位显示；⑥自动（半自动）更新；⑦有限缩放；⑧人工危险区域高亮度显示。

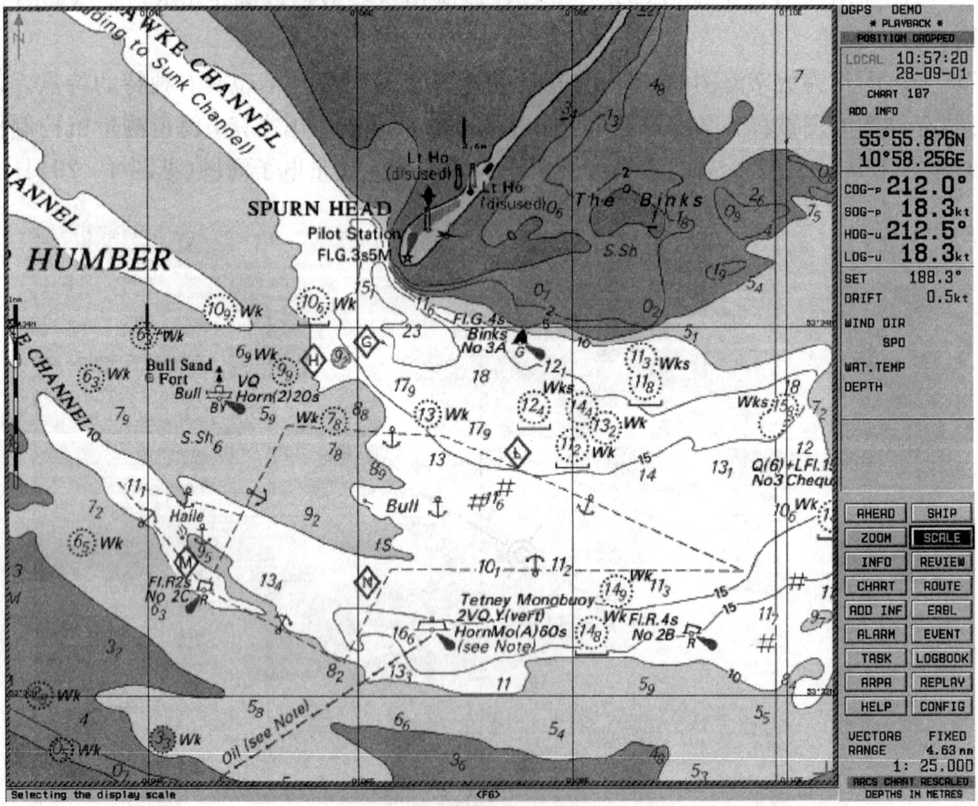

图 4－30 光栅电子海图 RCDS

提供光栅海图数据的机构有：① ARCS，U. K. HO：world-wide；② NOAA，US：US waters。

纸海图、光栅海图和矢量海图的性能比较见表 4－6。

表 4-6 纸海图、光栅海图和矢量海图性能比较

功　能	纸 海 图	RCDS	ECDIS
位置显示	人　工	自动实时	自动实时
航线检查	无	无	有
防止搁浅	无	无	有
偏航报警	无	有	有
对象数据	无	无	拾取显示
综合功能	无	有	有
缩　放	无	有　限	无　级
更　新	人　工	自　动	自　动
显示尺寸	大	小	小
分辨率	好	限　制	限　制
信息量	有　限	有　限	大
航线设计	海图限制	海图限制	无
坐标系	差异大	同纸海图	WGS-84
显示一致性	非	2 种标准	标　准
单元一致性	非	非	标准(M)
夜晚使用	灯　光	亮度调整	颜色调整

三、电子海图信息显示系统发展的现状

(一) 全球范围内应用情况

根据国际海道测量组织最近提供的资料，电子海图覆盖情况大致如下：北美洲、南美洲、欧洲、北非、南非、印度洋北部、亚洲大部、澳大利亚等沿海国家和地区的沿海水域已经被各种比例尺的电子海图覆盖，但中美洲、东非和西非国家领海及附近水域、亚洲的印度尼西亚领海及附近水域还没有电子海图覆盖。

世界上大多数海道测量发达国家，如欧洲的英国、法国、德国、意大利、希腊、俄罗斯，美洲的美国、加拿大，非洲的南非，亚洲的日本、新加坡已经完成了本国水域的电子海图制作。即便原来一些海道测量并不发达的国家，如巴西、智利、印度、韩国等也已经完成了本国所辖水域的电子海图的制作。但在电子海图发展的过程中，存在三个比较大的问题：

(1) 世界范围内电子海图全覆盖工作仍没有完成，除了各大洋公共水域外，一些发展中国家由于经济及技术能力的限制，无力完成本国所辖水域的电子海图制作工作。为此，国际

海道测量组织备受责难。

(2) 各国生产的电子海图质量不一，在衔接处的数据甚至互相矛盾，让使用者无所适从。

(3) 电子海图的使用方式，尤其是电子海图的改正方式不同于纸海图，因此用户要求提供一站式服务。但实际上，以从美国西海岸到远东航线为例，需要从 7 家电子海图销售机构得到 7 张光盘，接收 7 家电子海图生产机构的改正数据，而且还不能将航路连接起来，空档处还需要使用光栅海图填充，使用起来非常不便。

一些发达国家在电子海图显示与信息系统开发方面，已经取得了令人瞩目的成绩。英国、挪威、德国、日本、意大利等国的多家公司的电子海图显示及导航系统不仅通过了有关船级社的检验，而且已经商品化，价格稳定在 5 万美元左右。据有关资料介绍，在15 000 条 SOLAS 公约船中，有约 1 000 条船装有电子海图系统，不过世界上新造 SOLAS 公约船舶，基本上都安装电子海图显示与信息系统。

由于电子海图显示与信息系统比较昂贵，一时难以全面推广。许多国家研发了一种比较简单的电子海图显示系统，这种电子海图显示系统一般只有卫星全球定位系统(GPS)接口，不要求与多种航海仪器连接，不完全满足国际海事组织的要求，但由于价格较低，推广较快。目前在市场上推广应用较好的，主要是英国海道测量局和挪威C－MAP 公司两家生产的系统。英国在生产电子海图的同时，还生产光栅海图，由英国牵头，新加坡和中国香港地区参加的 SHARED 计划，采用所谓的“双燃料”系统(dual fuel 是一种能兼容电子海图和光栅海图的电子海图显示系统)，在从新加坡到中国香港地区的航路上使用获得巨大成功，澳大利亚、日本、韩国也陆续加入了这一计划。

(二) 我国电子海图制作、电子海图显示软件与相关产品开发和推广应用情况

我国目前已经完成了沿海主要港口航道 487 多幅电子海图的制作，完成了沿海比例尺为 1∶5 000 到 1∶700 000 整套电子海图的制作工作，可以通过中国人民解放军海军司令部航海保证部的“海图在线”网实时下载。海事局制作的大比例港口航道图电子海图 300 多幅也已经正式发布，通海江河的电子海图制作也已经完成。

我国现有航运船舶 20 多万艘，其中远洋和沿海航行船舶有 1 万多艘，由于电子海图是船舶操纵智能化的基础，能极大地提高船舶航行的安全，加上电子海图显示软件的潜在市场，保守测算估计为 100 亿元以上。因此，国内政府有关部门、军队、大专院校和科研院所，竞相投入大量的人力物力进行研发。交通运输部海事局也开发了电子海图制作和显示系统。其制作的电子海图和开发的显示系统已经用于海上航标巡检、海上巡逻、航运、水上工程、海事管理、船舶交通管理等诸多领域，如用于上海、宁波、福州、厦门、琼洲海峡的船舶交通管制系统，上海港 70 多 km 的深水航道引航过程和上海港、黄浦江的分道通航水域(在电子海图上设置虚拟航标，将大船航道和小船航道分隔开来，再利用电子海图显示系统导航，使分道通航制顺利实行)。

截至 2010 年 5 月，国内已有多家厂商开发的 ECS 系统取得了 CCS 的型式认证。海华电子开发的 ECDIS 还取得了 CCS 的证书。这些产品大大促进了我国电子海图显示软件的发展，对船舶的航行安全起到了重要作用。

四、电子海图信息显示系统发展趋势

从 ECDIS 的发展过程来看，从综合导航系统的图形显示终端，到具有航路点设计、航迹记录、报警设置等辅助决策功能，并拥有信息咨询模块，电子海图系统的综合导航功能正在不断完善，其信息处理能力也不断增强。ECDIS 提供的信息，不但有来自本船各测量设备的信息，还通过国际移动通信卫星终端及其他卫星通信设备、全球海上遇险和安全系统等各种途径获得本船和其他船舶的位置、航向、航速、船名、船舶的类型及机动参数等更可靠更正确的信息，完成与管理者和船舶的双向数据通信，并允许管理用户查询船位和航行轨迹；也可将本船的状态通过通信卫星发往岸上管理（或指挥）中心，这样从通信卫星上收到的信息不但有本船的，也有其他船的，使 ECDIS 的可信度和精度大大提高。随着电子海图系统的使用日益广泛，人们已经越来越清醒地认识到 ECDIS 作为信息系统这一事实的重要意义，其发展呈现下列趋势。

1. 系统日益完善

ECDIS 系统不仅拥有日益完善的空间数据信息和属性信息，而且配置了丰富的导航接口。各种导航传感器（如 GPS，LR－C，罗经，计程仪，导航雷达，ARPA，自动气象观测仪，气象传真机等）都接入系统，进而为 ECDIS 提供完整的船舶航行状态及航行环境实时性信息，并可以实现对船舶的车、舵的自动控制。

2. 信息获取不断增强

随着海上卫星通信技术的发展，原来只能依赖岸上基地提供的信息，如数值天气预报、海浪预报、海图改正、航行指导、军事政治背景、货运等现在都可以通过国际互联网、GMDSS 或其他专门途径接入 ECDIS 系统，使 ECDIS 具有日益完善的实时信息自动获取、基础信息自动更新能力。同时与通信系统紧密融合，具有强大的通信能力。

3. 信息处理日益完善

系统将拥有不断完善的空间数据分析、网络分析、路径分析、运筹学分析、数据挖掘、模式识别及三维模型表达、表面分析能力，并具有综合空间数据及属性数据的能力，为安全航行决策所需的深层次空间分析提供底层支持。

4. 自动航海计算

传统的航海计算，如潮汐潮流自动计算、星历自动计算、船舶机动计算、配载计算及其他航海计算模块，不再依靠查表计算、手工作业的原始作业方式，ECDIS 可以提供这些基本的航海计算功能，并为相关的其他各种自动化功能（如航线设计、航海计划自动生成、天文导航自动化等）的实现提供支持。

5. 决策支持能力

航法、避碰、操船、气象预报及机动、货运等决策模型及其相应的模型库部件和方法库日益完备，系统将拥有面向结构化、半结构化决策问题的决策支持功能。各类知识库及相应的系统分析推理机制将逐步完善，模拟航海专家思维过程的智能决策支持功能，为非结构化决策问题的解决提供支持。系统具有逐步完善的安全航行决策支持能力。

6. 人机交互

由于多媒体技术、视窗技术、超文本技术等的发展，ECDIS 的人机界面将日趋友好，其输出将图、文、声、像并茂，功能操作按键化，并具有语音控制能力。

7. 系统结构模块化

系统硬件采用即插即用模式，以便于各种不同情况下的灵活配置。系统软件开发采用模块化、组件化对象模型，以利于系统的升级和交互使用。

8. 通用硬件平台及操作系统

为适应硬件平台及操作系统多样化的客观情况，满足各种不同场合下的系统应用需求，系统将具有全面的硬件平台支持和全线的操作系统支持。

9. 开放式结构

为了满足不同用户的不同需求，应在统一的操作平台基础之上，允许第三方开发者开发一套具有任务特色的应用界面，嵌入特定的功能模块。为此，系统应提供 API 接口，并拥有相应的专用语言或兼容通用标注语言。

10. Server/Client 机制

由于航海技术相关信息的分布化、信息功能和样式的多样化日渐突出，信息提取及信息处理的难易程度各异。作为航海信息处理平台的 ECDIS，为了确保海图数据的唯一性和安全性，Server/Client 机制将是未来的发展方向。在服务器与客户机之间，构成一种多缓冲、多数据流、异步、协同的操作机制。诸如海区地理现势信息、水文气象预报信息等，依赖复杂的信息处理过程，可由服务器端进行处理并集中存储。与客户应用密切相关的基础信息在客户端存储并适时更新，简单的信息处理在客户端完成。高性能服务器和低速客户机相互配合，以便解决效率和成本之间的矛盾，并为全球范围内的信息共享及全球范围内的信息检索提供条件。

第五节　E-Navigation

一、概述

(一) E-Navigation 的提出

为了提高海上人命安全、财产安全以及海上环境安全，随着现代科技的迅猛发展，航海技术有了巨大的发展，雷达、电罗经、GPS 以及电子海图显示与信息系统(ECDIS)等相继出现，在很大程度上改变了航海的原有概念，航海者对船舶及周边环境的掌控力大大提高，航行安全有了更高的技术手段上的保障。对岸上的航海支持系统——助、导航设施而言，其也有着相当大的变化。传统的安全助、导航设施(灯塔、浮标、雷达应答器等助航标志)在世界范围内制式得到了统一，配置逐步完善，可靠性持续提高，形成了基本的航海保障体系。同时，一些新一代的基于信息技术的岸基助、导航技术手段不断涌现和发展，如船舶交通服务(VTS)、船舶自动识别系统(AIS)、船位报告系统、船舶跟踪和识别系统等，它们在很大程度上对原有的助、导航系统进行了补充和增强，构成了更为完善的航海保障体系。GNSS，INS/IBS，AIS，VTS，ENC，LRIT，GMDSS 等越来越多的通讯信息、电子技术在航海上的应用大大提高了各类船舶的航行安全性能。

技术的进步和发展为海上航行安全提供了硬件平台和保障。越来越多电子导航设备在船上使用，由于某些电子导航设备功能相近但操作方式却完全不同，导致相关操作人员特别是船员很难适应，不仅给船员值班带来很大的工作负担和压力，同时对船舶所有人而言增加了经济负担和运营成本；更进一步可能会因为各设备系统的不兼容性和缺乏统一标准，导致船舶之间、船岸之间以及岸基系统之间互不兼容而使新技术不能发挥其应有的作用。

2005 年 11 月，英国交通部在 IMO 第 24 次大会上第一次提出了 E-Navigation 的概念，并且认为 E-Navigation 的发展应该是兼容的、集成的、具备适当的质量标准。同年 12 月，英国联合其他 6 个国家共同提交了一份关于建议在 IMO 航行安全分委会（NAV）及无线电通信和搜救分委会（COMSAR）的工作日程中应该增加 E-Navigation 相关问题的议程。2006 年 5 月，MSC 第 81 次会议决定将“E-Navigation 战略”列入 NAV 和 COMSAR 分委会的工作日程，并作为高优先度项目，同时邀请国际航标协会（IALA）、国际海道测量组织（IHO）和其他相关组织加入到该项工作中来。

2006 年 5 月，IMO 秘书长在上海召开的 IALA 第 16 届大会的主旨发言中，重点阐述了“E-Navigation”的概念。IMO 航行安全分委会已开展了“E-Navigation”的战略制定，并提出了相应的工作计划。这些表明国际海事组织开始正式且全面地对酝酿已久的“E-Navigation”概念引入和发展。而 IALA 则以“数字世界的航标”为会议主题，并且重组其技术委员会，将原有的 2 个分委会合并成立 E-Navigation 委员会，以推动 E-Navigation 在全球范围内的发展，为 IMO 提供支持。

（二）E-Navigation 概念

目前被普遍认可的 E-Navigation 定义就是 IALA 于 2006 年 5 月在上海召开的第 16 届大会上提出的“E-Navigation is the collection, integration and display of maritime information onboard and ashore by electronic means to enhance berth-to-berth navigation and related services, safety and security at sea and protection of the marine environment”，即“E-Navigation 就是借助电子的方式，采集、综合、显示船上和岸上的各类海事信息，以增强船舶在泊位到泊位的全程航行能力，增强相应的海上服务、安全和保安能力，以及增强海洋环境保护的能力”。上述定义也是国际海事组织航行安全分委会在 2007 年召开的第 53 次会议上采纳的定义。

从上述定义可以看出，E-Navigation 中的“E”不仅仅指未来航行借助的手段，即电子 Electronic 的含义，它更应该是电子和航海能力增强的双重含义，即“通过电子（Electronic）方式增强（Enhanced）航海”，或者称 E-Navigation 为电子增强航海系统。

（三）E-Navigation 的目标

E-Navigation 的目标有：①提高船舶受水文、气象和航行信息及风险影响的航行的安全性；②加强在合适的海上或沿岸设施上对船舶交通实施监督和管理；③促进通信联系，包括船到船、船到岸、岸到船、岸到岸和岸到其他用户间的数据交换；④提供提高交通和支持保障效率的机会；⑤支持应急反应、搜救服务的有效进行；⑥达到与安全性要求较高系统相适应的一定层次的精确性、整体性和连续性；⑦通过人机界面集中并显示船上和岸上的信息，以最大限度实现航行安全和最大限度降低用户一方误解或理解模糊的风险；⑧集中并显示船上和岸上信息以实现对用户工作量的管理，同时还可激励和约束用户、辅助决策；⑨通过发展和实施的过程实现用户在培训和熟悉方面的要求；⑩促进电子航海的全球覆盖，促进标准和配置的统一，提高设备、系统、标志和操作程序的兼容性和可操纵性，以避免用户间的冲突；⑪提供升级能力，以促进所有潜在海事领域用户的使用。

（四）E-Navigation 在有关国家的应用发展

芬兰的 COAST WATCH 系统，是将区域性的 AIS，VTS，CCTV 等系统进行整合，通过分级管理和建立大型数据库，构建成的一个国家级海上交通监控管理平台，其实质是对已经建立的几个独立系统进行整合，其信息则通过互联网等提供给引航员、海岸警卫队、渔业监视、军事航行等用户。COAST WATCH 系统的一个重要特点是充分利用现有的 VTS 基站、AIS 基站、CCTV 和气象传感器等构成监控系统；重点是船到岸、岸到船的信息传递。

日本的电子航海支持系统，由日本海上警卫厅开发，系统组成包括电子海图、AIS 等，其将助航信息分为两类，即静态信息和动态信息。静态信息由船上安装的基于电子海图的专用软件输入，而航行时的动态信息则通过 AIS，由系统点对点地将航行通告、即时水文、气象等信息传递给船舶。该系统主要关注岸到船方向的信息传输，是以 AIS 为主要信息传输手段，整合各类信息以提供综合服务的辅助导航系统。

马六甲海峡的海上电子高速公路计划由国际海事组织提议，其主要目的是提供综合电子资讯系统给船上的操作人员和岸上的管理人员，并利用海事资讯技术建立地区网络，这些地区网络有加强航海安全、减少污染和收集用户数据资料的作用。上述网络还有助于环境保护、环境评估、搜索拯救工作和打击海盗等工作。海上电子高速公路是在某一个地区综合使用电子海图（ENC）、电子海图显示与信息系统（ECDIS）、环境管理、无线电通信等系统，结合实时环境信息（如风、温度、浪高和水流等信息），并将它们整合在一起形成的一个网络体系。船上驾驶员、船公司以及岸上船舶交通控制系统等使用者可以最大程度地利用此网络体系中的信息资源管理和监控船舶。

马六甲海峡的海上电子高速公路是连接实时环境信息的、计算机控制的数据库与管理系统，其中包括硬件、软件、实时数据和应用系统。这个系统能够记录、保存、管理、建模和分析空间数据，给出数字化和图形化的结果，并在 ECDIS 上显示出来。海上电子高速公路建立在 ENC 基础上，结合了 ECDIS 的硬件和软件技术，完全符合 IMO 和 IHO 规定的电子海图国际标准，不仅实现 ECDIS 的全部功能，还提供一些其他重要的功能。

（1）存储、恢复空间数据和沿海资源的特征数据；评估海水质量；发展贸易活动；发现敏感水域的污染源；提供有关的法律、环境和经济信息。

（2）建模和预测的能力。可以评估沿岸与海上发展；预测海上资源和沿海人口对环境的影响。

（3）分析现有的和被提议的环境管理系统对环境的影响；应付陆上与海上的突发事件，

并对这些事件作出实时的反应。

二、E-Navigation 的组成、功能和影响

(一) E-Navigation 的核心组成

根据 IALA 2006 年对于 E-Navigation 的建议,为达到 E-Navigation 的目标,目前至少下列基础设施必须被包含在系统中。

1. 电子海图(ENC)系统

目前的电子海图还没有涉及所有海域,海图(无论是纸质的、影像图或 ENC 格式)都需要进行修正,以便能及时、便利地开展电子海图的获取和修正工作,这要求 IMO 能对 ECDIS 的配备采取更强制性的规范或制定开放式架构,以便制造商能更广泛地投入开发与竞争,因此电子海图的迅速普及、购图成本的降低与 ECDIS 的普遍配置使用将是大势所趋。

就 ECDIS 的扩大而言,其静态信息如水深、地形及底质资料等可由官方的水道测量组织进行编制,但需要国际间的合作和交流;而其动态的气象信息等则由气象部门提供,而在其间起重要而积极的协调作用的将是国际海道测量组织(IHO)和国际电子委员会(IEC)。

IHO 代表在 2009 年 9 月 21 日至 25 日在 IALA 总部召开的 e-NAV 委员会第 7 次会议报告中认为,IHO 的作用是促进 ENC 以及航海出版物信息的标准化。在 e-NAV 环境中,这些标准毫无疑问将成为基础的参考标准。IHO 代表在会上宣称,IHO 已经决定,在 IMO 做出有关 E-Navigation 的决议之前,对未来 e-NAV 进行规划。首先将制定一个新的地理空间数据标准 S－100,该标准可以实现 S－57 标准不支持的很多其他功能。S－100 将支持 S－101和 S－102,S－101 是增强的 ENC,S－102 实现了真正的航海出版物信息的封装。S－100 将支持 IALA 的 e－NAV 委员会目前所规划的 e－NAV 的新功能或改进的功能。IHO 代表在会上也表示,IHO 在为未来制定这些基础标准时,如果有经过论证的用户要求,IHO 的成员国将仅仅按照新标准完成有关(符合用户要求的)产品和服务即可。简言之,这意味着不仅仅要明确使用功能,还必须有一个明确的用户要求,并指明在必要时应为改进的功能和服务支付相关费用。

2. 电子定位系统

未来的电子定位系统将是融合卫星定位系统(融合美国 GPS,俄罗斯 GLONASS, Galileo 系统和 Compass 北斗系统的多系统、多模式融合的卫星定位系统)、雷达等多系统的电子定位,使定位在 E-Navigation 中具备足够的精确性、可用性、连续性和整合性,同时具有适当的基准参考和备份,系统可兼容能力增强。

3. 通信系统

未来将在船、岸之间起链接作用的通信系统必须具备以下功能,即能自动获取信号与模式转换、具有标准信息格式、信号稳定度及抗干扰能力强、信号可加密、频宽足够以及具有可扩展性,可以进行自动通信,覆盖全球范围。

4. 人机友好性

未来系统将达到人机界面的标准化和创新性、信息浏览模式的友好性、适用于船舶驾驶

台与 VTS,可以及时提醒操作员但又不致造成工作的分心。

（二）E-Navigation 的系统组成

E-Navigation 系统由信息采集（船上和岸上）、航海相关的服务、系统和设备、通信、网络和数据交换、统一的报告、标准程序、训练/人员因素、界面或传感器（ECDIS/GIS, Radar, INS/IBS, VTS, AIS, DGNSS 等）、显示和技术协议、航海信息、商业服务等功能组成。因此其系统组成中必须包括 AIS, Radar, VHF/HF/MF, GNSS 和陆上导航系统/无线电导航系统，远距离识别和跟踪（LRIT），MSI，NAVTEX，INMARSAT 和其他的卫星通信系统，GMDSS 其他功能系统，ECS/ENC/ECDIS，Visual（ECS），声音识别，CCTV，便携式导航单元，辅助靠泊，虚拟航标，水文气象传感器，岸上信息，三维控制（自动、船载和岸基）等硬件系统，如图4－31所示。

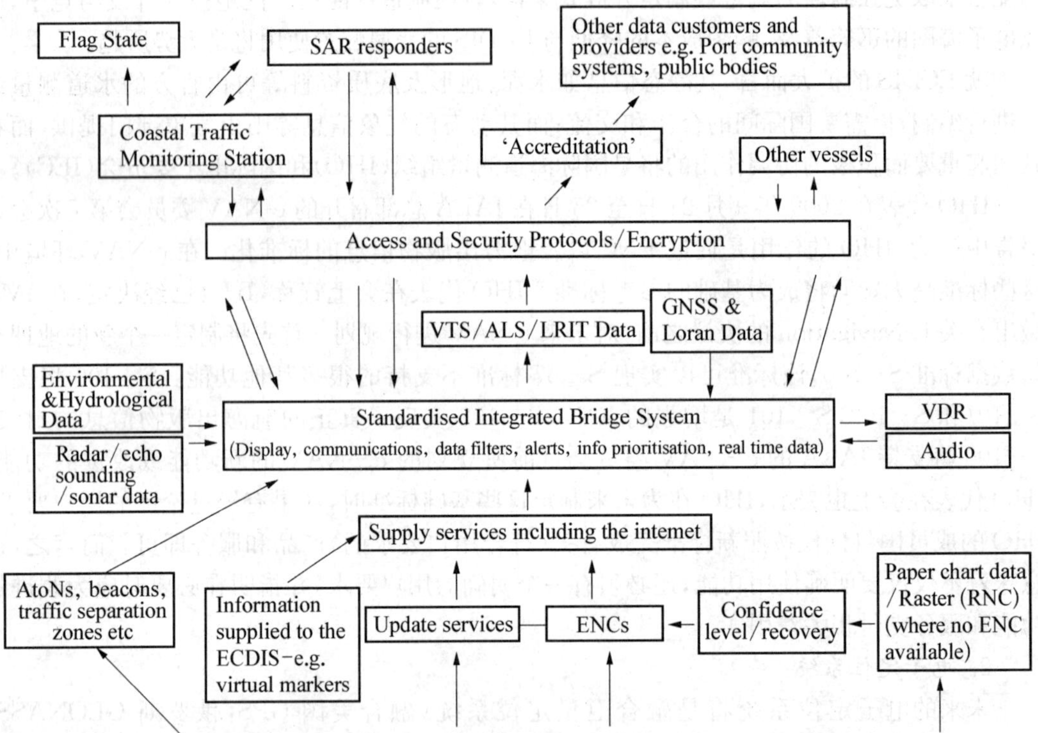

资料来源：国际海事组织航行分委会，NAV 53/13，2007。

图 4－31 E-Navigation 概念架构

综上所述，未来 E-Navigation 系统的架构包括船载系统结构、岸基系统结构以及船岸系统间通信链路。

1. 船载系统结构

E-Navigation 船载系统结构包括信息（船舶内部系统信息、船舶外部系统信息）采集、信息融合处理、信息决策支持、信息显示综合系统等，将现有各类船载系统设备作为传感器，对各类信息建立融合处理平台。

未来船载信息系统融合将考虑借助先进技术，以需求为导向，用技术融合替代纯粹的独立系统融合。船载通用信息树架构理念将被应用其中。

2. 岸基信息及信息交换

岸基 E-Navigation 系统结构将包含安全和保安系统、应急事件决策处理系统、海上环境保护监控和处理系统、船岸信息交换处理系统、附加服务的商业信息服务系统等。

3. 通信链接

通信链路链接是保障 E-Navigation 系统顺利实施和发挥作用的关键部分。以需求导向为基础，以技术发展为保障，充分利用现有系统特点，发掘新系统，拓宽可用频带及提高频带利用率，建立高效率和可靠的船岸系统、船船系统以及岸基系统，真正发挥E-Navigation 对航海安全和效率的促进作用。

（三）E-Navigation 对航海的影响

E-Navigation 的执行及系统的完善，使得船船、船岸高效率的信息传递需求将持续增加并且要求将会越来越高。借助于 LRIT，船岸数据交换和 AIS(特别是卫星接收 AIS 信号)，对于船舶的监控范围和监控力度以及船舶的安全、海上航行秩序规范等要求远远超过现有系统。广泛有效的风险评估将成为航行安全管理的基础和必要措施。对于非制约船舶的规范也将作为考虑要素。人为因素将继续存在并影响航行安全，但影响程度应不断降低。

三、E-Navigation 的发展趋势

1. E-Navigation 系统的发展趋势

(1) 电子航海应形成一套整合的信息平台。电子航海是需要基础平台支撑的，如：为船舶航行的全部水域提供精确、全面、最新的电子海图是发展和实现 e－NAV 最基本的要求；有一套适用于所有船舶使用的标准通信文句；电子航海涉及的所有信息的使用都必须突出其简捷、方便的特点，从而提高其使用效率；能够实现简单而有效地将信息进行排序，使航海者有信息选择的可能等。因此建立一套能整合所有有效信息的平台——船/岸综合电子航海系统是未来电子航海的趋势，取代现在各自独立的设备和系统，它既能减轻船员因频繁使用各种不同设备造成的疲劳和缓解值班压力，又能提供有效的信息给船员，以便船员能够对局势作出正确及时的估计，避免事故的发生。

(2) 电子航海的运用不应当减轻船员值班责任，电子航海的目的是增强船舶航行安全性，帮助航海人员对船舶所处的局势进行及早、正确、恰当的判断和决策，驾驶人员应当运用良好的船艺而不能过分依赖电子航海。

(3) 船员培训机构和船公司在对船员的培训中要突出良好船艺的培训，不能仅局限于对助航设备的使用。科研单位应研究开发出一套电子航海的培训模拟设备。

2. E-Navigation 发展可能的制约因素

E-Navigation 系统发展可能存在以下制约因素或者需要突破的因素。

(1) 现有的法律框架(如非 SOLAS 船舶)；

(2) 船长的职责权限；

(3) 现有的人机界面限制；

(4) 强制配置要求的缺乏(AIS 的最小键盘显示 MKD 和 ECDIS)；

(5) 电子海图的缺乏和昂贵；

(6) 海员和 VTS 操作员的技艺水平，工作流程和培训；

(7) 技术局限(数据处理能力)；

(8) 在一定时期里赢得其他团体的支持和赞同；

(9) 财政和政策的限制(如国家安全事宜)；

(10) 市场/商业限制(如竞争、配置要求)；

(11) 无线电频谱(如 AIS 频率、全球带宽)。

第六节 船用智能型柴油机

一、智能型柴油机的特点及组成

20 世纪 80 年代末，智能控制在工业领域得到了迅速发展，船舶智能柴油机的概念也应运而生。20 世纪 90 年代，随着人们对船舶可靠性、经济性和废气排放控制的日益关注，船舶智能柴油机进入了实质性研究与开发阶段。

瓦锡兰公司(Wartsila)率先将共轨技术应用于大功率船用低速柴油机。Sulzer 公司在并入瓦锡兰公司前的 20 世纪 80 年代初就开始从事于电子控制式柴油机的研制。继 1981 年的 RTX - 1 型和 1990 年的 RTX - 2 型之后，1998 年将燃油共轨喷射技术应用于 RTX - 3 型技术示范机并取得成功。在此基础上，开发出全电子控制、采用共轨喷射技术的 Sulzer RT - flex 型船用低速柴油机，并在实船开始使用。目前，瓦锡兰公司拥有 Sulzer RT - flex 系列共计 11 种型号的智能柴油机。

1993 年，MAN - B&W 公司在试验机上进行了试运转；1998 年，首台智能柴油机在挪威的 Bow Cecil 轮装船；2000 年 11 月使用智能系统试航，并通过了 DNV 等船级社认可。目前，MAN - B&W 公司拥有 ME 系列共计约 15 种型号的智能柴油机。该公司研制的智能系统可将普通十字头式低速柴油机改造成完全由计算机控制的柴油机。

智能柴油机与传统的机型相比(见图 4 - 32)有以下特点：

(1) 取消了传统的凸轮轴系统，利用电子计算机控制各缸的喷油定时和喷油量、排气阀定时、起动空气定时等；

(2) 采用共轨燃油喷射系统，喷油泵向一共享的高压管路(共轨)中提供高压燃油，每缸有一个蓄压器，通过计算机控制系统控制喷油器；

(3) 采用液压伺服油系统，使用柴油机系统滑油作为工作介质，驱动高压油泵、排气阀等机构；

(4) 采用气缸压力在线检测系统，将各缸的压力及时输入计算机，确保各缸负荷均匀，同时不超负荷。

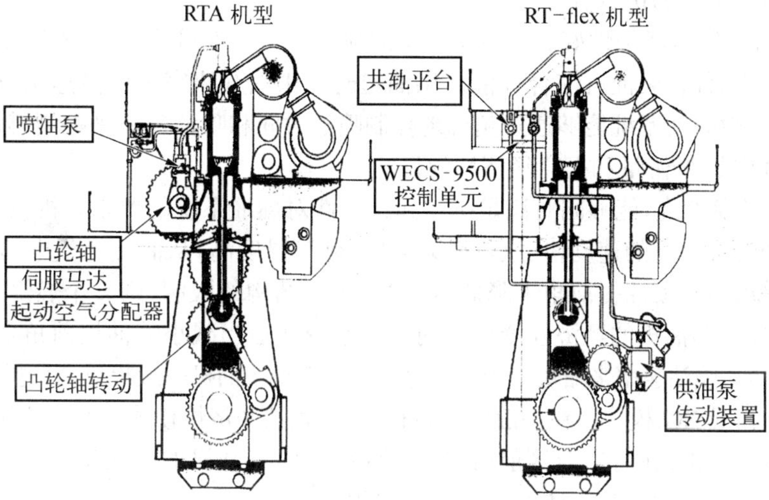

图 4-32　RT-flex 机型与 RTA 机型结构比较

智能柴油机的运转控制、检测、故障诊断以及运行管理均依靠计算机进行运作，由以下各系统组成：

（1）运行模式控制系统　主要包括排放控制模式、节油模式、主机保护模式、应急停/倒车的最优化等控制单元，可根据船舶航行的实际情况，由驾驶台或智能主机自身控制系统选择所需要的运行模式；

（2）主机控制系统　主要包括气缸油量控制、喷油泵的控制（气缸压力的测量与分析、Pmax 的控制）、调速器的控制、排气阀的控制（压缩压力的控制）、增压系统的控制等单元，控制柴油机各系统的运行；

（3）主机工况监测与分析　该系统自动采集主机的各种运行参数，并通过计算机控制使主机始终在最佳状态下运行。该系统包括气缸状况检测（活塞环和气缸套的状况）、气缸压力的监测、扭振的监测等单元。

二、智能型柴油机燃油系统的运行特点

燃油共轨系统不再采用传统的同步柱塞泵脉动供油原理，而是通过高压共轨蓄压，采用高速开关的电磁阀控制喷油过程。燃油由增压泵输送到油轨中，等待在允许的情况下由喷油器喷入燃烧室。共轨控制系统通过安装在柴油机上的曲轴角度位置传感器接收的曲轴实际状态信号，根据柴油机的发火顺序和预设定的燃油正时，用电子信号控制相应气缸喷油电磁阀的启闭，实现柴油机各缸的正常燃烧，即油泵和喷油器的控制全部由电子控制单元来完成。

共轨控制系统输出控制信号的主要依据可以是各种传感器对柴油机所测得的数据及对它们综合处理的结果，包括排烟温度、NO_x 排放量、压缩压力、爆炸压力等，所以燃油共轨系统能够有效地实现柴油机在全工况范围的性能最优化，从而在满足排放要求的条件下，有较高的燃油经济性、灵活可靠的操纵性和更长的寿命。

电控共轨柴油机的优点有：

(1) 燃油油耗低，经济性好。共轨系统中的喷油压力柔性可调，可对不同工况确定所需的最佳喷射压力，优化柴油机综合性能。供油定时和供油规律完全由高速响应的电磁阀控制，所以电控共轨燃油系统能够通过精确地控制喷油时间和喷油速率来控制燃烧过程，从而达到控制排气中的 NO_x 量和提高经济性的目的。

(2) 通过控制燃烧，能够同时满足排放和经济性对燃油系统的要求。机械式喷射系统，在燃烧的前期燃油燃烧的速度快、放热率大，导致燃气温度高，从而使燃气中的 NO_x 量相对增加。如果采取减小喷油提前角来降低 NO_x 量，由于结构的限制，则整个燃烧过程较长，后燃严重，从而导致柴油机的经济性降低。而共轨系统在适当减小喷油提前角来降低燃烧温度的同时，也增大喷油速率来缩短整个燃烧过程。共轨型柴油机一般提供两种操作模式，即燃油经济性模式和低 NO_x 模式。在一般航区航行，使用燃油经济性模式同时遵守国际海事组织提出的 NO_x 排放标准；在特殊航区航行，选择 NO_x 模式，柴油机的排放将会符合特殊航区的 NO_x 排放标准。此外，燃烧良好还可减少颗粒物的排放。

(3) 采用电磁阀控制喷油。其控制精度较高，高压油路中不会出现气泡和残余压力为零的现象，循环喷油量变动小，各缸燃烧压力、排烟温度等热力参数相当均衡；机械负荷和热负荷低；柴油机内部机械作用力、扭矩和振动较小。

(4) 具有集中监控各种参数的功能。采用电子喷射的大型低速柴油机的控制系统与目前的机舱控制和监测系统相适应，通过报警系统和各类传感器及计算机处理系统，使柴油机始终处于最优化状态。当可能发生故障时，系统会提前报警，并给出相应的维修计划，列出此维修所需要的工具、备件以及人力清单。

(5) 部分负荷时运行性好，最低稳定转速低。柴油机在低负荷运转时，能保持相当高的喷射压力，同时精确控制喷油量。以 Sulzer 6RT－flex58T－B主机为例，其最低稳定转速可达 10～12 r/min，且柴油机在整个转速范围内均处于无烟工作状态。最新数据 12 缸机可以在 7 r/min 稳定运行。

(6) 当外界条件变化时，共轨喷射系统能够根据外界条件柔性调整喷油时间、喷油持续时间及喷射压力，获得最佳喷射效果；能够适应迅速改变功率和转速等工况的要求，同时柔性控制喷油速率变化，实现理想喷油规律，容易实现预喷射和多次喷射，既可降低 NO_x 量，又能降低曲轴的角加速度变化，保证优良的动力性和经济性。

(7) 采用共轨系统的大型低速柴油机船舶，可省去传统柴油机的燃油凸轮轴、传动装置、链条箱等，使柴油机的结构大大简化，运动部件减少，从而增加了柴油机的可靠性；同时使柴油机减少单位功率的重量和体积重量，降低制造成本，加大大修间隔，降低维修成本，并可延长寿命。

三、目前两种主流智能型大型低速船用柴油机的比较

Wartsila 瑞士公司 Sulzer RT－flex 系列柴油机采用的共轨系统和 MAN－B&W 公司 ME 系列柴油机采用的电控燃油喷射系统(见图 4－33)，两者具有一定的差别。

(1) 油轨方面。Sulzer RT－flex 机型的公共油轨有两个：一是 20 MPa 的滑油，它的作

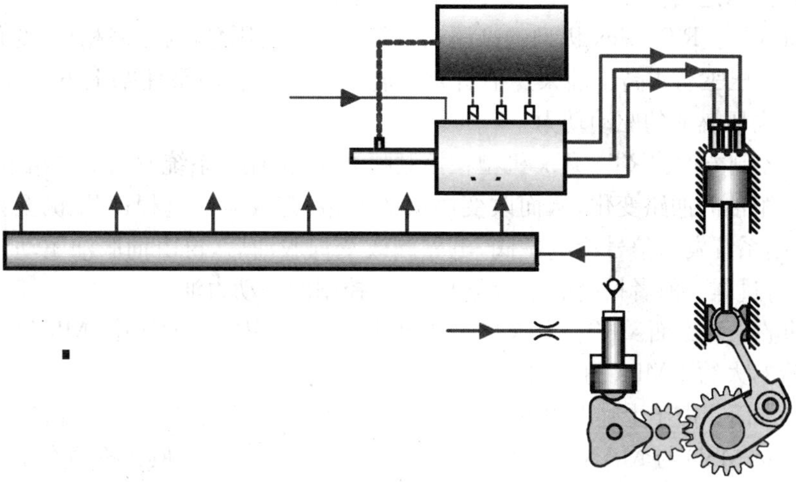

W/ Sulzer RT - flex60C　Fuel Oil Common Rail System

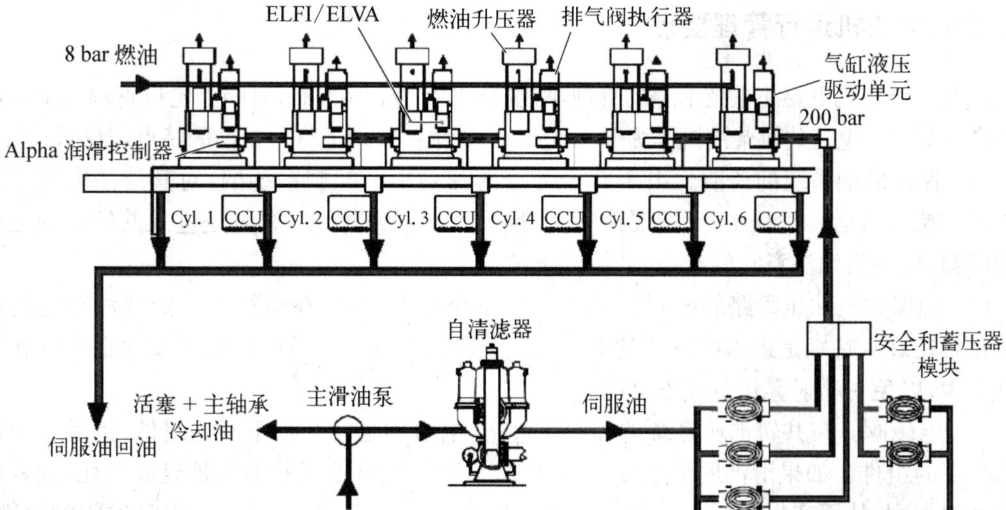

M/B The ME Engine Hydraulic Oil Loop

图 4 - 33　共轨电控燃油喷射系统比较

用是作为驱动排气阀、气缸起动阀和喷射控制装置伺服油；二是 100 MPa 的重油，它作为柴油机的燃料油，在油轨中等待喷射。而 MAN - B&W ME 机型的公共油轨仅有一个 20 MPa 的滑油，它作为动力油使用。轨压上的差别很大程度取决于油轨的密封技术，因此对油轨的管理就要区别对待。

(2) 原始动力方面。RT - flex 机型采用曲轴带动的复合凸轮来带动柱塞式油泵保持油轨中 100 MPa 的燃油油压，同样由曲轴通过传动齿轮带动的一个油泵来保持伺服滑油 20 MPa 的油压；ME 机型用的是轴带轴向液压泵给油轨输入滑油(柴油机启动之前是用电动泵输入滑油的)，之后高压滑油再给共轨系统提供动力。

(3) 供油方面。RT－flex机型的高压油泵是柱塞式增压泵，与原来相比，变化不大。而ME机型采用液压驱动式高压油泵。前者是凸轮的传动使燃油泵柱塞上下运动，后者是用高压滑油作为高压燃油的驱动动力。

(4) 喷油控制方面。RT－flex机型在控制喷油时，由控制系统发出信号给电磁阀，电磁阀的动作使伺服油的油路变化，从而改变燃油的油路，完成喷射过程；ME机型在控制喷油时，同样是控制系统发出信号给电磁阀，电磁阀改变伺服油后，再由伺服油驱动油泵使燃油增压，完成喷射过程。前者控制的是伺服油，后者控制的是动力油。

(5) 燃油的来源方面。RT－flex机型燃油来自100 MPa的油轨中，ME机型的燃油是由给油泵供给的大约1 MPa的燃油。

(6) 构造方面。由于上述两种机型的共轨系统在驱动动力和布局上有较多差异，也就决定了Wartsila MSD与MAN－B&W这两大船用柴油机厂家的最新机型在结构和共轨系统的传动机械上有所不同。

四、共轨柴油机运行管理要点

对共轨柴油机更要注重技术上的管理，特别是在控制系统方面，对船上轮机管理人员提出了更高的要求。电控共轨柴油机作为新一代产品，在维护管理上有其自己的特点，概括如下：

(1) 保证滑油系统的清洁。由于有一部分滑油是用于控制系统的，对其清洁度有很高的要求。柴油机运转过程中，一定要注意对滑油滤器的维护管理，尤其是进入共轨系统之前的细滤器，应该特别注意它的状态，并按要求清洗。

(2) 确保共轨油压管路的密封。共轨油压系统压力较高，在运行中一定要注意它的密封性是否良好。特别是进入喷油器的那段管路，要保证它的密封性，同时又要保证它的膨胀不是太大，以免对喷射雾化造成不良的影响。

(3) 电磁阀。在共轨油压系统的控制组件中，电磁阀是一个很重要的组件，也是一个很容易损坏的组件。如果滑油的清洁度不符合要求，会造成电磁阀的动作延迟或卡死，或者电磁阀磨损加剧，从而产生密封不好等一系列的问题。另外，过电流还会造成电磁阀的烧毁。因此，日常管理中，要特别注意对电磁阀的维护保养。

(4) 传感器。传感器是控制系统获取柴油机工作状况的主要途径。传感器损坏将会造成控制系统误动作，尤其是工作在恶劣状况下的传感器，如测取柴油机各气缸温度和压力的传感器较容易脏污和损坏，应予以特别关注。

(5) NO_x排放量控制。电控共轨柴油机在满足NO_x的排放标准的情况下，必须充分提高其运行经济性。所以这就要求轮机管理人员能把握好一个度，以保证兼顾经济性和NO_x的排放两方面的要求。

五、实船应用电喷柴油机

2001年，中波轮船股份公司同上海船厂签订了建造4艘载重吨为3万t的多用途重吊船。在这些新造船上采用了最新式的 Sulzer 7RT－flex60C 电喷式柴油机作为船舶主机，是世界范围内第二家选用这种型号柴油机的船舶所有人。

2006 年，中海发展股份有限公司油轮公司(简称中海油运)在广船国际股份有限公司建造的 52 500 t 原油/成品油油船，主机采用的是 Wartsila RT－flex 50 型柴油机。该型柴油机是中海油运的船舶第一次使用。

2006 年投入使用的 11 000 TEU 集装箱船“艾玛·马士基”，主机使用的是 Wartsila 14RT－Flex96C 智能柴油机。该型柴油机是目前世界上最大的智能柴油机。

目前，每年约有近百台智能柴油主机投放市场。

智能柴油机在实际营运过程中发现有如下缺点：

(1) 大量应用计算机技术，对船舶管理人员提出了更高的要求。如果不懂计算机将很难胜任有关职务；特别当系统发生故障时，较难判别这是计算机系统故障还是其他机械故障。

(2) 系统中较多使用电磁阀且激磁频繁，不少电子元器件处于高温、振动等环境中长期工作，损坏概率高，将导致意外停车事故增多。

电控共轨柴油机的出现是柴油机技术上的又一次重大革命，但仍存在需要改进的地方。以下是未来改进共轨柴油机的研究方向：

(1) 由于给公共油轨输油的是轴带泵，刚开始启动时柴油机转速较低，影响到轨压，使其压力有些波动，必然会影响到共轨系统的工作状况。目前已经提出把油轨的给油泵全部用电动机提供动力，那么给油泵的转速不再受主机的影响，这样更容易控制。

(2) 作为共轨系统伺服油的滑油，来自柴油机的滑油循环柜，润滑油的黏度、PH 值等参数会发生变化。而作为共轨系统中的伺服油，质量要求严格，以防滤器堵塞、电磁阀动作受影响等。如果把共轨系统的伺服油设计成一个独立的系统，增加一套滑油的冷却、净化等机械，将会使共轨系统的管理更加方便。

(3) 电控共轨柴油机仅把排气阀作了优化控制，对于进气、扫气未进行优化，所以整个换气过程还未达到最优化。控制各缸进气的压力、温度、流量，必将更有利于柴油机性能的提高。

(4) 目前，用于采集信号的传感器灵敏性有一定的局限，并且会受到外界振动、噪声的干扰。为了更好地监测柴油机的运行工况，必须加大对新型传感器和新型电磁阀的研发。

(5) 采用先进的控制模式与提高控制软件的功能，建立完备的诊断与报警系统。

(6) 提高整个喷油系统的可靠性，降低制造成本。

第七节　船舶综合电力推进系统

一、概述

船舶电力推进是利用推进电机驱动螺旋桨转动，从而推动船舶前进的一种推进方式。与电力推进相适应的推进装置主要有常规推进器和吊舱推进器两种形式。船舶实现发电、配电与电力推进用电及其他设备用电统一调度和集中控制的系统称为船舶综合电力推进系统。

船舶电力推进自应用电池至今已有160余年的历史，故电力推进也算得上是一种古老的推进方式了。

20世纪的前期，汽轮机初次在舰船上应用，由于大功率机械减速装置在制造工艺上尚有一定的困难，所以从护卫舰到航空母舰等许多军用舰船、油船、客货船以及许多大型民用船舶等都采用了电力推进，并发展了各种形式的电力推进装置。第二次世界大战后，随着科学技术的进步，已可批量生产能满足舰船动力要求的齿轮减速装置，而当时技术条件下的电力推进装置又由于增多了能量变换环节，带来了设备昂贵、传动效率低、维护保养工作量大等一系列缺点，故舰船又大量采用柴油机、汽轮机或燃气轮机的直接传动推进。但是，由于电力推进的特殊优点——无比优越的灵活性，常规潜艇、工程船、破冰船等一些要求良好操纵性、转矩特性和响应特性的特殊用途舰船仍然广泛采用电力推进。

20世纪70年代以后，电子技术向大功率方向高速发展，以开关技术为基础的功率电子技术不但不断地提高开关的频率，而且朝着智能化、模块化的方向发展。具有代表性的几种功率电子器件首先在陆上电网得到了应用，然后又逐步发展到舰船上。功率电子技术不仅彻底改变了舰船能量变换的面貌，而且使原先船舶电力推进存在的一些缺点发生根本性的转化，其优点和长处得到进一步发扬。

20世纪80年代以来，高新技术有了很大发展。例如，进入实用阶段的永磁电机可以给舰船电力推进设备带来更小的体积和质量；超导技术和燃料电池的研究已在某些技术领域有了一定的进展。这些技术一旦有所突破将会给电力推进带来更深刻的变化，使电力推进对原动机直接传动推进形成压倒性优势。

电力推进作为船舶的新型推进动力，世界各国都在进行深入的研究。国外已经开发了多种类型的电力推进系统，并在多种类型船舶上应用。国内在此领域的研究则刚刚起步。作为船舶主动力系统的电力推进系统，正成为新世纪大型水面船舶青睐的主推进系统。目前，发达国家新造船舶的30%已采用电力推进系统。

二、电力推进系统的组成

电力推进系统由电站、配电板、变压器、谐波抑制器、变频器、推进电机、监控系统、螺旋桨等组成，如图4-34所示。

（一）电站

电站由柴油发电机组和一套主配电板组成，柴油发电机组通常供电给一个6.6 kV的中压电网，为船上的电力推进系统和其他主要设备供电。对电力需求量大的船来说，系统中柴油机有被其他原动机取代的可能。在某些情况下可以换成更大功率、更紧凑的燃气轮机发电机组。在这种情况下，涡轮机的排气热量还可由废热发电装置回收。该装置由一套蒸汽发生器和汽轮发电机组成。中压配电板确保电力的分配。大多数综合电力推进系统有一个6.6 kV的电网，其频率是50 Hz或者60 Hz。

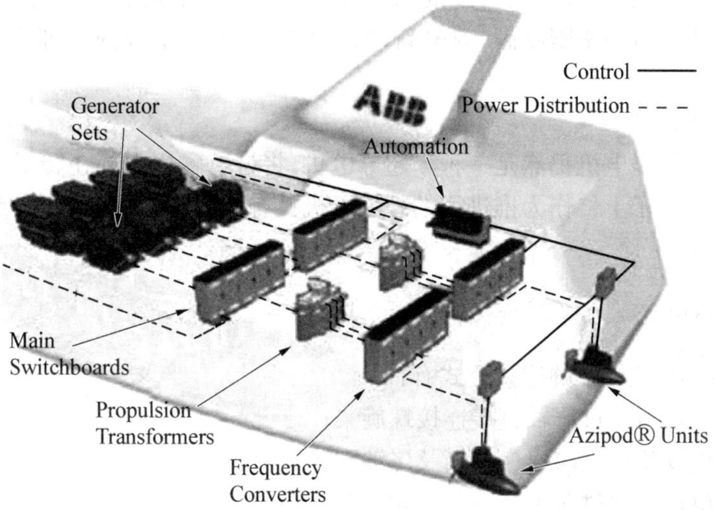

图 4-34　电力推进系统

(二) 变频器

交流推进电机的控制或变速驱动依赖于变压变频技术。交流推进电机的调速主要采用变频调速,这就要求向交流电机供电的电源能够同时改变电压和频率。目前常用的三种变频器有同步变频器(交-交变频器)、循环变频器(交-直-交变频器)和脉宽调制变频器,见表4-7。从谐波来说,交-交变频器最多,脉宽调制变频器最少,但功率正好倒过来,所以大型船舶(通常5 MW以上)大都采用交-交变频器。

表 4-7　常用的三种变频器形式

变频器形式	同步变频器	循环变频器	脉宽调制变频器
逆变器件	可控硅	可控硅	10 BT
电　机	同步电机	异步或同步电机	异步或同步电机
功率范围	上限无限制	上限无限制	小功率(4 000 kW)
适应场合	除破冰船外的各种船舶	破冰船	中、小功率的各种船舶
应　用	已广泛应用在船舶推进上	谐波滤波非常困难	半导体器件的发展可扩大其应用

(三) 推进电动机

1. 交流电机

用于电力推进的交流电机可以是异步电机和同步电机。异步电机结构简单,不需要电刷装置,同步电机气隙较大,能承受冲击,励磁损耗小,功率因数可以为1。

2. 永磁电机

随着永磁电机控制技术的发展,在船舶电力推进系统中趋于采用永磁同步电机,已有多种不同结构的永磁同步电机，其功率范围从几百瓦到应用于船舶推进的几兆瓦。永磁电机与常规电机相比具有功率密度高、效率高、维护性好等优点，因此对于船舶来说更具有发展潜力。

3. 超导电机

目前的超导同步电机仍然是一种半超导电机，将超导磁体安装在转子上，用铜线绕制的主回路绕组放在定子上。作为推进用的超导电机具有体积小、效率高等优点，是一种最理想的船舶推进装置。

(四) 推进电动机与螺旋桨的连接方式

推进电动机与螺旋桨的连接方式有：

(1) 低速电动机通过尾轴直接连接螺旋桨；

(2) 中速电动机通过减速齿轮箱及尾轴连接螺旋桨；

(3) 中速电动机通过Z型驱动带动螺旋桨-全回转；

(4) 中速电动机通过Z型驱动带动对转螺旋桨-全回转；

(5) 低速电动机在吊舱内直接带动螺旋桨-全回转。

(五) 吊舱式电力推进装置

目前，世界上生产的吊舱式电力推进装置主要有：芬兰ABB Azipod公司研制生产的AZIPOD推进装置；法国Alstom公司和瑞典Rolls-Royce公司联合生产的MERMAID(美人鱼)推进装置；德国Siemens公司和Schottle公司联合生产的SSP推进装置；芬兰WÄRTSILÄ(LIPS)公司和德国STN公司联合生产的DOLPHIN，见表4-8。

表4-8　吊舱式推进方式比较

型　号	AZIPOD	SSP	MERMAID	DOLPHIN
公　司	芬兰ABB Azipod公司	德国Siemens公司和Schottle公司	法国Alstom公司和瑞典Rolls-Royce公司	芬兰WÄRTSILÄ(LIPS)公司和德国STN公司
推进电机	同步电机	永磁式同步电机	同步电机	同步电机
驱动形式	螺旋桨和推进电机共轴，结构简单紧凑			
安全隐患	螺旋桨/转子轴处的密封问题			
管理问题	不仅包括以往船舶电站的全部内容，还增加了为船舶推进提供动力所必须的中低变压器、高压大功率变频器和高次谐波抑制器等。			

其中AZIPOD推进装置最早装船，数量也最多。而SSP推进装置则是最近出现的很有竞争力的产品，如图4-35所示。SSP推进装置的吊舱(POD)直接悬挂在船下，通过法兰盘与船体相接，吊舱内装有Siemens公司的新型永磁同步电机(PSM)。两个由Schottle公司生产的固定螺距三叶片螺距桨安装在吊舱的前后两端，每个螺距桨分别负责50%的总负载，

吊舱的侧面有一对飞机尾翼状的导流鳍(兼作电机的散热片),这种双桨布置原理使其负荷降低,效率提高,相应降低了噪声和振动,同时也节约了能量。位于船舱内的发电机的电力以及相关的控制信号经由安装在吊舱轴上的滑环以及高频连接器传送到吊舱的电动机和方位舱。吊舱轴由两台液压马达驱动,能使吊舱 360°转动,从而可起到舵的作用。

图 4-35　SSP 推进器

三、电站管理及监控系统

(一) 电站管理系统

综合电力推进装置的电站管理系统设计采用同步运作方式取代常规的柴油发电机组降速耦合方式,保证了船舶电网频率的稳定性,从而满足高标准电源的要求,这种运作方式可以通过相互连接的计算机化的数字同步和负荷控制器来实现。这些控制器和可编程控制器相连,PLC 处理上层功率管理任务、启动柴油机、发电机合闸、自动离闸、停机等。另外,在主开关柜的控制板上还提供后备操作模式。

(二) 电力推进监控系统

船舶电力推进的控制系统要求比较高,一般采用现场总线网络监控系统。监控系统由推进控制中心、推进操纵单元、舵角控制单元、报警以及监视单元组成。目前,部分电力推进监控系统采用光纤总线传输各种信号,其特点是传输的信息量大、速度快及抗干扰能力强。

1. 推进操纵单元

推进操纵单元主要功能:启动、停止推进装置;控制推进装置的转速;控制舵角。

2. 推进控制中心

推进控制中心主要由推进控制系统、功率和转速控制单元、扭矩控制单元组成。

推进控制系统的主要功能：

(1) 接受来自操纵单元的转速设定信号，处理后传送到功率和转速控制单元；控制操纵部位的转换；对推进系统的辅助装置(如冷却单元、变压器、风扇、液压装置等)进行监控；对系统总线进行监控；温度监测；提供操纵及显示接口。

(2) 功率和转速控制单元则将推进控制系统传送过来的转速信号转变为电流(扭矩)信号，并传送到扭矩控制单元，而扭矩控制单元则根据收到的电流信号控制直接变频器内可控硅的触发脉冲，使得变频器输出电源频率发生变化，从而控制推进电机的转速。

3. 舵角控制单元

舵角控制单元接到操纵单元传来的舵角指示后，通过高频连接装置向吊舱推进装置的方位舱发出控制信号，驱动液压马达使吊舱轴旋转，从而改变舵角及航向。

4. 报警、监视单元

报警、监视单元可以监视推进系统的运行状态，并在系统发生故障时提供报警。

四、电力推进与柴油机推进的比较

以柴油机和汽轮机为主的传统型船舶动力装置，曾对船舶及航运的发展作出了重要贡献，然而这类动力装置也因一些固有的缺陷阻碍了其进一步发展。例如：占据空间过大，以柴油机和汽轮机为主机的船舶，其机舱空间都被体积庞大的发动机、机械传动装置、减速器和轴系等占据，舱室空间利用率大大降低，有效载荷减小；工作环境差，以柴油机和汽轮机为主机的机舱内，不仅振动大、噪声高，而且油污多，废气排放影响空气质量，卫生条件差；主机大而高，系统复杂，增加维护难度，加重维护工作量。

船舶采用电力推进系统后，则上述柴油机推进系统的缺陷将被克服或改观，并具有下列优点：

(1) 提高效率　在一艘船上多台中速柴油机用于发电，可根据用电负荷选择发电机运行台数，使机组始终运行于高效工作区，实现非设计工况最大的经济性。

(2) 优化机舱　采用电力推进系统后，机械噪声大幅度下降，振动减少，工作区整洁，减少废气排放，机舱内空气新鲜，环境质量得到改善。

(3) 维护减轻　实现自动化监控，能很快发现问题，排除故障，可进行有针对性的适情和适时维护，既提高了适航性又减轻了工作量。原编制人员可减少 50%～75%。

(4) 性能提升　采用电力推进系统后，操纵控制方便，启动加速性能好，过滤过程延时短，制动快，正反车速度切换快，可极大地提升船舶的操纵性，发挥出最佳的使用技术性能或战术技术性能。

(5) 实现自控　船舶采用电力推进系统后，有利于进行计算机网络管理，有助于实现系统的自动控制，全面提升船舶信息化、智能化和自动化水准。

(6) 提升战斗力　大中型水面舰艇采用电力推进系统后，以高性能换来高机动性；以低噪声换来声学隐身效果；以单一的平台替代传统的动力与电力两大系统，为发展高能武器创造条件；以最少的人员编制达到常规舰船的满员效果；以最小的机舱换来更大的武器舱，增强战斗力。

五、电力推进系统在船舶领域的应用

电力推进也有其缺点：由于能量的多次转换，使其所需设备增多、总重量增加、初投资增大；能量损耗增加，设计工况经济性差。

对某些船舶来说，电力推进的优点是主要的，缺点是次要的，所以这些船舶就采用电力推进。如破冰船的螺旋桨被冰块挡住时，原动机就应限制输出转矩，甚至堵转，这只有电力推进可以做到。耙吸式挖泥船在耙泥作业时，航速约为 2～3 kn，而当吸泥泵处于全负荷工作时，则将主机的全部功率转移到泥泵上；满载泥浆后，需全速航行到抛泥地点，此时泥泵停止工作，而将全部主机功率转移到主推进装置上。动力定位是一种可以不用锚系而自动保持海上浮动装置的定位方法。采用动力定位的海上浮动装置，在海上钻探作业时不需要抛锚，这不仅减少了复杂的抛锚工序，而且工作的水深亦不受锚系长度的限制，甚至可以在水深大于 1 000 m 以上的深度进行工作。电力推进是最好的动力定位装置。

适合电力推进的不同种类船舶如豪华游轮、半潜式平台、渡轮、化学品船、科考船、布缆铺管船、渔船、浮式生产储卸船、穿梭油船、军用水面舰船、潜艇、平台供应船、调查船、救捞船等。

世界各军事强国都在研究电力推进系统在大型水面舰艇上的应用，如美国海军的新型驱逐舰 DD-21 将采用吊舱式电力推进系统。

英国 23 型护卫舰采用的是燃气轮机和柴油机联合推进方案，在高速航行时，由 2 台燃气轮机经减速齿轮箱驱动轴系与螺旋桨；在巡航或安静作战时，由 4 台发电机组并联运行，发出的交流电经可控硅整流得到直流电驱动推进电机。

第八节　轮机其他相关新技术

一、主机 PMI 测试系统

PMI 是由 MAN B&W 公司开发的柴油机热功测试和检验系统，现在已发展到用电脑软件处理所有的检测数据，能准确计算出主机各缸的指示功率 P_i，最高燃烧压力 p_{max}，压缩压力 p_{com} 和主机的总指示功率。它对测定的有分析价值的图形通过列表，能够提供应调整的各缸油泵齿条和 VIT 齿条的调整参数，指导对柴油机功率平衡的调整，便于对主机的工况管理。

PMI 系统的外围硬件主要由压力传感器、PMI 控制器（即电子示功器）、曲轴触发定位系统 3 部分组成。

图 4-36 为 MAN B&W 公司研制的用于柴油机气缸压力测量的便携式 PMI 系统示意图，该系统为轮机员提供了一种计算机化的工具以测量和分析气缸压力。

便携式 PMI 系统有随机的包装箱，箱内包括构建系统所需的全部设备，适用的柴油机最高转速为 900 r/min，压力为 0～225 bar。系统的总精度为±3%。便携式 PMI 系统的优点有：使用方便，只需单人操作；灵敏高效的压力传感器和 PMI 控制单元；适合于单机和多机装置的通用触发系统；快速准确的测量结果；与传统的示功装置比较，有极好的精度。

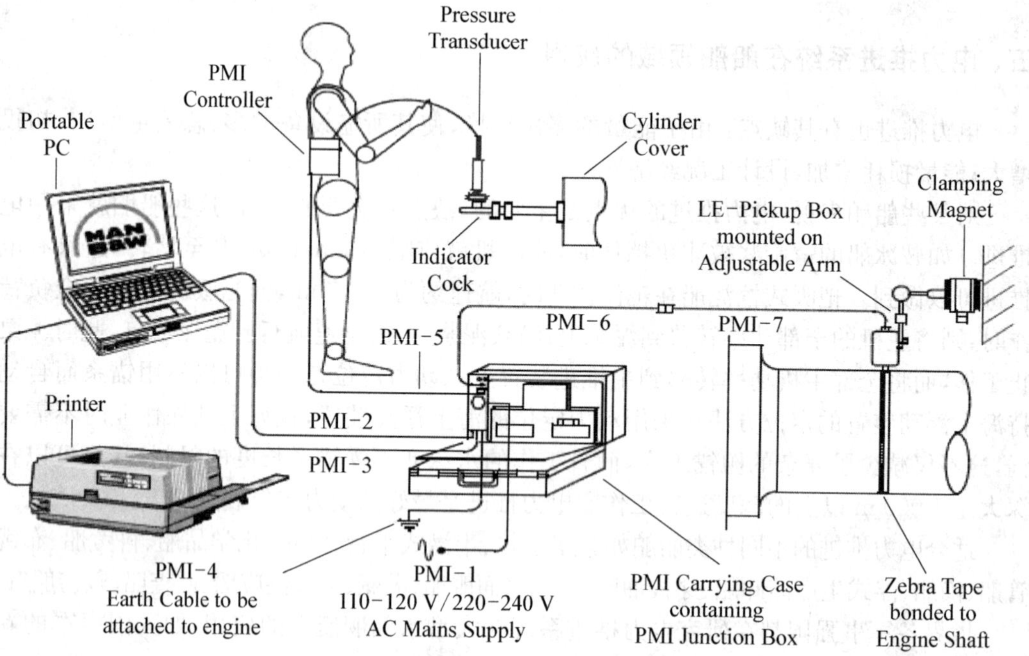

图 4-36 便携式 PMI 系统示意图

这种系统使用的是性能良好的压电式传感器。在对各缸测量的过程中，人工将传感器按序安装在气缸盖的示功阀上。传感器只是短时遭受燃烧室恶劣条件的作用，这种方式使其能够可靠和稳定的工作。

为精确反映整个循环气缸内压力的变化，传感器检测压力必须与柴油机运转同步，采用发光信号采集器。它包括一对发光传感器，用于探测固定在柴油机驱动轴上的条纹带所反射的光(在自由端)。LE 采集器发出连续的曲轴转角脉冲信号并送到连接箱，继而送到便携式 PMI 控制器。压力传感器也与 PMI 控制器相连，控制器是系统控制测量的遥控神经中枢。整套设备由外部 110 V/240 VAC 电源供电，对给定柴油机而言，系统一旦经过了最初的安装，再使用时可以很快地连接到柴油机上。只有 LE 采集器的条纹带需永久地固定在柴油机上。

PMI 控制器和连接箱都有通信界面，以采集和自动传输数据到集控室的计算机，计算机内须安装随 PMI 系统供应的适用软件。

收集和储存在 PMI 系统数据库内的气缸压力测量结果在计算机上可以用三种不同的图来显示，即 PT 图、PV 图和平衡图。PT 图是气缸内压力随曲轴转角变化的图；PV 图是气缸内压力随相对气缸容积变化的图；平衡图显示各缸的压缩压力 p_{comp}，爆发压力 p_{max} 和平均指示压力 p_i。在计算机显示平衡图时，显示界面上还会给出各缸压力的平均值以及各缸压力与平均值的差值。

除图形外，PMI 系统的计算机还可以用表格的形式显示测量结果。在表格中对四冲程柴油机和二冲程柴油机都会有压缩压力 p_{comp}，爆发压力 p_{max}，扫气压力 p_{scav} 和转速这样一组数据。对二冲程柴油机还有平均指示压力 p_i 和指示功率。

PMI 系统用一套“0-图”参考值来确定上止点(TDC)，见图 4-37。所谓“0-图”参考值就是让柴油机在 50%～70%负荷下运行，在停掉待测气缸燃油情况下测得的循环气缸压力。对给定的柴油机，一般只在安装 PMI 系统时测量一次“0 -图”参考值即可。

曲轴因传递扭矩而产生的扭转变形会影响上止点，为修正这种影响，PMI 系统需要一套在恒定负荷下的测量结果作参考值，即“E -负荷”参考值，见图 4 - 38。“E -负荷”参考值是在柴油机维持常用油格的情况下测得的循环气缸压力。

以“E -负荷”和“0 -图”为基础，经过计算修正各缸上止点，这种修正是用 PMI 软件系统规定的扭转系数自动对各缸进行修正。

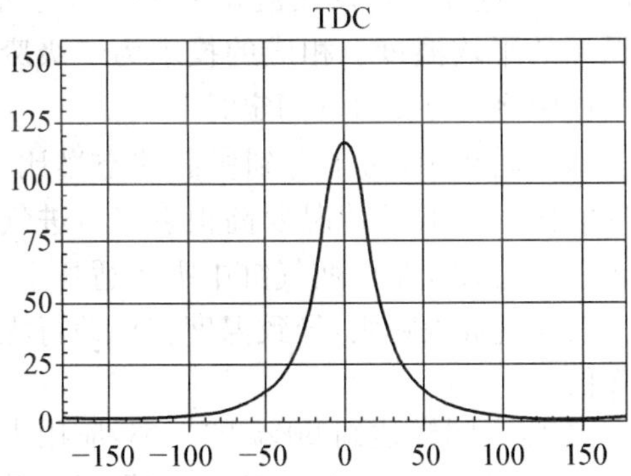

图 4 - 37　0 -图

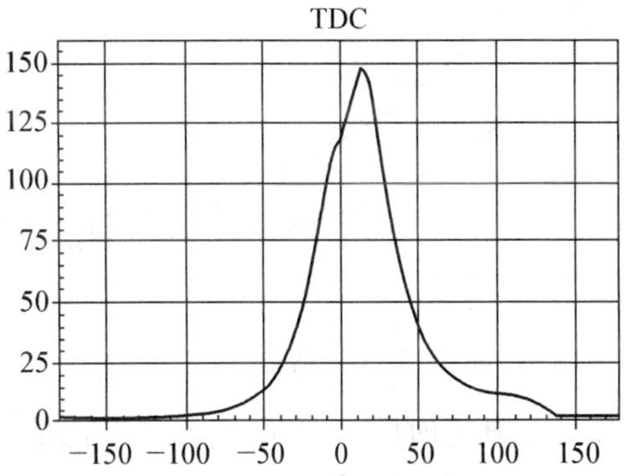

图 4 - 38　E -负荷

二、主机排放控制技术

目前在柴油机上控制尾气排放污染行之有效的方法有两条技术路线可供选择：其一是先通过优化燃烧，再使用选择性催化还原（SCR）来降低因燃烧优化而产生的 NO_x 排放量；其二是废气再循环（EGR）与微粒捕集器（DPF）组合路线，即先通过 EGR 降低排放中 NO_x 的成分，再用 DPF 捕集因使用 EGR 而略有增加的颗粒物（PM），从而达到同时降低 NO_x 和 PM 排放的预期效果。

1. 废气再循环（EGR）系统

废气再循环（Exhaust Gas Recirculation，EGR）系统是一种广泛应用在汽油机和柴油机的排放控制装置，它主要用于降低 NO_x 的生成。

由于排气主要由 N_2 和 CO_2 组成，氧含量很低，使用 EGR 系统使部分排气经 EGR 阀返回进气系统，与新鲜混合气混合，稀释新鲜混合气中的氧浓度，使燃烧速度降低；同时还可以使新鲜混合气的比热容提高，由此降低燃烧温度，从而有效地抑制 NO_x 的生成。为了进一步降低 NO_x 的排放量，还应采用中冷 EGR 阀系统，将废气冷却后再引入气缸，使进气温度降低。

2. 定压燃烧过程

许多减少 NO_x 排放的措施都会导致循环效率的降低，为了抵消这种减排的不利影响，必须尽可能地提高循环热效率，为采取各种减排措施预留空间。同时，在吸热量 Q_1 及循环最高压力 p_3 相同的情况下，采用定压燃烧过程使得柴油机的热效率提高，可以减少 HC、CO 和 PM 的排放。再者，米勒循环使柴油机受到燃烧最高压力的限制，而定压燃烧过程是一个不错的解决方案。

上述种种原因使得定压燃烧过程日益受到重视，定压燃烧过程正悄悄从大型低速柴油机向中速柴油机甚至高速柴油机推进。目前，柴油机定压燃烧过程的燃烧压力已达 25 MPa。

定压燃烧过程主要是通过根据柴油运行工况而采用不同喷油定时的方法来实现的。

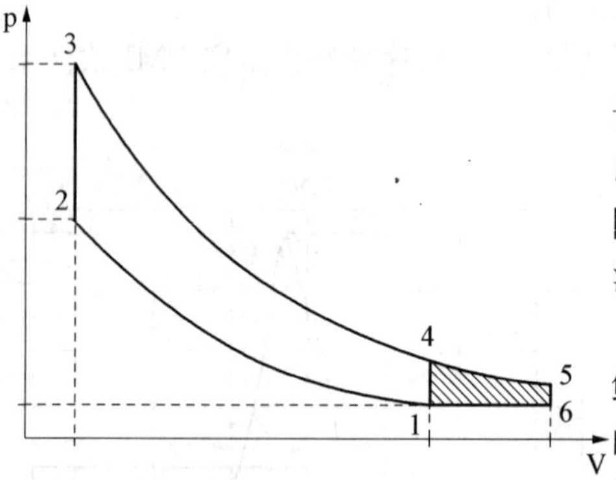

图 4－39 米勒循环

3. 米勒循环(Miller Cycle)

米勒循环如图 4－39 所示。其核心思想是让压缩行程的一部分由废气涡轮来完成，同时配以中冷技术，这样就可以在提高循环效率的同时降低循环的平均温度。相应的技术为二级废气涡轮增压中冷和可变进气门定时。

在米勒循环中，为了得到所需的空燃比，新鲜空气的压力比通常情况要高很多。对进气门的关闭进行定时控制以便气缸中吸入适量空气。压缩空气在气缸内膨胀，导致温度在压缩行程开始时降低。

采用米勒定时后，一个显著的改善就是降低了爆压。同样达到 60% 的效率，应用米勒定时发动机的爆压比传统发动机要低约 80 bar(190 bar 对比 270 bar)。这样，应用了米勒定时后，在相对较低的爆压下就可能达到很好的效率。同时，由于较低的燃烧温度，NO_x 的排放也降低了。由此可以推出在相同效率前提下，米勒定时可以在不增加爆压的情况下提高输出功率，这就延长了已有柴油机的设计寿命。

4. 两级涡轮增压(MST-Multi-Stage Turbochargers)

在理想的米勒循环中，总的涡轮增压效率可达到 70%。然而，这需要增压器能够提供 8～10 压比的同时，效率达到约 80%。当然，这样的增压器是不存在的，很难想象谁能够生产出这样的增压器。

然而，中间冷却的两级增压系统能够达到这样的水平。这里，高压比和高效率的关系非常重要。中间冷却是关键，因为它使得压缩过程近似于等温压缩，从而改善了空气压缩过程并减少了压缩所需的能量。

两级涡轮增压系统有两个涡轮，一个小涡轮和一个大涡轮增压器。采用两级增压，柴油机低速时转矩大，加油反应快，高速时输出功率大，见图 4－40。

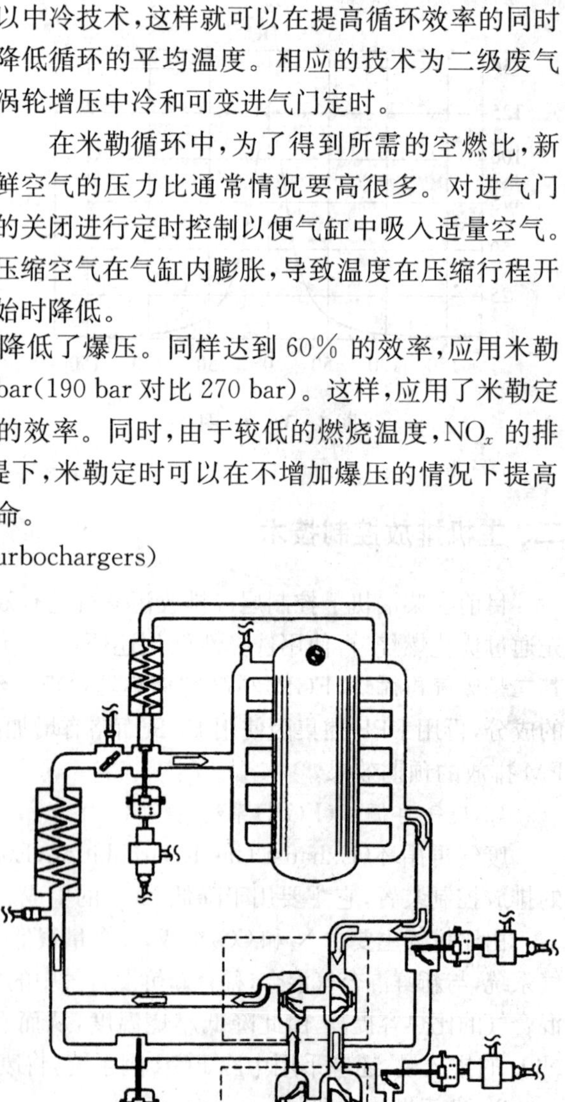

图 4－40 两级涡轮增压机

5. 可变截面增压器(Variable Geometry Turbocharger，VGT)

在高压比情况下必须使用较小的涡

轮面积。以适当的压比开始，随着功率的增加，有效的涡轮面积增加，这意味着部分负荷可用压比减少。基于过往经验，高压增压系统将因此导致部分负荷性能更糟，但情况并非如此，至少部分负荷的增压压力将高于介绍的情况。

可变截面涡轮增压器可以使增压系统获得较高的效率。

可变截面涡轮增压器是通过改变涡轮的流通截面，增压器在所有的工况点都与柴油机匹配良好，从而使柴油机的性能达到最佳。

图 4-41 和图 4-42 为其结构与工作原理图。可变截面涡轮增压器的工作原理是：控制杆通过控制杆定位销带动调整环转动，通过导向销、轴带动叶片旋转，当叶片位置转动时，涡轮的流通截面相应改变。流通截面越小，废气的流速越大，涡轮的输出功率也越大，增压比也相应得到提高。当发动机处于不需要高增压比工况时，叶片处在另外的极限位置，废气的流动损失随之减小。

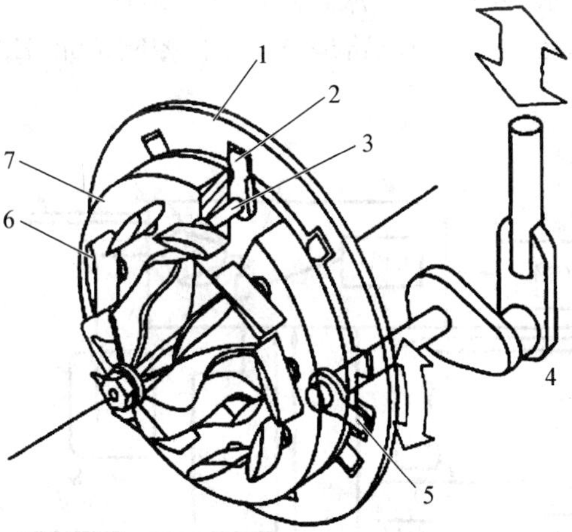

1—调整环；2—导向销；3—轴；4—控制杆；5—控制杆定位销；6—叶片；7—支撑环

图 4-41　可变截面涡轮结构

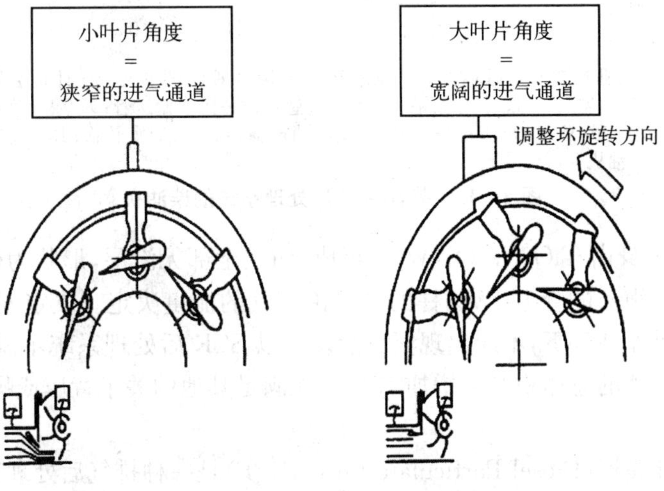

图 4-42　可变截面涡轮工作原理

可变截面涡轮增压器调节的目的在于保证在低速时有较高的转矩输出，而又能保证柴油机在标定点附近增压压力不致过高，以免除发动机过高的机械负荷和增压器超速。可调增压器采用电控技术，可实现全工况范围内柴油机与增压器的最佳匹配，使发动机性能达到全面优化。

6. 选择性催化(SCR)

氮氧化物选择性催化转化(Selective Catalytic Reduction，SCR)系统是一条降低 NO_x 排放的有效措施。

为降低柴油机颗粒物排放而进行的优化主要是通过提高喷射压力、喷油提前角和增大涡轮增压器的增压比来实现。这样优化的结果会降低燃油消耗量，但会增加 NO_x 的排放。当颗粒物排放满足标准时，NO_x 的排放就必须通过安装在排气气流中的 SCR 催化器来降低。SCR 催化器需要用氨(合成尿素)作为废气降氮的触媒，所需要的氨通过向催化器逆流方向的排气管内喷射尿素水溶液产生。尿素水溶液必须根据发动机工况定量喷射，因此在图 4-43 中的定量喷射单元 2 的逻辑电路是与发动机控制单元(ECM)相连接的。

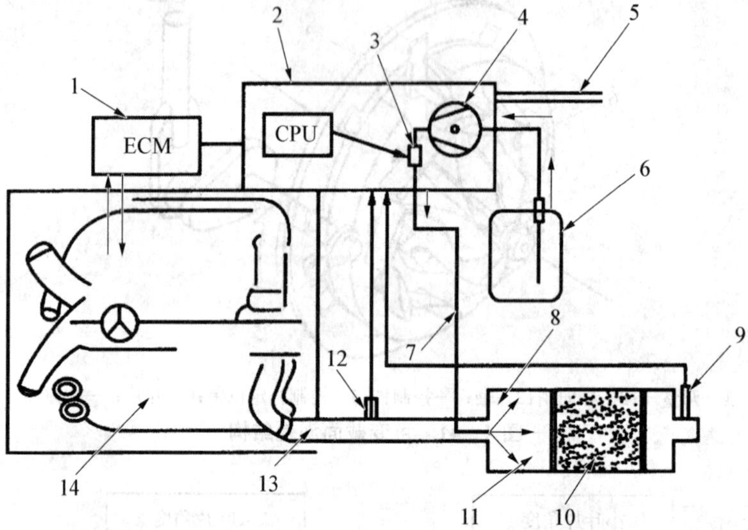

1—发动机控制单元(ECM)；2—尿素溶液定量喷射计量单元；3—计量装置；4—泵；5—空气入口；6—尿素罐；7—温度传感器；8—尿素输送管；9—尿素喷射；10—用于欧 V 和 OBD2；11—催化转化和消声器；12—氨触媒转换；13—废气；14—柴油机

图 4-43 装有 SCR 后处理系统的柴油机

SCR 催化器本身由 TiO_2，V_2O_5，WO_3 组成，而且全部无涂层，形状为标准圆柱几何体。这些圆柱安装到消声器的管道中，圆柱的数量由废气的流量决定。决定催化器总体积的原则是在高度动态工作条件下，不应出现氨泄漏。所以 SCR 后处理系统不需要再安装额外的氧化催化器。消声器的总体积必须增加 15%才能满足其他的关于背压或噪声的需要。

7. 颗粒捕集

柴油机颗粒捕集器(Diesel Particulate Filter，DPF)是一种排气后处理装置，它是安装在排气管中的颗粒物过滤器。颗粒捕集器所用的过滤材料是陶瓷蜂窝载体、金属蜂窝载体和陶瓷纤维等。其工作原理是：先由过滤器捕集颗粒物，然后再将过滤器中捕集的颗粒物氧化燃烧以完成捕集器的再生。

DPF 的缺点是再生困难且再生频率高，碳颗粒物的热力氧化温度高达 825～875 K，而柴油机的排气温度为 450～675 K。所以需要外加热源（如电加热、微波加热等）或选择一种高活性的催化剂来降低颗粒的氧化温度，使过滤下来的碳烟颗粒被氧化除去而再生。但再生过程可产生 2 000 K 以上的高温，很容易将陶瓷载体烧熔或发生局部过热而烧损。

颗粒捕集器一般做成圆筒形，直接串联在排气管路中。根据过滤器材料的不同，可将颗粒捕集器分为整体式和非整体式两大类。

非整体式颗粒捕集器的滤芯由耐高温的金属丝网或陶瓷纤维等杂乱无章地构成。排气从弯曲的微小孔道中通过。当采用矩形截面的金属线时，一般在其外表包裹一层 r－Al_2O_3，由于 r－Al_2O_3 表面呈松枝状结晶，表面积比较大。不同的金属丝上的 r－Al_2O_3 表面积不同，一般为(20～40)cm^2/g。

整体式过滤器的滤芯为整体蜂窝状，常用堇青石（由 MgO，r－Al_2O_3 及 SiO_2 组成）制成。两端面孔道的进、排气孔间隔地用陶瓷塞堵住。排气经过许多细微孔壁时，颗粒被拦截住。

DPF 的过滤材料由陶瓷蜂窝载体（如堇青石，$Mg_2Al_4Si_5O_{18}$）、陶瓷纤维编织物（如 Al_2O_3－B_2O_3－SiO_3）和金属纤维编织物（如 Cr－Ni 不锈钢）构成，其结构如图 4－44 所示。

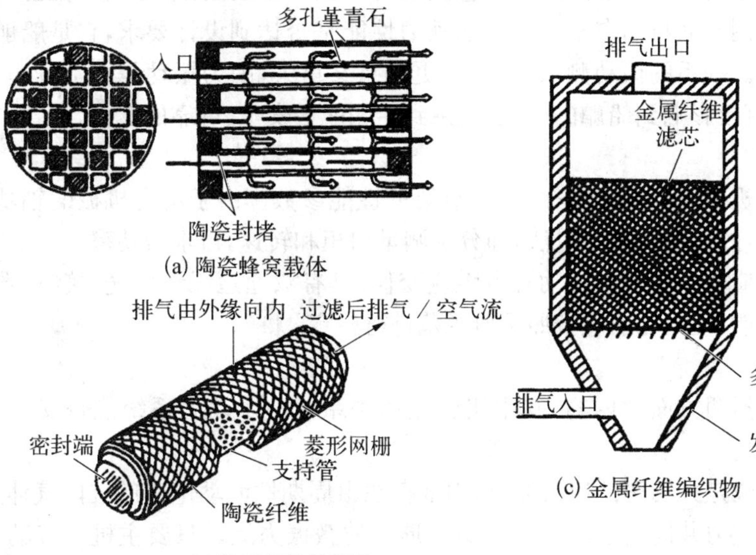

(a) 陶瓷蜂窝载体
(b) 陶瓷纤维编织物
(c) 金属纤维编织物

图 4－44 DPF 的过滤材料

在滤芯与不锈钢管的外壳之间，安装有弹性的陶瓷衬垫，目的是为了补偿金属外壳和滤芯的不同轴向、径向伸缩；缓冲车辆行驶时对滤芯的冲击和振动；密封滤芯的外圆周可防止排气从外围流过；隔热保温，减少金属管及滤芯的径向温度下降梯度与热应力；调节金属管不同的轴向膨胀及剪切变形，减小传给滤芯的应力。

三、主推进轴系在线监测技术

(一) 主推进轴系在线监测技术及其应用概述

主推进轴系在线监测及故障诊断技术是随着信号处理技术、电子计算机技术和现代测量技术的迅速发展而发展起来的一项新技术。应用状态监测技术对机器设备进行监测和诊断,可以及时发现机器的故障和预防设备恶性事故的发生,从而避免人员的伤亡、环境的污染和巨大的经济损失,并可以找出生产系统中的事故隐患,从而对机械设备和工艺进行改造,以消除事故的隐患。

国外一些先进的工业国家在 20 世纪 90 年代已相继以产品的形式推出了大型旋转机械的在线状态监测系统。在线系统具有代表性的产品是美国 Bently Nevada 公司的 DDM、TDM 和 PDM 系统,美国 Scientific Atlanta 公司的 M6000 和 M800 系统。这些系统广泛应用了多微机处理技术,能独立承担各种大型轴系的连续在线状态监测和故障诊断任务。国外一些著名状态监测系统生产厂家已经相继推出计算机网络化机器在线状态监测系统。

(二) 主推进轴系的动力参数测试的主要内容

船舶推进轴系的动力参数测试主要包括轴功测试和振动测试,是船舶检验检测的一项重要内容。轴功测试的目的在于检验船舶动力性能是否达到设计要求,它是船舶动力性能的一个重要指标。轴系的振动测试与分析,更是意义重大,因为振动是一个普遍存在的,而且危害严重,它直接影响到船舶的性能,关系到船舶能否安全、可靠的工作。

1. 轴功测试

热能与动力机械中,功率是一个十分重要的性能参数。由于动力机械的轴功率等于扭矩与转速的乘积,故常用间接测量法,即分别测量扭矩和转速,再求得功率。

对轴的扭转应变的测试采用动态电阻应变仪,具有双通道无线发送/接收、数字显示以及模拟输出等功能,使用之前应按照手册规范进行标定。

2. 振动测试

振动测试包括两方面的内容,其中扭转振动关系着整个动力系统能否安全、可靠的工作,因此尤为重要。

船用主机一般是大功率低速柴油机,内部存在由周期性波动产生的缸内气体压力、运动部件的惯性力和重力共同引起的交变扭矩所形成的激振力矩。只要主机一转动,这些激振力矩就存在,从而激发起强迫扭振的持续振动。当激振力频率与轴系的固有频率满足一定关系时,轴系就会出现共振现象。如果扭振应力或扭矩超过持续运转的许用值,则该共振转速附近被称为"转速禁区"。克服扭振的主要措施有调节轴系的自振频率和加装减振器。我国国家标准规定:在由最低稳定转速到最大转速(或全功率转速)的工作范围内,一般不应有扭振引起的转速禁区,实在不能避免时,在此禁区内,机器不应持续运转。

我国国家标准还对船用柴油机轴系扭振测量与分析方法作了详细的规定。扭振测试通常使用的设备是扭振仪,测点的布置一般在曲轴的自由端。目前扭振测试的主要方法有:

采用专用的扭转加速度传感器,用齿轮附加磁性传感器测扭角位移,用专用的激光扭振仪。

采用扭转加速度传感器时,应把传感器放在轴的自由端面上随轴一起转动。采用齿轮旁安装磁性传感器对扭角位移进行非接触式测量的方法是一种经济和方便的扭振测试方法。现在比较新的技术是使用激光扭振仪,它不需要齿轮,只要在轴上贴一圈专用反光带即可。用激光探头照射此反光带就可得到扭振信号,传到与其配套的扭振仪后即可处理出轴的扭角位移信号。

(三) 主推进轴系的测点布置

轴系 4 个轴承座全部配有垂直方向的速度振动传感器,可供在线监测分析系统使用。在未装速度振动传感器的轴承座的垂直方向安装一个加速度传感器,在轴系的 3 个轴承座上水平(H)/轴向(A)两个方向均安装一个加速度传感器。测点监测示意图如图 4-45 所示。

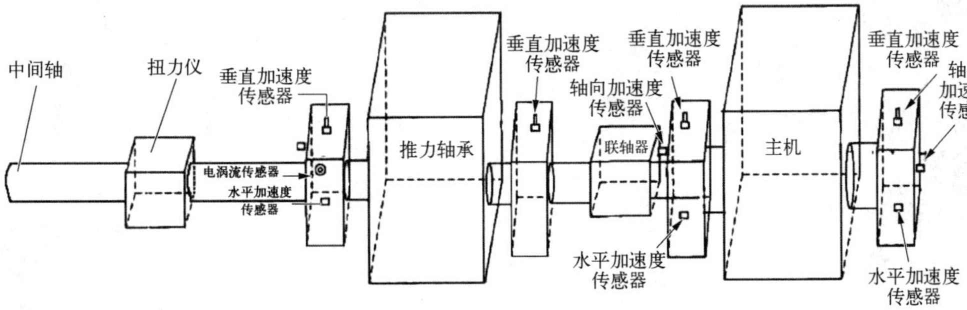

图 4-45 测点监测示意图

加速度传感器为接触式传感器,其输出信号与被测物体的振动加速度成正比,单位为 m/s^2。通过电子积分回路或软件积分,亦可测振动速度和振动位移。速度型传感器用于测量轴承座、壳体等振动,单位为 mm/s,其输出信号与被测物体的振动速度成正比。

(四) 主推进轴系在线监测分析软件系统功能

分析软件系统功能的基础是区别测试对象的运行状态,根据不同的状态实现相对应的关系功能和分析功能。系统提供以下主要功能:

(1) 测点参数管理　测点参数管理对所有监测点的相关属性进行管理。

(2) 设备参数管理　设备参数管理对设备的相关属性进行管理。

(3) 报警参数管理　报警参数管理对各个监测点的报警标准进行设置管理。

(4) 在线监测视图——示意图监测　在机组示意图实时显示各测点的振动特征值。

(5) 在线监测视图——棒图监测　以棒图方式实时显示测点的监测量、如速度有效值。

(6) 在线监测视图——时频域模式　实时显示各振动测点的时域波形图和对应的频谱。

(7) 在线报警确认　显示实时的报警信息并由用户确认,所有尚未确认的报警数据均可在此查询到,已确认的报警数据则在数据查询中查看。

(8) 报警查询　对历史报警进行查询。

(9) 历史趋势图　对历史振动特征值趋势进行查询,生成趋势图。

(10) 设备运行报表　生成设备运行状态的日报表和月报表。

(11) 数据分析　在离线状态下对采集的历史数据和故障数据进行各种分析,包括时频域分析、包络谱、概率密度分析、自相关分析、互相关分析、功率谱、倒谱、细化谱、小波分析等。

(12) 用户管理　对用户及其权限进行管理。

(13) 长周期数据管理　系统定义的长周期数据为1 h抽样存储1次的采样数据,存入数据库,保存2年。

(14) 短周期数据管理　系统定义的短周期数据为最近72 h内所有的采样数据,循环覆盖,以文件方式保存。

(15) 故障数据管理　系统定义的故障数据为测点报警时的采样数据,存入数据库,保存5年。

第五章

船舶管理与应急反应

第一节　船舶资源管理

在海损事故绝大多数是因人的失误造成的观点已形成共识的今天，很多人都认为只要船舶驾驶和操作人员具有良好的知识与技能，并制定了相关的操作程序与规定，就能保证船舶安全与营运效益。实际上，除了上述这些重要的因素外，船员对待自己工作的态度和在船舶资源管理方面的技能在保证船舶安全与营运效益上发挥着更为重要的作用。

近年来国内外展开的船舶资源管理的培训紧密结合船舶实际工作的需要，通过为船员提供船舶资源管理理论知识与操作技能的学习机会，来端正他们的工作态度，从而提高其安全意识和管理船舶资源的能力，在此基础上，确保船舶的安全与营运效益。

一、船舶资源管理

（一）船舶资源管理的定义

国外一些著名字典将“资源”定义为“可利用的资产”或“用以维持的财源”，我国的大词典《辞海》将其定义为“资产的来源”。实践证明，任何一个组织若要维持自己的生存与发展，首先需要拥有一定的资源，其次是能够对有限的资源进行合理的应用和配置，使其达到最佳的使用效果，以支持组织目标的实现。以上这些都说明了资源是各种经营活动不能缺少的根本保证。

管理是为了达到预定的目标而对当时条件和环境下各种可利用资源的协调活动。资源管理则是人们对可利用的资源进行计划、组织、控制、指挥和协调的过程，也可以认为是对可利用的资产或用以维持的财源的管理技艺、行为或处理。船舶在实际营运的过程中，船员必须通过自身的智慧与技能，在充分利用船舶自身和外部的各种不同设备，综合考虑外界自然环境对船舶的作用与影响的基础上，驾驭和控制船舶按照预定的计划和其他相关的要求，安全地完成货物的运输或人员的转运工作。实际上，船舶所有安全运输环节的管理就是一种对船舶资源合理应用和配置的过程。

在海上运输的实际工作中,“船舶驾驶台资源管理”可以理解为对船舶工作环境中各种可利用资产的计划、组织、控制、指挥和协调,或是对船舶工作环境中各种可利用资产的管理技艺、行为或处理。因此,“船舶驾驶台资源管理”可以定义为“为达到船舶安全营运的目的而运用和协调全部船员所具有的技能与经验、船舶设备和其他外界相关的各种资源”。

(二) 船舶资源的种类

根据“船舶资源管理”的定义,结合船上的实际工作情况,船舶资源应包括以下不同类型的资源。

1. 人力资源

人力资源涉及船舶安全营运工作中的所有人员,包括船舶管理级中的船长、轮机长、大副,操作级中的其他驾驶员和轮机员以及支持级中的水手、机工等普通船员,还包括在特定港内航行与靠离泊位作业中来自第三方的引航员、港作拖船及码头带缆等工作人员。人力资源是船舶营运工作中最为重要的资源,也是船舶资源管理中最为重要的内容。

2. 物质资源

物质资源涉及确保船舶本身正常营运与操作所需要的各种设备、仪器、物品、工具、备件等。物质资源是指船舶航行与营运中所需要的物质性条件,物质资源是确保船舶正常营运与操作的基本资源。

3. 信息资源

信息资源涉及确保船舶本身正常营运与操作所需要的信息与资料,包括电子海图,AIS,命令簿,操作手册,使用指导书,海图,航行计划,航海出版物,港口信息等。信息资源是确保船舶正常营运与操作的必要资源。

4. 其他资源

其他资源涉及确保船舶本身安全航行与操作的相关规定与操作程序,以及所需要的时间、空间、技能、经验和与有关部门(如主管当局与机关、公司、团体、人员等方面)的合作及支持的程度和广度等。其他资源将有助于船舶正常营运和组织目标的实现。

由上可知,船舶资源管理的范畴涉及船舶驾驶与轮机管理人员在从事船舶航行与操作工作中应加以积极协调和合理应用的不同类型的资源。从事船舶资源管理的人员应能掌握现代管理的基本知识与技能,在实施管理工作五大职能(计划、组织、控制、指挥和协调)的过程中,对上述不同类型的船舶资源加以正确的计划和协调以及合理的应用和配置;真正做到事先周密地加以计划,实施中有效地组织和控制,通过正确指挥和合理协调相关各方之间的关系及工作,最终达到顺利完成船舶安全营运任务的目的。

(三) 船舶资源管理的内容

船舶资源管理的主要内容包括:全面了解人为失误与船舶事故的发生和预防之间的关系,注重船员不同的文化意识,获取全面的情景意识,保持有效的各方通信与交流,运用良好团队工作的经验实施正确的决策与领导,正确处理工作压力和消除疲劳,规范执行规章制度和操作规程以及提高船舶应急处理的技能。换言之,船舶资源管理就是在提高船舶管理人员思想理念的基础上,在确保领导力的前提下,积极做好船舶安全管理工作的计划和协调,运用良好的决策技能知识与能力来合理地安排所有资源的分配、分派和优先排序工作,达到确保船舶安全航行与操作的目的。

1. 了解人为失误与船舶事故的发生和预防之间的关系

绝大多数船舶事故是与船舶工作人员的人为失误有关的。为了减少和预防船舶事故的发生,必须明确人的因素在船舶事故中的失误链与最终事故发生相互之间的关系,并根据这些特定的关系采取相应的措施,减少或切断失误链的产生与发展,从而达到减少和预防船舶事故发生的目的。

2. 注重多元文化意识对船舶安全工作的影响

船舶工作人员的实际工作涉及不同国家、不同地域、不同公司。来自不同国家、不同地域的船员在他们各自的工作中经常体现出多元文化意识的特点,并对船舶安全工作的实际操作产生一定的影响。为此,船舶工作人员之间应通过对彼此文化意识的理解与尊重,来保证船舶工作的正常进行和安全。

3. 明确情景意识对船舶安全的关系与作用

船舶运营过程中经常会面临紧张而复杂的通航或作业局面,船舶工作人员必须随时保持高度的情景意识,全面了解和掌握当时与通航或操作局面相关的信息,才能积极采取合理的措施与行动避免船舶事故的发生。为了能保持高度的情景意识,船舶工作人员首先必须具有正确的工作态度。

4. 强调船舶通信和人员交流沟通在船舶安全中的重要性

船舶之间的通信和人员之间的交流沟通是船舶安全的基本保证之一。由于通信设备与外界条件的局限性和人员之间在不同语言等方面的限制,船舶在航行与操作的过程中常因这些局限性与限制而引发紧迫局面的产生或导致事故的产生。另外,船舶内部人员也经常因缺乏语言和信息方面的沟通而产生矛盾进而影响工作。为此,船舶工作人员应注重船舶通信与人员交流沟通的重要性,并采取必要的措施防止类似情况与事故的发生。

5. 强调团队与团队工作在船舶工作中的必要性

船舶在海上、沿海或港内航行与操作时,在驾驶台上工作的所有成员都是团队成员之一。这意味着当引航员登船后,他也成为驾驶台团队的重要成员。为了确保引航作业的顺利和安全进行,他必须得到船长和驾驶员的积极配合和协调。因此,船长、驾驶员和引航员都应充分认识驾驶台团队工作的必要性,并在明确自己职责义务的基础上,协调好相互的关系,共同协作做好船舶的安全工作。同时,驾驶台工作人员必须与机舱工作人员保持密切的联系,协调好相互的工作,以形成船舶内部良好的整体工作团队。

6. 探讨船舶工作中的决策与领导工作的改进

鉴于船舶航行与操作的特点,船舶工作人员在船舶靠离泊等作业的过程中必须根据船舶操控与安全的需要作出一些决策,并客观地在驾驶台团队工作中发挥领导的作用。他们所作的决策和自己所处的指挥地位,在船舶的实际航行与操作工作中具有非常重要的作用。如何改进和提高自身的决策能力,更好地发挥驾驶台团队工作领导的作用,对船舶安全具有非常积极的意义。

7. 掌握正确处理船舶与运行中的工作压力和消除疲劳的方法

由于通航或作业局面的复杂性及一些港口自然航道的实际情况，船舶航行与操作在特定的条件下，是一项高难度和高强度的工作。再加上有时工作繁忙、船期周转快而船员编制又有限等因素，船舶工作人员极易产生很大的工作压力和过于疲劳的现象，而许多船舶事故都是在这种情况下发生的。为此，他们在实际工作中有必要掌握自我正确缓解工作压力和消除疲劳的方法。

8. 规范执行船舶规章制度和操作规程

船舶在运行时必须严格执行国际海上避碰、防污染等相关公约与安全规则，并遵守各国政府和主管部门制定的涉及特定水域安全的规章制度。同时，船舶工作人员还必须根据运行的需要，认真地按照规定的各类操作规程来控制和操纵船舶。为了提高船舶安全的水平，必须进一步规范他们执行规章制度和操作规程的行为。

9. 提高船舶应急处理的技能

船舶在运行时经常面临一些由于自然原因、船舶原因或人的因素而突然发生的异常情况与紧迫局面。由于航行水域或设备工况的限制与复杂性，操作人员稍有处理不当，即可引起严重的后果。为此，船舶工作人员必须在工作中熟悉和掌握各种不同紧急情况与局面下的应急处理程序与方法(包括主机与舵及导航设备故障、搁浅、碰撞、人员落水或弃船、海上搜救、防海盗、油污等)，并不断提高自己处理和应对这些不同紧急情况与局面的技能。

(四) 船舶资源管理与船上安全工作要求

借鉴“船舶资源管理”培训的成功经验和实际资源管理过程中积累的经验，船员需要从提升安全管理理念入手，通过改变思想意识中存在的一些不安全工作态度来防止和避免不安全行为的发生，从而达到确保船舶安全的目的。为此，船员在船舶资源管理工作中应满足以下各项要求。

1. 端正思想认识与理念，转变工作态度与行为

为了有计划、有组织、有控制、有激励、有协调、有创新性地管理好船舶，将船舶安全管理水平提升一个新台阶。船舶管理人员，特别是船长和轮机长，必须通过学习，通过改变理念、端正态度、规范行为来提高思想认识、理顺工作思路与关系、改变自己的不良行为，从而将相关的理论知识与方法应用到实际工作中去，以提高船舶安全管理的水平，确保人员、设备(能源)、环境的安全。

2. 提高情景认识，及时发现和中止失误链与事故链

为了正确认识和了解各种内外界因素对船舶安全的影响，掌握船舶和动力装置的实际状态，对即将发生的情况或局面作出正确的判断，检查和监督其他成员所采取的操作行动，注意这些行动对船舶和设备安全的影响，利用集体的智慧规避风险，就必须始终保持高度的情景认识。

船舶事故大多数是由人为失误和错误造成的，人为失误就是自己工作中的过失与错误，每一件船舶事故都是由导致其发生的一系列过失链或事故链引发的。正确了解周围的局面，认识每一个过失链或事故链的形成过程与迹象，并采取相应的措施，及时切断过失链或事故链，就可以终止过失链或事故链的发展，避免事故产生的后果。船舶管理人员平时加强

业务知识和专业技能知识的学习，加强责任心的培养，对船舶和设备的安全做出周全的计划，认真地做好各项安全工作，并加以实施和全程监控，就可以实现预期的安全目标。

3. 尊重不同文化意识，保持良好的通信与交流

在船舶资源管理的过程中，应以人性化管理的理念贯穿始终，并充分注意船员在生理、物理因素方面的剖析；特别应尊重各自的文化意识情况，了解不同国家与民族之间的文化差异，并通过尊重、理解、学习等方法化解异国异族之间在信息沟通方面的障碍。

同时，应采取多种有效的手段加强和保持内部与外部之间的交流与通信，并通过人性化管理来调动人员的积极性，从而有序地完成各项工作任务。

4. 改进领导作风，提高决策水平和应变能力

在船舶团队工作中，船长、轮机长和大副属于船上管理级的人员，作为船舶部门或全船的领导，必须首先提高自身的业务技能和素质修养。在关键时刻临危不乱，指挥果断正确；在平时工作中与其他人员之间相互尊重、相互沟通，真正做到严于律己、宽以待人、为人表率、管理有方。

为了满足以上要求，在实际工作中应按照“船舶资源管理”教学培训中有关改进工作作风的要求，明确团队工作的要求，摆正自己的位置，在可行的条件下，认真收集信息资料，虚心听取团队其他人员的意见，不断地提高自己在船舶资源管理中的决策水平和在紧急情况下的应变能力。

5. 加强团队工作，充分发挥团队成员的作用

船长作为船舶团队的最高领导者，在工作中既要坚定果断地发挥好自己的领导作用，又必须充分调动团队其他成员的积极性，以便能通过团队工作来高效地执行和完成任务。

根据“船舶资源管理”的要求，船长须讲究工作方法，激发每一个团队成员的潜能，形成共同的愿望与目的，使大家能在各自的岗位上充分发挥自己的聪明才智，互相配合和协调，互相信赖和支持，互相了解和尊重，形成一个宽松、和谐的团队。平时工作中对其他成员应多表扬鼓励，少批评指责，以便把全体成员紧密地团结在自己周围，使他们工作轻松愉快、热情高涨，通过群策群力来顺利地克服困难和完成任务。船长既要无私地关爱每个成员，又要严格管理设备和人员，大胆纠正一切错误做法。同时，他必须能勇于承担责任，接受别人的批评和监督。

6. 执行船舶规章制度和操作程序，保持正常值班与及时采取应急措施

船舶团队的力量需要组织和协调，而要形成团队力量的强大执行力，规章制度和操作程序必不可少。只有全部船员认真自觉地执行规章制度和工作程序，团队才有力量，安全才有保障。

通过上述手段保证船舶的安全是船舶资源管理的最终目的。执行船舶规章制度和操作程序，保持正常值班与及时采取应急措施，应牢记船舶各种资源，使之处于船上高级船员的掌握之下并随时可用。

二、船舶资源管理培训

(一) 船舶资源管理培训的由来

如上节所述，在船工作具有高风险的特点，船员在一些特殊情境下从事船舶航行与操

纵作业或机器维修保养工作时，经常承受着巨大的精神和工作压力，必须通过有效地使用船舶工作环境下所有的人力、物力、环境等方面的资源去正确完成各种任务。实践告诉我们，长期以来由于船员很少有机会接受资源管理方面的系统学习，存在缺乏先进管理理念、船舶资源管理能力低下的客观问题，导致因船舶资源管理与运用不当而产生的事故屡有发生。

IMO 在《1978 年海员培训、发证和值班标准公约 1995 年修正案》(简称 STCW 78/95)在 B-Ⅷ/2(推荐)部分中提出了"驾驶台资源管理"培训的内容，强调船公司需向船长和负责航行值班的高级船员发布以驾驶台资源管理为基础的、关于驾驶台值班人员如何配置和使用的指导性建议，其目的就是要求驾驶台管理人员通过对驾驶台资源的管理，能随时对环境和局面的变化作出及时的反应，采取有效的措施。

根据 IMO 的要求，为保证船舶安全，把海上事故降低到最小程度，上世纪中期一些欧洲航运国家的交通与海事安全主管部门、船舶所有人协会、航运公司和引航员协会等借鉴北欧航空公司(SAS)飞行班组管理和控制课程的经验，在原驾驶台班组工作(Bridge Team Work，BTW)与驾驶台班组管理(Bridge Team Management，BTM)课程的基础上，为船舶驾驶员开发出"驾驶台资源管理(Bridge Resource Management，BRM)"培训课程。随后在成功举办 BRM 培训课程的的基础上，一些国家根据船舶工作的实际需要，专门为船舶轮机员开发了"机舱资源管理(Engine-room Resource Management，ERM)"培训课程。由于上述培训在船舶安全管理实际工作中具有的重要作用，该项工作已得到了国际航运界的高度认可。在 2012 年实施的 STCW 78/10 修正案中，与船舶驾驶员和轮机员相关的"驾驶台资源管理"和"机舱资源管理"培训规定与内容已经正式列入 STCW 公约 A 部分(强制培训)的培训项目之中。

"驾驶台资源管理"和"机舱资源管理"培训课程的目的、要求和核心内容基本上是一致的，只是在一些具体的模拟训练操作程序和案例分析等专业性方面有所不同。近年来，有些国家又在 BRM 和 ERM 课程的基础上开设了一种名为"海事资源管理(Maritime Resource Management，MRM)"的课程。实际上该课程也是在"船舶资源管理"课程内容与方法的基础上发展起来的，只是在海上大环境下资源管理的广度和深度方面增加了一些教学内容，如增加了在船管理人员与岸基管理人员之间在海事资源利用方面的协作关系与方法等。

由以上可知，船舶资源管理概念的形成和发展来源于驾驶台资源管理和机舱资源管理；驾驶台资源管理、机舱资源管理、海事资源管理应用船舶资源管理的主体理论、内容和要求，适用于不同的对象与情形。

(二) 船舶资源管理培训的目的

众所周知，人为因素是造成船舶事故的最主要原因，80%以上的海上事故可归因于人为因素。"船舶资源管理"培训作为提高现代化船舶高级船员综合管理能力和发扬团队合作精神的一项工作，通过成功的教学和训练，使船舶驾驶和轮机的值班人员能做到：

(1) 正确履行驾驶台、机舱的值班的岗位职责，执行规章制度和操作程序，及早获得相关的信息与数据，合理使用各种船舶的设备与资料；

(2) 认真保持良好的情景意识，根据船舶航行状态，通过正规瞭望认识和了解外界各种因素将对船舶造成的影响，并对即将发生的事态和局面作出正确判断；

(3) 积极做好通信交流工作，保持与他船或其他相关人员之间的良好联系，通过交叉检查监督他们所采取的操作行动，密切注意这些行动对船舶安全的结果与影响；

(4) 全面认识和理解驾驶台、机舱人员团队工作的作用，积极执行和完成团队的分工与任务，保证船舶安全和提高工作效率；

(5) 努力履行紧急情况下自己的职责，采取有效的应急措施，避免事故的发生或减少事故的损失；

(6) 明确理解和熟悉公司制定的有关船舶安全的规定与操作程序，并在实际工作中严格加以执行；

(7) 认真总结做好船舶安全工作的经验与教训，提高船舶安全管理的技能与水平。

这也意味着，船舶资源管理的最终目的是增强船舶驾驶与轮机管理人员的安全管理思想理念，增加应用有效资源管理的知识，加强船舶各项应用任务和工作管理的能力。

(三) 船舶资源管理培训的内容框架

“船舶资源管理”培训的内容由三部分组成。首先是驾驶台、机舱资源管理的方法与技能(主要涉及人为因素的事故预防)；其次是执行驾驶台、机舱操作程序的要求(主要涉及船舶安全航行与操作)；最后是驾驶台、机舱应急程序(主要涉及发生船舶事故时的应急处理)。这些培训内容可以分为船舶资源管理理论与实际操作训练两种类型。在船舶安全理论方面，除了涉及船舶安全与管理方法和船舶航行与操作的一些理论知识外，还将进行一些典型船舶资源管理案例的分析与讨论。两类培训课程包括以下项目的内容。

1. 船舶资源管理理论

(1) 安全意识与船舶所处情境和局面的判断；

(2) 事故发生原因与人为因素及过失链之间关系的分析；

(3) 船舶内部与对外的通信，包括通信方式、要求和技巧；

(4) 驾驶台、机舱人员的团队工作与第三方人员之间的合作；

(5) 船舶采取行动时的决策和执行力；

(6) 国内外主管机关的相关法规和船公司安全管理手册与驾驶台、机舱操作；

(7) 程序等规章制度；

(8) 驾驶台、机舱操作程序与紧急情况的应急处理；

(9) 驾驶台、机舱安全管理的方法与技能；

(10) 典型船舶资源管理案例的分析与讨论(碰撞、油污、搁浅、机损等)。

2. 实际操作训练

(1) 船舶操纵模拟器和轮机模拟器的熟悉与操作；

(2) 特定水域的船舶航行值班(进出港，狭水道，复杂航区，VTS 区域)，包括船舶团队工作的组合与完善和船舶资源的综合管理与使用；

(3) 各种紧急情况下的应急处理与操纵(碰撞、油污、搁浅、主机与舵机失控、弃船、人员落水等)。

第二节　综合安全评估及其在船舶安全管理中的应用

长期以来，世界各海运国家为确保船舶安全已做了大量的工作，但船舶搁浅、碰撞、沉没、油污、火灾等海上事故仍屡有发生，有的甚至造成了严重后果。究其原因，除了由于全球海运业不断发展而导致的交通密度和船舶吨位不断增大及少数海上不可抗力的原因外，绝大部分都是由船舶设计、营运管理、人员工作态度与技能等人为因素导致的。这也使得航运界进一步意识到开展船舶安全评估研究的重要性和必要性，以实现海上安全风险的预控。

综合安全评估(Formal Safety Assessment，FSA，也译为“规范化安全评估”)是 IMO 规定采取的一种安全评估方法。通过对船舶设计、建造规范、运营管理、操作控制和技术培训等方面，包括散装货船的设计规范、特种船舶的安全与风险控制及其他一些与海上安全和环保相关的项目的研究，IMO 提出相应的降低或避免海上风险、提高海上安全工作水平的决策与建议。近年来，我国交通运输部海事局、船级社、航海院校和其他单位的研究人员也采用 FSA 对船舶安全工作展开了研究，包括对长江高速船与渤海湾客滚船等特定航区与特种船舶的航行安全保障、船舶船体强度、装卸载货物及有毒液体运输、船舶引航安全管理等的安全评估工作研究。

一、FSA 简介

(一) FSA 的目的与特点

FSA 是一种系统性和规范化的综合安全评估方法，其目的在于通过采用规范的程序对船舶设计与检验、营运与安全管理等进行综合性安全评估，以有效地提高海上人命、船员健康、海洋环境、船舶和货物资源等方面的安全程度，即通过全面总结和分析现有船舶设计、工程技术、操作控制和营运与安全管理标准和规定，结合实际工作的情况需要，改进和完善这些标准和规定，或制定必要的新标准和规定，从而达到确保海上安全的目的。与其他的一些安全评估方法相比，FSA 所采用的评估步骤具有更为规范与合理的特点。它不仅包括对已发生事故的分析评估，而且包括了对可能发生事故的分析评估。因此，通过这种方法得到的评估结果更为正确可信。另外，FSA 可在风险评估及风险控制方案的基础上，对实施的每一控制方案所产生的成本费用和效益情况进行比较与分析，进而可根据费用与效益比的实际情况作出更为合理的决策。

(二) FSA 的方法与实施

在开始 FSA 之前，首先应确定所需评估的项目和范围，并充分考虑与被评估项目相关的限定条件，然后按照危险识别、风险评估、风险控制方案、费用与效益评估、提供决策建议等 5 个步骤进行评估(见图 5－1)。

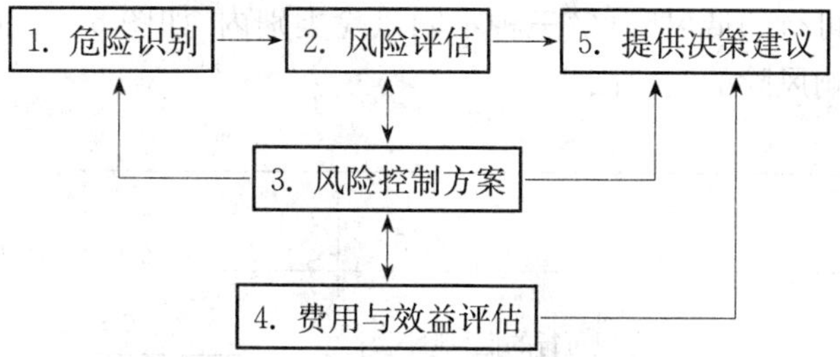

图 5-1 FSA 实施的步骤和流程图

相关单位或部门从事安全管理的人员可根据自身的实际情况和需要，采用以下三种流程中的任何一种来开展这方面的工作。这三种流程包括：①危险识别—风险评估—提供决策建议；②危险识别—风险评估—风险控制方案—提供决策建议；③危险识别—风险评估—风险控制方案—费用与收益评估—提供决策建议。具体工作内容与要求如下所述。

1. 危险识别

危险识别是 FSA 的初始步骤。其目的是对所界定的评估系统项目中可能存在的所有危险加以识别，然后将这些危险按照危险程度大小进行排序，以确定主要危险。为了能全面系统性地做好危险识别工作，首先应根据评估的需要组建工作小组。该小组成员除了与被评估项目有密切关系的专家外，还应有从事研究人为因素的专家，以便能确定该评估项目中的全部危险及其原因、产生的后果与影响。

危险识别一般通过发挥想象（头脑风暴）的技术，并结合标准分析技术进行。发挥想象决不能仅着眼于现存危险的识别，还应充分考虑事故隐患，甚至可能发生或潜在的危险情况。采用的标准分析技术包括事故树分析（FTA）、事件树分析（ETA）、故障模式和后果影响分析（FMEA）、危险预分析（PHA）、危险与可操作性研究（HAZOP）等方法。在危险识别的过程中，可通过调研、座谈会等多种形式，组织有关专家共同参与危险识别的工作。在对以往已发生危险的事后性总结和对潜在危险的预期性分析研究的基础上，利用合适的标准分析技术，综合分析与处理每种事故类型的可能原因和后果，并利用相关数据进行评估，将这些危险根据危害性的大小加以排序。

2. 风险评估

风险评估是在确定存在风险及其客观分布情况的基础上，分析各种因素对风险的影响程度，分析事故发生与事故后果之间的关系等，通过主次排列找出高风险区和关键性的风险影响因素。

在风险评估的过程中，应先明确所评估风险的类型及其相应的风险度量标准，并根据需要采用合适的定量分析模型以表明不同事故类别和子类别的风险分布途径，这些模型包括风险贡献树、事故树与事件树等方法；通过识别的危险的数据统计分析，找出各种事故的风险类型分布情况，确定影响风险的全部因素；采用适当的方法计算各种风险数值，包括常用的潜在人命损失表示对人员的风险，事故死亡率表示个人风险，能反映某类事故量化风险水平的 FN 曲线表示社会风险；根据计算所得的各种风险数值，选用适当的风险标准进行分析比较，并就比较的结果，通过评价说明将分析的风险结果归到“可以忽略的风险区”“不可容忍的风险区”“合理可行的低风险区”三种不同风险类别内，如图 5－2 所示；最后，识别和评估高风险区域及影响风险的主要因素。

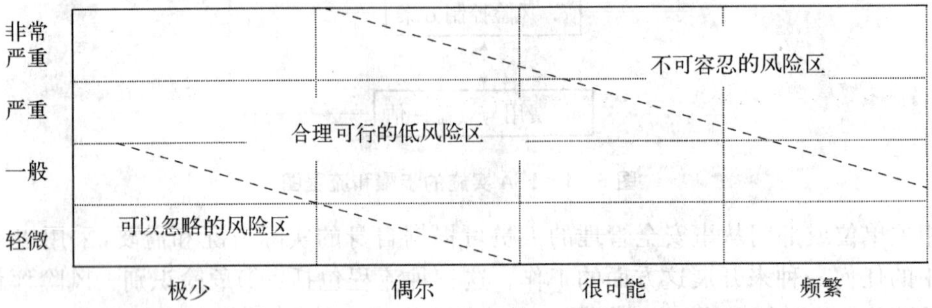

图 5－2　三种不同风险类别

3. 风险控制方案

风险控制方案是在危险识别和风险评估的基础上，针对性地提出相应降低风险的措施，并根据这些措施制定具体有效的风险控制方案，包括为此而制定或修改的一些标准与规定。这些风险控制方案的提出，如改进设计规范、规范操作程序、制定规章制度和加强培训等，要能有效防止事故发生或减轻事故后果与影响。特别需要注意的是，在风险控制方案中应仔细考虑已存在或可能发生的风险情况，也要充分注意由于新技术或更新操作方法所引起的风险情况，然后才能真正提出应对所有这些风险的有效控制方案。

在制定风险控制方案时，先要明确需要控制风险的区域，并根据这些风险区域的实际情况制定出可行的风险控制措施；然后将这些风险控制措施加以细化并形成具有操作性的控制方案；同时，要认真识别所采用风险控制方案可能产生的新风险及其对策。在必要时，可采用风险发生树的分析方法，重新评估将要采用的每一风险控制方案所产生的风险。评估时要着重考虑风险水平、事故发生频率和后果严重程度等情况。风险水平已处于“不可容忍的风险区”的风险是需加以分析与控制的重点，即必须对风险发生树中发生概率最高的区域和事故发生后果最为严重的区域进行认真处理。

4. 费用与效益评估

费用与效益评估的目的是估算和评价“风险控制方案”中每种风险控制方案所产生的费用和受益。其评估出的费用应为整个评估与实施周期内所产生的全部费用，包括最初开展评估的费用和实施营运、培训、检验、发证等风险控制方案中所产生的费用。所评估的效益可包括减少死伤人员的数量、减轻发生灾难的频率、降低环境损害的程度、减少第三方责任赔偿的损失和增加船舶平均寿命等。

在进行费用与效益评估的过程中，对实施每一风险控制方案所产生的相关费用进行计算和统计，该费用应包括实施风险控制方案过程中所产生的直接与间接费用；然后对每一种风险控制方案所能取得的效益情况加以估算，即在预测实施每一种风险控制方案使风险程度降低的同时，估算出相关风险控制方案实施后能产生的效益；在将预测结果与基准情况进行比较的基础上，列出受风险控制方案影响最大的受益方的效益情况，并根据费用与效益有效性的大小对风险控制方案的成本与效益情况进行排序，以便于在“提供决策建议”的步骤中提出合理的决策建议。

5. 提供决策建议

提供决策建议的目的是在对危险和潜在原因的比较排序以及对风险控制方案的费用与效益评估的比较排序的基础上，提出相应合理的决策建议。

在提供决策建议的过程中，应从通过前四个步骤得出的结果，即从风险控制有效性和费用受益有效性的角度进行系统和客观的评估和比较；经对全部风险控制方案进行分析比较，选出一个或几个费用与效益比好的方案；从费用与效益比好的方案入手，分析执行新方案后对各利益方的影响程度，尽量考虑各利益方付出与受益的平衡；在考虑控制方案有效性并顾及各方利益均衡的情况下，提出合理的建议案。

二、FSA 在船舶安全管理中的应用

如前所述，国内外海事管理机构、船级社、航海院校等单位的管理与研究人员已经采用 FSA 对船舶相关的安全管理工作展开了一些研究和实际应用工作，但是该项工作还需要加以推广和深化。岸基管理人员除了可继续将 FSA 运用到海事安全、船舶建造和航运业务等管理工作中外，在船上从事安全管理的驾驶员与轮机员也可以将 FSA 运用到船舶航行、货物运输和环境保护等实际的船舶安全管理工作之中。现以 FSA 在船舶航行安全研究工作中的应用为例加以具体说明。

在船舶航行的组成部分中，人因对象包括本船与他船的船员、引航员和其他与船舶航行有关的人员（如公司、海事管理等相关部门的人员）；船舶包括本船和其他对本船安全航行构成危险的船舶；环境包括船舶航行时所处的航道条件、交通条件和自然条件；管理包括主管部门和 VTS 机构。船舶航行各组成部分及其相关因素可见图 5－3。

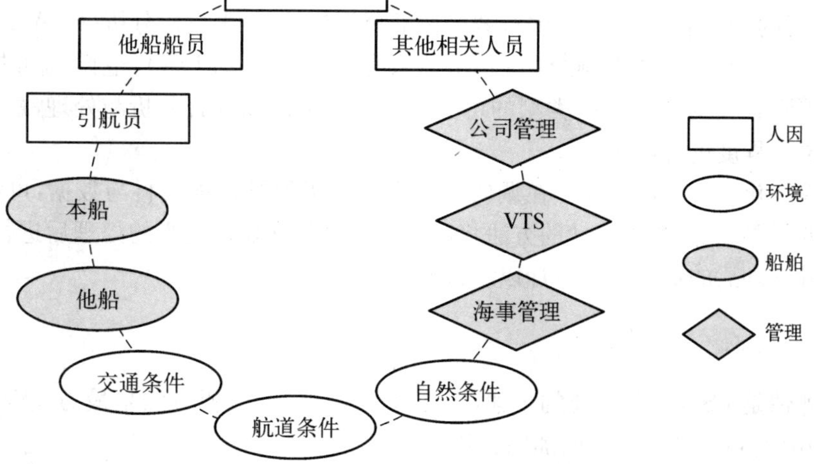

图 5－3　船舶航行各组成部分及其相关因素

(一)船舶航行的风险识别

为了确保船舶安全航行FSA应用研究的顺利进行,一般可成立由熟悉FSA方法的人员、主管船舶安全的领导和职能部门人员与从事船舶航行实际工作的代表组成的FSA研究工作小组。该小组应根据研究工作的要求,认真讨论,明确和界定研究范围与内容,并制定详尽的工作计划与实施方法。调研工作是FSA研究工作的基础,也是其关键性工作步骤之一。为便于FSA安全评估技术及其相应理论方法的应用,研究人员可采用以下调研方式对船舶航行安全的情况与现状进行认真细致的调查。

1. 船舶航行事故的调查与原因分析

在识别风险的过程中,首先可对相关单位在特定时期内船舶航行安全工作的历史与现状进行深入调查,包括对已发生船舶航行事故的原因加以全面分析。可通过对特定水域在特定时期内的风险情况进行调查,着重就船舶事故发生的时间、地点、环境、相关人员、事故后果、事故责任等事故特征进行分析。为了全面地收集和了解引航事故中所涉及的各种外界与人为的影响因素,可结合船舶航行工作中船舶及事故的各种类型、船舶发生事故的不同地点与外界风、流等通航条件的限制及人为因素中的个人要素,制定不同内容与级别事故的情况与数据统计登记表,以便于对航行事故进行全面细致的数据统计和分析。

2. 船舶航行安全的调研工作

为了切实做好船舶航行FSA应用研究中的危险识别工作,应通过各种有效的途径了解和掌握相应单位船舶航行安全工作的现状和存在的安全问题,征求与船舶航行相关人员对改进船舶航行安全工作的意见与建议。为此,可采用征求意见和现场调查等方式召开船员和管理人员的座谈会,走访相应单位或部门主管安全工作的一些领导与人员(必要时可采用问卷调查的方法),对相关人员进行调查。这些工作可为全面了解安全工作现状和进行风险评估工作奠定基础。

在从事以上调研与风险识别的工作中,应充分发挥头脑风暴(积极思维与想象)的方法,不仅对事后性或现存危险进行风险识别,还应充分考虑可能会发生或潜在的预期性危险。同时,在可行的情况下,需应用一些有效的标准分析技术,如事故树分析(FTA)、事件树分析(ETA)、故障模式和后果影响分析(FMEA)、危险预分析(PHA)、危险与可操作性研究(HAZOP)等,以便对不同事故类型的可能原因和后果加以综合分析与处理,最后根据这些风险的危害性程度进行排序。

为了系统化和有效地整理好在调研工作中所收集到的各种资料与数据,可结合统计与分析工作的需要,利用数据统计的方法将所有资料和数据加以适当的处理后进行分类汇总,以便对各种整理后的资料与数据加以统计和分析。

(二)船舶航行的风险评估

风险评估是FSA非常重要的步骤,而选择风险评估与分析方法是最为关键的工作。在FSA的应用中,可从以下两方面加以分析。

1. 基于船舶航行事故的频率与后果的分析

频率是描述有害事件或非正常事件发生的可能性,是概率事件的通常计量值。对于船舶航行作业而言，频率是在单位时间内事件发生的次数与船舶活动量的比值。在 FSA 分析过程中，要求对频率和后果的定性划分进行定量赋值，鉴于船舶航行安全所涉及的实际情况，可根据 IMO 建议的或通过专家调查所得到的衡准加以数学处理。后果是描述有害事件或非正常事件发生所造成的损害程度，其定量化是安全评估中较为复杂的问题。但是，可根据研究内容和分析的角度不同对其加以综合考虑，并充分注意其在后果定量分析中所涉及的不同范围。

2. 基于船舶航行风险形成原因的分析

船舶航行中的风险评估，必须分析船舶航行操作人员和管理人员的相关因素，并注意到船舶本身和外围环境方面的相关因素。船舶航行操作人员的因素涉及技术、经验、能力、心理和生理等因素；船舶航行管理人员的因素涉及船舶航线安排、驾驶人员调度、船舶安全管理与监督等因素；船舶本身的因素涉及本船和他船的结构与设备等因素，外围环境方面的因素则涉及船舶航行周围的自然、航道、交通等因素。例如，分析船舶航行过程中风险形成的原因，应考虑本船与他船船员涉及技术、经验、能力、心理和生理等因素的人为失误；本船与他船的工作状态与设备的异常情况；通航环境中风、流等客观自然影响因素；航道与交通密度所具有的局限性；码头的实际情况与拖船协作中存在的问题。

从事以上这些分析与研究工作，可对船舶航行过程中各种风险的分布情况和影响结果加以评估和确定。在评估高风险区和风险影响主要因素的过程中，可选用适当的风险衡准对计算所得的各种风险数值进行分析比较，并将分析的风险结果归纳到“可以忽略的风险区”“不可容忍的风险区”“合理可行的低风险区”三种不同风险类别内，为风险控制工作的开展奠定基础。

（三）船舶航行的风险控制

船舶航行风险控制是指在完成船舶航行危险识别和风险评估工作的基础上，有针对性地提出和制定一些有效的降低风险的措施，并根据这些措施制定具体可行的风险控制方案，包括制定和修改规章制度、规范操作程序和加强业务培训工作等。在制定风险控制方案时，先要明确需要控制风险的区域，并根据这些风险区域的实际情况制定出可行的风险控制措施，随后将这些风险控制措施加以细化并形成可操作的风险控制方案。与此同时，应认真识别所采用风险控制方案可能产生的新风险及其对策。在必要时，可重新对将采用的每一风险控制方案所产生的风险加以评估。评估时应着重考虑风险水平、事故发生频率和后果严重程度。风险水平已达到“不可接受”的事故是需加以处理的重点，即必须对风险发生树中发生概率最高的区域和事故发生后果最为严重的区域进行认真处理。在该工作中应仔细考虑已存在或可能发生的风险，还应充分注意由于新技术或更新操作规程与方法所引起的风险。

（四）船舶航行的费用与效益评估

船舶航行的费用与效益评估的目的是估算和评价“风险控制方案”中每种风险控制方案所产生的费用和受益。在进行船舶航行费用与效益评估的过程中，可对实施每一风险控制方案所产生的相关费用进行计算和统计，该费用应包括实施风险控制方案过程中所产生的直接与间接费用，然后对每一种风险控制方案所能取得的效益情况加以估算，即预测实施每种风险控制方案实施后能产生的效益，在比较预测结果的基础上，列出受风险控制方案影响最大的受益方的效益情况，并根据费用与效益有效性的大小对风险控制方案的成本与效益情况进行排序。实际上，这种评估属于费效比分析与评估的范畴。

鉴于不同单位在开展FSA研究中的实际情况与内容的相异性，该步骤可以根据需要加以简化或省略。这意味着如果FSA研究因缺乏数据与资料等原因难以正确开展这方面的分析与研究，或其内容要求中不需要进行费效比分析，则可以对风险控制方案的费用与效益评估工作进行一些定性分析或直接跳过该分析步骤。这就是前面所述不包括"费用与收益评估"步骤的FSA实施过程中"危险识别—风险评估—对决策的建议"和"危险识别—风险评估—风险控制方案—对决策的建议"两种流程。

(五) 船舶航行安全的决策性建议

船舶航行安全的决策性建议的目的是在对风险控制方案的费用与效益评估比较排序的基础上或直接在船舶航行风险与潜在影响原因评估的基础上，提出相应合理的决策建议。在提供决策建议的过程中，应根据FSA前几个步骤中得出的结果，从风险控制有效性或/和费用受益有效性的角度进行系统和客观地评估和比较，通过分析比较，选出一个或几个有效和费效比好的方案，从而提出合理的建议案。为了验证和确保FSA研究的效果，在实施FSA研究提出的决策性建议的过程中，可根据需要对相关的风险作进一步的分析和处理，以确保和提高FSA研究工作的效果。

在船舶航行安全FSA研究中，可在完成危险识别、风险评估和风险控制方案的基础上，结合实际工作的需要，提出加强船舶航行安全管理、完善船舶航行安全规定与制度、改进船舶航行安全操作规范、强化安全航行理念的教育、调整船舶驾驶人员心理、确保休息与专业培训等方面的决策建议。

三、FSA在预防船舶事故应用中的注意事项

应用FSA的研究来预防船舶事故的发生是一种有效的方法，从事船舶安全管理的人员应在充分认识FSA与船舶安全之间关系的基础上，结合自己工作中的实际情况，积极运用不同流程的FSA研究方法对自己分管的工作与特定船舶加以规范化安全评估，在尽可能展开深化性调研和分析的基础上，全面识别和分析船舶在航行与营运中所存在的各种不同类型的风险，并在有针对性地制定和采取适当而有效对策的基础上展开相应的工作，最终达到改进和完善船舶安全管理工作之目的。为了确保FSA用于预防船舶事故工作的顺利展开，并能取得预期的效果，必须充分考虑以下注意事项。

(一) 明确界定FSA的应用范围，认真做好FSA的前期准备工作

在开始FSA工作前，首先应界定好FSA的应用范围，有目的地根据实施FSA工作的需要，建立由FSA专项工作人员和本单位主管安全领导及主要相关人员组成的FSA工作小组，以共同讨论和确定FSA的要求。同时，应充分做好宣传工作，充分调动内部及外部相关

人员的积极性，为顺利展开 FSA 奠定良好的基础。

（二）采用多种有效的方法，严格按规范化步骤进行安全评估

为了切实做好危险识别工作，首先必须充分做好各项调研的准备工作，然后可通过召开各种不同类型的座谈会、问卷调查、整理查阅事故报告和顾问咨询与评判等多种调研方法，全面收集船舶事故的调查报告与数据，分析与这些事故相关的各种因素及其后果等。除了认真地做好对已发生或已存在危险的识别工作外，还应注意对潜在的危险加以分析识别。

在全面分析产生船舶事故的各种不同原因及其后果时，可通过采用适合的单一或组合的标准技术分析方法，重视船舶事故中的主客因素，采取适当的标准技术分析方法对收集到的数据与情况进行评估，并对每种危险的可能原因和后果加以综合分析与处理，最后将这些危险根据其危害性的大小加以排序，以得到各种不同风险区域的实际分布情况。

在得到各种不同风险区域的实际分布与排序后，应对风险发生概率最高的区域和事故发生后果最为严重的区域加以认真的研究，并有针对性地制定出相关的风险控制措施，再将风险控制措施加以细化而形成可操作的风险控制方案。这些风险控制方案除了包括针对人为失误的安全意识教育、改进完善规章制度和规范操作程序、加强业务培训等以外，也包括完善船舶交通管理、气象预报与报告制度和注重能见度、风和流等外界影响因素等。

在确定决策性风险控制方案的建议前，应尽可能地采用成本效益分析方法对通过 FSA 评估所得的风险控制方案加以分析比较，以估算出相关风险控制方案实施后能产生的效益，并根据费用与效益有效性的大小对风险控制方案的成本与效益情况进行排序，以便提出最终的合理决策建议。

第三节　国际海上应急公约概览

一、《1979 年国际海上搜寻救助公约》

1979 年 4 月，政府间海事协商组织在汉堡会议上通过了《1979 年国际海上搜寻救助公约》(MERSAR)，从而使各国救助机构与救援的船舶有了共同遵守的行动准则和实施搜救的具体程序。当遇险船舶发出遇险信号时，无论临近船舶还是海岸电台，都必须按上述公约通知临近的国家救助机构进行救助，与难船临近的船舶应急速驶往难船处施救。当难船没有无线电示位标时，首先要按求救时的船位抵达现场并据风、流等情况，确定搜寻基点，以该点为中心，以边长 10 n mile 的正方形为开始搜寻区，搜寻方式视施救船舶与装备情况，可采用单船方形和扇形扩展搜寻、多船平行搜寻、海空协作搜寻等方法进行。

二、《国际海空搜寻救助指南》

国际海事组织(IMO)与国际民航组织(ICAO)于 1998 年联合出版了一套《国际海空搜寻救助指南》(IAMSAR)，该指南共三册：

第一册　组织及管理——搜救概念、组织、训练、通信与管理；

第二册　搜寻任务协调——搜救系统、通信、得知遇难和初始行动阶段、搜寻计划与技巧、拯救计划、其他紧急救助等；

第三册　移动设施(即船只和飞机)——提供救助、现场协调和船/机上的紧急事故处理。

第一册和第二册供岸上搜救中心使用;第三册则需携带在船上和飞机上,因为船和/或飞机是海上搜救资源。第三册亦代替了以前出版的商船搜救手册(MERSAR Manual)。

这套搜救指南详细记载有关搜救的一切事项,包括搜救阶段、遇难求救频率、程序、海空通信频率、现场救助通讯频率(包括 GMDSS 船舶)、搜寻计划的数学计算和技巧等,是海上搜救最重要的技术规范和指导。

三、《1990 年国际油污防备、应急和反应公约》

1989 年,美国 EXXON 石油公司的"ExxonValdez"号油船在美国阿拉斯加的威廉王子湾触礁搁浅,漏出原油 3.6 万 t。由于当时气候恶劣,狂风骤起,所采取的应急措施未能凑效,致使 1 609 km 海岸、7 770 km^2 海域被污染,威廉王子湾的海洋生态系统遭到破坏,大量野生动物死亡,渔业资源受到危害,渔场被迫关闭,影响极大。美国海岸警卫队对该起事故跟踪了 3 年,EXXON 石油公司为该起事故污染支付的罚款、清污费、赔偿费和其他费用约合 80 亿美元。

在"ExxonValdez"号油船事故之后,美国又发生了几起重大溢油事故,引起了美国各界的强烈反响,在保护海洋环境的强大压力下,美国国会通过了《1990 油污法》(OPA 90),并于 1990 年 8 月 11 日由布什总统签署颁布。在制定 OPA 90 的过程中,他们不仅认识到建立本国应急防备反应系统、制定溢油应急计划及相关反应程序的重要性,同时进一步认识到抗御大型溢油事故的应急防备和反应进行国际间合作的必要性。

溢油应急反应的概念,从广义上讲,包含反应战略和反应行动。这两部分的要素是通过溢油应急计划来体现的。从狭义上讲,溢油应急反应是指按事先制定的应急计划对突发的溢油事故采取迅速有效的控制、清除措施,以减少溢油对环境的污染危害的活动。溢油应急反应是在溢油应急计划的指导下进行的,而溢油应急计划的科学性和有效性又需要溢油应急反应的实践来检验,溢油应急反应实践又为应急计划的不断完善提供经验。

OPA 90 生效之后,美国向国际海事组织理事会建议,召开专门会议讨论其提出的《国际油污防备反应合作公约》草案。1990 年 11 月 19 日至 30 日,IMO 在伦敦召开了"国际油污防备和反应国际合作" IMO 外交大会,会议认识到:

(1) 始终存在着发生重大油污事故的风险和由此可能对环境产生的严重后果;

(2) 由发生油污事故风险的国家建立抗御溢油的国家系统是有益的;

(3) 难以立即得到油污防备和反应资料的国家特别容易受到污染损害;

(4) 在油污防备和反应工作中各国在信息交换和援助方面进行合作的重要性。

会议顺利通过了《1990 年国际油污防备、反应和合作公约》(OPRC 1990),并于 1995 年 5 月 13 日对缔约国生效。我国于 1998 年 3 月 31 日加入该公约,1998 年 6 月 30 日该公约对我国生效。公约实质性内容：国际合作与相互援助、污染报告、油污应急计划、国家和区域性防备与反应能力、技术合作与技术转让、研究与开发等项规定。该公约规定，请求援助的缔约国应向提供援助的缔约国偿还援助费用。缔约国应将船舶、近海装置、海港的油装卸设施发生的油污事故，报告给可能受污染威胁的邻国和 IMO。OPRC 1990 不仅要求各缔约国把建立国家溢油应急反应体系、制定溢油应急计划作为履行公约的责任和义务，而且还要求把进行国际间的溢油应急合作作为各缔约国履行公约的责任和义务，这使那些还不完全具备溢油应急资源和应急技术的国家和地区，可在溢油事故发生时向缔约国获得设备和技术的支持与援助。OPRC 1990 将人类抗御溢油对海洋环境污染危害的行动，由被动抵御调整为积极反应，从临时抗御扩展到事先防备，从局部抗御发展到全球性的合作。

四、海上保安制度

(一) 港口保安制度

港口作为航运物流的中心，是物流运输的重要环节。以美国为例，其拥有众多世界级的海港。据统计，每年有 7 500 多艘商船停靠美国海港码头大约 5 万多次，装卸船运集装箱约 600 多万个。这些海事商业活动每年为美国带来 7 400 亿美元的国民生产总值，而且按照目前的发展速度，在未来的 20 年内，这些数字还将增长 4 倍以上。

美国在“9·11 事件”发生后不久，即 2001 年 12 月通过了《2001 年港口和海上安全法》，2002 年 6 月通过了《2002 年海上运输反恐法》。这两部法律不仅规定了美国海上反恐制度的框架和原则，而且也构成了美国港口安全制度的核心和基础。其中关于港口安全的内容主要包括：要求美国海岸警卫队对美国港口进行脆弱性评估；要求海岸警卫队评估那些船舶驶往美国或对美国形成恐怖危险的外国港口所实施的反恐安全措施的有效性；要求那些从外国港口到达美国的商业船舶经营人提供旅客和船员证明，其中包括每个旅客和船员的出生日期、国籍、护照和签证号码及原籍；修改了《港口航道安全法》的规定，要求所有进入美国 12 n mile 领海的船舶在进入该领域前 96 h 通知海岸警卫队，扩大了海岸警卫队的管辖权；允许派遣海岸警卫队员在某些设施和船舶上进行侦察并对恐怖活动予以回击。

由于美国的特殊地位，其港口安全制度的建立也推动了国际港口安全制度的发展。“9·11 事件”后，在美国的倡导和推动下，IMO 迅速作出反应，以前所未有的速度通过了《1974 年海上人命安全公约》修正案，该修正案增加了第Ⅺ-2 章“加强海上保安的特别措施”，同时为了与 SOLAS 公约的附则修正案第Ⅺ-2 章相配套，制定了《国际船舶和港口设施保安规则》(ISPS 规则)。ISPS 规则对港口安全进行了规定，其主要内容是对港口设施提出了保安要求，即对于港口设施，需要采取的保安措施包括人员进入船舶或港口设施、船上或港口设施内的限制区域、货物装卸、船舶物料交付、非随身携带行李的装卸，以及监控船舶和港口设施的保安。

(二) 船舶保安制度

根据国际海事局(IMB)2011 年 1 月 18 日发布的一份统计报告显示，索马里海盗 2010

年劫持53艘船舶和1 181名船员,继续"刷新"先前纪录。有关研究表明,目前,每年海盗袭击给全球航运业造成70亿至120亿美元损失,其中包括赎金和安保费用等。海盗问题已经成为航运业界及世界各国所面对的最头痛问题之一。

为了提高船舶自身的安全,上述美国《2002年海上运输反恐法》对船舶安全提出了新要求,内容包括:要求船舶和设施的反恐计划提请海岸警卫队批准,在批准前,海岸警卫队也可以要求每个船舶和设施的经营人实施临时安全措施;要求海岸警卫队评估那些船舶驶往美国或对美国形成恐怖危险的外国港口所实施的反恐安全措施的有效性;要求船舶必须安装自动识别系统等。

与此同时,2003年7月1日生效的SOLAS公约第Ⅴ章修正案对国际航行的船舶提出了配备AIS的要求。SOLAS公约第Ⅺ-1章则提出了关于"船舶识别号"和"携带连续概要记录(CSR)"的新规则。ISPS规则关于船舶的规定主要有三方面的内容。第一,对缔约国政府的要求。其内容包括:应设定适用的保安级别和批准《船舶保安计划》及其后的修改;审核船舶是否符合SOLAS第Ⅺ-2章和ISPS规则的有关规定,并向船舶签发《国际船舶保安证书》;为船舶规定保安等级并向船舶通报有关保安信息;规定船舶何时应要求签署《保安声明》。第二,对船舶本身的要求。其内容主要包括:船舶保安员、船舶保安计划、公司保安员、确定的船上设备设施情况。同时还要求船舶对保安措施有监测和控制途径;检测人员和货物的动态;确保有备用的安全通信设施和途径;携带船舶保安证书。

另外,在2005年6月份召开的国际劳工大会上,国际劳工组织通过了第185号公约,即《2003年海员身份证件公约》。该公约内容包括海员身份认证制度,制定了全球统一的证件格式和具体技术参数;防伪技术的新成果将应用到海员身份证件中,使海员身份证件的防伪措施能够随着技术的进步而得以改进;引入了海员指纹的生物测定信息,由于使用生物测定技术在海运界是个新事物,大会决议敦促国际劳工局长采取措施,与其他组织特别是国际民航组织(ICAO)合作,制定可操作的生物测定国际标准。应该说,新的海员身份证件通过现代技术手段和国际合作,核实在港口、机场和船舶上的海员的身份,将为国际反恐保安做出积极贡献。

(三) 集装箱保安制度

集装箱运输的大型化、多样化及隐蔽性等特点,为恐怖分子的活动提供了便利,因此在海运反恐的国际立法中,针对集装箱的规定和规则也成了海运安全制度的主要内容。

"9·11事件"后,美国海关制定的海运反恐措施主要有C-TPAT (Customs Trade Partnership Against Terrorism)计划、CSI(Container Security Initiative)计划和"24小时规则"。这些措施和规则的实施是为了提高整个供应链的透明度和安全性,其中包括集装箱安全问题。凡是参加C-TPAT计划和CSI计划的,可以在美国进口港获得通关的便利。"24小时规则"强化了CSI的措施,即要求在外国港口装载美国进口集装箱24 h前向美国海关报送进口货物舱单资料。美国海关制定的海运反恐政策不仅对国际海运安全,而且对国际贸易和国际海上运输都产生了十分重要的影响。

在国际层面,世界海关组织(World Customs Organization, WCO)在2005年年会上通过了关于制定"全球贸易安全与便利标准框架"的决议,WCO大多数成员都签署了实施意向书。该“框架”确定了一些原则和标准，作为 WCO 成员必须实现的最低标准。其宗旨是制定全球范围供应链安全与便利的标准，促进稳定性和预见性；形成对所有运输方式适用的一体化供应链管理；增强海关应对 21 世纪挑战和机遇的作用、职能和能力；加强成员海关之间合作，提高甄别高风险货物的能力；增强海关与商界的合作以及通过保护国际贸易供应链安全促进货物畅通无阻的流动。该“框架”的内容主要包括：要求提前递交进出口及转运货物的电子信息，采用一致的风险管理手段，应进口国的合理要求，出口国海关对出口的高风险集装箱和货物进行查验以及要求海关向满足该标准的供应商提供相应的便利。基于上述要求，“框架”提出了海关与海关之间的合作安排和海关与商界之间的伙伴关系。“框架”为全球供应链安全管理提供了统一标准，要求其成员国和地区的海关致力于多边而不是双边的反恐统一行动，这可以从根本上铲除恐怖分子对供应链管理的威胁。

第四节　中国海上应急反应制度

一、国家海上应急预案

（一）适用范围

2005 年 5 月，国务院办公厅发布了《国家海上搜救应急预案》。其编制目的是建立国家海上搜救应急反应机制，迅速、有序、高效地组织海上突发事件的应急反应行动，救助遇险人员，控制海上突发事件扩展，最大程度地减少海上突发事件造成的人员伤亡和财产损失；履行中华人民共和国缔结或参加的有关国际公约；实施双边和多边海上搜救应急反应协定。其适用于：

（1）我国管辖水域和承担的海上搜救责任区内海上突发事件的应急反应行动；

（2）发生在我国管辖水域和搜救责任区外，涉及中国籍船舶、船员遇险或可能对我国造成重大影响或损害的海上突发事件的应急反应行动；

（3）参与海上突发事件应急行动的单位、船舶、航空器、设施及人员。

（二）国家海上搜救应急组织指挥体系

国家海上搜救应急组织指挥体系由应急领导机构、运行管理机构、咨询机构、应急指挥机构、现场指挥、应急救助力量等组成。

1. 应急领导机构和运行管理机构

建立国家海上搜救部际联席会议制度，研究、议定海上搜救重要事宜，指导全国海上搜救应急反应工作。在交通运输部设立中国海上搜救中心，作为国家海上搜救的指挥工作机构，负责国家海上搜救部际联席会议的日常工作，并承担海上搜救运行管理机构的工作。

部际联席会议成员单位根据各自职责，结合海上搜救应急反应行动实际情况，发挥相应作用，承担海上搜救应急反应、抢险救灾、支持保障、善后处理等应急工作。

中国海上搜救中心承担海上搜救的运行管理工作。

2. 咨询机构、应急指挥机构和现场指挥

咨询机构包括海上搜救专家组和其他相关咨询机构。

应急指挥机构包括中国海上搜救中心及地方各级政府建立的海上搜救机构。沿海及内河主要通航水域的各省(区、市)成立由省(区、市)政府领导任主任,相关部门与当地驻军组成的省级海上搜救机构。根据需要,省级海上搜救机构可设立搜救分支机构。

海上突发事件应急反应的现场指挥(员)由负责组织海上突发事件应急反应的应急指挥机构指定,按照应急指挥机构指令承担现场协调工作。

3. 海上应急救助力量

海上应急救助力量包括各级政府部门投资建设的专业救助力量和军队、武警救助力量,政府部门所属公务救助力量,其他可投入救助行动的民用船舶与航空器,企事业单位、社会团体、个人等社会人力和物力资源。海上应急救助力量服从应急指挥机构的协调、指挥,参加海上应急行动及相关工作。

(三) 预警和预防、海上突发事件的应急处置程序

国家海上搜救应急预案包含对预警和预防机制的规定。预警和预防是通过分析预警信息,作出相应判断,采取预防措施,防止自然灾害造成事故或做好应急反应准备。预警信息包括:气象、海洋、水文、地质等自然灾害预报信息;其他可能威胁海上人命、财产、环境安全或造成海上突发事件发生的信息。从事海上活动的有关单位、船舶和人员应注意接收预警信息,根据不同预警级别,采取相应的防范措施,防止或减少海上突发事件对人命、财产和环境造成危害。

国家海上搜救应急预案对海上突发事件险情进行了分级。根据国家突发事件险情上报的有关规定,结合海上突发事件的特点及突发事件对人命安全、海洋环境的危害程度和事态发展趋势,将海上突发事件险情信息分为特大、重大、较大、一般四级。

国家海上搜救应急预案规定了海上突发事件的应急响应和处置程序。发生海上突发事件时,可通过海上通信无线电话、海岸电台、卫星地面站、应急无线电示位标或公众通信网(海上救助专用电话号码"12395")等方式报警。发送海上遇险信息时,应包括以下内容:

(1) 事件发生的时间、位置;

(2) 遇险状况;

(3) 船舶、航空器或遇险者的名称、种类、国籍、呼号、联系方式。

报警者尽可能提供下列信息:

(1) 船舶或航空器的主要尺度、所有人、代理人、经营人、承运人;

(2) 遇险人员的数量及伤亡情况;

(3) 载货情况,特别是危险货物,货物的名称、种类、数量;

(4) 事发直接原因、已采取的措施、救助请求;

(5) 事发现场的气象、海况信息,包括风力、风向、流向、流速、潮汐、水温、浪高等。

涉及海上保安事件,按海上保安事件处置程序处理和通报。涉及船舶造成污染的,按有关船舶油污应急反应程序处理和通报。

在救助力量的分配与现场指挥中,专业救助力量将值班待命的布设方案和值班计划按

搜救机构的要求向搜救机构报告，值班计划临时调整的，应提前向搜救机构报告，调整到位后，要进行确认报告。救助力量与现场指挥应执行搜救机构的指令，按搜救机构的要求将出动情况、已实施的行动情况、险情现场及救助进展情况向搜救机构报告，并及时提出有利于应急行动的建议。

二、动态待命救助值班制度

动态待命救助值班制度是国家保障海上安全的主要制度，由国家专业救助力量即国家救助打捞系统实施。动态待命救助值班的总体目标是科学部署救助资源，缩短专业救助力量抵达遇险现场的距离和时间，使专业救助力量在应急时能够第一时间对海上发生的各类突发事件快速反应，并实施有效救助。动态待命救助值班制度的基本要求是“关口前移、站点加密、动态待命、随时出击”。

(1) 关口前移原则，即专业救助力量的动态待命救助值班点选择应针对各救助责任区救助保障工作的特点，把专业救助力量部署在靠近事故多发海域、靠近“四客一危”船舶航线附近、靠近通航密度大的重要航道和港湾锚地等海域值班。

(2) 站点加密原则，即动态待命救助值班点的设置应根据救助责任区救助保障需求及值班环境，结合现有专业救助船舶、航空器的数量和技术性能及救助装备投入计划，规划救助力量值班点，不断增加值班点的密度。

(3) 以快制胜原则，即各救助船舶应根据值班水域的气象、潮汐、通航密度等环境要素及其变化情况，按照“抢占制高点，以快制胜”的战术要求在值班水域几个动态待命救助值班点之间机动调整值班位置，使值班船舶时刻保持在可能发生海难事件的上风海域，提高反应速度。

(4) 值班与训练相结合的原则，即担负值班待命任务的专业救助力量按照“救助是中心任务，训练是日常工作”的要求，加强值班期间的训练工作，按照准军事化管理的标准，不断提高快速反应能力，以满足应急救助和抢险打捞的需要。

(5) 适救原则，即专业救助力量值班期间要时刻保持高度戒备状态，人员适任，船舶、设备处于良好技术状态，接到救助指令后在规定的时间内迅速出动执行救助任务。

(6) 海陆空联合救助原则，即担负救助值班待命任务的救助船舶、救助航空器和各应急反应救助(分)队三种力量构成海、陆、空三位一体的、动态的、交叉补充的救助网络，三种力量联合值班，协调行动。

交通运输部救捞系统将动态待命救助值班制度适用的救助责任区域划分为：

(1) 交通运输部北海救助局、交通运输部北海第一救助飞行队共同负责绣针河口(35°05′10″N，119°18′15″E)至平山岛北端(35°08′30″N，119°54′30″E)的连线和35°08′30″N纬度线以北水域。

(2) 交通运输部东海救助局、交通运输部东海第一救助飞行队和交通运输部东海第二救助飞行队共同负责绣针河口至平山岛北端的连线和35°08′30″N纬度线以南至宫口头135°方位线以北水域。

(3) 交通运输部南海救助局、交通运输部南海第一救助飞行队共同负责宫口头135°方位线以南水域。

交通运输部在我国沿海共设置了77个专业救助船舶动态待命救助值班点。

(1) 北海救助局所辖北部海区共设置25个动态待命救助值班点，按照值班待命水域分区设置，分别是：

(i) 在烟台至大连航线中部水域设置北海1号位(冬季位置为38°35′N,121°48′E,其他季节位置为38°19′N,121°46′E)；

(ii) 在渤海海峡设置南隍城基地码头、庙岛、龙口和东营4个动态待命值班点；

(iii) 为加强渤海湾北部水域的救助保障力量，兼顾大连或旅顺到天津航线的客滚船运输安全，在旅顺至秦皇岛航线中部水域设置北海3号位(位置为39°10′N,120°15′E)；

(iv) 天津基地码头、大沽口锚地和曹妃甸(位置为38°50′N,118°25′E)；

(v) 秦皇岛基地码头、秦皇岛港外锚地和京唐港；

(vi) 丹东港外锚地、海洋岛；

(vii) 旅顺基地码头、大连港锚地、大三山岛；

(viii) 烟台基地码头、烟台港外锚地；

(ix) 北海4号位位置为石岛东南15 n mile、石岛港或石岛锚地、龙眼港；

(x) 青岛港、朝连岛、汇岛。

(2) 东海救助局所辖东部海域共设置28个动态待命救助值班点，按照值班待命水域分区设置，分别是：

(i) 连云港基地码头、港外锚地和东海1号位(位置为34°10′N,121°49′E)；

(ii) 东海2号位(位置为31°04′N,122°33′E)、小洋口、外高桥码头、局码头、洋山、嵊泗、横沙、太仓；

(iii) 宁波基地码头、普陀山锚地、虾峙门外锚地、金塘锚地；

(iv) 温州基地码头、洞头、台州列岛；

(v) 福州基地码头、沙埕、西洋岛、定海湾；

(vi) 湄州湾、草屿、泉州湾外；

(vii) 厦门基地码头、厦门港外锚地、东山岛。

(3) 南海救助局所辖南部海域共设置24个动态待命救助值班点，按照值班待命水域分区设置，分别是：

(i) 汕头基地码头、南澳岛、广澳湾、碣石湾；

(ii) 小洲基地码头、广州基地码头、深圳基地码头、桂山、大星山；

(iii) 湛江基地码头、硇州岛、阳江、大黄江锚地；

(iv) 海口基地码头、海安、洋浦、八所港；

(v) 北海基地码头、涠洲岛、防城港；

(vi) 三亚基地码头、莺歌海、三亚港外锚地、陵水湾；

(vii) 西沙。

交通运输部救捞系统在我国沿海共设置19个救助航空器动态待命救助值班点，其中：

(1) 北部海区共设置6个动态待命救助值班点，分别是大连、烟台、青岛、天津、东营、荣成。

(2) 东部海区共设置 7 个动态待命救助值班点，分别是连云港、上海、舟山、宁波、温州、福州、厦门。

(3) 南部海区共设置 6 个动态待命救助值班点，分别是湛江、珠海、三亚、西沙、北海、海口。

动态待命救助值班制度要求：海上值班待命期间，专业救助船值班驾驶员应按照有关公约和法规的规定保持正规的瞭望和值守，及早发现或察觉值班水域周围情况的变化，并按照有关规定进行处置。专业救助船舶值班期间船员和救生员须全员在位，船舶(包括设备、器材和救生装备)技术状态应保持良好，食品、燃物料储备至少能维持 15 天，消防设备完好，消防泡沫应按泡沫舱容储备。高速穿浪救助船和华英系列救助船艇根据情况配足燃油和副食。专业救助船舶的出动时限：全天候大功率专业救助船接到救助指令后 30 min 出动；快速救生船 20 min 出动；华英系列救助艇 15 min 出动。冬季(10 月 1 日至翌年 2 月底)出动时间在此基础上各延长 10 min。救助航空器出动时限为飞行队接到救助飞行指令后 45 min 内救助航空器起飞，备份机组接到救助飞行指令后 60 min 内做好出动准备，听令起飞，在特殊情况下，机组人员可根据现场实际情况在确保飞行安全的前提下，尽快起飞。

三、油污应急反应

我国积极履行国际公约，先后加入《经 1978 议定书修订的 1973 年国际防止船舶造成污染公约》《国际干预公海油污事故公约》《1990 年国际油污防备、反应和合作公约》《1992 年民事责任公约》《2001 年燃油公约》《控制船舶有害防污底系统污染国际公约》等国际公约。目前，我国政府正在抓紧加入 OPRC－HNS 议定书。

1. 油污应急反应法律法规体系

根据 2000 年 4 月 1 日生效的新《中华人民共和国海洋环境保护法》，国家根据防止海洋环境污染的需要，制定国家海上污染事故应急计划；沿海可能发生重大海洋环境污染事故的单位应当依照国家的规定，制定污染事故应急计划；沿海县级以上地方人民政府及其有关部门在发生重大海上污染事故时，必须按照应急计划解除或者减轻危害；装卸油类的港口、码头、装卸站和船舶必须编制溢油污染应急计划，并配备相应的溢油污染应急设备和器材；国家海事行政主管部门负责制定全国船舶重大海上溢油污染事故应急计划。

2010 年《防治船舶污染海洋环境管理条例》则针对船舶污染预防、污染事故应急、事故调查和损害赔偿设定了一系列新的制度，包括防污应急设备专项验收制度、污染物接收作业许可制度、污染危害性货物进出港许可制度、污染危害性不明货物评估制度、开箱查验制度、污染清除作业协议制度、清污效果评估制度、船舶污染事故应急反应制度、船舶污染事故调查处理制度、油污损害民事责任强制保险和基金制度等。

交通运输部还相继制定了为上述法规实施的配套规定，比如：《中华人民共和国船舶及其有关作业活动污染海洋环境防治管理规定》《中华人民共和国船舶污染海洋环境应急防备和应急处置管理规定》《港口溢油应急设备配备标准》《船舶污染物接收和清舱作业单位接收处理能力要求》《码头、装卸站安全装卸污染危害性货物能力要求》和《港口、码头、装卸站和船舶修造、拆解单位船舶污染物接收能力要求》等。

2. 船舶溢油应急预案与计划

交通运输部海事局按照OPRC 1990和《中华人民共和国海洋环境保护法》的相关要求，在全国范围内开展各级应急预案体系建设，目前已基本建设完成了国家、省、港口、船舶四级应急预案体系，为应急体系建设工作的全面开展提供了制度保障：

(1) 2000年4月1日共同颁布实施了《中国海上船舶溢油应急计划》，在全国范围内开展了各级应急预案体系的建设工作。

(2) 目前我国已参加国际区域性溢油应急合作计划1个，国内颁布实施国家级溢油应急计划1个，海区级溢油应急计划4个，省级溢油应急计划9个，地市级溢油应急计划58个。

(3) 按照公约要求，我国国际航线和国内航线船舶分别于1995年和1996年编制完成了《船上油污应急计划》，运输有毒有害液体化学品的船舶于2001年编制完成了《船舶海洋污染应急计划》；同时，我国与周边国家和地区共同研究编制了《西北太平洋区域行动计划》，现已生效实施。

3. 船舶溢油应急组织管理机构和监视监测体系

在建立船舶溢油应急组织管理机构方面，全国各沿海港口均已建立了专门的船舶溢油应急组织指挥机构，一些沿海省市成立了船舶溢油应急反应中心，一些省市将溢油应急职能挂靠于海上搜救中心，并设立了溢油应急分中心，保证了应急行动的快速、高效。在渤海海域、长三角、台湾海峡、珠江口等重点水域建立了“船舶污染应急联动协作机制”。开展沿海与长江干线14个国家级水上船舶溢油应急设备库的建设，组建专业溢油应急反应队伍。

在建立船舶溢油监视监测体系方面，交通运输部海事局在全国沿海和内河主要港口均设有分支或派出机构，形成了覆盖全国海域的船舶溢油监视监测体系。海事管理部门还在沿海和长江下游建设了26个船舶交通管理系统、73个沿海船舶自动识别系统基站，在沿海主要港口建立了闭路电视监控系统，并逐步探索使用计算机溢油扩散模型、卫星遥感监测和直升飞机空中监测等一批现代应用技术，拓展了监视监测手段，提高了溢油监视监测的准确性。

船舶溢油应急力量建设主要分为两部分：一是国家在一些重点水域投资建设大型应急设备库及应急技术交流示范中心；二是各沿海省市结合区域特点，通过政府专项投入、港航企业自身投入、扶持专业清污公司市场化运作等手段，建设一支专兼职清污队伍。目前，我国已先后在烟台、秦皇岛建设完成了2个国家溢油应急设备库及应急技术交流示范中心。2个中心分别配置了卫星监视系统、监测系统、溢油清除控制系统，配备了先进的设施设备，在我国北方海区形成中等规模的船舶溢油控制和清除能力，为船舶溢油应急工作提供了强有力的技术支持保障。此外，我国还积极开展应急培训和演习，培养了一批海上船舶溢油应急指挥人才和较为熟练的清污作业人员。

随着溢油应急体系建设的逐步完善，我国海上溢油应急反应能力明显增强。截至2006年年底，我国沿海可动用的应急能力包括围油栏26万m、收油机301台(套)、吸油毡520 t、消油剂260 t，基本具备在沿海主要港口的港区和近岸水域内控制、清除中小规模船舶溢油事故的应急能力。

4. 船舶污染事故应急处置

根据2010年生效实施的《防治船舶污染海洋环境管理条例》规定，船舶在中华人民共和国管辖海域发生污染事故，或者在中华人民共和国管辖海域外发生污染事故造成或者可能造成中华人民共和国管辖海域污染的，应当立即启动相应的应急预案，采取措施控制和消除污染，并就近向有关海事管理机构报告。发现船舶及其有关作业活动可能对海洋环境造成污染的，船舶、码头、装卸站应当立即采取相应的应急处置措施，并就近向有关海事管理机构报告。接到报告的海事管理机构应当立即核实有关情况，并向上级海事管理机构或者国务院交通运输主管部门报告，同时报告有关沿海设区的市级以上地方人民政府。

根据该《条例》第三十八条，船舶污染事故报告应当包括下列内容：

(1) 船舶的名称、国籍、呼号或者编号；

(2) 船舶所有人、经营人或者管理人的名称、地址；

(3) 发生事故的时间、地点以及相关气象和水文情况；

(4) 事故原因或者事故原因的初步判断；

(5) 船舶上污染物的种类、数量、装载位置等概况；

(6) 污染程度；

(7) 已经采取或者准备采取的污染控制、清除措施和污染控制情况以及救助要求；

(8) 国务院交通运输主管部门规定应当报告的其他事项。

作出船舶污染事故报告后出现新情况的，船舶、有关单位应当及时补报。

船舶发生事故有沉没危险，船员离船前，应当尽可能关闭所有货舱(柜)、油舱(柜)管系的阀门，堵塞货舱(柜)、油舱(柜)通气孔。船舶沉没的，船舶所有人、经营人或者管理人应当及时向海事管理机构报告船舶燃油、污染危害性货物以及其他污染物的性质、数量、种类、装载位置等情况，并及时采取措施予以清除。发生船舶污染事故或者船舶沉没，可能造成中华人民共和国管辖海域污染的，有关沿海设区的市级以上地方人民政府、海事管理机构根据应急处置的需要，可以征用有关单位或者个人的船舶和防治污染设施、设备、器材以及其他物资，有关单位和个人应当予以配合。被征用的船舶和防治污染设施、设备、器材以及其他物资使用完毕或者应急处置工作结束，应当及时返还。船舶和防治污染设施、设备、器材以及其他物资被征用或者征用后毁损、灭失的，应当给予补偿。

该《条例》还规定，处置船舶污染事故使用的消油剂，应当符合国家有关标准。海事管理机构应当及时将符合国家有关标准的消油剂名录向社会公布。船舶、有关单位使用消油剂处置船舶污染事故的，应当依照《中华人民共和国海洋环境保护法》有关规定执行。

第五节　海上保安应急反应

——船舶防海盗

IMB公布，2011年第一季度全球海盗袭击事件数量达到1991年以来同时期的最高点，共344名船员被劫持，7名遇害。2011年第一季度索马里一带的海盗袭击事件达到97起，相比去年同期发生于索马里的35起袭击事件增加了62起。2011年第一季度全球共有18

艘船舶被海盗劫持,其中 15 艘发生在索马里水域。截至 3 月 31 日,被索马里海盗劫持为人质的船员有 596 名,控制的船舶有 28 艘。

面对目前海盗事件的频繁发生,国际航运界有关机构联合制定了《亚丁湾和索马里海岸附近防御海盗最佳实务操作》(BMP),以协助公司和船舶在亚丁湾和索马里沿海避免、阻止和成功延迟袭击。《亚丁湾和索马里海岸附近防御海盗最佳实务操作》的最新版(BMP 3)于 2010 年 10 月出版。本节主要介绍该文件中有关防海盗的行动指南。

一、典型的袭击概况及其经验教训

(1) 2008 年在亚丁湾和索马里海域商船遭受海盗袭击的数量快速增加令人注目。大多数的袭击发生在亚丁湾北部,但是也有些袭击发生在索马里东海岸较远的海域。

(2) 海盗能够成功得手的原因主要是利用了被袭击船舶的以下弱点:

(i) 低速;

(ii) 低干舷;

(iii) 计划和程序准备不足;

(iv) 非常明显的较低的警惕意识及自我防范措施;

(v) 船舶在事件中反应太慢。

(3)一般是两条或更多的高速(能达到 25 kn)开敞小船用来袭击,经常是从左舷船艉或者就是在船艉靠近。大多情况是他们跟踪 2～3 h 后才放弃。

(4) 海盗的“母船”是较大的船,用来载运人员、设备和小的突击艇,可以保证他们能够在距岸更远的范围进行袭击。

(5) 在黎明和傍晚时分必须提高警惕性,因为很多的袭击都发生在这个时间。

(6) 高航速的船(15 kn 以上)不一定就能避免海盗袭击,但高航速却是一种预防措施。在该海域有些时候海盗利用轻武器或者火箭弹胁迫船长减速,但是船长保持全速航行也能很有效地摆脱袭击。

(7) 在经过该海域前进行很好的计划和训练船员,努力采取很好的预防措施,许多海盗袭击都被成功地击退了。

(8) 天气和海况也足以影响海盗的攻击,当风力超过 5 级、海浪超过 2 m 时,能给船舶提供有效防护,但是对易受攻击的船舶,船长还是要充分考虑 BMP 的要求。

二、推荐最佳的管理经验

(一) 导言

(1) 本 BMP 主要是提供给船舶所有人、船舶操作人、船长和船员,同时要认识到船长拥有决定的判断力,任何时间都可以采取适当的措施避免、阻止和延迟海盗袭击。

(2) 不是所有的方法都适用于每条船舶,因此建议要进行风险评估来确定哪个 BMP 更适用于自己的船舶,但是一般来讲,下面的方法被证明是有效的。

(二) 经过之前

1. 总体规划

(1) 以下主管机关负责抗击海盗对商船的袭击：

(i) MSCHOA 是欧盟军队在亚丁湾和索马里海域的计划和协调机构。

(ii) UK Maritime Trade Operations(UKMTO) Dubai 是船舶在这一区域的第一个联络点。UKMTO Dubai 提供船长与军队间日常的接触，和船长交流并和 MSCHOA 海军指挥官保持联系。UKMTO 要求船舶定期更新提供船位和既定移动情况，他们利用这些信息帮助海军部门维护精确的船舶航行图。

(iii) MARLO 负责在这一区域 CMF 和商船协会间的信息交流。

(iv) IMB 是国际航运商会设在马来西亚吉隆坡的专业反海盗机构。

(v) 非洲之角(Horn of Africa)海事安全中心是欧盟(EU) 军队在亚丁湾和索马里海域计划和协调的权力机关。

(2) 在通过高风险区域前，船舶所有人和船长必须利用最新的可能得到的信息进行风险评估，评定船舶遭受海盗袭击的可能性和后果。这些评估的结果应能识别出防止、缓解和防御措施，将法定要求和附加措施相结合得到完整的抗击海盗方法。建议船舶所有人利用 BIMCO 提供的自动航次风险评估(AVRA)服务，能为每条船制定 ISPS 规则特定的风险评估结论。

(3) 公司的危机处理程序必须考虑 IMO 接受遭遇海盗威胁的适当措施，以及其他工业组织推荐适用于特殊环境和船型的经验。

(4) 海军部门要求提前报告经过该海域的计划，他们可以识别出遭受袭击的弱点和适当的防护计划。通过 MSCHOA 可获得这些信息。MSCHOA 计划出适当的保护措施，并跟踪船舶经过该海域的航线。

(5) 必须采取措施阻止海盗登船，船员和乘客的安全是极为重要的。

2. 船舶保安报告系统

(1) 强烈建议船舶采用船舶保安报告系统(SSRS)，该系统在船舶和护航海军间提供实时的链接，加强在现有 SSAS 防海盗上的能力。SSRS 服务能连续监督 SSAS 警报和船位报告，由此报告的位置，实时航路信息能与海军控制中心分享及时的海盗袭击和即将或已经遭受袭击的船位信息。船舶所有人收到一个通告邮件确认保安报警/报告位置信息后一直与海军控制中心保持联系。

(2) 通过利用 SSRS 服务能够实现警报自动发送，船舶经过海军控制中心与特遣部队直接联系，使之能及时回应每一个保安报警。为此 SSRS 就能使军队及时调动以阻止海盗登船企图；或者，如果海盗已经登轮，船舶已经被带到其大本营，船舶与海岸隔离的话，就能使军队有机会采取军事行动。

(3) SSRS 服务可以通过商业网站(http://ssrs.org)获得，该服务于 2009 年 12 月 4 号起执行。

3. 公司制定计划

(1) 在船舶准备经过国际推荐穿越走廊(Internationally Recommended Transit

Corridor,IRTC)前,强烈建议公司的管理、经营部门将船舶动态参数等在 MSCHOA 上登记。网站需要 ID 和密码登记。

(2) 在船舶经红海进入 IRTC 前 4 到 5 天,或者进入了 12°N,78°E 和 10°S 的范围,要求船舶或者公司必须经过网站、邮件或传真向 MSCHOA 提交船舶移动登记信息。

(3) 评审船舶保安评估(SSA),按照 ISPS 规则要求执行船舶保安计划(SSP)。

(4) 建议公司保安员确认经过高风险区域的计划要到位,经过演练、总结并且和船长及船舶保安员进行了讨论。

(5) 清楚已经公布的特别高风险海域。

(6) 为船长提供通过该区域的指南(成组、结队护航、国家护航等)。

(7) 在通过该水域前对船员进行培训。

(8) 公司可以考虑利用增加保安人员,但是不建议利用武装警卫。

(9) 考虑附加资源增加值班瞭望人员。

(10) 可以考虑为船舶配备不致命的自我防范设施。

4. 船长计划

(1) 船舶经红海进入 IRTC 前 4 到 5 天,或者进入了 12°N,78°E 和 10°S 的范围,要求船舶或者公司必须经过网站、邮件或传真向 MSCHOA 提交船舶移动登记信息。注意:这些可以由船舶或公司完成,如果由公司完成,船长须保证这些信息是正确的。

(2) 船舶航次在 MSCHOA 上注册后,建议船长在计划编制阶段向 UKMTO 及时更新他们的位置和预计的航行情况,最好在进入亚丁湾海域或者经过索马里沿岸 3 到 4 天之前报告。报告计划中要覆盖红海,印度洋南纬 5 度以北和波斯湾海域。

当船舶向 UKMTO 发送了初始报告之后,UKMTO 会回复,并要求船舶继续每日提供日常报告,当船舶到港,或是离开高风险区域时,UKMTO 会要求船舶提交最终报告。建议船长和船舶所有人到 MSCHOA 的网站(www. mschoa. eu)获取有关 UKMTO 自愿报告区域最新的信息,或直接联系 UKMTO(+971 505 523 215)。

初步的报告要包括下列信息:

(i) 船名;

(ii) 呼号;

(iii) 船旗;

(iv) IMO 号;

(v) 海上移动服务识别码(Maritime Mobile Service Identify,MMSI);

(vi) Inmarsat 卫星电话,包括卫星前缀;

(vii) 邮箱、地址、电传和传真号;

(viii) 船舶管理公司;

(ix) 船型;

(x) 目前位置和速度;

(xi) 各航次挂靠点。

船舶从上面定义的区域(亚丁湾 60°E,11°S)开出后,要利用 UTC 报告其午间船位、航速、实际开航时间、预计抵达港口时间和目的地。首选联系方式为电邮到 ukmto@eim. ae。

当发送上述邮件时，同时要抄送至 maritime@register-iri. com 和 piracy@icc-ccs. org。也可以利用以下方式联系 UKMTO，电话：+971 -50 - 552- 3215 或+971 - 50 - 552 - 6007；传真：+971- 4 - 306 - 5710；电报：(51) 210473。

(3) 附加的防范措施，船长在通过亚丁湾 48 h 前通过电邮 marlo. bahrain@me. navy. mil 或者电话+973 - 1785 - 1395 向 MARLO 报告航路信息。

(4) 过这些区域前，要通知所有船员准备好。

(5) 如在之前执行过防海盗计划，将对本次防海盗非常有用。在到达该海域前要做一个演习，评估计划，明确所有人员的职责，包括熟悉海盗袭击的警报。

(6) 建议船长准备好一个应急通信图表，包括全部重要的应急联系电话(UKMTO, MSCHOA, MARLO, IMB PRC, CSO 等的电话号码)和准备好的信息，必须放到手边及时可用或者永远张贴于应急通信板。

(7) 明确 AIS 政策。如果确信使用 AIS 使船舶更易受到攻击，SOLAS 允许船长依据其判断关闭 AIS。但是，为了给海军提供跟踪信息，在亚丁湾建议 AIS 连续发射仅限于船舶身份、位置、航线、航速、航行情况以及与安全相关的信息。在索马里海域船长也可以决定是否关闭 AIS，现在海军建议彻底关闭 AIS，这必须和 MSCHOA 进行验证。

(三) 通过之前航行计划制定

(1) 进入亚丁湾或者航行在索马里海域前，船长在 MSCHOA 注册后，要报告给 UKMTO 和 MARLO，包括午间船位、航路、航速、预计和实际抵达时间。

(2) 鼓励船舶在已知的海盗高风险区域增加报告频率，同时在经过防海盗海图 Q6099 上的亚丁湾的 A/B 两点时也要报告。

(3) 在亚丁湾海域

1) EUNAVFOR 强烈建议船舶在 IRTC 区域内通过。向西航行的船舶必须偏向航道北部航行，向东航行的船舶必须偏向航道南部航行。如果有编队通过，那么编队通过的时间和航速指南会公布在 MSCHOA 网站上。

2) 船舶要避免进入也门水域(Yemeni Territorial Waters, YTWs)，这是国际法惯例，如果船舶在也门水域遭到攻击，非也门的国际海军不能保护这些船舶。

3) 依据 MSCHOA 航路建议，也许会要求船舶调整其航路计划。

4) 编队通过的船舶不可能希望永远被一艘军舰护航，但是在亚丁湾海域的所有军舰，无论是不是 EUNAVFOR 的一部分，或是与之协调的，将了解该编队通过情况，并且有权了解这些船舶的详细信息。

5) MSCHOA 强烈建议船长在夜间通过亚丁湾高风险区域，因为几乎很少有袭击能在晚上成功。

(4) 在亚丁湾以外

1) 船舶沿索马里南部和东部海岸而行前往东非外的港口时，要考虑在马达加斯加东部航行，保持离岸 600 n mile 的距离，当航向北/南方向时，考虑按照 60°E 以东航行，直到塞舌尔东部。

2) 船长必须及时向 UKMTO 更新船舶航线和详细资料。

(四) 经过前的防御措施

(1) 充分考虑船舶配员,确保船舶配备足够的休息良好和指令技术良好的船员瞭望,并保证足够的值班人员随时可用。船长和当班高级船员都要熟悉其船型航行的特点。

(2) 在通过亚丁湾和索马里沿岸海域时,要尽量减少与外部的通信联系(无线电、高频和 AIS 信息),只要满足基本的安全、保安联系和 SOLAS 信息即可。

(3) 启动备用附属设备,包括发电机和舵机,以增加船舶的机动灵活操车能力。

(4) 增加驾驶室瞭望和值班人员。

(5) 机舱人员就位。

(6) 锁闭和控制通往驾驶室、机舱、舵机房和船员处所的通道。评估所有可进入生活区和工作场所开口,高风险区尽量减少到一个点。注意不要影响到应急情况下船员从内部撤退,但保证海盗从外面不能打开。

(7) 应急情况可以通过 VHF 16 频道(备用 8 频道)联系海军。

(8) 检查所有梯子和舷外设备存放到位或者放在甲板上。

(9) 检查自动防御设施已经配备就位及时可用。

(10) 如果船舶干舷较低,可以考虑加宽船舷外缘,避免抓钩轻易抓住货舱口。可以在 MSCHOA 网站参考具体的方式。

(11) 建议指定海盗袭击集合点,按制定演练程序进行演习,以延迟其对船舶的控制,赢取宝贵的时间。理想的集合点要远离舱壁和舷窗。

(12) 可以考虑在栏杆旁利用假人模仿瞭望值守人员,如果船舶设计造成瞭望盲区,经过保安评估识别这些风险,则必须由人员瞭望。

(13) 建议消防泵和水龙带保持压力随时可用,能够喷射到舷外高风险区域。

(14) 可以考虑在船艉或较低的登乘点布设尖利铁丝网或障碍物,但要注意船员的安全和撤离情况。

(15) 可以考虑使用单纯性防御设备。

(16) 在漆黑的时间可以考虑配备夜视光学设备。

(17) 启动 CCTV(如果配备)。

(18) 驾驶室清单检查(如附件)。

(五) 在通过中——具体行动

(1) 当采用自我防范设施(SPMs)时,要注意船员自身不要遭到危险。

(2) 鼓励所有进入亚丁湾的船舶利用 IRTC,并跟随 MSCHOA 网站公布的 MSCHOA 编队 GT 通过的通告和时间。

(3) 如果打算跟随一个 GT 通过 IRTC:保持编队航速通过,要注意船舶本身的限制。例如,船舶的最大航速是 16 kn,建议考虑参加一个 14 kn 航速的编队,应留存 2 kn 的航速。

(4) 如果不打算跟随一个 GT 通过 IRTC:保持全速通过高风险区。现在的建议是最大船速要超过 18 kn,不要因为 GT 降速,应保持自己的航速尽量在天黑时通过高风险区域。

(5) 对任何可疑船舶保持最大 CPA 距离(最近接近点)。

(6) 在通过 TUC 时,船舶要连续报告午间船位和航速,实际抵达时间和预计抵达时间。

(7) 船舶任何时间都要满足国际避碰规则的要求,夜晚时航行灯不能关闭。在加入和离开 IRTC 时,船长要尽量不影响其他船舶的正常航行。

(8) 只有安全需要才能提供甲板灯,围绕甲板阴暗区域照明能够增加瞭望的可视范围,要保证航行安全。可以考虑使用遥控探照灯,如果已经配备的话,假如船舶周围有可疑活动,探照灯可以惊吓和阻止海盗的袭击。现阶段海军部门建议只依靠航行灯通过。

(9) 保留海盗母船图片在驾驶台,并及时向 UKMTO Dubai 报告所有见到的可疑母船。MTO Dubai:+971 505 523 215 / ukmto@eim. ae

这些报告也要利用下面的方式转报 IMB PRC,MSCHOA 或 MARLO:

(i) IMB PRC:+60 3 2031 0014 /imbkl@icc-ccs. org 或者 piracy@icc-ccs. org

(ii) MSCHOA:postmaster@MSChoa. org

(iii) MARLO:+973 39401395 / marlo. bahrain@me. navy. mil

这些报告将帮助构建一张清晰的海盗活动图片,以更好地保护船舶在这一区域自由航行,逐步根除海盗的威胁。

(10) 船长应尽早做好威胁评估,一旦船长感觉威胁将要发生,应必须立刻呼叫 UKMTO。

(11) 加强对可疑船舶的瞭望,特别是尾部来的船舶。注意:到目前为止,大多数的袭击来自左舷船艉。

(12) 保护船员避免暴露在不适当危险之中,在通过高风险区域时,除非必须,尽量不要在甲板作业。船长尽量要求船员天黑时远离开敞甲板,所有时间都要注意向各个方向瞭望。

(13) 用灯光、警报铃声和船员的活动警告发现的可疑海盗。

(14) 还可以考虑采取一些其他渠道的防范措施,但是公司应根据自身船舶特性作好评估。

(六) 如果遭受了海盗袭击

(1) 执行船舶预先准备好的应急计划。

(2) 启动 SSAS,通过 SSRS(如采用的话)向 MSCHOA 报警,并报公司保安员(CSO) 和船旗国。

(3) 启动应急通信计划,依次呼叫以下部门:

(i) UKMTO Dubai (+971 50 552 3215)

(ii) MSCHOA (+44(0) 1923 958545)

(iii) MARLO (+973 3940 1395)

(iv) IMB (+60 3 2098 5763)

准备好立即与 UKMTO 启动 SSRS 核实信息,如果船舶采用 SSRS 的话。

(4) 如果通过海盗袭击区域时船长关闭了 AIS,当遭海盗攻击时必须立刻启动 AIS。

(5) 依照应急计划拉响警报,并广播"海盗袭击"。

(6) 利用 VHF 16 频道(8 频道)向海军监控发出求救信号。利用 DSC 系统和 Inmarsat-C 发布遇难信号,与 UKMTO 保持电话联系。

(7) 如果电台没有被犯罪分子控制,必须立即在 7 频道或者 12 频道与港口国海事警察联系，或者利用 Inmarsat 和可能的 DSC 遇险频率向附近的港口国和船舶发出遇险消息。依据 MSC/Circ. 805 指南利用无线电信号发出船舶遭受海盗袭击的信号，让海盗知道他们已被发现。

(8) 尽可能通过改变航向和增加航速阻止小船靠近，在以下情况下，海盗很难登上船：

(i) 航速超过 15 kn。

(ii) 机动操车——建议船长尽早采取 Z 型匀速机动航行，以使海盗船更多地暴露在风浪中，利用风浪和尾部的冲击阻止海盗船靠近。

(iii) 启动消防泵的防御措施。

(iv) 考虑开启朝向前甲板的灯，为前来的海军提供船舶遭受海盗袭击的信号。

(9) 召集所有剩下的船员到应急集合地点。

(10) 把船速开到最大。证据表明，如果海盗在 30～45 min 时间内不能登船，他们将放弃袭击。如果能够节省时间坚持到军队到来，经常会使海盗放弃袭击。

(七) 如果海盗登船

(1) 在海盗进入驾驶室前通知 UKMTO 和 MSCHOA，如果时间允许通知公司。

(2) 不要抵抗，避免导致船员不必要的牺牲和伤害。

(3) 如果准备撤离驾驶台/机舱，应停掉主机。如果可能关闭所有通道，船舶航行与其他船舶保持一定的距离。

(4) 保持冷静，和海盗全面配合。

(5) 确保除驾驶室人员之外的所有船员处于同一处所。

(6) 利用应急通信方式与主管机关保持通信联系，如果采用了 SSRS 将会连续向军事部门报告情况。

(7) 如果犯罪分子命令不让向岸基主管机关发出任何形式的报警，要尽量遵照上面第四条的建议，尽可能遵照他们的命令避免人员受到伤害。

(8) 如果在一个能锁闭的处所，如果海盗试图强行进入，要确保有内部防护，远离能进入的门窗，也不要阻止其进入。

(八) 在军事行动中

(1) 一定要告诉船员在任何军事行动中，任何时间都不能使用带闪光灯的照相机。

(2) 有军事人员在船上采取行动时，所有人员必须保持靠近甲板体位，双手抱头(确保双手漏在外面，不能拿任何东西)，除非接到友军指令否则不能突然移动位置。

(3) 准备好回答你在船上身份和职位问题。

(4) 要知道这个区域的所有军事单位的工作语言不是英语，这是为什么要求提前在 MSCHOA 注册。利用编队通过的时间，及时在 UKMTO 更新位置是很必要的，一旦遭到海盗袭击，最近的海军会提供支持。

(九) 事故发生后的报告要求

(1) 任何的海盗袭击或者可疑的活动之后，向 MSCHOA，UKMTO，IMB 和主管当局详细报告事件的经过是非常重要的。

(2) 这样能确保对其进行全面的分析和评估,确保为附近区域的商船提供有力的警示。

(3) 要求船长按照附件的格式向相关国际组织(如 MSCHOA,UKMTO,MARLO)和主管机关报告。

(十) 附录:驾驶室检查表

船舶所有人和经营人、船长和船员必须注意下列附加措施控制和避免危险

——利用 IRTC 途径通过亚丁湾

——与索马里东海岸保持至少 60°E 距离

——与也门南部海岸保持 35～40 n mile 距离

——与索马里东海岸保持至少 300 n mile 距离

——制定警戒和袭击事件的特殊操作程序

——进行防海盗演练,对船员不断进行防海盗知识更新培训

——确保船员无线电和船内通信工况良好

——锁闭好预先指定的船员集散场地

——如果可能锁闭应急操舵场所

——保留单一进入居住室的通道

——关闭甲板照明(法定要求的航行灯除外)

——在驾驶室保留好和 MARLO 及 UKMTO 的联系方式

——加强对 VHF 16 频道和 8 频道的通信的监听

——将不必要的通信联系降到最低,除非与海军部门联系或者其他刚刚进入该水域的船舶

——连续使用 AIS 但限制其信息只包括船名和海上移动服务识别号,以便于被联系

——军队识别,联合军队具有 AIS 识别能力

——利用所有雷达不间断监控

——在船头、船中和船艉布置额外的瞭望人员

——对可疑的活动保持 24 h 的监视,包括对附近区域的可疑小船的监视

——保持至少 15 kn 的航速,越快越好

——如有必要,机动航行避免小船接近

——进入该水域前采取防范措施,例如备好消防水枪和聚光灯等

——经验证明利用高压消防水枪阻止登船是非常有效的

——考虑利用其他不致命的方法,例如聚焦声纳装置

第六章

海员职业道德和规范

职业道德是一个社会精神文明发展程度的主要标志，是公民道德建设体系的重要组成部分。树立“爱岗敬业、奉献社会”的职业道德观，有利于物质文明和精神文明建设的顺利进行，有利于推动社会经济的快速健康发展，促进社会的繁荣、和谐和稳定。没有规矩不成方圆，没有规范不成社会。海员道德规范是指从事航海事业的执业人员在从事航海的劳动过程中所应遵循的职业行为要求，是海员道德原则和范畴的具体化。

培养符合国际海事组织制定的国际海员培训、发证、值班标准公约(STCW 78/95)和中国海船船员适任标准，具有热爱祖国、遵纪守法的基本素质，具有良好的职业道德和爱岗敬业精神，具有一定的理论知识和服从意识以及团队协作精神的船员。能胜任现代化船舶技术管理的要求，具有国际竞争能力的船员队伍是社会和市场的必然要求。

合格船员的标准是将知识(Knowledge)和技能(Skills)划归为专业基础理论知识和专业技术知识。这些知识可以通过政府主管机关的考试合格后获得法定的相关证书来证明。然而实践中，船员的工作效果不仅仅取决于其专业知识和能力等智力因素，还与敬业精神、服从意识、责任感等非智力因素有关。换言之，与是否具有良好的职业道德有关。取得法定证书后的船员仅仅表明其已符合适任的基本资格，而工作能力(Abilities)、工作态度(Attitudes)、工作经验和职业道德等属于个人能力和个人素质范畴，虽然不属于法定考核范围，但这一部分往往比法定考核更重要。因此，船员符合实际适任资格指既要符合法定要求又要符合市场需求。

海员职业道德教育是 STCW 78/95 公约的要求。STCW 78/95 公约第Ⅰ条公约的一般义务规定：各缔约国承担义务颁布一切必要的法律、法令、命令和规则，采取一切必要的措施，使本公约充分和完全实施。此条款中的“采取一切必要的措施”自然也包括海员职业道德教育。海员的职业道德素质提高了，海员在职业生活中就会表现出忠于职守、责任心、无私、勇敢、勤劳、顽强、互助、合作等优良品质，形成高尚的职业理想和情操，从而使公约得以充分实施。

为加强履行 STCW 78/95 公约并以此提高海员的适任性，STCW 78/95 公约大会决议规定，促进海员的技术知识、技能和职业作风中指出：建议各国主管机关做出安排以保证船公司建立标准和程序，以选拔有技术知识、技能和职业作风水平的人员，采取一切适当的措施，鼓励其所雇用的人员具有工作荣誉感和良好的职业作风。可见，STCW 78/95 公约的要求是对航海类专业人员进行海员职业道德教育的重要依据。

第一节　海员职业道德概论

一、职业道德

职业道德是从事一定职业的人们在其特定的工作或劳动中的行为规范的总和，是同人们的职业活动紧密联系的符合职业特点所要求的道德准则、道德情操与道德品质的总和。职业道德既是对本职人员在职业活动中行为的要求，同时又是职业对社会所负的道德责任与义务。职业道德是社会上占主导地位的道德或阶级道德在职业生活中的具体体现，是人们在履行本职工作中所遵循的行为准则和规范的总和。

建立良好的职业道德具有重要意义。对于我国航运界而言，在航运经济快速发展的过程中，由于执业主体过度地追求经济效益等原因导致了不诚信、缺乏职业道德的种种现象，如伪造、变造、买卖、租用、冒用各类证书，超载，盗窃载运货物，发生事故逃逸等，既影响了海上运输安全，又导致运输效率的下降。

职业道德的涵义包括以下八个方面：①职业道德是一种职业规范，受社会普遍的认可；②职业道德是长期以来自然形成的；③职业道德没有确定形式，通常体现为观念、习惯、信念等；④职业道德依靠文化、内心信念和习惯，通过员工的自律实现；⑤职业道德大多没有实质的约束力和强制力；⑥职业道德的主要内容是对员工义务的要求；⑦职业道德标准多元化，代表了不同企业可能具有不同的价值观；⑧职业道德承载着企业文化和凝聚力，影响深远。

二、海员的职业特点

驾驶海船，漂洋过海，海员从事的是一种特殊的职业——枯燥乏味，和家人朋友聚少离多，工作生活都很辛苦。船员特殊的职业特点为：

(1) 船员的职务与职责分工明确，各司其职，每个人都有各自工作岗位上的技术要求，具有无可替代的特点，但又需要全船船员齐心协力，互相配合。

(2) 从航海的传统来看，在船舶的管理工作中具有政府职能权力中一定的军事、外交和行政管理功能的内涵，如防海盗、反偷渡、反走私等方面的工作，特别是对于船长、大副、轮机长、大管轮等管理级船员而言。

(3) 各级职务上下等级分明，层次清晰，每个船员都需要有严格地服从意识。

(4) 船员在船上的工作与生活，须在严格的等级制度下，实现相互尊重，相互尊敬，才能实现每个人体面的劳动权益。

由以上可见，海员的职业特点，相比于其他职业具有许多不同点：驾驶与轮机人员在管理船舶中需有专业知识决定了海员职业的技术性；驾驶与轮机人员在管理船舶的过程中每个海员发挥的互不替代作用决定了海员职业的独立性；驾驶与轮机人员在管理船舶的工作中需要全体船员协同工作决定了海员职业的团队性；海员远离陆地，以船为家，在相对封闭的环境中驾驶船舶，在各种海况下长时间航行，决定了海员职业的艰苦性和风险性。

海员普遍性的职业特点是开放性与封闭性，独立性与群体性，技术性与风险性，复杂性与管理性，涉外性与国防性，艰苦性与豪迈性并存。正是这些特点，确定了海员道德的特殊性。海员不仅要有强健的体魄、娴熟的专业技能，还要具备良好的心理素质、较强的环境适应能力和应对突发事件的应变能力。海员职业对从业人员要求具有相当高的职业素养。

海员的职业道德包含着严明的组织纪律和涉外纪律，严格的劳动纪律。要求每个船员具有高度的工作责任感，同时海员的职业道德应遵守各个国家的社会道德礼仪，应遵守公司企业管理规则，应服从国家和民族利益。

第二节　海员职业道德伦理学和心理学

职业道德规范是劳动者在长期的职业劳动的实践中反复积累、逐步形成的，是社会对劳动者在生产劳动过程中必须遵守的基本行为准则的概括和提炼。它源于劳动者的道德生活实践，又高于劳动者的道德生活实践，因而对劳动者在劳动中的道德行为有着巨大的调控作用和积极的指导意义。

一、海员的职业道德伦理学

每个人的劳动或活动是社会发展进步的基本原因。而人的任何社会活动，实际上都可以看作是对于某种道德或法律规范的实现与背离。法律不过是具体的、最低的道德，因而都仅仅是一些具体的、特殊的、琐碎的规则，法律自身没有原则，法律是以道德原则为原则的。法律的原则，如正义、平等、自由等等，并不是法律，而是道德。因此，大体说来，一切社会活动最终都是对于某种道德的实现。于是，虽然一个社会的道德本身是一纸空文，是软弱无力的，并不是社会发展进步的基本原因，但是一个社会实行何种道德是社会发展进步的基本原因。

在社会生活中的每一个人，既有自我的要求，又受社会的政治、法律、伦理的支配和约束。为了使人真正成为人，社会成为真正的理性社会，就必须有道德的自觉规范。作为社会调控体系的重要手段，伦理道德与法律规定共同构成人们的行为规范内容，包括伦理规范与道德传统、品德与自律、诚信与德行，以及民事行为与法律规范。我国长期推崇的孝敬父母、尊长爱幼的优良传统就是一个道德伦理学上的典范。

伦理学作为一门科学是指，运用马克思主义世界观和方法论，从总体上和联系上研究社会道德现象，揭示道德本质、作用以及产生、发展等各方面规律的理论学说。伦理学是价值最大的科学，因为人类社会的发展、进步，说到底，无疑都是每个人的劳动、活动之结果。道德伦理学是关于优良道德的科学，是关于优良道德的制定方法和制定过程以及实现途径的科学。道德伦理学以道德现象为研究对象，不仅包括道德意识现象（如个人的道德情感等），而且包括道德活动现象（如道德行为等）以及道德规范现象等。伦理学将道德现象从人类活动中区分开来，探讨道德的本质、起源和发展、道德水平同物质生活水平之间的关系、道德的最高原则和道德评价的标准、道德规范体系、道德的教育和修养、人生的意义、人的价值和生活态度等问题。道德伦理哲学的价值取向是引导社会道德风尚的重要因素。推行优良的道德是社会进步的基本原因，推行恶劣的道德是社会停滞的基本原因。

2006年2月，在日内瓦召开的ILO第94届大会中通过了《2006年国际海事劳工公约》，该公约对海员的工作环境条件、医疗、福利、社会保障、工资、休假、起居条件等做出了规定，保障海员能够体面工作。我国与世界上其他国家一样，为海员体面工作提供了许多保障。2007年9月1日起施行的《中华人民共和国船员条例》为加强船员管理，提高船员素质，维护船员的合法权益、保障水上交通安全和保护水域环境提供了有力保障。

海员职业道德伦理学的特征、作用与意义，主要体现在海员对于国家、企业、家庭(父母、妻儿)的责任，即一个大丈夫的社会责任和家庭责任，因此要求每个船员要做到自信和责任。高度的责任感是对海员的道德素质的一个基本要求。海员的职业道德伦理首先应服从国家和民族利益，应与各个国家的社会道德伦理和礼仪一致，同时还要应遵守公司企业管理规则，提倡坚守岗位，恪尽职守的敬业精神。

“诚实守信”是社会健康发展的重要保障，诚实守信是职业道德中的一条基本原则。胡锦涛总书记讲的“八荣八耻”中就说到:“以诚实守信为荣，以见利忘义为耻 。”诚实守信是社会的需要，人人都应以诚实守信为荣。诚实，即忠诚老实，就是忠于事物的本来面貌，不隐瞒自己的真实思想，不掩饰自己的真实感情，不说谎，不作假，不为不可告人的目的而欺瞒别人。守信，就是讲信用，讲信誉，信守承诺，忠实于自己承担的义务，答应别人的事一定要去做。忠诚地履行自己承担的义务是每一个现代海员应有的职业品质。

二、海员职业道德中的心理学

“心理学”一词来源于希腊文，意思是关于灵魂的科学。“灵魂”在希腊文中也有气体或呼吸的意思，因为古代人们认为生命依赖于呼吸，呼吸停止，生命就完结了。随着科学的发展，心理学的对象由灵魂改为心灵。直到19世纪初，德国哲学家、教育学家赫尔巴特才首次提出心理学是一门科学。而原先，心理学、教育学都同属于哲学的范畴，后来才各自从哲学的襁褓中分离出来。科学的心理学不仅对心理现象进行描述，更重要的是对心理现象进行说明，以揭示其发生的发展规律。心理学的这些规律是对人的思想行为必然的反应和体现。

心理学是一门研究人的心理活动规律的科学。心理学者只是在尽可能按照科学的方法，间接地观察、研究或思考人的心理过程(包括感觉、知觉、注意、记忆、思维、想象和言语等过程)是怎样的，人与人有什么不同，为什么会有这样和那样的不同，即人的人格或个性，包括需要、动机、能力、气质、性格和自我意识等，从而得出适用人类的一般性的规律，继而运用这些规律，更好地服务于人类的生产和实践。

海员是在各种多变的自然环境、复杂的社会条件、艰苦的工作场所下从事劳动、工作和生活，非常需要有一个健康的心理和阳光的心态，要做到心阔如海、心静如水、心明如月、心坚如钢。由于每个人的文化与生活的背景是不同的，每个人都会有喜怒哀乐的情绪，五味俱全的人生感受，因此船员必须具有健康的心理。

心理健康是每个人正常工作和生活的基础，人的道德理念与人的心理活动是紧密相连的。心理内在的阳光与阴影对人的思想行为产生的影响将是必然和巨大的。常言道：白日不做亏心事，不怕半夜鬼敲门。一般来说有道德之心的人，心理状态阳光灿烂，而当一个人做了不道德的事或者说亏心事，这个人的内心就会被阴影笼罩。因此讲道德有利于个人的心理健康，而心理状态是会直接影响人的正常生活和工作中的行为和思维判断能力。心理状态阳光会使人的道德情操高尚、有利于提高职业道德的水准、有利于个人的心身健康、有利于个人的人生和职业的发展、有利于个人的生活幸福和家庭的生活幸福。

心理健康还体现在对职业的高度的责任感，高度的责任感是对海员道德素质的基本要求，也是对海员心理素质的要求。当身体和心理不健康时，往往会出现漫不经心、不负责任的情况。责任心是一种良好的心理状态，海员要具有宽广的胸怀、坚韧不拔的毅力、活泼开朗的性格，吃苦耐劳的精神。注意培养良好的个人卫生习惯，营造良好的工作和生活环境，对人的心理健康有着良好的帮助和引导作用。另外，良好的人际关系、和睦相处的人员环境对人的心理健康也十分重要。领导的表扬激励、同事之间的相互支持鼓励对船员的心理健康和职业道德的提高会起到事半功倍作用，效果将会十分明显。因此，船员在工作中就需要多一份理解、多一份宽容、多一份鼓励、多一份支持、多一份互助、多一份奉献。这就是一种高尚的职业道德精神。

第三节　海员职业道德的内容与核心精神

道德是指由社会经济关系决定的，是从人们的利益中引申出来的；是以善恶为一般尺度进行评价的，依靠人们的内心信念、传统习惯和社会舆论来调节利益关系的一种社会意识形态；是一种以实践精神来把握世界的方式；是道德活动现象、道德关系现象、道德意识现象的总和。海员的高度社会责任与义务、爱国主义精神、集体主义精神、诚信守约精神、忠于职守的敬业精神是海员职业道德的原则和核心内容。

一、社会责任与义务

社会责任感就是在一个特定的社会里，每个人在心里和感觉上对其他人的伦理关怀和义务。具体说就是社会并不是无数个独立个体的集合，而是一个相辅相成不可分割的整体。尽管社会不可能脱离个人而存在，但是纯粹独立的个人却是一种不存在的现象。没有人可以在没有交流的情况下独自一人生活。因此船员一定要有对社会负责、对他人负责的责任感，而不仅仅是为自己的欲望而生活，这样才能使社会变得更加美好。

高度的社会责任感是海员职业道德的核心。航海是个古老的职业，在科学技术不发达的过去，海上探险、海上贸易造就了海员，海员促进了人类的文明与进步。在科学技术发达的今天，这个职业将伴随着世界经济的发展走向未来，创造人类更美好的明天。

社会责任就其性质而言，应该主要属于道德层面。有利于社会、属于道德层面的行为，应该是自觉自愿的行为，这种行为可能出自崇高的理想，也出自崇高的人性光辉，但都不是外力强制的结果。做企业优秀员工，履行社会责任，实现个人、企业与社会、自然的和谐相融，必定是每个船员应尽的义务和光荣的使命。一个有社会责任感的人，主要应该具备三点品质：坚持道德上正确的主张或真理；坚持实践正义原则；愿为他人作出奉献和牺牲。

二、爱国主义精神

爱国就是对祖国的忠诚和热爱。历朝历代，许多仁人志士都具有强烈的忧国忧民思想，以国事为己任，前仆后继，临难不屈，保卫祖国，关怀民生，这种可贵的精神，使中华民族历经劫难而不衰。爱国的内容十分广泛，热爱祖国的山河，热爱民族的历史，关心祖国的命运，在危难之时英勇战斗，为祖国捐躯，都是爱国主义的表现。在中华民族五千年的发展历程中，中华民族形成了以爱国主义为核心，团结统一、爱好和平、勤劳勇敢、自强不息的伟大民族精神。爱国主义是千百年来固定下来的对自己祖国的一种最深厚的感情。它同为国奉献、对国家尽责紧紧地联系在一起。爱国主义是一种崇高的思想品德。

中华民族的历史之所以悠久和伟大，爱国主义作为一种精神支柱和精神财富起了重要作用。爱国主义是一种深厚的感情，一种对于自己生长的国土和民族所怀有的深切的依恋之情。这种感情在历史的长河中，经过千百年的凝聚，无数次的激发，最终被整个民族的社会心理所认同，升华为爱国意识，因而它又是一种道德力量，对国家、民族的生存和发展具有不可估量的作用。

爱国主义是海员道德体系中的基本原则，爱国主义是与集体主义和国际主义紧密相连的道德核心。当代海员应该做坚定的爱国主义者，发扬爱国主义精神是时代的要求。爱国主义对船员的更高要求是由海员的职业特点所决定的。船员特别是远洋船员与国内陆上的工作人员不同，船员的职业具有艰险、流动、涉外的特点。这些职业特点，决定了船员必须具有比一般人更高的爱国主义觉悟，才能胜任船员的工作。只有强烈的爱国主义精神作人生的支柱才能做到抛家舍业、不畏艰险、漂泊四海，为国家做贡献，才能在与外国人交流时自觉维护祖国的尊严。在震惊中外的“银河号事件”中，中国船员的表现充分说明了这一点。“银河”轮是中远广州远洋运输公司的一艘从事正常国际商业航运的远洋集装箱货物的班轮，于1993年7月在执行第81航次由天津、上海至海湾的运输任务中，被美国无端指责载有制造化学武器前体的硫二甘醇和亚硫酰。美国遂派军舰监视和飞机骚扰，致使该船被迫在公海上中断航运达33天之久，蒙冤受屈。但全体船员紧密团结在船舶党支部周围，面对强权无所畏惧，在困难面前不屈不挠，表现了中国船员的高度爱国主义和集体主义精神，经受了严峻的考验，以实际行动维护了祖国的尊严，向全国人民交出了满意的答卷。广远的“华铜海”轮之所以创出“海上中华名牌”，成为我国航运界的先进典型，总结其经验，就是“爱国奉献”四个字。强烈的爱国主义思想是他们的精神动力和力量源泉。

今天，我国已步入新的历史时期，机遇与挑战并存，海员将面临越来越多的新情况和新问题。当代船员要培育强烈的民族自豪感、民族自尊心和自信心。让中国船员再次高举新时代爱国主义的伟大旗帜，把对民族、祖国和社会主义的热爱凝聚成一股力量，励精图治，与时俱进，推进我国改革开放的伟大事业，加快社会主义现代化建设的进程，实现中华民族的伟大复兴,为人类文明与进步做出更大的贡献。

三、集体主义精神

集体主义是主张个人从属于社会,个人利益应当服从集团、民族、阶级和国家利益的一种思想理论,是一种精神,其最高标准是一切言论和行动符合人民群众的集体利益。其科学含义在于当个人利益和集体利益发生矛盾的时候要服从集体利益。一切行动和言论以集体为重个人为轻。集体主义精神是团队合作的精神和意识,同舟共济、团结协作的意识是海员职业道德教育的内容之一,船员之间、各部门之间、上下级之间,惟有密切配合,团结协作,方能战胜各种困难,化险为夷,确保安全。

团结来源于集体主义。在灾难面前,全国上下迅速动员、团结一致,同灾难进行殊死搏斗。这种精神力量很大程度上来源于社会主义集体主义精神。社会主义集体主义精神是指一切言论行动以合乎广大人民群众的集体利益为最高标准的价值观念,主要包括以下内涵:一是社会利益即广大人民群众的根本利益高于一切;二是在保证社会集体利益的前提下,把国家、集体和个人三者的利益结合起来,尽可能保证和满足社会成员的个人利益;三是当个人利益与国家和集体利益发生矛盾时,个人利益服从国家和集体利益。在四川汶川特大地震面前,中华民族万众一心、众志成城,不畏艰险、百折不挠,铸就了伟大的抗震救灾精神,唱响了集体主义的壮歌。这次抗震救灾斗争,进一步加深了人们对社会主义集体主义精神的理解和认识。在这次抗震救灾斗争中,全国各族人民自觉主动地实践了社会主义集体主义原则。

友爱生发于集体主义。在灾难面前,中国人民同舟共济、友爱互助,这种思想情感生发于传统的群体意识和社会主义集体主义原则。当地震灾害袭来之时,13亿中国人民的大局意识、责任意识、使命意识被强烈地激发出来,形成了抗震救灾的强大合力。我国传统观念认为,一个人应该有信仰、讲道德,一个群体更应该有共同的信仰、遵守共同的伦理道德。传统的群体观念、整体观念在中国共产党人这里上升为"集体主义原则",中国人的"大我"、"小我"观念已内化成一种基本价值尺度。在抗震救灾斗争中,我国军民表现出的关爱互助精神正是集体主义原则的体现,其实质就是把个人看成是群体中的一员,而不是孤立存在的个体。这是中华民族精神的特质,是中华民族历经磨难而不倒的重要原因之一。

救助诠释了集体主义。在灾难面前,人民的生命高于一切。关爱生命、抢救生命,只要有一线希望就尽百倍努力,决不放弃,是对社会主义集体主义原则的生动诠释。经过这场灾难的洗礼,人们更加清醒地认识到:人的活动不仅仅是为自己,而是内在地包含了为他人、为社会。人民的利益高于一切,是社会主义集体主义原则的本质要求。

集体主义精神是一个集体在长期的共同生活和共同的社会实践基础上形成和发展的,为集体大多数成员所认同和接受的思想品格、价值取向和道德规范,是一个集体的心理特征、思想情感的综合反映。集体主义精神,不仅是一个集体告别落后、走向文明进步的强大动力,而且是维护一个集体稳定和发展的强大精神支柱。克服自私自利、提倡大公无私、积极努力、克己奉公、埋头苦干的可敬精神。严守纪律和自我牺牲精神,大公无私和先人后己精神，可以压倒一切敌人和克服一切困难。强大的精神力量不仅可以促进物质技术的发展，而且可以使一定的物质技术力量发挥出更大的作用。这充分说明弘扬和培养集体主义精神对于一个集体的事业的重要性。

2008 年 12 月 17 日早上当地时间 8 时，中国货轮“振华 4 号”在索马里附近海域遭遇海盗，船长彭维源果断拉响了全船警报，船上 30 名船员在船长带领下利用自制燃烧瓶等武器抵抗荷枪实弹的海盗数个小时，最终在外国海军支持下击退了海盗。当“振华 4 号”在亚丁湾面临海盗袭击时，全船警报响起后，船上的 30 名船员立即按照防海盗应急预案，紧急行动起来，封闭全船舱门，尤其是驾驶楼下的生活舱的舱门，从里面反锁；用气割割断了从甲板前往驾驶楼的铁梯。这是因为“振华 4 号”本来船舷的高度只有 12.3 m，卸载后必须压水航行，船舷离海面的高度只有 4.5 m。这样的高度，对善于攀爬上船的海盗来说十分容易。因此“振华 4 号”的防海盗预案是：割断从主甲板到驾驶楼的两架铁梯，利用主甲板到驾驶楼下生活舱有 6 m 高的落差，建立起一道防线。“振华 4 号”全船没有一枪一弹，危急时刻，船员们搬出空的啤酒瓶，往里灌上易燃的“油漆水”，再用棉纱浸上柴油做导火索，准备了 200 多只“土燃烧瓶”。船员们拉出了消防用的高压水枪，还有的握起铁棒，准备迎战袭来的海盗！2 艘小艇上总共有 9 名海盗，除各留下一个海盗守船外，其余 7 名歹徒爬上了“振华 4 号”。他们冲过 138 m 长的甲板，冲到驾驶楼下，发现铁梯已经被割除，3 名歹徒只能用爬船时自带的轻便型铝合金梯攀爬上来。但驾驶楼底层的生活舱门早已反锁，而且是厚厚的水密门，歹徒怎么也撞不开。恼羞成怒的歹徒，只能用冲锋枪对准锁孔乱射，虽然子弹横飞，但反锁的水密门性能良好，纹丝不动。

就在歹徒进攻受挫的时候，船员们的反击开始了。驾驶楼里 8 条高压水枪从舷窗里有力地射出去，形成交叉火力，射得歹徒站立不稳。一只只“土燃烧瓶”从天而降，虽然没有强大的杀伤力，但足以吓阻歹徒的进攻。

这次成功击退了海盗的案例中，可以看到集体主义精神的完美体现，从操舵的水手到机舱值班的机工，从船长、干部船员到普通厨工，每个人在这个集体中发挥了最大的作用，每个人的作用在这个集体里得到了放大和体现。

四、诚信守约精神

讲信用守合同是体现现代经济社会中道德核心的重要法则。契约精神是现代商业社会的支柱，是文明社会的主流精神，在民主法治的形成过程中有着极为重要的意义：一方面市民社会主体的契约精神促进了商品交易的发展，为法治创造了经济基础，同时也为市民社会提供了良好的秩序；另一方面私人契约精神，上升至公法领域在控制公权力，保障人权方面具有重要意义。契约精神本体上存在四个重要内容：契约自由精神、契约平等精神、契约信守精神、契约救济精神。契约自由精神是契约精神的核心内容。

(1) 契约自由精神包含三个方面的内容：选择缔约者的自由、决定缔约的内容与方式的自由。契约自由主要表现在私法领域。契约平等精神是指缔结契约的主体的地位是平等的，缔约双方平等地享有权利履行义务，互为对方给付，无人有超出契约的特权。为了达到契约的平等精神，违背契约者要受到制裁，受损害方将得到利于自己的救济。正因为契约完美地体现了平等精神，才会被近代资产阶级革命者作为理论武器而创造了社会契约理论，通过每个人让渡一部分权力交给国家代为使用，双方达成合意，建立社会契约，各自履行各自的权利与义务，以达到社会的和谐。

(2) 契约信守精神是契约精神的核心精神，也是契约从习惯上升为精神的伦理基础。诚实信用作为民法的“帝王条款”和“君临全法域之基本原则”，在契约未上升为契约精神之前，人们订立契约源自彼此的不信任，契约的订立采取的是强制主义，当契约上升为契约精神以后，人们订立契约源于彼此的信任，当契约信守精神在社会中成为一种约定俗成的主流时，契约的价值才真正得到实现。在缔约者内心之中存在契约守信精神，缔约双方基于守信，在订约时不欺诈、不隐瞒真实情况、不恶意缔约、履行契约时完全履行，同时尽必要的善良管理人、照顾、保管等附随义务。

(3) 契约救济精神是一种救济的精神。在商品交易中人们通过契约来实现对自己的损失的救济。当缔约方因另一缔约方的行为遭受损害时，提起违约之诉，从而使自己的利益得到最终的保护，上升至公法领域公民与国家订立契约，即宪法。当公民的私权益受到公权力的侵害时，依然可以通过与国家订立的契约而得到救济。

契约精神，无论是私法的契约精神在商品经济中的交易精神，还是公法上的契约精神，对我国社会主义法治国家的构建和社会主义市场经济的良性运转都有着积极作用。契约精神与社会信用构建是现代商业社会的责任与义务。履行合同就是履行社会责任，是每个企业应尽的义务和使命，也是每个员工应尽的义务和使命。对船员而言，诚信守约也是海员职业道德核心。

五、敬业精神

“敬业”就是“专心致志以事其业”，即用一种恭敬严肃的态度对待自己的工作，认真负责、一心一意、任劳任怨、精益求精。敬业精神是个体以明确的目标、朴素的价值观、忘我投入的志趣、认真负责的态度从事自己工作时表现出的个人品质。敬业精神是做好本职工作的重要前提和可靠保障。

古往今来，大凡事业上有所成就者，皆离不开两条：一是有强烈的事业心和责任感；二是锲而不舍的勤奋和努力。这两条的有机结合，即为敬业精神。孟子说：“天将降大任于斯人也，必先苦其心智，劳其筋骨，饿其体肤，空乏其身，行拂乱其所为，所以动心忍性，增益其所不能。”意思是说：干一番事业，必定要呕心沥血、意志坚强、甘于吃苦、勇于奉献，才能有所成就。用现代的话来讲，就是要有敬业精神。

现代海员忠于职守的敬业精神主要表现在以下三个方面：

(1) 爱国爱海爱岗敬业，对待自己的职业岗位要尽心尽责，热爱专业并树立可持续发展的人生发展观。海员应树立可持续发展的人生发展观，走专业成功人生之路。很多调研表明，新生代海员吃苦耐劳精神有所下降，而家境贫寒的青年更多地是为了短期脱贫致富，最多也不过是以此作为一种谋生手段。只有很少人热爱这项专业，以此作为成就人生的一项神圣事业。

(2) 不断钻研业务，努力提高技能。扎实的专业知识技能和创新意识，是现代海员的基本素质。新技术的应用使海员过分地依赖这些技术,仿佛不需要专业知识和技能就可以轻松上船工作,实际上,航海轮机是非常专业的技术,更是一项实践性非常强的技术。海上航行环境瞬息万变,如果没有扎实过硬的知识,就不可能应付各种紧张的局面。航海不是日薄西山的行业,其发展离不开创新发展意识。

中国通过多年的发展已迈进了航海大国的行列,但与航海强国还存在不少的差距。欧美等强国在航海科技、管理经验、国际立法提案等方面仍然占据着领先和垄断的地位。目前我国海员的综合技能水平不能在全球领先仍然是我国成为海员强国继而成为航运强国的阻碍因素之一。

(3) 热爱航运事业。海员应对自己的职业具有自豪感、荣誉感。这种自豪感、荣誉感的具体体现是海员的敬业精神。海员一旦有了这种敬业精神,就会全身心地投入到职业活动之中,在平凡的岗位上创造出不平凡的业绩。敬业精神还是忠于职守行为的动力来源。坚守岗位,恪尽职守的敬业精神是优秀船员的职业基准,是船员实现个人价值的基础,是获得最佳绩效的有力保障。坚守岗位,恪尽职守的敬业精神也是每个船员的义务,是职业海员职业荣誉的象征,更是每个船员成长和成功的根本。坚守岗位,恪尽职守的敬业精神是船员精神的基础,如果没有这种精神动力,就不会有自主、自觉、自发地为自己工作的主动意愿。坚守岗位,恪尽职守的敬业精神是一种工作态度,是一种对待生命的生活态度,更是职场的灵魂。

第四节　海员工作中的职业道德规范

海员的职业道德规范在社会责任和义务、爱国主义、集体主义、诚信守约和敬业精神的指引下形成,可以归纳为:爱国爱海爱岗敬业、严把安全崇尚环保、钻研业务提高技能、团结协作同舟共济、遵纪守法维权履责、优质服务降本增效。就目前反映的海员职业道德规范不足和航运业的发展来看,以下方面尤其需要得到强调。

一、崇尚敬业精神,树立优质服务的自觉意识

敬业是人们对本职工作的热爱和高度负责,是职业道德的基础和核心。奉献是一种高尚品德,是职业道德的本质特征。敬业奉献、优质服务的自觉意识是船员在航海职业活动中应该遵循的行为准则。敬业与奉献是紧密联系在一起的,从一定的意义上说,敬业就是奉献,奉献就是敬业。敬业精神是渐进的过程,需要从业人员逐步培养。奉献是人们从事职业活动中体现出来的精神追求,是对社会的高度负责,是爱祖国、爱人民、爱劳动、爱科学的精神品质。奉献充分体现了社会职业道德的深刻内涵。因此,要树立正确的义利观,要正确处理好公利与私利的关系。当“义”与“利”发生矛盾时,要有顾全大局、乐于奉献的精神,真正把国家、集体和人民的利益放在首位。要杜绝斤斤计较,只讲索取不讲奉献、只讲权利不讲义务、只讲金钱不讲道德的思想观念。

“敬业”还要有“勤业”、“净业”和“精业”的思想觉悟。无论在船上从事任何职业岗位,每

个船员都要有高度的责任感、紧迫感和使命感。要从点滴做起，凡事要勤勤恳恳、兢兢业业、一丝不苟、精益求精、认真负责、坚持不懈、知难而进、善始善终；船员的意志要坚定，办事要严格、实事求是、诚实守信，坚决抵制一切不良习气和各种不良的诱惑，杜绝以权谋私、见利忘义、损公肥私、损人利己的思想和行为，如走私、偷渡、吸毒贩毒等违法行为；要"精业"，要加强学习，刻苦钻研业务技术，熟练掌握职业技能，不断提高工作的质量和效率。不断学习提高业务，熟练掌握外语。

二、树立安全第一、文明驾船的安全意识

从泰坦尼克号、多纳·帕斯号到我国的"大舜"号以及2006年2月发生的红海沉船事故，都有海员综合素质不高的因素。造成海难事故的人为因素往往是：不适当的时机出航、船舶在不适航情况下出海、客与货超载或装载不当、船员安全与事故意识不强、不正确的船舶操纵、处置火灾以及其他事故应急方案的不当等。

安全第一、文明驾船是海上运输的生命线。为了实现安全航行的目的，船员首先必须牢固树立安全第一的观念，认识到有效地履行其职责对海上人命和财产安全以及防止海上环境污染的必要性，不能有丝毫的麻痹和松懈，谨慎驾驶，细心瞭望，悉心保养，为安全航行创造条件。其次，必须文明驾船。文明驾船一方面是指所有船员在工作中严格按照操作程序以及各项规章制度，如船舶电气焊的操作程序和规定，机工、水手、驾驶员、轮机员的交接班程序；另一方面是指船舶之间、船港之间相互联系的文明行为，不能只顾自己而置他船、港方于不顾。1986年，广州海运局所属的4 800吨级的远洋货轮德宝轮，因货物移动、西南季风、主机停机而沉没于印度洋。主机停机对于大海中航行的船舶来说是最危险的，而主机停机恰恰是由于三管轮操作不当，忘了将蒸汽关掉，以致燃油温度太高而造成的。

因此，只有牢牢地树立安全第一、文明驾船意识，才能增进海上人命与财产的安全和保护海洋环境。要在个人的日常工作中养成反复检查的良好习惯，养成严格遵守各种规章的习惯，建立细节至上的观念，追求安全第一永无止境的理念，使日常的管理工作不断地得到合理改进和优化，主动把船上的工作当作自己的事务来做。

三、严格组织纪律、劳动纪律和涉外纪律

古有名言：行车走船三分险。海难事故的确难以避免，可是抛开暴风雨、台风、海啸等自然因素的影响，人们发现，在海难背后还隐藏着更深的人为因素。据统计，在海难事故和污染损害事故中，80%以上是人为因素造成的，而在触礁、失火、爆炸事故中人为因素的比例高达90%，碰撞事故中人为因素的比例更达到95%。因大副酒醉驾船，导致1989年埃克森·瓦尔迪兹号油轮石油泄漏污染事件的发生，事故给环境带来灾难性破坏。人为因素对船舶安全的影响由此可见一斑。

严格的组织纪律、劳动纪律、涉外纪律是海员的职业纪律。严守岗位、服从命令的服从意识教育是海员的职业所需要的。严守岗位是指海员在任何时候任何情况下都要严密地坚

守在自己的工作岗位上，擅自离岗，可能会招致危险。因此，STCW 78/95 公约有诸多有关严守岗位的规定，如负责航行值班的高级船员应在驾驶台保持值班，在正式交班之前，任何情况下均不得离开驾驶台；瞭望人员必须全神贯注地保持正规瞭望，不得从事或分派给会影响瞭望的其他任务。惟有每一名海员忠实地履行其岗位职责，方能确保船舶的安全航行，从而达到 STCW 78/95 公约的目的。服从命令就是船员在工作中要绝对服从部门、船舶领导的调遣和指挥，保质保量地完成任务。当船舶遇到紧急情况时，如台风、火灾、碰撞等等，应无条件地服从上级指挥，迅速无误地到达现场。

四、建立船员良好的人际关系

人际交往是人类社会中不可缺少的组成部分，人的许多需要都是在人际交往中得到满足的。如果人际关系不顺利，就意味着心理需要被剥夺，或满足需要的愿望受挫折，因而会产生孤立无援或被社会抛弃的感觉；反之则会因有良好的人际关系而得到心理上的满足。要想成功地建立良好的人际关系，就要在社会生活中了解、遵循和掌握以下所述的人际交往的一般原则：

(1) 平等原则。在人际交往中总要有一定的付出或投入，交往的两个方面的需要和这种需要的满足程度必须是平等的，平等是建立人际关系的前提。人际交往作为人们之间的心理沟通，是主动的、相互的、有来有往的。人都有友爱和受人尊敬的需要，都希望得到别人的平等对待。人的这种需要，就是平等的需要。

(2) 相容原则。相容是指人际交往中的心理相容，即指人与人之间的融洽关系，与人相处时的容纳、包涵、宽容及忍让。要做到心理兼容，应注意增加交往频率，寻找共同点，谦虚和宽容。为人处世要心胸开阔，宽以待人。要体谅他人，遇事多为别人着想，即使别人犯了错误，或冒犯了自己，也不要斤斤计较，以免因小失大，伤害相互之间的感情。

(3) 互利原则。建立良好的人际关系离不开互助互利。可表现为人际关系的相互依存，通过对物质、能量、精神、感情的交换而使各自的需要得到满足。

(4) 信用原则。信用即指一个人诚实、不欺骗、遵守诺言，从而取得他人的信任。人离不开交往，交往离不开信用。要做到说话算数，不轻许诺言，与人交往时要热情友好、以诚相待、不卑不亢、端庄而不过于矜持、谦逊而不矫饰作伪，要充分显示自己的自信心。一个有自信心的人，才可能取得别人的信赖。处事果断、富有主见、精神饱满、充满自信的人就容易激发别人的交往动机。博取别人的信任，产生使人乐于与你交往的魅力。

(5) 真诚原则。人际关系的天敌是"猜忌"，破解密码是"真诚"，对人诚心诚意是建立良好的人际关系最基本的条件。

上述这些人际交往的基本原则是处理人际关系不可分割的几个方面。运用和掌握这些原则，是处理好人际关系的基本条件。没有交际能力的人，就象陆地上的船，永远到不了人生的大海。虽然简单，但富有哲理。这话充分说明一个问题：生活中，无论有多么强的能力，多么好的条件，如果没有良好的的人际关系，就会没有朋友，那么你就无法取得成功，自然也就不会得到生活的幸福和身心的健康。

船员良好的人际关系处理能力很重要，在各种应酬和交往中，要自觉遵纪守法，远离不良行为，谨慎交友，拒绝反动、黄色、毒品、赌博的诱惑。交往朋友要慎重，面对诱惑，要不为所动，坚持自己的人生底线。

五、加强交流，努力实现跨文化的合作交流和团队合作

随着世界经济一体化的进程，船员国际化已经十分普遍，由于各国船员的宗教、文化和生活的背景有很大不同，需要在工作和生活上进行广泛的交流与沟通来达到相互了解和情绪的趋同以及调节，以便在船舶狭窄空间与海上恶劣环境中营造一个能使心理健康发展的良好环境。建立有效的跨文化沟通交流，消除东西方文化、观念等方面的障碍，积极推进船员的国际化已成为重要议题。

当一个由德国人和中国人组成的混合项目团队要建造一座桥梁：德方人员首先要经过长期讨论确定所要遵循的战略，而中方人员则马上雷厉风行地试着设计桥梁的外观。这听起来像是典型的有关德国人和中国人特点的老生常谈，然而它却反映出现实中经常会遇到的不同行为方式。来自不同文化背景、有着不同价值观与标准的人们相处，往往会产生许多跨文化的误解。而防止这类误解的发生正是跨文化合作交流的任务。要看到对自己与他人行为差异的意识，要意识到自己与有不同文化背景的人的行为差异，要让自己明白自己的习惯理念和想法在异文化背景中不再有效。如果双方今后想要更好地合作，就需要开发新的行为对策。比如说，要照顾对方文化和人格的尊严，应避免发生公开冲突，应当尊重合作伙伴的一些重要习惯，比如希望随时了解对方的最新情绪和心理状况，要不断向对方提供各种反馈信息交流。交往行为或领导方式的不同也是跨文化的合作交流工作重点，可在实例中学习正确理解异文化合作者的行为方式，认识文化差异。

当前东西方文化合作与发展面临机遇和挑战，各种宗教和多边文化交流的实践与经验对船员来说尤其重要。船员是民间的外交使者，每个船员都可以通过各自的饮食习惯、服饰文化、商品经济、思想理念和生活方式来实现跨文化的合作交流。其中，语言的交流和工作上的合作配合是船员实现跨文化的合作交流的主要手段。学会合作本身并非一件容易的事情，在跨文化的背景下进行交流，更加不容易。第一步要学会交流，交流不畅，则很难培养起信任，培养起默契，培养起互相尊重。没有团队的凝聚力，几乎什么事情都做不好。而交流在不同的语言文化背景的人们之间又非常的困难，大家英语水平的差异，本来已经限制了表达的有效性，再加上或多或少存在的陌生感，使得交流的双方耐心下降，最糟糕的时候可能出现完全不愿意交流的情况。因此，真诚的态度、耐心宽容的心态、互相鼓励的气氛都是保证跨文化交流成功的关键。船员之间更加深层次的工作交流和合作，仍然需要立足于跨文化交流的宏观视野之中。船员平时应加强对各种文化和宗教的了解和学习，这样在工作和生活的交往中就可以避免冲突，加深理解和交流。

另外，海员应该注重并积极倡导培养团队精神。以知识技能为例，驾驶员团队中船长可能掌握了90%，大、二、三副分别掌握80%、70%、60%。但是，这些知识和技能的关系并不是包含的关系，更多的是交叉的关系。如果没有团队精神，那么船长10%的不熟悉领域就可能导致危急关头的决策失误，最终导致事故发生。团队精神是以相互尊重、良好的人际关系为基础的，尤其是在具有多国文化和多国海员的船舶上。

六、崇尚海洋环保，为保持清洁的海洋作贡献

保护海洋环境是STCW 78/95公约的订约目的之一。为了保护海洋环境，STCW 78/95公约对海员做出了相应的规定，如在船舶作业管理和人员管理职能中，明确要求必须掌握关于为防止海洋环境污染采取的预防措施的知识、关于为防止污染程序和所有附属设备。在值班的标准中指出船长、高级船员和普通船员应了解操作性或事故性的海洋环境污染的严重后果，并应采取一切可能的预防措施防止这类污染的发生，特别是有关国际规则和港口规章规定范围内的污染，船在锚泊时应采取措施防止船舶污染环境，并遵守适用的防止污染规则。STCW 78/95公约的实施，将有效地遏制此类事故的发生，但根本的还是要通过加强船员的环保教育，以提高海员的环保意识。良好的环保意识是实现STCW 78/95公约保护海洋环境目的的前提。

安全与环保是当今航运两大主题内容，国际社会对船舶污染问题越来越重视。遗憾的是，许多海员还远没有重视环保问题，依旧我行我素、应付检查、偷偷排放。毫无疑问，对保护环境的社会责任意识的培养，已越来越迫切了。对于海员而言，自觉保护海洋环境是海洋道德的基本规范，也是每个海员的神圣职责，是海员职业道德的具体体现和反映。海员不能仅仅满足于公约的标准，而应树立不断学习知识、刻苦钻研技术的锐意进取意识，力争在知识和技能上都高于公约规定的标准。

七、更新观念，提高道德观念和道德规范水平

随着时代的发展，思想观念也要发展，要不断更新，不能永远停留在一个水平上。更新观念，就是要确立新的观念：①确立优质服务的观念；②确立合法竞争的观念；③确立个人、企业和社会效益相关的观念；④确立创新创造和可持续发展的伦理观念。职业道德知识应着力于自我学习、自我教育、自我改造、自我实现。主动接受海员职业道德的各种教育并将其渗透到海员平时的工作和生活里，学习做人做事的道理和标准，以社会的责任感为前提，建立起对工作的高度责任心。学会“先做人，再做事”，学习做人的方法。

海员应不断完善自身人格，培养高尚的道德品质。很重要的一个方面是更新观念，通过对思想意识深层次中的道德认识的过滤、沉淀，摒弃过时的思想观念，吸收传统伦理观念的精华，形成新的道德观念。这对采取符合道德规范的行为、达到新的道德境界、提高综合素质大有裨益。

随着现代社会分工的发展、专业化程度的日益增强及市场竞争的日趋激烈，海员的职业道德已面临新的挑战，社会和市场对航海从业人员的职业态度、职业观念、职业技能、职业作风、职业纪律等也提出了更高的要求。牢固树立爱岗敬业、诚实守信、办事公道、优质服务、奉献社会的职业道德观，大力弘扬解放思想、实事求是、与时俱进、勇于创新、知难而进、艰苦奋斗、开拓进取、自强不息、务求实效、淡泊名利、无私奉献的时代精神。积极引导船员在工作中自觉建立市场经济与社会责任相适应的道德观念和道德规范。通过不断的学习，建立起终身学习的习惯，使船员能自觉地树立爱岗敬业、勤业精业、无私奉献等职业道德意识，不断提高船员的职业道德水平，自觉地提高个人思想觉悟和本身素质。

第七章

海事案例分析与海事调查

第一节 油船污染事故

——GT 轮与 CB 轮碰撞事故

一、事故概况

2004 年 7 月 8 日 1321 时，马绍尔群岛籍大型原油船 GT 轮与马绍尔群岛籍大型原油船 CB 轮在泉州港湄洲湾口剑屿以东 1.6 n mile 处发生碰撞，造成两船船体不同程度损坏。事故等级：重大事故。

二、船舶概况

（一）GT 轮

船　名：GT 轮	船籍港：MAJURO(马朱罗港)
国　籍：马绍尔群岛	船体材料：钢质
船舶种类：油船	呼　号：V7EK7
IMO 编号：8616556	净　吨：48 942 t
总　吨：77 870 t	船　长：261.45 m
载重吨：149 996 t	型　深：24.19 m
船　宽：44.44 m	主机功率：13 364 kW
最大吃水：17.35 m	造船地点：SPLIT CROATIA
建造时间：1989 年 2 月 20 日	

（二）CB 轮

船　名：CB 轮	船籍港：MAJURO(马朱罗港)

国　籍：马绍尔群岛　　船体材料：钢质
船舶种类：油船　　呼　号：V7EJ8
IMO 编号：9233777　　净　吨：46 385 t
总　吨：81 310 t　　主机功率：16 853 kW
载重吨：159 988 t　　船　宽：48.0 m
船　长：265.21 m　　最大吃水：17.05 m
型　深：23.20 m　　造船地点：KOJE ISLAND,KOREA
建造时间：2003 年 1 月 30 日

三、船舶配员和船舶证书情况

(一) GT 轮

本航次配备 26 名船员，符合船舶最低安全配员证书的要求。船员国籍：瑞典、英国、菲律宾、印度、罗马尼亚。船长为瑞典籍。该船的船舶证书和船员证书齐全有效。

(二) CB 轮

本航次配备 21 名船员，符合船舶最低安全配员证书的要求。船员国籍：拉脱维亚、俄罗斯、乌克兰。船长为拉脱维亚籍。该船的船舶证书和船员证书齐全有效。

四、天气及海况情况

阴间多云，有中等阵雨，局部有大雨；风向西南，风力 5～6 级，阵风 7 级。湄洲湾(梯吴)高潮潮时：1556 时。事故发生海域涨潮流流向北北西(NNW)，流速约 2.4 kn。

五、事故经过

(一) GT 轮

2004 年 7 月 8 日 1130 时，GT 轮在泉州港福炼作业区十万吨码头卸空原油后，由引航员引领离泊出港，拟驶往新加坡。开航时，船舶首吃水 6.5 m，尾吃水 9.5 m。驾驶台开启两部 ARPA 雷达，量程分别使用 3 n mile 和 6 n mile 档。

1223 时，GT 轮航行至湄洲湾十万吨级航道 8 号灯浮，船长看见引航员通过 VHF 11 频道与他船联系，便询问是否有进港船。引航员回答：港外有一艘与 GT 轮吨位相当的原油船，拟进港靠 GT 轮所离泊位，预计 1400 时抵达引航检疫锚地。引航员结束 GT 轮出港引航任务后，将再引领这艘船进港靠泊。

1248 时，GT 轮航行至湄洲湾十万吨级航道 4 号灯浮附近的引航锚地(25°02.7′N，119°02.74′E)，引航员离船上“福炼 802”拖船。GT 轮由该船船长指挥，继续出港，航向

170°。此时，驾驶台上有船长、二副和操舵水手 3 人。当时海面能见距离约 6 n mile。

1249 时，航速由微速进增至慢速进。

1252 时，半速进。

1253 时，为与右舷对遇小船保持安全距离，航向转至 165°。

1257 时，全速进。

1300 时，为避让左舷的小船，航向转至 171°。

1305 时，下雷暴雨，海面能见距离减为约 0.5 n mile。航向 163°。

1318 时，船长下令向右转向至计划航向 180°。

1319 时，当船舶转向至 180°时，船长目测发现一艘来船在本船左舷角约 12°的前方，距离约 0.5 n mile，急令右满舵避让来船。

1321 时，来船船艏与 GT 轮左舷 5—6 货舱位置发生碰撞，碰撞夹角约为 55°，此时本船船艏向约 225°。碰撞地点：24°57.7′N，119°03.9′E（雷达船位）。在两船非常接近时，船长令左满舵，企图甩开船艉，但舵效尚未产生，两船已碰撞。

碰撞发生后，二副拉响警报启动应变部署。

1324 时，GT 轮停车，随即微速退、慢速退。船长通过 VHF 16 频道呼叫，要求来船全速倒车离开本船。随后，船员报告无人员伤亡。轮机长及大副开始组织船员检查本船受损情况。

1326 时，船长向泉州外代口头报告事故。

1330 时，GT 轮停车。

1347 时，GT 轮通过 VHF 向引航员报告事故情况。

1350 时，GT 轮在事故附近海域抛锚，右锚 4 kn 入水。锚位：24°57.9′N，119°03.3′E。

1445 时，船长将事故报告通过电邮发送泉州××代理公司。

（二）CB 轮

2004 年 6 月 23 日，CB 轮装载 117 853 t 原油，从也门开航，拟驶往泉州港福炼作业区。

2004 年 7 月 7 日 1045 时，CB 轮抵达湄洲湾外海域，在崇武角东南方向抛锚，锚位：24°49.61′N，118°59.511′E，等待进港靠泊计划。此时，船舶平吃水 13.7 m。

2004 年 7 月 8 日上午，CB 轮接到泉州××代理公司进港靠泊通知，计划于当日 1430 时接引航员上船。

7 月 8 日 1143 时，引航员通过 VHF 通知 CB 轮进港。

7 月 8 日 1155 时，CB 轮起锚，航行进港。驾驶台左右两部雷达均开启，量程分别使用 3 n mile 和 6 n mile 档。驾驶台上有船长、二副、操舵水手 3 人，由船长指挥进港航行。

1218 时，半速进（约 70 r/min），航向 066°。

1223 时，GPS 船位：24°49.680′N，119°00.510′E。引航员通过 VHF 与该船联系，询问船位以及何时可抵达引航员登船点，船长回答该船将于 1400 时左右到达。此时 GPS 显示的对地航速（SOG）为 8.4 kn。

1246 时，GPS 船位：24°51.752′N，119°04.591′E。SOG 为 12 kn，船舶开始向左转向，拟转向至进港计划航向 349°。

1300 时，GPS 船位：24°53.962′N，119°05.284′E，SOG 为 10.7 kn。海上开始下雨，能

见度下降，船长增派三副到驾驶台瞭望。

1305时，海上下起雷暴雨，受暴雨影响，海面能见距离降低至小于1 n mile。此时，GPS船位：24°54.822′N，119°05.061′E，航向339.3°。船长下令减速至慢速进(约40 r/min)。

1307时，CB轮雷达上出现一大船回波(根据VDR数据显示的回波连续运动轨迹，判断该回波为GT轮)，位于CB轮首向线右5°左右，距离约4.5 n mile。此时CB轮GPS船位：24°55.343′N，119°04.906′E，航向335.8°，SOG为11 kn。

1309时，船长下令减速至微速进，但主机转速仍约为40 r/min。

1312时，GPS船位：24°56.044′N，119°04.658′E，航向332.8°，SOG为9.9 kn。船长通过VHF呼叫引航船："现在能见度几乎为零，是否仍在等我船？"引航船答："我在4号灯浮处等你船。"船长又询问港内的能见度情况，引航船回答约3 n mile，由于下雨，能见度很差。(VDR数据显示CB轮雷达上可见此时GT轮回波在本船艏向线右约8°，距离约3 n mile。)

1315时，CB轮GPS船位：24°56.531′N，119°04.458′E，航向331°，SOG为9.1 kn。(VDR数据显示CB轮雷达上可见此时GT轮回波在本船艏向线右约9°，距离约2 n mile。)

此时，引航船通过VHF呼叫CB轮，询问该轮船位，CB轮回答距离25°00′N线还有4 n mile。引航船说："我能看见你船，我可以驶向你……在你船头有一艘小油轮。"

1316时，GPS船位：24°56.671′N，119°04.395′E，航向329.7°，SOG为9 kn。(VDR数据显示CB轮雷达上可见此时GT轮回波在本船艏向线右10°，距离约1.73 n mile。)CB轮通过VHF呼叫："在我右舷船头的油轮，这是油轮CB号，请右舷对右舷通过！""在我右舷船头的油轮，这是油轮CB号，我们距离小于1 n mile，请右舷对右舷通过！"呼叫持续2分钟，但无回应。

1317时，GPS船位：24°56.796′N，119°04.338′E，航向326.9°，SOG为8.8 kn。(VDR数据显示CB轮雷达上可见此时GT轮回波在本船艏向线右13°，距离约1.46 n mile。)

1318时，GPS船位：24°56.930′N，119°04.271′E，航向325.3°，SOG为8.6 kn。(VDR数据显示CB轮雷达上可见此时GT轮回波在本船艏向线右约15°，距离约1.1 n mile。)船长下令慢速进，以增加舵效，主机转速增至50 r/min左右。此时船长隐约可看到来船，令继续向左调整航向。

1319时，GPS船位：24°57.032′N，119°04.214′E，航向322.4°，SOG为8.4 kn。(VDR数据显示CB轮雷达上可见此时GT轮回波在本船艏向线右约18°，距离约0.85 n mile。)船长发现来船正在向右转向，急令右满舵，同时下令慢速进，以增加舵效，主机转速增至70 r/min。

1320时，GPS船位：24°57.143′N，119°04.150′E，航向319°，SOG为8.4 kn。(VDR数据显示CB轮雷达上可见此时GT轮回波在本船艏向线右约25°，距离约0.54 n mile。)

1321时，GPS船位：24°57.277′N，119°04.049′E，航向329.5°，SOG为8.4 kn。(VDR数据显示CB轮雷达显示GT轮回波在本船艏向线右约15°，距离约0.27 n mile。)

132140时，CB轮船艏与来船左舷5—6舱的位置发生碰撞，碰撞夹角50°～60°，本船船艏向350.3°，本船GPS船位：24°57.361′N，119°03.988′E。船长命令停车。

1322时，船舶开始倒车。派轮机长和大副检查本船受损情况。经检查，船艏首尖舱破损进水，未发现溢油。调整压载减少首尾吃水差。

1335 时，抛锚，GPS 锚位：24°57.858′N，119°03.912′E。CB 轮通过 VHF 呼叫泉州外代，报告船舶发生碰撞事故及抛锚。

1346 时，引航员呼叫 CB 轮，要求该轮起锚进港接引航员。

1355 时，CB 轮起锚进港。

约 1415 时，引航员于 24°59′N，119°04′E 处登船。

约 1540 时，船舶抵达湄州湾航道 7 号灯浮附近，抛锚候潮靠泊。

1715 时，船舶第一根缆带上福炼港口作业区十万吨码头。

1820 时，靠妥码头。

六、事故损失情况

（一）GT 轮

左舷中部约 58 号肋骨至 67 号肋骨之间外壳开裂，破口长度约 40 m、高度约 15 m，左边 5 号货油舱和左边 6 号压载水舱破舱。左边 5 号货油舱约 560 kg 残油泄漏入海。

（二）CB 轮

舷墙自船艏左侧 108 号肋骨至右侧 112 号肋骨受损变形，船艏甲板设备部分受损；自船艏左侧 112 号肋骨至右侧 116 号肋骨外壳及内部结构弯曲变形；球鼻首结构自左侧 105 号肋骨至右侧 108 号肋骨严重变形，艏尖舱破损，艏尖舱左侧船舶基线以上 5.00 m 及球鼻首左侧船舶基线以上 11.30 m 各有一破洞。

七、碰撞发生前格局的分析

（一）碰撞地点

两船碰撞前的船位：GT 轮提供的船位均为雷达观测船位，经海图上航迹还原，发现误差较大，误差值介于 0.2～0.5 n mile 之间。CB 轮碰撞前的 GPS 船位在 VDR 数据中均有显示。

两船提供的碰撞地点相差约 0.3 n mile。考虑到不同定位方式的误差以及两船碰撞时驾驶台与驾驶台之间的距离，调查组认为两船提供的碰撞地点基本一致并可信，最终认定 CB 轮在 1321 时的 GPS 船位为碰撞地点。

（二）碰撞前能见度

海上忽然下起雷暴雨是造成两船遭遇能见度不良情况的客观原因。尽管两船对当时海面能见距离的估计略有不同，但均小于 1 n mile。因此可以认定在碰撞危险和紧迫局面形成之时到碰撞发生之前（至少 4 min），两船是在能见度不良的水域中航行且相互看不见。

(三) 碰撞前速度

GT 轮自 1257 时至 1323 时一直使用全速进，推算 GT 轮碰撞前平均航速为9.86 kn。考虑到 GT 轮出港航行受湄洲湾涨潮流(顶流)影响，其碰撞前的实际航速应与推算的平均航速基本一致。

VDR 数据显示了 CB 轮的实时航速，该船自 1305 时(主机转速 40 r/min)至碰撞时的平均航速为 9.8 kn。碰撞前 5 min 的实际航速为 8.4～9 kn。由此可见，CB 轮虽已将主机转速减至 40 r/min，但受湄洲湾涨潮流(顺流)影响，碰撞前该船实际仍保持较高航速。

(四) 碰撞前发现对方时间

GT 轮发现 CB 轮是在 1318 时之后，距离碰撞发生时仅有 2 min 多。在 1319 时之前，GT 轮未针对 CB 轮采取过任何避让行动。GT 轮在 1308 时之后(准确时间该船船长未能确定)曾通过 ARPA 雷达测得在本船左舷角约 11°的前方距离 3 n mile 左右处有一小物标回波，推断其航向约在 310°～340°之间，航速约 4 kn。对此回波船长判断为小渔船，于是继续保速保向航行。由于事故海域当时有其他航行船舶，未有证据可证实此回波是否即 CB 轮。

CB 轮船长称于 1312 时初次通过雷达观测到 GT 轮在本船艏向线右 10°～15°左右，距离约 2 n mile。此说法与实际情况不符，因为 VDR 数据显示 CB 轮雷达上可见此时 GT 轮回波在该船艏向线右约 8°，距离约 3 n mile。

根据 VDR 数据，在 1307 时，GT 轮回波已清晰地出现在 CB 轮的雷达屏幕上，但无证据表明 CB 轮在此时或之前已注意到此回波，并保持系统观测。事实上，CB 轮直到 1316 时才开始通过 VHF 呼叫 GT 轮，要求右舷对右舷通过。

根据雷暴雨对 CB 轮雷达的干扰情况(VDR 数据显示)，调查组认为，虽然在当时雷暴雨对雷达回波存在一定干扰，但通过使用雷达的雨雪抑制功能，不影响两船在更早的时刻通过雷达观测到对方船舶的回波。

CB 轮自 1316 时起持续 2 min 通过 VHF 多次呼叫 GT 轮，要求右舷对右舷通过。但其呼叫内容未含本船船位信息，令周边船舶不易辨明呼叫船舶的动态。

GT 轮船长称本船自 1308 时后开始鸣放雾号，但没有得到佐证表明该船鸣放雾号持续到与 CB 轮互见时。

GT 轮船长称没有接收到 CB 轮的 AIS 信号，CB 轮可能没有 AIS 或未开启 AIS。调查组查明 CB 轮上配有 AIS 设备，但由于湄洲湾周边水域未建设 AIS 基站，无法查证 CB 轮在碰撞前有无开启 AIS。

湄洲湾 1 号引航/检疫锚地位于 4 号灯浮附近的进港航道轴线右侧，而 CB 轮被告知的引航员登船点(25°00′N，119°03′E)在引航锚地范围外的南偏西2.5 n mile 处，位于进港航道轴线的左侧，客观上造成 CB 轮在驶往引航员登船点时必须穿越航道轴线至进港航道的左侧。

根据 VDR 数据显示，调查组对 1307 时之后的两船相对位置关系进行雷达标绘和海图航迹还原，从作图结果来看，CB 轮在碰撞前 10 多分钟虽然陆续向左调整航向约 17°，但与GT轮的相对方位未有明显的变化，两船最近会遇距离一直小于0.2 n mile。这说明CB轮向左调整航向的行动，未能有效避免两船的紧迫局面和紧迫危险。GT轮于1318时后的盲目向右转向造成两船更加难以避免碰撞的发生。

八、事故责任判定

(一) GT轮过失

(1) 严重违反《1972年国际海上避碰规则》第五条之规定，在能见度不良的情况下，未采取适合当时环境和情况的一切有效手段保持正规瞭望，以便及早发现来船，对局面和碰撞危险作出充分的估计。

(2) 严重违反《1972年国际海上避碰规则》第六条、第十九条之规定，在能见度不良的水域仍以全速行驶，而没有使用适合当时能见度的安全航速。

(3) 违反了《1972年国际海上避碰规则》第三十五条之规定，在能见度不良的水域，未鸣放规定的声号。

(4) 船长及二副在指挥船舶出港航行时未达到作为驾驶船员通常的技术和谨慎，在遭遇能见度不良情况时存在戒备上的严重疏忽。

(二) CB轮过失

(1) 违反《1972年国际海上避碰规则》第五条之规定，对保持正规瞭望疏忽，未能及早发现来船。

(2) 违反《1972年国际海上避碰规则》第六条、第十九条之规定，未以适合当时能见度不良的环境和情况的安全航速行驶。

(3) 违反《1972年国际海上避碰规则》第七条之规定，未使用一切有效手段正确判断碰撞危险。

(4) 违反《1972年国际海上避碰规则》第八条、第十九条，在能见度不良的情况下未极其谨慎地驾驶，盲目地对正横前来船采取向左转向；在采取避让行动时，对航向作了一连串小角度的变动，其行动不易被他船雷达观察时察觉到。

(5) 违反了《1972年国际海上避碰规则》第三十五条，在能见度不良的情况下，未鸣放规定的声号。

(6) 船长及二副、三副在指挥船舶出港航行时未达到作为驾驶船员通常的技术和谨慎，在遭遇能见度不良情况时存在戒备上的疏忽。

(三) 其他相关过失

(1) 两船均违反《中华人民共和国海上交通事故调查处理条例》第六条之规定，未按规定的时间向海事管理机构提交《海上交通事故报告书》。

(2) 引航员违反《船舶引航管理规定》第三十二条之规定，在获知碰撞事故发生后，未及时向海事管理机构报告，擅自引领船艏破损的CB轮进港靠泊码头。

(3) 违反《船舶引航管理规定》第三十七条之规定，通知 CB 轮的引航员登船点不在规定并对外公布的引航锚地范围内，客观上造成 CB 轮在驶往引航员登船点时必须越过航道轴线至进港航道的左侧。

(4) 泉州××代理公司的船舶代理人员未尽到船舶代理的职责，在获知碰撞事故发生后，未及时向海事管理机构报告。在接到 GT 轮关于事故的电子邮件后，拖延 2 个多小时才向泉州海事局值班室报告。

(5) 无证据表明福炼港口作业区调度部门、泉州××代理公司在事前调度、联系两船进出港时，告知 GT 轮有关 CB 轮进港动态和告知 CB 轮有关 GT 轮出港动态。

九、安全管理建议

(1) 船舶驾驶人员在指挥船舶航行时应严格遵守《1972 年国际海上避碰规则》，特别在能见度不良的情况下，应极其谨慎地驾驶，使用安全航速，利用一切有效手段保持正规瞭望，及早发现来船，并对局面和碰撞危险作出充分的估计。要正确采取避让行动，并尽可能让对方及早察觉，取得避让行动的相互协调。

(2) 湄洲湾是国家大型石化基地，湄洲湾口水域船舶交通流向复杂，渔船也较多，船舶通航密度日益增大，是海上交通的高风险水域，对通航环境、海上交通安全和防止船舶污染海洋管理提出了较高的要求。建议交通、海事、港口主管部门和地方政府对湄洲湾 VTS 建设问题引起足够的重视，促进该项目尽早建成并投入使用，建议海事机构研究在湄洲湾口适时实施船舶进出港分道通航制。同时也建议在湄洲湾建设船舶溢油应急反应基地，以提高该水域的防止船舶污染海洋能力。

(3) 湄洲湾港口调度部门应合理调度大型油船进出港，避免大型船舶在航道中交会和追越。引航机构应加强对引航员的培训教育，提高引航员规范、安全引航的责任意识，规范引航行为。

(4) 湄洲湾引航锚地位置偏靠湾内，建议港口、海事、引航部门共同研究引航锚地外移的方案，尽快划定新的引航锚地并对外公告。

第二节　集装箱船事故

——HS 轮与 ZC 轮碰撞事故

一、事故简介

2004 年 2 月 10 日 1758 时左右，从上海港开航的荷兰籍集装箱船 HS 轮航行至上海港长江口圆圆沙航道附近时，与从上海长兴岛开航驶往浙江嵊泗大洋山岛的中国籍杂货船 ZC 轮在上海长兴岛西南侧约 1.3 n mile 处水域的出口航道中(概位：31°18.75′N，121°44.36′E)发生碰撞，造成 ZC 轮当即倾覆，船上 11 名人员全部落水，其中 1 人获救，6 人死亡，4 人失踪。事故等级：重大事故。

二、船舶概况

(一) HS 轮

船　名:HS 轮　　船籍港:温斯霍顿
国　籍:荷兰　　船体材料:钢质
船舶种类:集装箱船　　型　宽:19.2 m
总　长:132.6 m　　夏季吃水:7.2 m
型　深:9.2 m　　净　吨:3 557 t
总　吨:6 704 t　　载箱量:624 TEU
夏季载重量:8 037 t　　主机功率:6 300 kW
主机类型:内燃机　　船舶配员:12 人
推进装置:可变螺距螺旋桨　　造船地点:舟山
建成年月:2003 年 1 月 24 日　　船舶所有人:荷兰某航运公司

(二) ZC 轮

船　名:ZC 轮　　国　籍:中国
船籍港:舟山　　船舶种类:运石船
船体材料:钢质　　总　长:43.2 m
船　宽:8.6 m　　型　深:2.9 m
满载吃水:2.4 m　　总　吨:296 t
净　吨:166 t　　参考载重吨:350 t
主机种类:内燃机　　推进装置:螺旋桨
主机功率:164 kW　　船舶配员:8 人
建成年月:1992 年 12 月 1 日　　航　区:舟山、上海沿海
造船地点:舟山　　船舶所有人:浙江省嵊泗县洋山镇郑某
船舶经营人:浙江省嵊泗县某海运有限公司

三、船舶配员和持证情况

(一) HS 轮

根据荷兰主管机关签发的安全配员证书,HS 轮应配备 1 名船长、1 名大副、1 名负责航行值班的驾驶员、1 名轮机长、1 名大管轮、1 名厨师、6 名普通船员。

事故发生航次,HS 轮按照船舶最低安全配员证书的要求配备船员。

HS 轮船长 1955 年出生于荷兰,从 2003 年 11 月起在 HS 轮担任船长。HS 轮为定期到上海港的集装箱班轮,因而船长对该水域的情况比较熟悉。

事故发生时，HS 轮由上海港引航管理站的一名三级引航员引领。HS 轮引航员 1974 年出生于中国安徽，1997 年从大连某大学毕业后，到上海港引航管理站工作。1999 年 7 月通过考试取得三级引航员证书。该引航员长期引领船舶往返长江口水域，对事故发生水域的情况比较熟悉。2004 年 2 月 10 日 1640 时，引航员从上海港军工路码头 3 号泊位登上 HS 轮，引领该船出口至上海长江口水域。

(二) ZC 轮

根据中华人民共和国舟山海事局签发的 ZC 轮最低安全配员证书的要求，该船应配备 1 名船长、1 名大副、1 名轮机长、1 名值班轮机员、2 名水手、2 名机工和 1 名 GMDSS 通用操作员，GMDSS 通用操作员可由 2 名兼职替代。

事故发生航次，ZC 轮船上实际有 11 名人员，其中 5 名船员，6 名帮工。5 名船员中，只有 2 名持证船员，其中一名船员持有沿海 500 总吨以下二副证书，另一名船员持有沿海 75～220 kW 轮机长证书，其余船员均为无证船员。船长因生病不在船。

ZC 轮在事故发生前的一段时间里，频繁往返大小洋山、崇明、长兴、横沙、芦潮港等水域，对该水域的情况比较熟悉。

事故发生时，ZC 轮由持轮机长证书的船员操纵。

四、事故水域和天气情况

(一) 水域情况

事故发生在上海长江口水域，事故地点位于上海长兴岛南端西南方向约1.3 n mile处的出口航道中，概位 31°18.75′N，121°44.36′E。该航道水域北侧约 1 n mile 处为上海长兴造船基地围堰、吹填工程施工水域，来往工程船舶及沙石料船较多。碰撞发生在当地时间 2004 年 2 月 10 日 1758 时左右(UTC+8)。

(二) 天气情况

据上海海洋气象预报中心预报，当天上海市区晴到多云，偏北风上午转东南风4～5 级，浪向偏北转东南，浪高 0.5～1.0 m。根据事故当时 HS 轮船员和引航员的陈述，当时晴天，能见度良好，东南风 4～5 级，落潮流，流速为 2～3 kn。

五、事故经过

(一) HS 轮

以下有关事故的陈述以 HS 轮船长、大副和 HS 轮引航员对上海海事局所作的事实陈述为基础。

2004 年 2 月 10 日 1615 时，引航员从上海港军工路集装箱码头 3 号泊位登上HS 轮。

1645 时，HS 轮装卸作业完毕。

1637 时，HS 轮在 2 艘拖船协助下离开军工路 3 号泊位。此时能见度良好，风向偏南，微风。开航时，驾驶台共 4 名人员，分别为船长、大副和引航员，舵工下驾驶台解缆。

1710 时，HS 轮航行至吴淞口。

1711 时，船长离开驾驶台，回到自己房间吃晚饭。此时驾驶台上有大副、舵工和引航员。

1720 时，HS 轮过外高桥二期集装箱码头外侧水域，此时航速约 15～16 kn，航向 120°左右，车速为全速前进。大副、舵工和引航员在驾驶台。在 HS 轮船艏前方约1 n mile 处，有一艘外国籍船舶"东方百合"轮同向出口。

1730 时，HS 轮过长江口 28 号灯浮，船舶保向保速。

1752 时，HS 轮过 24 号灯浮，右舷距 24 号灯浮的距离为 0.3 n mile，引航员通过 VHF 9 频道向吴淞控制中心报告，船舶仍保持全速前进，航速约 17 kn，航向改为 112°。

1756 时，船长坐在驾驶台右侧使用电脑，突然听到大副对引航员大声叫到："有小船!"与此同时，船长听到引航员命令"左满舵"，但船长立即纠正为"右满舵"，将车速减至 40%，并拉一长声。

1758 时，在 HS 轮船长下"右满舵"舵令和减速命令后约 30 s，HS 轮船艏左侧与 ZC 轮右舷后部发生碰撞，碰撞位置在上海长兴岛西南侧约 1.3 n mile 处的出口航道中(31°18.75′N，121°44.36′E)。碰撞发生时，HS 轮航速约 10 kn，航向约 120°，碰撞夹角约 60°。

(二) ZC 轮

以下有关事故的陈述以 ZC 轮幸存人员娄某和船长对上海海事局所作的事实陈述为基础。

2004 年 2 月 10 日下午，ZC 轮从浙江省嵊泗小洋山岛驶往大洋山岛装载石块，拟运往上海长兴岛。

1300 时，ZC 轮抵达上海长兴岛中船造船基地围堰吹填工程一标段(长兴岛前卫港外侧 100 m 水域)进行抛石作业。

1750 时，ZC 轮沿着岸边航行，航行至长兴岛圆圆沙港，然后转向至 200°穿越航道，并从潜堤 1 号灯浮上游 100 m 水域处通过，并准备从长江口 21 号灯浮与 20 号灯浮之间水域穿越圆圆沙航道。

1757 时，ZC 轮航行到上海圆圆沙航道附近，航向为南偏东，准备穿越圆圆沙航道。此时甲板尾部清理缆绳完毕正在洗手的船员发现在 ZC 轮船艉右侧有一艘大型船舶(即 HS 轮)对着 ZC 轮驶来，距离不到 50 m。当时，驾驶台只有轮机长一人值班，船上其余 9 人都在生活舱吃饭。甲板上的船员发现来船后，连声呼叫"碰船了，碰船了"。

1758 时，ZC 轮右舷船艉附近与 HS 轮船艏左舷球鼻首在上海长兴岛西南侧约1.3 n mile 处水域发生碰撞。受两船相撞产生的撞击力影响，ZC 轮船艉的那名船员从甲板上掉入水中。

1759 时，ZC 轮向左侧倾覆，船底朝上，船舶倒扣。

六、损失情况

ZC 轮沉没，经对打捞起浮的 ZC 轮现场勘察，发现该船上层建筑右侧上部凹陷。船上 11 名人员，1 人获救，6 人死亡，4 人失踪。HS 轮球鼻首及船艏部分油漆被刮掉。

七、救助情况

2004年2月10日约1810时，HS轮引航员向吴淞交管控制中心报告称，该船在长江口20号灯浮附近与一艘不知名的小船发生碰撞事故，事故造成该小船当即倾覆。接到报告后，上海海事局立即启动应急预案，调动“海巡1015”等6艘巡逻艇、“振浮3”等3艘打捞船和“港拖31”等5艘应急船舶迅速赶赴现场实施搜救；吴淞交通控制中心通过VHF 71频道和VHF 9频道向过往船舶通报事故信息，协调正在事故现场附近的“今朝”轮和“太阳希望”轮等船舶注意搜寻落水人员，全力救助。

2月10日约1840时，救起一名落水船员。

2月10日约2115时，根据交通部海事局副局长的指示，上海海事局扩大现场搜寻区域，组织对事故现场周围10 n mile范围进行搜寻。

2月11日约0420时，对ZC轮沉船进行水下探摸时，发现一具尸体。

2月11日约1430时，ZC轮顺利起浮。

2月11日约1905时，ZC轮被拖至上海港吴淞口103号灯浮附近的浦东面浅滩拔滩。随后，在ZC轮船舱中发现5具尸体。

2月13日至2月16日，上海海事局继续组织力量，进一步扩大搜救范围，在事故发生地点上下游25 n mile(包括黄浦江水域)开展地毯式搜寻，查找其余4名失踪人员。

八、海事调查情况

2004年2月10日2000时，上海海事局的海事调查人员登上在事故附近水域抛锚的HS轮，听取该船引航员对事故的初步陈述，并收集了该船的相关证据材料；同时，调查人员还在HS轮上听取了ZC轮幸存人员的事故陈述。

2月11日，上海海事局海事调查人员与ZC轮船舶所有人、船舶经营人进行联系，了解ZC轮的配员情况、船舶经营情况。同日，向事故发生时在附近水域航行的俄罗斯籍散货船“库伯拉西亚”轮引航员了解情况。

2004年2月12日，上海海事局的海事调查人员再次登上在事故水域附近锚地抛锚的HS轮，听取该船船长对事故的陈述，并收取了船方向调查部门提交的事故报告书。同日，上海海事局海事调查人员听取了ZC轮船舶经营人关于该船经营情况的陈述，并听取了该船唯一幸存人员的补充陈述。

2004年2月14日，上海海事局派员奔赴ZC轮船籍港登记部门，了解该船的船舶登记信息，核实船员持证情况。

上海海事局海事调查人员从上海海上搜救中心、吴淞交通控制中心、上海港引航管理站等部门获取了HS轮事故发生期间的雷达航迹和其他相关信息。

上海海事局海事调查人员从上海海洋气象预报中心了解到事故发生时附近水域的天气情况，从上海海事局海测大队了解到事故水域的潮汐情况。

九、获取的证据信息

(一) HS 轮电子海图航迹

HS 轮航迹被自动标绘在该船的电子海图上。上海海事局海事调查人员对 HS 轮的电子海图进行了拍照,照片显示了发生事故前约 10 min HS 轮的航迹。电子海图航迹显示,HS 轮在事故发生前约 7 min,航向没有发生变化。

(二) 吴淞交通控制中心的雷达航迹

吴淞交通控制中心记录了 HS 轮离开码头开航后直至碰撞发生时的雷达航迹。该雷达航迹证实 HS 轮在碰撞前一直保持航向,并且在碰撞前的半小时里航速一直保持全速。

(三) 附近船舶上的目击证人

事故发生时距离事故水域下游约 200 m 附近的进口船"库伯拉西亚"轮引航员称,2 月 10 日约 1754 时,他正在"库伯拉西亚"轮驾驶台引领该船,此时看到在本船船艏前方约 0.4 n mile 附近,有一艘空载的小船(即 ZC 轮)正在航道北侧准备向南侧穿越航道,航速较快。随后,ZC 轮保速保向继续垂直穿越航道。约 1758 时,看到 ZC 轮与沿出港航道航行的大船(即 HS 轮)发生碰撞。碰撞发生后,听到 HS 轮鸣放的汽笛声。但在碰撞前,没有听到 HS 轮鸣放汽笛。

(四) ZC 轮开启灯号情况

HS 轮引航员对上海海事局的陈述中,称事故发生前,ZC 轮没有开启任何灯号,"库伯拉西亚"轮引航员也称事故发生前没有看到 ZC 轮的灯号。但 ZC 轮幸存人员坚持该船在事故发生前开启了航行灯。

ZC 轮打捞出水后,海事调查人员在对 ZC 轮驾驶台现场勘察时发现,该船"船用信号灯控制箱"上的左、右舷灯开关处于开启状态,前、后桅灯开关处于关闭状态。

(五) HS 轮停车冲程

据 HS 轮船长讲,该船在 1757 时发现 ZC 轮时立即采取减速至 40%的措施,至 1758 碰撞发生时,该船的航速在 10.2 kn 左右。

调查部门研究了 HS 轮的操纵特性,该船在压载状态下的停车冲程,使用全速倒车从全速前进至停车需要 2.5 min,在全速前进状态下使用全速倒车 1 min,航速将由 17 kn 减至 10.4 kn。

十、事故原因分析

(一) ZC 轮

事故发生时,ZC 轮驾驶台上仅 1 名船员值班,该船员既要操舵,又要摇车钟,还要瞭望,不可能胜任驾驶台的所有工作，且该船员所持的是轮机长证书，根本就不具备驾驶船舶的资格。由于该船员在事故中死亡，现在已经无法知道当时ZC轮驾驶台的情况，但据该船唯一的幸存人员反映，在事故发生前，他没有感觉到该船采取转向和减速措施。

ZC轮在穿越长江口圆圆沙航道过程中，没有按规定避让在航道中正常航行的船舶。圆圆沙航道宽度约750 m，为双向通航的航道。该船在穿越圆圆沙航道过程中，本应严格遵守《1972年国际海上避碰规则》第九条"狭水道"第四款之规定"船舶不应穿越狭水道或航道，如果这种穿越会妨碍只能在这种水道或航道以内安全航行的船舶通行"。

ZC轮船上只有2名持证人员，根据海事主管机关核发的"中华人民共和国沿海船舶最低安全配员证书"要求，该船应当配备4名持证值班船员，该船应当按照《中华人民共和国海上交通安全法》第六条之规定"船舶应当按照标准定额配备足以保证船舶安全的合格船员"和《中华人民共和国船舶最低安全配员规则》第八条之规定"本规则规定的船舶配员是保证船舶安全操作所必须的最低数额"进行配员。

(二) HS轮

事故发生前，HS轮驾驶台上共有3人，分别为船长、大副和引航员。当时，船舶由引航员操纵，大副操舵，船长坐在驾驶台右侧使用电脑，专门负责操舵的舵工在碰撞发生前约10 min离开驾驶台去吃饭。在这段时间里，驾驶台没有专门的瞭望人员。

事故发生的时间在1758时左右，这时天色并未暗下来，当时的能见度良好，视程超过2 000 m。直到事故发生前约几十秒，HS轮才发现正在穿越航道的ZC轮。此时的ZC轮已经位于HS轮船艏左舷约45°，距离约100 m。在当时的天气情况下，在如此接近的距离内才发现长度超过40 m的ZC轮，说明HS轮未严格遵守《1972年国际海上避碰规则》第五条"瞭望"之规定："每一船舶在任何时候应使用视觉、听觉以及适合当时环境和情况的一切有效手段保持正规的瞭望，以便对局面和碰撞危险作出充分的估计。"

事故发生的地点位于长江口圆圆沙航道。圆圆沙航道下接长江口深水航道，当时正是大型船舶进出上海港和长江口的高峰时段，航道中的通航密度较大。该航道水深约10 m，航道宽度约750 m，双向通航。事故现场北侧1.3 n mile附近是上海长兴造船基地围堰、吹填工程的施工水域，来往小型工程船舶较多。HS轮在1756时发现ZC轮之前的30多分钟里，一直使用全速前进，航速17 kn左右，且当时落潮，船舶顺水航行。HS轮在该水域附近航行时，应当严格按照《1972年国际海上避碰规则》第六条"安全航速"之规定："每一船舶在任何时候都应以安全航速行驶，以便能采取适当而有效的避碰行动，并能在适合当时环境和情况的距离以内把船停住。"

十一、事故调查结论

(一) 碰撞主要原因

ZC轮与HS轮发生碰撞事故，主要是由于ZC轮没有安排足够的、适任的人员值班，没有按照最低安全配员的规定进行配员，导致该船在航行过程中无法按规定航行和避让所造成的。发生事故前，ZC 轮驾驶台上只有 1 名船员值班，且该名船员不具备驾驶值班的资格，根本无法胜任驾驶台值班的要求。ZC 轮作为穿越航道的船舶，不应妨碍在航道中正常航行的 HS 轮；在穿越航道中与 HS 轮形成紧迫局面后，也没有采取相应的避碰措施，最终导致事故发生。

（二）碰撞次要原因

HS 轮没有保持正规瞭望。事故发生前，该船驾驶台共 3 名人员，分别为船长、大副和引航员，船舶由引航员操纵，大副操舵，船长坐在驾驶台右侧使用电脑，船上没有安排专门的瞭望人员。HS 轮驾驶台人员直到碰撞前几十秒才发现 ZC 轮，发现时两船相距约 100 m，已经无法采取有效的避让行动，而当时的天气情况较好，能见距离在 2 000 m 左右。由于 HS 轮没有及早发现 ZC 轮，也就无法及早对紧迫局面和碰撞危险作出充分的估计。另外，HS 轮在发生事故前一段时间里，一直使用全速前进，当时落潮，船舶顺水航行。而当时 HS 轮所处的航道为狭水道，且航行船舶密度较大，附近又有一些为上海长兴造船基地围堰、吹填工程施工区作业的小型船舶。尽管对该航道的航速没有作出具体限制，但该船在事故发生地附近水域航行时，也应该使用适合当时环境和情况的安全航速。

十二、安全管理建议

通过对本起事故的调查，暴露出 ZC 轮在船舶管理和公司管理上的一些问题，同时也发现 HS 轮在船舶管理上存在的安全隐患，针对这些情况，提出下列建议：

(1) 近年来，随着船舶管理公司新体制的建立，在很大程度上有效地解决了原来船舶管理混乱、船舶管理从业人员素质低下等问题。但与此同时，部分船舶管理公司与委托管理船舶之间并没有严格按照运输船舶委托经营管理合同来管理船舶，管理公司与被管理船舶只是纯粹的“挂靠”关系，造成船舶管理公司和船舶不重视安全管理，安全生产制度得不到落实，安全工作措施无法到位，安全管理形同虚设。因此，建议制定相应措施，确立船舶管理公司与船舶之间的紧密联系，落实船舶管理公司对船舶应承担的安全管理责任，对那些只收费不管理或疏于管理的船舶管理公司，应限期整改，整改后仍达不到要求的，强制其退出航运市场。

(2) ZC 轮在此次事故中存在多项违章，如船舶长期不办理进出口签证、船上人员无证驾驶、有证无人等。针对目前中小型船舶中存在较严重的“无证驾驶”“有证无人”和“配合不足”等违章现象，建议各海事主管机关开展专项整治，加大开航前检查力度和现场签证力度，同时建议海事局出台相应规定，要求适任证书必须由本人保管，随时自觉接受主管机关检查，杜绝“有证无人”现象的再次发生。

(3) HS 轮船长在引航员引领该船驶离上海港的过程中，长时间离开驾驶台；在驾驶台期间，也没有完全履行其对船舶最终的控制和操纵权力；在安排驾驶台值班船员方面，也没有充分考虑长江口水域船舶密集、航道狭窄等客观情况，盲目信赖引航员。《1978 年国际海员培训、发证和值班标准公约》第二章第一条第十款“有引航员在船时的航行”明确规定：尽管引航员有其职责和义务，但并不解除船长或负责值班的驾驶员对船舶安全所负的职责和义务。在有引航员在船时，船长应严格执行《1978 年国际海员培训、发证和值班标准公约》

的上述规定。

第三节　触碰安全事故

——QF 轮触碰在建的金塘大桥事故

一、事故简介

2008 年 3 月 27 日 0115 时左右，浙江省某船务有限公司所属的 QF 轮空载从镇海驶往天津途中，违规穿越在建的金塘大桥非通航孔时，该船的船艏桅和驾驶台先后触碰金塘大桥非通航孔 E19 至 E20 桩位之间的箱梁，触碰导致箱梁脱落并压置于 QF 轮舱面和驾驶台部位，桥墩局部受损，QF 轮艏桅断裂，驾驶台严重变形，雷达桅倒塌，4 名船员死亡，直接经济损失约 2 000 万元人民币。事故等级：重大事故。

二、船舶概况

船　名：QF 轮	船舶种类：多用途船
船籍港：台州	船体材料：钢质
总　吨：7 122 t	净　吨：3 988 t
载重吨：10 452 t	船　长：134.0 m
船　宽：19.0 m	型　深：9.2 m
主机种类：内燃机	主机功率：2 500 kW
建造日期：2005 年 11 月 25 日	造船地点：浙江
船舶所有人：林某等 3 人	船舶经营人：台州市某船务有限公司

三、船舶配员和船舶证书情况

QF 轮本航次共配备了 18 名船员，符合船舶最低安全配员证书的要求。该船的船舶证书和船员证书齐全有效。

事故发生时，二副值班，船长在驾驶台。

四、金塘大桥及航标、警戒标志简况

(一) 金塘大桥简况

金塘大桥于 2005 年 9 月 28 日开始施工建造，系舟山大陆连岛工程重点桥梁之一。该桥设计全长 21.029 km，其中跨海段桥梁长 18.415 km，由主通航孔桥、东通航孔桥、西通航孔桥、非通航孔桥、金塘侧陆上引桥和浅水区引桥、镇海侧引桥及滨海互通立交桥组成。事

故发生时，大桥工程处于全面施工阶段，主通航孔桥航道和西通航孔桥航道已全部启用，在建各项工程分别为：大桥主通航孔桥辅助墩和过渡墩基础工程，大桥主通航孔桥箱梁及斜拉索安装工程，大桥主通航孔（Ⅲ－E）防撞墩工程，大桥西通航孔桥墩身、箱梁施工工程；大桥 C24 至 C36 基桩、承台、墩身和箱梁施工工程，大桥非通航孔箱梁施工工程。

（二）航标及警戒标志设置简况

金塘大桥轴线两侧各 700 m（主通航孔桥航道和西通航孔桥航道除外）为施工作业区，施工作业区南北两侧设置警戒灯浮 14 座，即金临 23 至金临 36。建设期间桥梁通航标志由业主负责。根据调查，已铺设箱梁的非通航孔的箱梁上有红色闪光灯，主通航孔航道两侧有 3 组航标，另设有一雷达应答器，西通航孔桥航道两侧设有 4 组航标。《关于发布启用舟山大陆连岛工程大桥主通航孔航道的通告》（甬海航〔2007〕10 号）的航行通告明确："施工期间，大桥轴线两侧各 700 m（主通航孔桥航道和西通航孔桥航道除外）为施工作业区，无关船舶禁止驶入或穿越施工作业区，禁止航行船舶在施工水域内锚泊、拖锚航行或从事其他与施工作业无关的活动。"

根据现场观察，相关的警戒灯浮和助航标志在事故发生前后均处于正常工作状态。

五、天气及海况情况

事故发生时，西北风 5～6 级，能见度良好；潮汐为涨潮，流向西北，流速约 2 kn，根据潮汐表计算，3 月 27 日 0115 时，事发水域潮高为 2.92 m。

六、事故经过

2008 年 3 月 22 日，QF 轮载煤约 10 000 t 从秦皇岛开航驶往宁波镇海。

3 月 25 日凌晨通过舟山西堠门，并于当日 0445 时抵达野鸭山锚地抛锚。锚泊期间，船长张某登船与原船长李某进行交接。

3 月 27 日 0025 时，QF 轮卸空后离泊，艏吃水 2.4 m，艉吃水 5.2 m，当时船上存有重油 26 t，轻油 10 t，滑油 60 t。

0037 时，该船出甬江口，当时航向 70°，航速约 7 kn。

0055 时，该船驶出甬江口 2 n mile 左右，逐步调整航向至 339°。

0059 时，该船定速，航速约 14 kn。

0105 时，该船航向调整至 355°。

0110 时，VTS 值班人员呼叫该船，询问其船长是否在驾驶台。

0114 时左右，该船主机减速至前进一，速度下降至 10 kn 左右。

0115 时左右，该船艏桅及驾驶台先后与金塘大桥触碰，当时航向约 360°，航速10 kn左右。金塘大桥 E19 至 E20 桩位之间箱梁脱落后压置于该船舱面和驾驶台部位，QF 轮停止前进。

七、搜救情况

接到事故报告后，浙江省海上搜救中心和宁波市海上搜救中心立即启动应急预案，迅速派遣“海巡 1110”“海特 1101”“东海救 209”“东海救 197”及“甬港拖 20”等 10 余艘救助船舶前往事故水域进行搜寻救助人员。经紧急救助，QF 轮 18 名船员中 14 人获救，4 人死亡。

八、事故损失

（一）QF 轮

QF 轮艏桅断裂，驾驶台严重变形，雷达桅倒塌，船长、大副、二副和值班水手 4 人死亡。

（二）金塘大桥

金塘大桥 E19 至 E20 两片梁板被撞落后折断。E19 右和 E20 右墩身有擦碰痕迹，E19 右和 E20 右承台上部外缘局部破损，长度为 9～10 m，并已露筋。经目测相邻跨 E19 左和 E19 右箱梁，有不同程度侧向水平位移，并且端部砼局部剥落。

九、原因分析

鉴于事故发生后，航行值班船员全部死亡，故无法全面核实当事人在事发前的航行情况。根据对调查获取证据材料的分析，本起事故有如下原因。

第一，QF 轮使用未经改正的海图，错误设计计划航线，是导致事故发生的重要原因。

调查发现大桥主通航孔及相关导航标志已于 2007 年 2 月 1 日 0 时起正式启用，但船上本航次使用的 2005 版航用海图（图号 13381），未按照发布的航行通告进行相应修正，没有标识出金塘大桥及其通航桥孔的位置。本航次该船制定的计划航线偏离主通航孔近 1 n mile，直接通过非通航孔。

另外，舟山海事局曾于 2007 年 11 月 14 日对该船进行了安全检查，安检报告开列的缺陷中包括“海图 13399 未改正”的项目，船公司及船舶对安检发现的海图缺陷没有及时改正，未给予足够的重视，没有采取相应防范措施，致使本航次发生触碰事故。

第二，QF 轮在没有完全掌握金塘大桥通航条件的情况下，违规穿越大桥非通航孔，是导致事故发生的直接原因。

鉴于事发当时航行值班人员已全部死亡，因而根据船舶航迹及相关调查分析，认为有以下两种可能：一是该船临近大桥时错误判断大桥桥面高度，误认为可以安全通过。但事实上该船艏桅高度 24.4 m，减去本航次艏吃水 2.4 m，艏桅实际高于水面约 22.0 m；驾驶台罗经甲板高度 21.8 m，减去本航次艉吃水 5.2 m，实际高出水面约 16.6 m。出事桥段箱梁零水位高度不足 18.0 m，减去当时潮高 2.9 m，实际高度不足 15.1 m，显然该船无法正常通过。二是误认为该桥段未铺设箱梁，或者由于严重疏忽瞭望，未发现已铺设的箱梁，盲目认为本船可以从两桥墩之间安全通过。

十、事故教训

（1）保持航海图书资料的最新有效并依据最新有效的航海图书资料制定正确的计划航线是保障船舶航行安全的基本条件，航前安全措施的布置和落实是涉及整个航次安全航行的重要环节。QF 轮因没有做好此方面工作而引发触碰事故的教训发人深省。

（2）本起事故再次表明船员安全航行意识和责任意识的重要性。在错误设计计划航线的情况下，如果船舶注意瞭望，及时发现桥梁，完全可以避免事故发生。

第四节　易流态化货物事故

——YA 轮海上危险货物运输合同纠纷案

一、案情简介

1998 年 7 月 2 日，韩国某海运株式会社（简称 S 会社）与被告中国某有色金属进出口公司（简称有色公司）签订一份航次租船合同。合同约定：S 会社为出租人，有色公司为承租人；运输货物为 4 000～5 000 t，最大含水率为 12%的散装硫铁矿，承运船舶为 YA 轮；装货港为中国黄埔港，卸货港为韩国蔚山港。同日，S 会社又与韩国另一海运株式会社（简称 X 会社）签订一份航次租船合同，约定由 X 会社所有的 YA 轮承运上述货物。

YA 轮满载载重量 5 519 t，夏季吃水 6.31 m，总吨位 3 548 t，净吨位 1 876 t，2 个货舱和 3 个舱口，无起吊设备。该船于 1998 年 7 月 9 日抵黄埔港，11 日 0430 时装货完毕，共装载硫铁矿 4 498 t。广东某船务代理公司作为 S 会社的船务代理人向有色公司签发了编号为 1 号的清洁提单。提单记载，托运人为“有色公司”，承运人为“S 会社”，收货人为“凭指示”，提单项下 4 498 t 散装硫铁矿。

根据广东进出口商品检验局所作的水尺计量检验记录，YA 轮受载前/后的吃水：船艏（校正）2.054 m/5.163 m，船艉（校正）4.643 m/6.702 m，船中 3.340 m/5.880 m，船中右 3.230 m/5.920 m，栏陷校正后之水尺 3.301 m/5.905 m，停泊处港口水密度 0.9970/0.9980；受载前/后排水量：相应排水量 3 587.4 MT/6 823.8 MT，纵倾校正后之排水量 3 541.4 MT/6 851.2 MT，港口水密度校正后之排水量 3 444.7 MT/6 670.7 MT；受载前/后船用物料等重量：燃料油 76.2 MT/76.0 MT，淡水 40.4 MT/81.5 MT，压载水 1 450.5 MT/137.9 MT；装载货物湿重 4 498 MT。在 YA 轮抵黄埔港前，船长已知将在黄埔港装载 4 000～5 000 t，最大含水率为 12%的散装硫铁矿。货物装船时，船长不知道货物的实际含水率、可运含水率，同时有色公司也未就货物的实际含水率、成流含水率及货物的物化性能和积载因数告知船长。货物装船后，经过平舱，船长看到货物离货舱顶板约 2 m 高，货物状况看起来坚固和干燥，表面看不到有水分。为了保证货舱的水密性，舱口处盖上了防水帆布。船舶开航后，根据广东进出口商品检验局出具的商检证书，货物在装货港的含水率为 10.49%，货物湿重4 498 t。该含水率数据是在货物装船过程中由有色公司申请商检局对货物取样检验得出的。

7月11日1100时，YA轮装载4498 t散装硫铁矿驶离黄埔港。7月12日，该船航行至汕头港外附近海域发生沉没。所有船员被另一艘船舶救起，直接返回韩国，于1998年7月25日向韩国釜山海事及渔政当局递交了事故报告，未到事故发生地的汕头港监接受调查，但于1998年8月7日和9月25日分别向厦门港监和汕头港监递交了事故报告（沉船通知）。

根据YA轮航海日志记载：7月12日0230时，"左舷10 n mile过'遮浪角'，航向改为071°(真航向)"；0650时，"左舷10 n mile过'石贝山'，航向改为061°(真航向)"；0800时，"和风，多雨，中浪"；1210时，"发现船舶左倾2.5°"；1220时，所有人准备好随时听命，根据船长的命令备车，检查所有的压载水舱并测深；1230时，向右舷2号压载水舱压水；1315时，船舶回复平稳，停止向2号压载水舱压水；1330时，船舶向右倾斜，向左舷2号压载水舱压水；1450时，船舶右倾5°，抛左锚4 kn，打开甲板舱盖，检查货舱里的货物。船长将货物的状况向釜山代理报告，船舶不能航行，停止向左舷2号压载水舱压水，关闭舱盖，继续向右舷2号压载水舱压水，泵出货舱里的积水；1520时，起锚，驶往汕头港；1540时，船舶突然倾斜；1550时，回到原来的锚地，船舶右倾达18°；1610时，发出"MAYDAY"求救信号，联系"HERRA"轮；1610时，根据船长命令，放下救生艇；1630时，所有船员坐上救生艇离开YA轮，YA轮沉没位置23°21.5′N，117°31.6′E；1645时，"HERRA"轮实施救助；1750时，第一批登上"HERRA"轮的船员有10人；1915时，最后一批登上"HERRA"轮的船员有4人。船长在"事实记录"中的叙述称：船舶在12日1210时左右突然向左倾斜2.5°，向2号右舷压载舱压水，于1315时回到正浮状态。打开舱盖时，发现中部货物的顶部表面混有浅水糊状混合物。1330时开始右倾，于是我决定驶往附近的汕头港避难，全速前进。然而在1540时，当船舶加速到前进三时，船舶开始进一步向右横倾。在1630时左右，当船舶右倾达25°时，下令船员乘救生艇离开船舶。大约1635时，当船舶倾斜达28°时，最后决定弃船，并跳上救生艇。船员弃船时将海图、航海日志和轮机日志带走。

二、一审法院判词摘录

有色公司作为托运人，未能在货物装船前提供货物的流动水分点、积载因数、含水量、静止角、积水排放法等，并将有关测试证书在装货当时提交给船长，违反了《中华人民共和国海商法》第六十七条和《散货规则》的规定，应对此产生的法律后果承担相应的责任。S会社作为承运人，负有妥善、谨慎地装载、积载、运输货物的义务。在货物装船前，S会社及YA轮船长知道将要装载的货物是硫铁矿，且含水率最大为12%，故其应当意识到将要装载的货物属于《散货规则》规定的海运危险货物，可能发生流态化危及船舶安全。但S会社并未采取相应的安全措施，且在未获得托运人提供的任何货物资料的情况下贸然开航。显然，S会社未尽到妥善、谨慎地装载、运输货物的义务，违反了《中华人民共和国海商法》第四十八条的规定，也应对此产生的法律后果承担相应的责任。

有色公司只在租船合同(Fixture Note)中载明其所托运的精选硫铁矿的最大含水率为

12%,但这并不是对货物流动水分点或适运水分限的申明。承运人可以认为12%含水率(或实际含水率10.49%)还没有达到流动水分点,是一个可安全承运的数值。S会社没有行使拒运权并无不当,但这并不免除S会社作为承运人所应尽到的妥善、谨慎地装载、运输货物的法定义务。

本案事实表明,船员弃船时船舶右倾达25°,与汕头港监提供的船舶照片显示倾侧的情况一致;上海救捞局清航时,船舶沉于海底右倾达61°,与船舶倾侧沉没的情形一致。故此,可以认定YA轮因大幅度倾斜而沉没的事实。

YA轮航行过程中未发生碰撞或触碰事故,也未遭遇天灾或其他不可抗力的因素,上海救捞局的清航完工报告书也没有提及船壳破裂。根据精选硫铁矿在海运过程中易产生流态化的特性以及船长开舱观察到的货物情况,结合船舶原理可以认定,YA轮发生倾斜是货物发生流态化并产生移动所致。

流态化的货物随着船舶的摇摆流向船舷一侧,在船舶回摇时却不能完全复位,如果不及时采取有效措施,必将导致船舶倾斜甚至沉没。根据YA轮船长"事实记录"的记叙和航海日志的记载,当YA轮发生横倾后,其在采取救援措施和操纵船舶上存在以下失误:

(1) 货物发生移动后,没有意识到所装货物的性质,盲目地向右舷2号压载舱压水,这使左移的货物有一个向右的趋势,一旦船舶发生右倾,则右倾角度将远大于左倾角度,难以恢复正浮状态。

(2) 未能及时请求指导、帮助和救助,错失了避免沉船的最佳时机。

(3) 船舶发生横倾后,没有及时减速,减小船舶横倾力矩,这是操作上的严重错误。

(4) 在全速中操舵转向是船舶加速横倾的重要原因。

(5) 1330时船长下令向左舷2号压载舱压水。该措施一方面使船舶的载重量增加,船舶干舷降低,另一方面增加了左、右舷压载舱的自由液面,增加了船舶危险性。

(6) 船舶发生横倾后,船长未申请救援,又贸然起锚驶往汕头港,且从前进一加速到全速,致使向右的横倾角继续增加,以致最后沉没不可避免。显然,上述这些失误是导致船舶最后沉没的重要原因。

综上所述,YA轮发生沉船事故,是由于托运人有色公司和承运人S会社各自违反托运人托运货物和承运人妥善、谨慎地装载、运输货物所应尽的法定义务,造成货物出现流态化并产生移动,致使船舶发生倾斜;而S会社及YA轮船长没有及时请求救助,错失避免事故发生的时机以及船长、船员操纵船舶失误所致。据此,S会社应承担主要的过错责任(80%),有色公司应承担相应的责任(20%)。

三、安全监管建议

(1) 监督检查船舶航线计划和进行航行危险评估。

(2) 严格把好货物申报关,确保该类货物的适运性。

(3) 加强现场监督,确保船舶的适载性。

第五节　海事调查处理相关规定

一、《中华人民共和国海上交通事故调查处理条例》

(一) 概述

本条例于1990年经国务院批准颁布适用于中华人民共和国沿海水域内发生的海上交通事故(以下简称海事)不适用于：

(1) 以渔业为主的渔港水域内发生的海事；

(2) 沿海水域内渔业船舶之间发生的海事；

(3) 军用船舶之间发生的海事。

(二) 海上交通事故的定义与种类

海上交通事故是指船舶或设施在海上或在与海相通的其他可航水域发生的事故。

结合《水上交通事故统计方法》(2002)的规定海事事故包括：

(1) 碰撞事故(包括抵碰事故)；

(2) 搁浅事故；

(3) 触礁事故；

(4) 触损事故；

(5) 浪损事故；

(6) 火灾、爆炸事故；

(7) 风灾事故；

(8) 自沉事故；

(9) 其他引起人员伤亡、直接经济损失的水上交通事故。

但不包括：

(1) 非海事引起的船舶污染事故；

(2) 船员工伤；

(3) 船员或旅客失足落水；

(4) 船员或旅客自杀或他杀。

(三) 海事的等级(见表7－1)

根据2002年起实施的《水上交通事故的统计方法》,海事事故等级分为：

(1) 小事故；

(2) 一般事故；

(3) 大事故；

(4) 重大事故；

(5) 特别重大事故：事故一次造成死亡 50 人及其以上；事故一次造成直接经济损失 1 000 万元及其以上。

表 7-1 海事的等级划分

船舶类型	重大事故	大事故	一般事故	小事故
3 000 总吨以上或主机功率 3 000 kW 以上的船舶	死亡 3 人以上；或直接经济损失 500 万元以上	死亡 1～2 人；或直接经济损失 500 万元以下、300 万元以上	人员有重伤；或直接经济损失 300 万元以下、50 万元以上	没有达到一般事故等级以上的事故
500 总吨以上、3 000 总吨以下或主机功率 1 500 kW 以上、3 000 kW 以下的船舶	死亡 3 人以上；或直接经济损失 300 万元以上	死亡 1～2 人；或直接经济损失 300 万元以下、50 万元以上	人员有重伤；或直接经济损失 50 万元以下、20 万元以上	没有达到一般事故等级以上的事故
500 总吨以下或主机功率 1 500 kW 以下的船舶	死亡 3 人以上；或直接经济损失 50 万元以上	死亡 1～2 人；或直接经济损失 50 万元以下、20 万元以上	人员有重伤；或直接经济损失 20 万元以下、10 万元以上	没有达到一般事故等级以上的事故

注：1. 凡符合表内标准之一的即达到相应的事故等级。
2. 本规则及本表中的“以上”包含本数或本级；“以下”不包含本数或本级。

(四) 海事报告

1. 扼要报告

(1) 船舶、设施发生海事后，必须立即用甚高频电话、无线电报或其他有效手段向就近港口的海事管理机构报告。

(2) 船舶或设施的名称、呼号、国籍、起迄港、所有人或经营人名称，事故发生的时间、地点、海况以及船舶或设施的损害程度和救助要求等。

2. 书面报告

(1) 船舶、设施在港区水域发生海上交通事故，必须在事故发生后 24 h 内向海事管理机构机构提交。

(2) 船舶在港区以外的沿海水域发生海上交通事故，必须在到达中华人民共和国的第一个港口后 48 h 内向海事管理机构机构提交。

(3) 设施在港区以外的沿海水域发生海上交通事故，必须在事故发生后 48 h 内用电报向就近港口的海事管理机构报告《海上交通事故报告书》要求的内容。

(4) 引航员在引领船舶过程中发生海上交通事故，应当在返港后 24 小时内向当地海事管理机构提交。

(5) 中国籍船舶在中华人民共和国沿海水域以外发生的海上交通事故，其所有人或经营人应当向船籍港的海事管理机构报告，并于事故发生之日起60日内提交《海上交通事故报告书》。

(6) 派往外国籍船舶任职的持有中华人民共和国船员职务证书的中国籍船员对海事的发生负有责任的，其派出单位应当在事故发生之日起60日内向签发该证书的海事管理机构提交《海上交通事故报告书》。

(五) 海事调查的管辖

海事调查的管辖以属地管辖为主，指定管辖为辅。

(1) 在港区水域内发生的海事，由港区地的海事管理机构进行调查。

(2) 在港区水域外发生的海事，由就近港口的海事管理机构或船舶到达我国的第一个港口的海事管理机构进行调查。

(3) 对海事管辖有争议的，由上级海事机关指定管辖。

(六) 海事调查机关的权利

(1) 因调查海事需要，可以责令当事船舶驶抵指定地点接受调查。当事船舶在不危及自身安全的情况下，未经海事管理机构同意，不得擅自离开指定地点。

(2) 海事管理机构认为必要时，可以通知有关机关和社会组织参加事故调查。

(3) 对事故当事船舶的调查未结束的，海事管理机构有权禁止其离港。

(七) 海事调查官的权利

(1) 询问有关人员。

(2) 要求被调查人员提供书面材料和证明。

(3) 查阅航海日志、轮机日志、车钟记录、报务日志、航向记录、海图、船舶资料、航行设备仪器的性能资料及其他调查所必需的原始文书资料，复印或复制上述资料，并要求当事人签字确认。

(4) 检查船舶、设施及有关设备的证书，人员证书和核实事故发生前船舶的适航状态、设施的技术状态。

(5) 检查船舶、设施及其货物的损害情况及人员伤亡情况。

(6) 勘察事故现场，搜集有关物证。

(7) 要求当事方申请检验部门检验或召集鉴定人进行技术鉴定。

(8) 可以使用录音、照相、录相等设备，和其他法律允许的调查手段。

(八) 责任认定

责任认定包括全部责任、主要责任和次要责任、对等责任。

(1) 由于一方当事人的违章或过失行为造成事故的，有违章行为的一方应当负全部责任，其他方不负责任。

(2) 双方当事人的违章或过失行为共同造成事故的，违章或过失行为在事故中作用大的一方负主要责任，另一方负次要责任或一定责任；违章或过失行为在事故中作用基本相当的，两方负对等责任。

(3) 三方以上当事人的违章或过失行为共同造成事故的，根据各自的违章或过失行为在事故中的作用大小划分责任。

(4) 当事人逃逸或者故意破坏、伪造现场、毁灭证据，使事故责任无法认定的，应责令其承担全部责任。

(5) 当事人一方有条件报告而未及时报告，使事故责任无法认定的，应责令其承担全部责任。

(6) 当事人各方有条件报告而未报告或者未及时报告，使事故责任无法认定的，应责令其承担同等责任。

(九) 海事处理

1. 对事故责任人依法作出行政处罚

(1) 对中国籍船员、引航员或设施上的工作人员，可以给予警告、罚款或扣留、吊销职务证书；

(2) 对外国籍船员或设施上的工作人员，可以给予警告、罚款或将其过失通报其所属国家的主管机关；

(3) 对中国籍渔船与商船之间的事故，对渔船责任人可以给予警告、罚款。如果情节比较严重，需吊销证书时，应把事故情节通报发证的渔监机构，并建议渔监根据相应规定给予责任人吊销证书的行政处罚。

2. 需追究责任船舶所有人或经营人行政责任或刑事责任的，提交行政监察机关或司法机关

(1) 对海事的发生负有责任的人员及船舶、设施的所有人或经营人，需要追究其行政责任的，由海事管理机构提交其主管机关行政监察机关处理；

(2) 对于涉及人员违反交通运输管理法规造成重大责任事故，以及肇事后逃逸的水上交通事故案件，根据《刑法》第一百三十三条及《最高人民法院关于审理交通肇事刑事案件具体应用法律若干问题的解释》的规定，涉嫌犯罪的，依照《行政执法机关移送涉嫌犯罪案件的规定》，移送公安机关追究其刑事责任。

3. 提出安全管理建议

安全管理建议可以是管理方面的，也可以是技术方面的；可以对日常的安全管理提出加强或改进的建议，也可以对现行的法规或规范提出完善或修改的建议。

4. 采取强制性处置措施

对拒不加强安全管理或在限期内达不到安全要求的，港务监督有权责令其停航、改航、停止作业，并可采取其他必要的强制性处置措施。

二、《涉外海上事故或事件安全调查管理规定》

(一) 概述

为及时有效地开展涉外海上事故或事件安全调查工作，履行《IMO 海上事故或事件安

全调查国际标准和建议做法规则》，国家海事局于 2011 年 2 月 21 日颁布了《涉外海上事故或事件安全调查管理规定》，其适用范围为涉外海上事故或事件的安全调查。

（二）海上事故的定义

是指与船舶操作直接相关而发生的导致下列情况的事件或事件后果：

（1）船上人员死亡、失踪或严重受伤；

（2）船舶灭失，推定灭失或弃船，以及船舶实质损坏；

（3）船舶碰撞、搁浅、触礁或丧失船舶航行能力；

（4）严重危及船舶本身、其他船舶或个人安全的船舶外部基础航海结构的实质损坏；

（5）船舶或多艘船舶的损坏造成的对环境的严重损害，或潜在的严重损害。

（三）海上事件的定义

是指海上事故之外的，与船舶操作直接相关而发生的危及，或如不改正将要危及船舶、船员或任何其他人员或环境的事件或事件后果。

（四）安全调查的定义

是指海上安全调查当局（中国海事局）按照国际海事组织《海上事故或事件安全调查国际标准和建议做法规则》，以防止海上事故或事件发生为目的而进行的调查或质询。调查包括对证据的收集和分析，确定引发因素和提出必要的安全建议。

（五）事故报告

（1）在中国沿海水域、内河通航水域发生的任何涉外海上事故或事件均应按照水上交通事故调查处理相关规定报告。

（2）中国籍国际航行船舶在中国沿海水域、内河通航水域以外发生的海上事故或事件，船舶及其所有人、经营人和管理人员应在事故发生后 24 小时内向船籍港海事管理机构报告相关信息。

（3）中国籍国内航行船舶与外籍船舶之间在中国沿海水域、内河通航水域以外发生的海上事故或事件，中国籍船舶及其所有人、经营人和管理人员应在事故发生后 24 小时内向船籍港海事管理机构报告相关信息。

（4）中国籍船员所在的外籍船舶在中国沿海水域、内河通航水域以外发生的海上事故或事件，船员派出单位应在事故发生后及时向给其颁发资质证书的海事管理机构报告相关信息。

（六）事故调查范围

（1）中国籍国际航行船舶在任何水域发生非常严重海上事故必须进行安全调查。

（2）除非常严重海上事故外，对中国籍国际航行船舶在任何水域发生的具有可供航运界广泛吸取教训的海上事故或事件应进行安全调查。

（3）在外籍船舶上发生中国籍船员死亡、失踪或中国籍船员为当事人员的海上事故或事件，可组织或参与安全调查。

(4) 外籍船舶在中国领海或内水发生的海上事故或事件可进行安全调查。

(5) 外籍船舶与中国籍非国际航行船舶之间在中国领海和内水之外发生的海上事故或事件，可进行安全调查。

附录一

IMO 2012 年生效之国际公约修正案

(1) MSC. 288(87): performance standard for protective coatings for cargo oil tanks of crude oil tankers,原油轮货油舱涂层性能标准,2012 年 1 月 1 日生效

(2) MSC. 291(87): adoption of amendments to the international convention for the safety of life at sea, 1974,as amended,SOLAS 公约修正案的采纳,2012 年 1 月 1 日生效

(3) MSC. 290(87): adoption of amendments to the international convention for the safety of life at sea, 1974,as amended,SOLAS 公约修正案的采纳,2012 年 1 月 1 日生效

(4) MSC. 292(87): adoption of amendments to the international code for fire safety systems,国际消防安全设备规则的修正(FSS Code) 2012 年 1 月 1 日生效

(5) MSC. 293(87): adoption of amendments to the international life-saving appliance code,国际救生设备规则的修正(LSA Code) 2012 年 1 月 1 日生效

(6) MSC. 295(87): adoption of amendments to the revised recommendation on testing of life-saving appliances (Resolution MSC. 81(70))救生设备测试建议有关的修正案的采纳

(7) MSC. 308(88): adoption of amendments to the international convention for the safety of life at sea, 1974, as amended,SOLAS 公约修正案的采纳,2012 年 7 月 1 日生效

(8) MSC. 307(88): adoption of the international code for application of fire test procedures, 2010 (2010 FTP Code),国际防火试验程序规则,2012 年 7 月 1 日生效

(9) MSC. 310(88): adoption of amendments to theinternational convention for safe containers (CSC), 1972,国际货柜安全公约修正案的采纳,2012 年 1 月 1 日生效

(10) MSC. 311(88): adoption of amendments to the international code for fire safety systems (FSS Code),国际消防安全设备规则,2012 年 7 月 1 日生效

附录二

主要港口国检查报告主要结论(2009)

一、2009年巴黎备忘录

以下是2009年的情况和数据。该年度报告的全文参考可从巴黎备忘录网站上获得。数据表明,船检次数、被检船舶数量、缺陷以及滞留量均有减少。

1. 检查

2009年显示的24 186检查总次数,相对2008年的数据降低了1.9%。每条船每年平均检查1.6次,自1999年来几乎保持不变。

成员国港口所需的总体检查水平(检查次数和船只数量之比)为29.93%。芬兰例外,所有成员国应承诺达到25%的检查水平。

2. 缺陷

2007年的缺陷记录为74 713,2008年为83 751。2009年缺陷总量减少为71 911,这与2008年相比降低了14.1%。

57%的船检中至少记录了一个缺陷,而2008年该数据为58%。

2009年每次检查中缺陷的平均数量也从2008年的3.4次减少到3次。集中的检查安排会影响缺陷记录的数量。

3. 滞留

有些缺陷是明显危害安全、健康或环境的,该船舶将会被滞留,直到缺陷被纠正。滞留率是指船舶滞留数与船检总数量的百分比,但不考虑一些船舶一年将被滞留一次以上的情况。

与2008年相比,滞留量从1 220减少为1 059。2009年的平均滞留率为4.38%,低于2005年4.67%的历史最低数据。总的来说,过去的10年,船舶滞留量呈现降低的趋势。

4. "黑、灰、白名单"

"黑、灰、白名单"涵盖了所有范围,从高质量的到被认为具有高或极高风险的船旗国。这是基于在3年间至少30次检查中的缺陷数量所确定的。2009年的"黑白灰名单"中总共有82个船旗国:24个黑名单、19个灰名单以及39个白名单。2008年名单上总数为83,即21个黑名单、21个灰名单以及41个白名单。

大多数在前几年被归为极高风险的船旗国在2009年也同样如此。表现最差的船旗国有朝鲜、利比亚、黑山、多哥、玻利维亚、阿尔巴尼亚。名单上新的船旗国有黑山和多哥(极高风险),越南(中高风险),牙买加(中等风险)。

具有中等表现的船旗国被列在灰名单上,以激励他们改善并移到白名单中。同时,注意在灰名单下端的船旗国,不要忽视去控制其船舶及风险,以避免次年出现在黑名单上。在该年的灰名单中共记录了19个船旗国,而去年为21个。新出现在灰名单中有巴拿马,上一年其仍在黑名单上。同样灰名单中去年没有记录的还有图瓦卢。另外,上一年在白名单上的瑞士、瓦努阿图也新增在灰名单中。

白名单表示具有连续低扣留记录的高质量船旗国。白名单上记录了39个船旗国,与去年相比减少了2个。

百慕大(英国)处于名单表现线上的最高点,其次是中国(-1.83)、丹麦(-1.80)。

关于列出或未列出的船旗国分布图中,显示出只有1%的被检船舶是来自于未列在"黑白灰"名单上的船旗国。

5. 船舶种类

2009年普通干杂货船的滞留率(6.78%)高于其他种类的船舶。冷藏货船和散货船有比较低的滞留率,分别为5.05%和4.60%。其他种类船舶的滞留率甚至更低。

6. 认证机构的表现

几年来,委员会一直密切监察作为船旗国认证机构的船级社表现。评定船旗国额外因素的方法可以同样用来评定认证机构的表现。在该表现被列入考虑范围内之前,每个认证机构最少被检查60次。2009年有28个认证机构被记录在表现列表中。

表现最好的认可机构有:

意大利船级社(RINA)

美国船级社(ABS)

德国劳氏船级社(GL)

表现最差的机构有:

阿尔巴尼亚船级社(RSA)

国际船级社(IS)

保加利亚船舶登记局(BKR)

与去年的表现水平相比,可看出2009年认证机构的表现变化。这一年,较多机构处于名单的中等表现部分,比较少的机构被列在表现优秀或较差的部分。有关认证机构的滞留缺陷资料已在1999年出版。当一个或多个滞留缺陷是由于认证机构造成的,则其将会被告知。2009年记录了1 059次滞留,其中119或11.23%被认为是与认证机构相关的,与前一年的14.3%相比有所下降。

2008年仅一个欧盟组织没被列在优秀表现的名单上。今年希腊船级社和葡萄牙等级协会处于中等水平,而其他欧盟组织均被列在优秀表现名单上。

7. 船舶进入被拒

2009年共有13艘船舶被巴黎备忘录禁止,原因有未停留在商定的修理厂(3条),拒绝滞留(3条),或者有太多的滞留次数(7条),在前几年仍有船舶被禁止。

8. 主要领域的缺陷

存在于设备、机器、安全、防火器械的缺陷占了总缺陷的47%。

在其他领域也存在缺陷，船舶和货物操作(12.1%)，工作和生活条件(10.9%)稳定性和结构性(12.4%)及证书(11.1%)。以下对该领域的趋势进行了阐述。更多详细信息参照该报告的附加文件。

9. 船员证书

与船员培训、发证、值班标准相关的缺陷量降低了19.1%，从2008年的3341到2009年的2 704。

10. 设备和机器

这个领域的缺陷从2008年的20 809减少到2009年的17 664，降低了15.1%。

11. 安全及消防器材

存在于2008年的安全缺陷，如求生设备、防火器材、报警信号、结构安全性，几乎占了缺陷总数的22%。2009年这些方面的缺陷从2008年的17 112降到15 800，降低了近7.7%。

12. 船舶及货物操作

这方面的缺陷与2008年相比降低了14.4%。2009年在防污系统公约这一新项目中存在了58个缺陷。

13. 工作和生活条件

国际劳工组织147公约中，工作生活条件相关的主要领域包括"船员和住宿""食物和餐饮""工作空间"以及"事故预防"。这些方面的缺陷也降低了20.1%，从1908年的9 823到1909年的7 846。2009年国际劳工公约第180号公约下的新项目存在了62个缺陷。

14. 管理

与国际安全管理相关的缺陷与2008年相比降低了8.2%。

二、2009年东京备忘录

以下是2009年的情况数据摘要。该年度报告的全文参考可从东京备忘录网站上获得。

1. 检查

在2009年，对来自于102个船旗国的13 298艘商船船舶进行了23 116次PSC检查。除了上述的23 116次检查外，还对曾发现不足的船舶开展了15 422次检查。因为2009年在该区域航行的船舶大概有21 827条，所以在该区域的PSC检查率为将近61%。虽然检查的次数和检查的船舶总数都在增多，但是由于在该区域航行的商船船舶总数的大幅度提升还是导致了该区域检查率的下滑。

2. 滞留

当船舶状态和船上的船员不能满足相应公约的要求时，船舶将被滞留。如此强有力的措施是为了确保船舶只有在不会对船舶或船上人命产生危险，或不会对海洋环境造成威胁的情况下才可以航行。

在2009年，来自58个船旗国的1 336条船舶被滞留，因为在这些船舶上发现了严重的缺陷。被检查船舶的滞留率为5.78%。与去年相比，滞留船只数减少了192条，滞留率降低了 13%。

有关图表根据船旗国分类的滞留率,涵盖了至少 20 个港口国的检查的信息,并且显示出哪些是高于该区域平均水平的。有关图表则给出了根据船舶种类区分的滞留率,指出了在检查中最常见的滞留原因。

黑名单、灰名单和白名单显示了一些船旗国在 3 年滚动期里的表现等级。2007—2008 的“黑灰白”名单包含了 62 个船旗国,这些国家的船舶在这 3 年的滚动期里接受了 30 次或更多的检查。在黑名单里的船旗国数量 4 年以来一直保持 13 个。塞拉利昂和格鲁吉亚互换了排位,但是仍然在最差的两名里徘徊。巴布新几内亚因为 2009 年的重大缺陷也被作为新加入者显示在黑名单里。马尔代夫凭借 2009 年的零滞留移位至灰名单。灰名单包含了 22 个船旗国,比去年多了 4 个。令人沮丧的是白名单里只有 27 个船旗国。意大利、马耳他和瑞士被降级至灰名单。

3. 不足

PSC 检查官发现的所有不满足相关规则要求的船上条件都会被作为不足记录下来,并且要求纠正。

在 2009 年一共记录了 86 820 项不足。

船上经常被发现有三大类不足之处,分别是消防措施、救生设备和航行安全。在 2009 年里,记录了 14 619 项与消防措施相关的不足,14 207 项与航行安全相关的不足和 12 131 项与救生设备相关的不足,这占据了近 50%的不足之处。

与去年相比,与救生设备相关的不足上升了约 6%,然而与航行安全相关的不足下降了约 8%。这表明了与 2009 年集中大检查主题的相关性。

附录三

国际公约要求随船携带的证书和其他文件

一、国际航线的所有船舶

1. 证书

(1) 证书注册

(2) 国际吨位证书(适用于船长为 24 m 以上的船舶)

(3) 国际载重线证书

(4) 国际载重线免除证书

(5) 国际防止油污证书

(6) 国际防止生活污水证书

(7) 国际防止大气污染证书

(8) 柴油机国际防止大气污染证书

(9) 国际船舶安全证书(ISSC)、临时性国际船舶安全证书

(10) 船长、船员、等级证书

(11) 证书的认可

(12) 相关文件

(13) 安全管理证书

(14) 船员住宿证明

(15) 船员住宿豁免证书

(16) 除鼠或除鼠免疫证书

(17) 等级证书(若该船舶被评级过)

(18) 1972 年防止海上碰撞规则中的证书免除要求(若免除允许)

(19) 医疗供应证书

2. 文件及图纸

(1) 最低安全配员文件

(2) 完整稳性手册

(3) 损害控制计划及手册

(4) 消防安全培训手册
(5) 防火计划书/手册
(6) 船上培训及演习记录
(7) 消防安全操作手册
(8) 货物安全手册
(9) 油类记录簿
(10) 船上油污应急计划
(11) 垃圾管理方案
(12) 垃圾记录簿
(13) 燃油追踪单
(14) 航行数据记录系统—合格证书
(15) 船上安保计划及相关纪录
(16) 连续概要纪录
(17) 操纵信息
(18) 装载和压载信息核准
(19) 协议条款
(20) 船员工资对账单
(21) 船员的变更
(22) 出生、死亡申报
(23) 航海日志
(24) 舱面日志
(25) 机舱日志
(26) 无线电记录
(27) 船舶电站牌照
(28) 船舶电站操作员证书
(29) 全球海上遇险与安全系统操作员证书(若需装置 GMDSS)
(30) 救生信号的说明表
(31) 集合名单
(32) 对船上所有人的应急说明
(33) 救生设备的培训手册
(34) 船上救生设备的维护说明
(35) 无人机舱的船舶要具有合格的文件证明；
(36) 每一个标准和操舵磁罗经的剩余误差曲线和误差表；
(37) 救生设备的批准证书
(38) 消防设备的批准证书
(39) 航行辅助工具的批准证书
(40) 航行灯的批准证书
(41) 具有船舶安全操作所需要的图纸、计划和说明书(机械设备和航行辅助设备，包括

氧气分析和气体探测设备）

（42）具有定期检查船壳、机器、锅炉、安全阀和其他设备的报告和记录

（43）竣工结构图纸

i. 主要图表

大致安排

舱容

静水曲线

需要的装运手册

ii. 结构图

船中剖面

总结构图

甲板图

船壳板展开图

横舱壁

舵杆

货舱盖

iii. 舱底、压载及货物管系图

（44）船舶安全管理手册规定的文件及刊物

3. 出版物

（1）海图和出版物

足够和最新的图表（预定航程）

图表目录

航向

灯表

航海通告

潮汐表

航海手册

航海天文历

航海表

无线电信号表

潮流地图集

世界海洋通道

（2）国际信号代码

（3）国际航空暨海事搜索与救助手册（第三册）

（4）国际海上危险货物代码相关部分

（5）海商法，第 179 章，及修订的附属法例

（6）海上防污法，第 243 章，及修订的附属法例

（7）国际管理规则，包括船舶安全操作及防污染（国际安全管理规则）

(8) 国际救生设备规则

(9) 国际消防安全规则

(10) 国际船舶及港口设施保安规则

4. 国际电信公约的无线电规则相关要求

(1) 含国际协议要求的无线电报设备的船舶电台。该电站应具备:

i. 用来记录发生时间或其他安排等情况的日志,该日志应包含信息有:所有有关遇险的通信;紧急和安全通信;国际遇险频率惯例;船舶电站与陆地或移动电站的交流信息;各类服务事故;船舶规则允许时,一天至少1次的船舶位置;服务期的开始及结束时间

ii. 按字母顺序列出海上移动服务使用的站台标志

iii. 海岸电台表

iv. 船舶通信站表

v. 无线电测定表和特殊服务电台表

vi. 海上移动及海上移动卫星服务手册

vii. 接收无线电报的国家电报税

(2) 含莫尔斯无线电报设施的其他船舶电台。该电台应具备以上1.4.1段第1到第4条,第6条和第7条所提到的文件

(3) 含国际协议要求的无线电报设备的船舶电台。该电台应具备:

i. 用来记录发生时间或其他安排等情况的日志,该日志应包含信息有:有关遇险、紧急及安全事故的通信概要;重大服务事件的参考;若船舶规则许可,一天至少1次的船位报告

ii. 显示值班时间、频率、收费的海岸通信表

(4) 每1个装有GMDSS设备的船舶上面的通信站需要通过国际性的认可。该通信站需提供以下材料:

i. 1份记录表,里边涵盖了下述所发生的一切事件的记录,包括发生的时间,或有其他能记录所需信息的其他安排,所需信息包括:遇险、紧急和安全航行情况下的通信概要;一个重要服务事件的参考;如果船舶规则许可,船舶应每天至少一次的船位报告

ii. 字母排序表和/或使用海事通信服务和海事通信卫星服务标示通信站身份的数值表

iii. 1份海岸通信站和海岸地球通信站的通信列表,就像成立的那样,显示了航行值班时间,频率和收费;1份海岸通信站和海岸地球通信站提供航行和气象警报及其他船舶代理信息的通信列表

iv. 1份船舶通信站的列表(补充的运输是可选的)

v. 海事通信和海事通信卫星服务的使用手册

5. 建议随船的刊物

(1) 国际海上人命安全公约

(2) 国际防止船舶造成污染公约

(3) 载重线公约

(4) 国际海上避碰规则

(5) 海员培训、发证和值班国际标准公约及规则

(6) 吨位测量公约

(7) 国际海事组织标准航海通信英语
(8) 直升机/船舶操作指南

二、客轮

1. 证书
(1) 客轮安全证书(补充设备记录)
(2) 豁免证明或免除声明(当 SOLAS 74 修正案条款认可其豁免)
(3) 特种业务客船安全证书,特种业务客船舱室证书
(4) 保赔(保险)证书
2. 文件
(1) 搜索和救援合作计划
(2) 操作限制清单
(3) 船长决策支持系统
(4) 乘客名单
(5) 货物信息及相关船舶文件
(6) 完整稳性手册
(7) 损害控制计划及手册
(8) 船舶载运危险货物的特别规定文件
(9) 危险货物舱单或积载计划

三、货船

1. 证书
(1) 货船安全结构证书(适用于 500 总吨及以上的船舶)
(2) 货船安全设备证书(适用于 500 总吨及以上且该证书是对设备记录的补充)
(3) 货船无线电安全证书(适用于 300 总吨及以上且该证书是对无线电设备的补充)
(4) 货船安全证书
(5) 豁免证书或免除声明(当 SOLAS 74 修正案条款认可其豁免)
2. 文件
(1) 完整稳性手册
(2) 损害控制计划及手册
(3) 散货船手册
(4) 谷物运输核准文件和谷物装载稳定性手册(适用于船舶运输谷物)
(5) 加强型调查报告(适用于散货船)
(6) 货物信息
(7) 货物信息和相关运输文件,包括对运输货物、船舶以包装或散装运输危险货物、以包装形式运输有害物质的证明或声明

(8) 有关船舶运输危险货物的特殊要求文件(适用于船舶以包装或散装形式运输危险货物)(同样适用于1992年2月1日后建造的500总吨以下的船舶)

(9) 危险货物舱单或积载计划(适用于船舶以包装或散装形式运输危险货物或有害物质)

3. 刊物

(1) 国际谷物规则(适用于运输谷物的船舶)

(2) 货物积载和系固安全实用规则

(3) 船舶运输木材甲板货物安全实用规则

(4) 固体散装货安全实用规则(BC规则)

(5) 散货安全装卸实用规则(BLU规则)(适用于船舶运输散货)

(6) 国际安全运输包装辐射核燃料、船上高放射性废料规则(INF规则)(适用于运输INF货物的船舶)

(7) 国际海上危险货物规则(IMDG规则)

(8) 医疗急救指南(适用于运输危险货物的船舶)

四、油船

1. 证书

油污损害相关民事责任的保险或其他财政担保证明

2. 文件

(1) 油类记录簿,第二部分(货物/压载操作)(适用于150总吨及以上的油船)

(2) 分舱及稳定性资料

(3) 排油监控操作手册

(4) 上一压载航程的排油监控系统记录

(5) 清洁压载舱操作手册

(6) 原油洗舱操作及设备手册(COW手册)

(7) 状态评估方案事项说明书,最终报告及评审记录

(8) 静水平衡装载操作手册

(9) 加强型调查报告(适用于油船)

(10) 认可的具有特别压载安排的现有油船作业程序

(11) 惰性气体系统使用手册(适用于20 000载重吨及以上的船舶)

(12) 分流系统的操作说明(若不含在装载及压载信息里)

五、船舶运输散装有毒液体化学物质

1. 证书

国际散装运输有毒液体防污证书(已有散装危险化学品船适装证书或国际危险化学品船适装证书不需要该证)

2. 文件

(1) 货物记录簿

(2) 程序及安排手册(P&A 手册)
(3) 相关有害液体物质的船上海洋污染应急计划
(4) 相关有害危险物质的污染事件应急计划

六、化学品船

1. 证书
(1) 散装运输危险化学品适装证书(适用于遵守散化规则的船舶)
(2) 国际散装运输危险化学品适装证书(适用于遵守国际散化规则的船舶)
2. 文件
(1) 货物记录簿
(2) 程序及安排手册
(3) 破损假定相关的货物、燃料、压载物限制信息(适用于遵守散化规则的化学品船)
(4) 运载物质的化学及物理性质及事故中采取措施的相关信息
(5) 涵盖货物转移、洗舱、排气、压载等程序的手册
(6) 分油监控证明文件适用于 IOPP 证书可能列出的油类物质
(7) 惰性气体系统操作手册
3. 刊物
(1) 散化规则(适用于 1986 年 7 月 1 日前建造的化学品船)
(2) 国际散化规则(适用于 1986 年 7 月 1 日后建造的化学品船)

七、气体载运船舶

1. 证书
(1) 散装运输液化气体适装证书(适用于遵守气体载运规则的船舶)
(2) 国际散装运输液化气体适装证书(适用于遵守国际气体载运规则的船舶)
2. 文件
(1) 完整稳性手册
(2) 损害控制计划及手册
3. 刊物
(1) 国际气体载运船规则(IGC 规则)(适用于 1986 年 7 月 1 日后建造的气体载运船)
(2) 气体载运船规则(GC 规则)(适用于 1986 年 7 月 1 日前建造的气体载运船)
(3) 现有船舶运输散装液化气规则(适用于 1976 年 10 月 31 日前建造的气体载运船)

八、其他各类船舶

1. 证书及文件
(1) 动力支承船建造及设备证书

(2) 高速船安全证书(辅以设备记录)
(3) 动力支承船运营许可
(4) 高速船运营许可
(5) 高速船手册
(6) 高速船船长、船员等级证书
(7) 国际放射性核燃料货物运输适装证书
(8) 核动力货船安全证书或核动力客轮安全证书,替代货船安全证书或客轮安全证书
(9) 特种用途船舶安全证书(适用于遵守特种用途船舶安全规则的船舶)
(10) 特种用途船舶破损稳性批准书
(11) 散装有毒有害液化物质运输适装证书
(12) 国际散装有毒液化物质防污证书
(13) 海上移动式钻探平台安全证书
(14) 潜水系统安全证书(适于遵照潜水系统安全规则的潜水系统)
(15) 噪声调查报告
(16) 地效船安全证书
(17) 地效船运营许可
2. 建议的随船刊物
(1) 动力支承船规则(DSC 规则)
(2) 1994 年高速船规则(适用于 1996 年 1 月 1 日后、2002 年 7 月 1 日前建造的高速船)
(3) 2000 年高速船规则(适用于 2002 年 7 月 1 日建造的高速船)
(4) 1979 年海上移动式钻探平台规则(1991 年 5 月 1 日前建造的海上移动钻探平台)
(5) 1989 年海上移动式钻探平台规则(1991 年 5 月 1 日后建造的海上移动钻探平台)

参考资料

1. 2009年巴黎备忘录检查年度报告,巴黎备忘录组织总部,2010.

2. 2009年东京备忘录检查年度报告,东京备忘录组织总部,2010.

3. 2009年美国海岸警卫队港口国检查年度报告,美国海岸警卫队,2010.

4. IMO最新公约规则修正案简介(2002),中国船级社,2003.

5. 必须保持原件在船的文件和证书,MSC-MEPC. 4/Circ. 1,国际海事组织,2005.

6. 随船携带的证书与文件,FAL. 2/Circ. 87-MEPC/Circ. 426-MSC/Circ. 1151,国际海事组织,2004.

7. 经修订的1974年国际海上人命安全公约(SOLAS公约)及最新修正案,国际海事组织,1974.

8. 经1978年议定书修订的1973年国际防止船舶造成污染公约(MARPOL公约)及最新修正案,国际海事组织,1978.

9. 海上事故或海上事件安全调查国际标准和建议做法规则,国际海事组织,2009.

10. 国际消防安全系统规则(FSS规则),国际海事组织,2010.

11. 国际救生设备规则(LSA规则),国际海事组织,2010.

12. 国际船舶压载水和沉积物控制与管理公约,国际海事组织,2004.

13. 国际船舶和港口设施保安规则(ISPS规则),国际海事组织,2004.

14. 国际安全与环境无害化拆船公约,国际海事组织,2009.

15. 控制船舶有害防污底系统污染国际公约,国际海事组织,2008.

16. 经2010年修订的1978年海员培训、发证和值班标准国际公约,国际海事组织,2010.

17. 2006年综合海事劳工公约,国际劳工组织,2006.

18. 联合国《关于危险货物运输的建议书·规章范本》第十六修订版,2009.

19. 国际海运危规(IMDG Code),国际海事组织,2010.

20. 国际海运固体散货规则(IMSBC Code),国际海事组织,2008.

21. 国际散装运输危险化学品船舶构造和设备规则(IBC Code),国际海事组织,2009.

22. 散装运输危险化学品船舶构造和设备规则(BCH Code),国际海事组织,2006.

23. 国际散装运输液化气体船舶构造和设备规则(IGC Code),国际海事组织,2002.

24. IMO强制性文件实施规,则A. 995(25)号,国际海事组织,2010.

25. IMO成员国自愿审核机制的框架和程序,A. 974(24)号,国际海事组织,2006.

26. 1979年国际海上搜寻救助公约,国际海事组织,1979.

27. 国际海空搜寻救助指南,国际海事组织、国际民航组织,2010.

28. 油污防备、应急和反应公约,国际海事组织,1995.

29. Banning of foreign vessels,3500,CG 543-Policy letter,10 - 03,USCG,2010.

30. Paris memorandum of understanding on port state control, 33rd Amendment, 2011.

31. Best Management Practices to Deter Piracy off the Coast of Somalia and in the Arabian Sea Area(BMP3), Jointly by ICS, BIMCO, INTERTANGO, etc. , WITHERBY seamanship international,2010.

32. Best Management Practices to Deter Piracy off the Coast of Somalia and in the Arabian Sea Area(BMP4), Jointly by ICS, BIMCO, INTERTANGO, etc. , WITHERBY seamanship international,2011.

33. e-Navigation-Frequently Asked Questions, Version 1. 5, IALA e-Navigation Committee,2010.

34. Development of an e-navigation strategy,NAV 53/13,IMO,2007.

35. MAN6S35ME-B9说明书,MAN公司,2010.

36. WARTSILA RT-FLEX50-B说明书,WARTSILA公司,2010.

37. 关于调整有关船员健康检查要求的通知,交通运输部海事局,2010.

38. 中华人民共和国船员条例,国务院令第494号,国务院,2007.

39. 中华人民共和国海船船员适任考试、评估和发证规则,交通运输部,2004.

40. 中华人民共和国海商法,全国人民代表大会常务委员会,1992.

41. 船员注册管理办法,交通运输部,2008.

42. 中华人民共和国海上交通安全法,全国人民代表大会常务委员会,1983.

43. 中华人民共和国劳动法,全国人民代表大会常务委员会,1995.

44. 关于修改《国务院关于职工工作时间的规定》的决定,国务院,2010.

45. 中华人民共和国海船船员值班规则,交通运输部,1997.

46. 中华人民共和国船员服务机构管理办法,交通运输部,2008.

47. 中华人民共和国船员培训管理规则,交通运输部,2009.

48. 中华人民共和国海员外派管理办法,交通运输部,2010.

49. 中华人民共和国海洋环境保护法,全国人民代表大会常务委员会,2000.

50. 船舶污染物排放标准(GB3552—1983),中华人民共和国国家标准,1983.

51. 中华人民共和国船舶及其有关作业活动污染海洋环境防治管理规定,交通运输部,2010.

52. 中华人民共和国船舶安全检查规则,交通运输部,2009.

53. 关于印发《中华人民共和国船舶安全检查规则》实施意见的通知,中华人民共和国海事局,2010.

54. 船舶安全检查缺陷处理指南(船旗国监督检查部分),中华人民共和国海事局,2010.

55. 中华人民共和国海上海事行政处罚规定,交通运输部,2003.

56. 公路、水路交通法规体系框架和实施意见,交通运输部,2000.

57. 海事法规体系框架,交通运输部海事局,2003.

58. 国家海上搜救应急预案,国务院,2005.

59. 动态待命救助值班制度,交通运输部救捞局,2009.

60. 防治船舶污染海洋环境管理条例,国务院,2010.

61. 中华人民共和国船舶污染海洋环境应急防备和应急处置管理规定,交通运输部,2011.

62. 中华人民共和国海上交通事故调查处理条例,国务院,1990.

63. 涉外海上事故或事件安全调查管理规定,中华人民共和国海事局,2011.

64. 海盗、武装抢劫、恐怖劫持事件的报告——船舶保安计划和最佳管理经验,中国船级社,2010.

65. 水上交通事故统计办法,交通运输部,2007.

66. 方泉根. 船舶驾驶台资源管理[M]. 北京：人民交通出版社,2006.

67. 孙峰,康捷. 海员职业道德[M]. 哈尔滨:哈尔滨工程大学出版社,2008.

68. 本书编委会.《中华人民共和国船员服务管理规定》贯彻实施与海员职业道德规范及船员考核测评标准指导手册[M]. 北京：人民交通出版社,2008.

69. 刘泽雨. 航海伦理学[M]. 北京：人民交通出版社,2004.

70. 杨韶刚. 道德教育心理学[M]. 上海：上海教育出版社,2007.

71. 中国海事服务中心. 主推进动力装置[M]. 大连海事大学出版社,人民交通出版社,2008.

72. 中国海事服务中心. 轮机长业务[M]. 大连海事大学出版社,人民交通出版社,2008.

73. 中华人民共和国海事局. 水上交通事故典型案例集[M]. 北京：人民交通出版社,2007.

74. 吕海寰,蔡剑铭,甘仲民,等. 卫星通信系统[M]. 北京：人民邮电出版社,2011.

75. 黄何.《中华人民共和国船舶及其有关作业活动污染海洋环境防治管理规定》解读[J]. 中国海事,2011(2)：39-40.

76. 周先米,李殊. 对2009《中华人民共和国船舶安全检查规则》的思考[J]. 中国水运,2010,10(8)：93-94.

77. 马雪梅,罗卫华. 论船级社检验、船旗国监督与港口国监督三者的关系[J]. 航海技术,2007(1)：74-75.

78. 方泉根. 船舶管理资源及其培训[J]. 中国航海,2008,31(2)：152-157.

79. 李红喜. 海上电子高速公路技术在马六甲海峡的应用[J]. 海洋测绘,2003,23(6)：59-61.

80. 方泉根,王津,DATUBO A. 综合安全评估(FSA)及其在船舶安全中的应用[J]. 中国航海,2004(1)：1-5.

81. 乔归民. 关于船长权力的思考[J]. 中国航海,2006(1):13-19.

82. 尤庆华. 引航员、船长与船舶港内航行安全[J]. 中国航海,2004(4):27-31.

83. 寇连坡. AIS船位信息产生误差的原因与对策[J]. 世界海运,2006,29(6):8-9.

84. 焦战立. AIS和LRIT在水上搜救中的应用探讨[J]. 船海工程,2009,38(6):130-131.

85. 马军,陆悦铭. AIS设备在设置、使用中存在的问题和注意事项[J]. 航海技术,2006(6):28-30.

86. 王世林,刘淑玲. 电子海图的标准[J]. 世界海运,2004,27(6):16-17.

87. 陆毅,翟京生,夏启兵,等. 国际标准电子海图显示中几个关键技术的实现[J]. 测绘科学,2007,32(3):40-41.

88. 林志辉,俞孟蕻. 综合船桥系统电子海图数据库设计研究[J]. 科学技术与工程,2010,10(13):3148-3152.

89. 郑荣才,杨功流,李滋刚,等. 综合船桥系统综述[J]. 中国惯性技术学报,2009,17(6):661-665.

90. 王世辉,刘红屏,廖木星. 国际海事卫星系统—F站模拟器设计[J]. 中国航海,2007(1):43-46.

91. 尹盛远,王志利. Inmarsat-F站在海上搜救工作中的应用[J]. 航海技术,2006(6):38-39.

92. 王敏,刘维亭. 基于CAN总线的VDR数据采集系统设计[J]. 造船技术,2009(1):15-18.

93. 李哲林,盛玉柱,姜立军,等. VDR图像自适应压缩算法的研究[J]. 计算机应用研究,2009,26(8):3192-3194.

94. 黄建设. 基于AIS信息融合的船载航行数据记录再现[J]. 集美大学学报:自然科学版,2010,15(2):124-127.

95. 海事局计基处. 船舶远程识别与跟踪系统(LRIT)[J]. 中国海事,2010(5):17-18.

96. 苏文明. 谈我国LRIT船载设备的解决方案[J]. 航海技术,2010(1):38-40.

97. 王岩,毛奇凰,孙国元. AIS对VTS的影响及VTS的发展方向[C]//中国航海学会通信导航专业委员会2005年学术年会论文集,2005.

98. 韩佳霖. 巴黎备忘录新的选船机制实施的履约对策与前景预测[D]. 大连:大连海事大学国际海事公约研究中心,2011.